Las mentiras de la ciencia
¿Por qué y cómo engañan
los científicos?

Federico Di Trocchio

# Las mentiras de la ciencia
## ¿Por qué y cómo engañan los científicos?

**Alianza** editorial
El libro de bolsillo

Título original: *Le bugie della scienza. Perché e come gli scienziati imbrogliano*
Tradución de Constanza V. Meyer

Primera edición: 1995
Tercera edición: 2013
Tercera reimpresión: 2022

Diseño de colección: Estudio de Manuel Estrada con la colaboración de Roberto Turégano y Lynda Bozarth
Diseño de cubierta: Manuel Estrada

Reservados todos los derechos. El contenido de esta obra está protegido por la Ley, que establece penas de prisión y/o multas, además de las correspondientes indemnizaciones por daños y perjuicios, para quienes reprodujeren, plagiaren, distribuyeren o comunicaren públicamente, en todo o en parte, una obra literaria, artística o científica, o su transformación, interpretación o ejecución artística fijada en cualquier tipo de soporte o comunicada a través de cualquier medio, sin la preceptiva autorización.

© 1993, by Federico Di Trocchio
© de la traducción: Constanza V. Meyer
© Alianza Editorial, S. A., Madrid, 1995, 2022
   Calle Juan Ignacio Luca de Tena, 15
   28027 Madrid
   www.alianzaeditorial.es

ISBN: 978-84-206-1145-7
Depósito legal: M. 38.866-2012
Printed in Spain

Si quiere recibir información periódica sobre las novedades de Alianza Editorial, envíe un correo electrónico a la dirección: alianzaeditorial@anaya.es

# Índice

11 Prólogo

19 1. Los Nobel también hacen trampa
19     Las extrañas estrellas de Tolomeo
24     Los experimentos que Galileo no realizó
36     Newton y el «factor de falsificación»
46     Millikan y las gotas ausentes
52     Emilio Segrè: un Nobel impugnado
59     La relatividad: ¿broma o estafa?

71 2. Crímenes y castigos
71     Breuning, «el antecedente»
89     Gallo: el camino del engaño no conduce a Estocolmo
111     Baltimore: el Watergate de la ciencia norteamericana
125     Milanese: ¿un castigo ejemplar?

131 3. ¿La Ciencia con mayúsculas o el Embuste con mayúsculas?
131     «Jim, el honrado»
150     El sistema estadounidense
165     Si Atenas llora...
172     La ciencia como empresa infinita
179     El futuro de la ciencia

| | | |
|---|---|---|
| 187 | 4. | Descubrimientos y redescubrimientos del agua |
| 187 | | Poliagua |
| 191 | | La memoria del agua |
| 203 | | Energía en un vaso de agua |
| 221 | 5. | Delitos de bata blanca |
| 221 | | Ginecólogos en la tormenta |
| 237 | | Asuntos de corazón |
| 244 | | Falsos trasplantes |
| 258 | | ¡Qué sinvergüenzas son los oncólogos! |
| 267 | | Estadísticas infladas y pruebas inventadas |
| 274 | 6. | Falsificaciones afortunadas y desafortunadas |
| 274 | | La ascensión y caída de Franz Moewus |
| 288 | | El Byron de los sapos |
| 310 | | Mendel: ¿genio o estafador? |
| 323 | | La serpiente de Kekulé |
| 326 | | Freud y «El hombre de los lobos» |
| 334 | | Burt y la estupidez hereditaria |
| 345 | 7. | Un Judas en el laboratorio |
| 345 | | Las células «inmortales» de Alexis Carrel |
| 354 | | El honor perdido de Jacques Deprat |
| 368 | | Los rayos N |
| 383 | 8. | Fósiles falsos y eslabones perdidos |
| 383 | | La guerra de los monos |
| 398 | | El «Hombre de Piltdown» |
| 408 | | Dawson |
| 413 | | Woodward |
| 414 | | Teilhard de Chardin |
| 426 | | Arthur Keith |

| | |
|---|---|
| 432 | Smith y Barlow |
| 436 | Woodhead, Hewitt y Hinton |
| 443 | Conan Doyle |
| 450 | El pollo de Piltdown |
| 454 | Fósiles peripatéticos |
| 464 | La cueva de Zubialde |
| 468 | 9. El científico como impostor |
| 505 | Bibliografía |
| 521 | Agradecimientos |
| 523 | Índice onomástico |

# Prólogo

El engaño siempre ha sido un arte. Desde hace algún tiempo se ha convertido también en una ciencia. Propongo denominarla «engañótica» o mejor aún, como sugiere Tullio de Mauro, «engañología». Se trata de una disciplina de vanguardia que no constituye una materia de enseñanza, pero que ya forma parte de la cultura de los científicos profesionales. Consiste en hacer creíble lo increíble y lo imposible no solo a los ojos de la gente, como hacen los astrólogos, magos, curanderos y vulgares impostores, sino también frente a sus propios colegas científicos. Esto resulta al mismo tiempo más fácil aunque también más difícil. Es más fácil porque quienes están más familiarizados con los trabajos son curiosamente más ingenuos que los ignorantes. Por ejemplo, Michel Chasles, uno de los matemáticos franceses más cotizados del siglo XIX, adquirió a un precio altísimo de manos del falsificador Denis Vrain-Lucas dudosos epistolarios, escritos además en francés, entre Sócrates y Euclides, Alejandro Magno y Aristóteles, Cristóbal Colón y Rabelais, así como también «joyas de gran rareza», como una carta que Lázaro recién recuperado envió a San Pedro, una emotiva carta de amor de María Magdalena a Jesucristo y una, fechada en 1654, de Pascal a Newton (que en ese momento contaba con once años) en la que se deducía que el verdadero descubridor de la gravedad universal era en realidad el científico francés. El premio Nobel David Baltimore junto con Robert Gallo se encontraba en primera fila entre las 3.000 personas que, en el verano de 1981, concurrieron con el fin de escuchar a Efraim Racker exponer la falsa teoría acerca del origen del cáncer inventada por su discípulo Mark Spector.

Sin embargo, no es fácil engañar a los científicos porque debe conocerse el tema y los detalles de las técnicas experimentales. Solo un buen físico como Blondlot podía hacer creíbles los insistentes rayos N, y solo un psicólogo acreditado como sir Cyril Burt podía convencer a sus colegas de haber podido demostrar experimentalmente que la inteligencia y la estupidez son hereditarias.

La engañología es entonces la ciencia que enseña a los científicos cómo engañar a otros científicos. Éstos, a su vez, convencen a los periodistas, quienes finalmente se encargan de seducir a las masas. Estas masas no son por lo tanto las verdaderas víctimas de las falsificaciones científicas, que, precisamente por esta razón, no pueden ser consideradas delitos contra la fe pública. Se trata más bien de estafas, como tantas veces sostuvo el juez Beckinridge Willcox, ante el cual se han presentado en estos últimos años la mayor parte de los falsificadores que han sido descubiertos. El objetivo real lo constituyen los científicos que forman parte de los organismos estatales que financian la investigación y que son los que tienen el poder de decidir qué estudios y qué investigadores deben obtener la ayuda económica y a cuánto debe ascender.

La engañología, pues, enseña a quien no lo es a disfrazarse de científico exitoso y señala el camino que le permite surgir de entre la masa de más de 3.000.000 de investigadores que hoy colman los laboratorios. Esta ciencia contempla dos secciones: una burocrática y la otra más técnica. La burocrática es la parte más fácil, aunque no por ello menos importante. Se encarga de enseñar a confeccionar proyectos de investigación, preguntas e informes definitivos a fin de que resulten autorizados, serios y convincentes, y que puedan ser presentados ante los comités de financiación. Incluye una sección que explica a los falsificadores más ambiciosos de qué manera pueden implicar a los organismos administrativos y políticos hasta lograr transformar en asuntos de Estado las disputas entre científicos.

Sin embargo, el verdadero núcleo de la engañología es la parte técnica. Solo a partir de ésta se aprenden los verdaderos trucos que deben utilizarse para lograr acreditarse como científicos dignos de confianza y de fondos económicos. En la base de una sólida aunque falsa reputación científica se encuentran siempre y ante todo los trucos bibliográficos que van desde la publicación del mismo artículo (si bien con otro título) en la mayor cantidad posible de revistas, pasando por la divulgación de datos inventados (técnica que permite publicar muchísimo en poco tiempo y con poco esfuerzo), hasta el plagio descarado; existen además el robo de ideas, de material de experimentación, de los apuntes de colegas, y la sustracción de tablas, cuadros y fotografías. Es esencial la violación de los protocolos de laboratorio y de los registros, que no son de gran ayuda si no están acompañados por ese toque de prestidigitador que permite orientar el experimento hacia donde se desea, o de la posibilidad de recurrir, en caso de necesidad, al fraude en sí mismo como el falseamiento de una prueba, o la manipulación (mejor por la noche) de animales y material de experimentación. Existe también una técnica para descubrir cosas y efectos que no existen y otra que enseña la forma de reivindicar la primacía de un descubrimiento que otros llevaron a cabo. Finalmente es fundamental el conocimiento profundo de los trucos estadísticos, que otorgan la posibilidad de hacer que los cálculos siempre se correspondan y de sostener con rigor matemático toda idea surgida de la fantasía que el falsificador debe poseer como requisito esencial.

La difusión de estas «capacidades» es lo que produjo el increíble aumento que se dio recientemente de las teorías y descubrimientos científicos falsos y que convirtió en un hecho dramático para la ciencia la distinción entre lo verdadero y lo falso. Para críticos e historiadores del arte distinguir entre copias falsas y originales representa desde siempre uno de los objetivos principales de su actividad, pero para los historiadores de la ciencia el problema de las falsificaciones y de los fraudes es en gran parte una novedad. No puede sorprender entonces la existencia de una vasta literatura acerca de la falsificación en el arte, ni tampoco que ya en el año 1948 se publicara esa especie de Biblia que es el libro de Otto Kurz, *Fakes, a Handbook for Collectors and Students*. Para los fraudes en ciencia no existe todavía nada que se le parezca, aunque el camino comenzó a delinearse a partir de William Broad y Nicholas Wade, autores de *Betrayers of the Truth* (1982) y más tarde con la publicación en 1986 del libro de Alexander Kohn, *Falsos profetas*. Broad y Wade son dos periodistas científicos y Kohn es un biólogo, editor entre otras publicaciones del interesante *Journal of Irreproducible Results*. Mientras tanto, hicieron su entrada en esta área historiadores de la ciencia como Allan Franklin y Jan Sapp, *fraudbusters* (cazadores de fraudes) de profesión como Ned Feder y Walter Stewart y, sobre todo en Estados Unidos, comisiones parlamentarias como la presidida por el diputado de Michigan John Dingell o, asimismo, organismos de control de la actividad de los científicos, como la denominada Office of Scientific Integrity. Nació una verdadera caza del falsificador que encontró víctimas ilustres. Mi primer objetivo es relatar los resultados de esta caza: quiénes son y de qué manera fueron desenmascarados los «traidores de la verdad».

He intentado comprender y explicar también por qué y cómo un científico se decide a engañar. De ello ha surgido un cuadro de la evolución profesional y de la actividad del científico que dice, a partir de la esencia misma de la ciencia, muchas más cosas de las que podría esperarse desde la perspectiva en apariencia curiosa y anecdótica. Se descubre ante todo que los científicos engañan desde siempre y que no son solo los mediocres quienes lo hacen. No sorprenderá entonces que en esta reseña se encuentren los nombres de prestigiosos premios Nobel y de los padres de la ciencia moderna, Galileo y Newton, junto a otros científicos que permanecieron en el anonimato o que se hicieron famosos solo porque sus nombres aparecieron en crónicas de invenciones o descubrimientos falsos.

El problema más difícil ha sido, obviamente, comprender el modo de distinguir las estafas de los genios de aquellas que llevaron a cabo aprendices de brujos, científicos fracasados o simplemente mediocres. Es un problema tan complejo que admite infinidad de respuestas, aunque para no aburrir me he ceñido a las dos que me parecieron esenciales. La primera es que las estafas actuales constituyen un fenómeno reciente, asociado al sistema de financiación de la investigación adoptado en Estados Unidos después de la Segunda Guerra Mundial y que luego se difundió en todos los países occidentales. La engañología nace virtualmente cuando la ciencia de vocación se transforma en profesión y, concretamente, con la *Big Science,* la ciencia de los grandes proyectos, que nació amparada por el dinero después de 1945. En esa época se ideó el sistema de financiación de la investigación científica que ha creado el clima de competitividad responsable no solo de las falsificaciones sino también de la amplia red de complicidades entre los científicos, universidades y organismos de financiación que se esconde detrás de todo fraude. Este sistema funcionó hasta que llegó un momento en que se generó una gran cantidad de dinero pero pocos científicos. Hoy en día, cuando la población científica ha aumentado, la financiación ha disminuido y la creatividad media del científico ha decaído, el mismo sistema empuja al investigador a delinquir simplemente para sobrevivir. Hoy, a fin de cuentas, se engaña por dinero, antes se hacía por una idea.

Esto abre paso a la segunda respuesta: los grandes engañan muy pocas veces por intereses personales, y cuando lo hacen defienden siempre el interés de la ciencia, casi en todas las ocasiones sus «estafas» son una contribución esencial a la verdad científica. Existen así falsificaciones inocentes y casi obligatorias. Desde Popper en adelante sabemos que la única cosa verdaderamente cierta que se puede decir acerca de una teoría es que antes o después ésta se demostrará como falsa. En este sentido cada teoría puede ser considerada una falsificación, pero ¿qué decir entonces de las simplificaciones que son en apariencia inocentes como la referencia a los objetos físicos denominándolos «puntos materiales» o ignorar pequeños efectos perturbadores que no se consideran esenciales? Estas actitudes también son sin duda falsificaciones, aunque no se las puede considerar de la misma forma que a aquellas que produce la engañología; la diferencia radica no solo en que los falsificadores son, en este caso, genios reconocidos universalmente, sino también en que estos engaños no se llevan a cabo por intereses personales o de un grupo, sino por el interés de la ciencia, porque lo exige la misma naturaleza de la investigación científica.

Ésta es, según mi opinión, la contribución más importante que puede ofrecer el estudio de las falsificaciones para el entendimiento de la ciencia. En el último capítulo he intentado explicar de qué manera nace esta relación en apariencia paradójica entre verdadero y falso dentro de las teorías científicas, y he insistido en la utilidad del criterio empírico de la repetición de los experimentos para distinguir las estafas nobles y necesarias de aquellas que son insignificantes y costosas, y que hoy en día están muy difundidas.

# 1. Los Nobel también hacen trampa

## Las extrañas estrellas de Tolomeo

El gobierno norteamericano comenzó a interesarse seriamente por el problema del fraude científico en 1981, cuando nombró por primera vez una comisión encargada de investigar los engaños y falsificaciones que se cometían en el área de la investigación biomédica. Sin embargo, en aquella época todavía se afrontaba el problema con cierta dosis de confianza en la eficiencia del sistema y con la convicción de que los fraudes eran pocos e irrelevantes frente a la gran actividad que desarrollaban los científicos en su conjunto. La situación había cambiado bastante cuando en enero de 1990 comenzó a funcionar un subcomité del comité de Ciencia, Espacio y Tecnología encargado de llevar a cabo investigaciones en los casos de fraude denunciados y de vigilar el comportamiento de los científicos norteamericanos.

El informe de las primeras audiencias de este subcomité comienza con una nota curiosa:

> Isaac Newton, Galileo Galilei, Gregor Mendel: la obra de estos gigantes ha cambiado la historia de la ciencia. Todos tienen algo en común: juzgados a partir de los parámetros modernos, parece que todos ellos se han comportado como científicos poco serios y honestos a lo largo de sus brillantes carreras.

Una nota indicaba la fuente de aquellas acusaciones: el libro de William Broad y Nicholas Wade, *Betrayers of the Truth. Fraud and Deceit in Science,* la primera reseña de fraudes científicos que se haya publicado, y en la que los miembros del subcomité habrían podido encontrar también los nombres de Tolomeo, Dalton y Millikan.

Pero ¿qué es lo que se les atribuye a estos científicos ilustres? En lo que respecta a Claudio Tolomeo, el más grande astrónomo de la antigüedad, lo primero que se nos ocurre es que haya sido acusado de haber inventado la mentira científica más grande de todos los tiempos: la teoría según la cual la Tierra es el centro del universo, alrededor del cual giran todos los planetas y estrellas. Para descubrir que esta teoría era falsa, la humanidad necesitó mil cuatrocientos años. Tolomeo elaboró sus teorías hacia el año 150 d. C., mientras que el libro de Copérnico, en el que se sostenía por primera vez la teoría heliocéntrica, apareció en 1543. Parece entonces que nos encontramos frente a la más grande falsificación que se haya perpetrado jamás.

Sin embargo, la acusación contra Tolomeo no es ésta. Ningún científico ha tenido jamás la idea de acusarle de elaborar una teoría que desde el punto de vista matemático era en extremo refinada, daba cuenta en forma elegante de las observaciones que podían hacerse tanto a simple vista como con los instrumentos de la época, y permitía navegar con una cierta seguridad y elaborar calendarios fiables. La validez de una teoría no puede juzgarse en forma absoluta, sino en relación con el grado de predicción que presenta respecto de otras teorías y porque es capaz de explicar de un modo más simple y elegante aquello que se observa. Todos están de acuerdo en que la teoría tolomeica era la más satisfactoria que el mundo científico había podido elaborar acerca de los fenómenos celestes.

La acusación contra Tolomeo entonces no es ésta. Se le acusa de vulgar plagio: no habría sido él el encargado de calcular las posiciones de las estrellas, sino que simplemente las habría copiado y adaptado a partir de la obra de su predecesor, Hiparco de Nicea, que vivió doscientos años antes y que pasó gran parte de su vida observando y anotando la posición de las estrellas fijas. Entre los años 142 y 146 d. C. Tolomeo escribió su obra más importante, titulada en griego *Sintaxis Matematica*, un enorme trabajo de trece libros que luego tuvo por título *Megale Sintaxis* o *Gran Sintaxis*, para distinguirlo de otra pequeña colección de escritos astronómicos. Con el tiempo, el adjetivo *megale*, que quiere decir «grande» fue sustituido por *megiste* a medida que se reconocía la importancia y excelencia de aquella obra. Más tarde, durante el periodo en que la ciencia árabe representaba la vanguardia, a esta palabra se le agregó el artículo árabe *al* y el título se transformó en *al-magisti*, que significa la obra más grande que se haya escrito jamás. Cuando los occidentales la tradujeron al latín la llamaron *Al-magestum* y aún hoy se la conoce por el nombre de *Almagesto*. El séptimo libro de esta obra contenía el catálogo más completo y exacto de estrellas fijas, famoso en toda la antigüedad.

Cuando en los primeros años del siglo XX la historia de la ciencia se convirtió en algo serio, dos estudiosos norteamericanos, C. H. F. Peters y E. B. Knobel, analizaron con atención este capítulo y escribieron en 1915 un libro titulado *Ptolemy's Catalogue of Stars. A Revision of the Almagest*. En él, los dos autores exponían que los datos numéricos de las posiciones de las estrellas fijas presentados por Tolomeo no eran exactos y concordaban en su mayoría con los de la época de Hiparco, quien vivió, como se señaló anteriormente, doscientos años antes, y a los que se les había incorporado una corrección que tenía que ver con la anticipación anual de los equinoccios. Estos autores sostenían que el catálogo del *Almagesto* no era sino el de Hiparco actualizado de la mejor manera posible. Tolomeo no había hecho observación alguna, simplemente había copiado las mediciones de Hiparco.

Dennis Rawlins, un astrónomo de la Universidad de California, presentó las pruebas, de las que da cuenta también el libro recientemente publicado de Gerd Grasshoff, *The History of Ptolemy's Stars Catalogue*. Tolomeo era egipcio y, aunque no se sepa con exactitud su lugar de nacimiento, es verdad que desarrolló la mayor parte de su trabajo en Alejandría. Hiparco, en cambio, había nacido en Nicea y, aunque había vivido por algún tiempo en Alejandría, llevó a cabo la mayor parte de sus observaciones en Rodas entre los años 161 y 126 a. C. La isla de Rodas se encuentra a 5° de latitud norte de Alejandría. Esto quiere decir que desde Alejandría se puede observar una franja de cielo que es 5° más amplia hacia el norte que la que se puede ver desde Rodas y que, por lo tanto, pueden observarse estrellas que desde Rodas no son visibles. Ahora bien, ninguna de las 1.025 estrellas que aparecen en el catálogo de Tolomeo se encuentran entre aquellas que son visibles desde Alejandría y que no lo son desde Rodas. En otras palabras, aunque se encontraba trabajando en Alejandría, Tolomeo vio todas y solo aquellas estrellas que había visto Hiparco. Tolomeo, pues, no intentó siquiera realizar el esfuerzo de llevar a cabo nuevamente las observaciones, prefirió copiar los resultados de Hiparco.

Esta actitud poco propensa a los trabajos intensos de observación que a menudo son necesarios para llevar adelante una investigación científica se ve confirmada también por el físico Robert Newton, quien, en el libro *The Crime of Claudius Ptolemy* (1977), tras analizar cuidadosamente los resultados numéricos de las presuntas observaciones astronómicas de Tolomeo, se dio cuenta de que en realidad éste no había llevado a cabo observación alguna, sino que simplemente obtenía los datos numéricos a partir de la teoría que había elaborado. Eran por lo tanto resultados que la teoría había predicho, que no habían sido observados realmente, pero dado que su teoría no era tan precisa existe después de todo una diferencia entre sus datos y aquellos que hoy pueden calcularse de forma más exacta a partir de métodos más rigurosos.

El ejemplo más sorprendente que ofrece Newton es el del equinoccio de otoño que Tolomeo dice haber observado a las dos de la tarde del 25 de septiembre del año 132 d. C. Si con la ayuda de tablas modernas se vuelve a realizar el cálculo de la fecha exacta en la que un astrónomo de Alejandría habría podido observar dicho equinoccio, resulta que el fenómeno habría tenido lugar a las nueve y cincuenta y cuatro de la mañana del 24 de septiembre del mismo año. Owen Gingerich, un gran historiador de la astronomía, ha defendido a Tolomeo sosteniendo que en realidad éste debe de haber hecho las observaciones directamente, pero que luego decidió dar a conocer solo los resultados que mejor se adaptaban a sus teorías, por lo cual, retrospectivamente, se puede suponer que en realidad no hizo las observaciones y que solo derivó los datos numéricos de la teoría.

## Los experimentos que Galileo no realizó

A Galileo, en cambio, se le acusa de no haber hecho algunos de los experimentos que él mismo describe y que hoy en día se consideran la piedra fundacional de la ciencia moderna. Estos experimentos fundamentales con los que Galileo hizo callar a los científicos aristotélicos, y que en el colegio nos señalaron como los ejemplos más perfectos del método experimental, no se realizaron jamás. Por si esto fuera poco, con una arrogancia comparable a la de aquellos que pretendían procesarlo, Galileo sostenía que no era realmente importante llevarlos a cabo. Uno de los experimentos que explícitamente el mismo Galileo admitió no haber hecho es el del barco, que es la base del denominado principio de relatividad galileana. Según él, los fenómenos físicos ocurren del mismo modo tanto si se desarrollan en tierra firme como si lo hacen en un barco en movimiento, con la condición de que éste se mueva siguiendo una trayectoria rectilínea y uniforme. Galileo debió aportar este argumento para combatir las críticas de aquellos que se negaban a creer en la teoría de Copérnico y particularmente en el movimiento de la Tierra sobre su propio eje. Estos críticos sostenían que si realmente la Tierra se movía alrededor de su propio eje entonces, por ejemplo, deberíamos sentir constantemente un viento impetuoso proveniente de Oriente, la fuerza centrífuga que produce la rotación terrestre debería erradicar casas y palos mayores, las balas de los cañones que se disparan en dirección de Occidente deberían tener una trayectoria mayor respecto de las que lo hacen en dirección de Oriente y, finalmente, una piedra que se deja caer desde lo alto de una torre no tocaría el suelo al pie de la perpendicular, sino en un punto ligeramente desplazado hacia Occidente. Sin embargo –concluían los escépticos–, todos saben que las piedras caen exactamente a los pies de la torre y no más adelante. Por lo tanto, la Tierra permanece inmóvil.

Galileo replicaba que el hecho de que la piedra caiga siempre a los pies de la torre a lo largo de una trayectoria exactamente perpendicular no puede interpretarse como una impugnación del movimiento de la Tierra sobre su propio eje, precisamente en virtud del principio de relatividad, que establece que si un sistema sigue un movimiento uniforme es imposible determinar si se está en movimiento o en reposo desde dentro del mismo sistema. Para convencerse, sostenía Galileo, puede llevarse a cabo un simple experimento: subir al palo mayor de un barco y dejar caer una bala de cañón. Se observará que ésta cae siguiendo la perpendicular y exactamente a los pies del palo mayor como si el barco estuviera en reposo. El comportamiento de la bala de cañón que se deja caer desde la cima del palo mayor de un barco entonces no puede ayudarnos a comprender si éste está en movimiento o en reposo, y, del mismo modo, las piedras que caen desde lo alto de una torre no pueden decirnos si la Tierra está girando o está quieta.

Pero ¿realizó Galileo alguna vez el experimento del barco? Al parecer, no. En el segundo día del *Diálogo acerca de los sistemas máximos,* Salviati, que representa a Galileo, le pregunta a su interlocutor Simplicio: «Ahora, decidme: ¿si la piedra que se deja caer desde la cima del palo mayor cuando el barco se mueve a gran velocidad cayera precisamente en el mismo sitio del barco en el que cae cuando éste está en reposo, de qué manera os ayudarían estas caídas para confirmar si la nave está en reposo o se mueve?», y el otro responde: «No me ayudarían en absoluto: de la misma forma en que, por ejemplo, a partir del latido del pulso no se puede saber si una persona duerme o está despierta, porque el pulso late de igual manera para los durmientes que para los que están en vela». A esta altura era importante establecer obviamente qué sucede exactamente en el barco. Simplicio sostiene que la piedra caería a una distancia de la base del palo mayor igual al desplazamiento que efectúa la nave durante el recorrido de la caída. Sin embargo, Salviati-Galileo le hace callar diciendo que cualquiera que haya hecho realmente el experimento «se dará cuenta de todo lo contrario: notará que la piedra cae siempre en el mismo lugar del barco, tanto en caso de que éste estuviera en reposo como en caso de que se moviera a una velocidad cualquiera».

Ahora bien, Galileo no había realizado nunca este experimento, pero refuta con arrogancia a su interlocutor que no se mostraba muy convencido: «Yo, sin hacer el experimento, estoy seguro de que el efecto tendrá lugar como os digo porque es necesario que así ocurra». Esto es: «Es inútil hacer el experimento, si os lo digo yo debéis creerme». Es evidente que este proceder no se corresponde en absoluto con la idea del método experimental que nos han enseñado en el colegio y mucho menos con el ideal de disciplina ética y metodológica del científico. Siete años después de la publicación del *Diálogo*, Galileo recibió una carta de G. B. Baliani, quien le informaba que había invitado a un marinero a lanzar varias veces una bala de arcabuz desde el palo mayor de un barco en movimiento, verificando que todas las veces caía al pie del palo mayor.

Sin embargo, el ejemplo del barco no es el más importante entre los que Galileo nunca llevó a cabo. El más famoso es el del lanzamiento de las esferas desde lo alto de la torre de Pisa, y el más importante el del plano inclinado. El primero, el de la torre, debía refutar la teoría de Aristóteles según la cual los objetos caen con una velocidad que es proporcional a su peso: Aristóteles pensaba que dos ladrillos unidos caen siempre a una velocidad que es el doble de la de un solo ladrillo. Según el relato de su discípulo Vicente Viviani, Galileo, queriendo demostrar que esto no era así, subió a la torre de Pisa «con la participación de otros profesores y filósofos, así como también de todo el alumnado» y «con reiterados experimentos» demostró que «la velocidad de los objetos de igual materia, aunque no de igual peso, moviéndose por un mismo medio, no conserva la proporción de su gravedad, aquella que Aristóteles les había asignado, sino que todos se mueven a velocidades iguales». Los dos ladrillos unidos, pues, llegan a tierra exactamente en el mismo momento que un solo ladrillo.

En 1935 L. Cooper escribió un libro titulado *Aristotle, Galileo, and the Tower of Pisa* en el que sostenía que no existe prueba alguna o documento que ofrezca testimonio de la realización de este experimento y los estudiosos de la historia de la ciencia se inclinan a pensar que en realidad se trata solamente de una invención. A pesar de esto, ha entrado a formar parte, junto con el «Y sin embargo se mueve», de la mitología galileica. En un afortunado libro de 1893 titulado *The Pioneers of Science,* un famoso físico inglés, sir Oliver Lodge, escribió por ejemplo:

> Galileo no se resignó a verse ridiculizado y humillado. Sabía que estaba en lo cierto y quería que todos vieran los hechos como él mismo lo hacía. Por este motivo, una mañana, frente a todos los miembros de la universidad, subió a la famosa torre llevando consigo una esfera metálica de cien libras y otra de una libra. Las colocó en equilibrio sobre el borde de la torre y las dejó caer al mismo tiempo. Cayeron simultáneamente y tocaron tierra al mismo tiempo. El ruido simultáneo de los pesos sonó como una campana de muerte para el viejo sistema y anunció el nacimiento del nuevo.

Este ruido decisivo no se verificó nunca realmente porque, más allá del hecho de que tal vez en otras circunstancias Galileo hubiera realizado experiencias similares, si se efectúa realmente el experimento puede verse que cuerpos de diferente peso no alcanzan la misma velocidad, sino que los más pesados llegan a tierra un momento antes que los más livianos.

No obstante, aún en los años sesenta George Gamow, uno de los padres de la física contemporánea, continuaba sosteniendo que

> para probar la veracidad de sus conclusiones, Galileo dejó caer desde lo alto de la torre de Pisa dos esferas, una de madera y la otra de hierro, y los incrédulos espectadores presentes pudieron convencerse de que ambas tocaban tierra en el mismo instante. Las investigaciones históricas tienden a negar que esta demostración pública haya tenido lugar y afirman que se trata de una fantasiosa leyenda; no es tampoco cierto que Galileo haya descubierto la ley del péndulo mientras asistía a la misa de la catedral de Pisa. Sin embargo, de uno u otro modo, él llevó a cabo realmente estos experimentos ya fuera dejando caer objetos de diferente peso desde el techo de su casa o haciendo oscilar, tal vez en el patio, una piedra que colgaba de una cuerda.

Gamow, pues, sostenía que más tarde o más temprano, en un momento o en otro, Galileo debió haber realizado este experimento. Sin embargo, aun en el caso de que así fuera, considera que el resultado no habría sido en absoluto muy diferente del que cuenta la leyenda. De hecho, en 1978 dos estudiosos, C. G. Adler y B. Coulter, se propusieron repetir el experimento y descubrieron que las dos esferas llegaban a tierra con una diferencia no tan amplia como para satisfacer la teoría aristotélica, pero lo suficiente como para refutar la idea de simultaneidad que sostenía Galileo. Planteaban también que, en aquellas condiciones experimentales, habría sido imposible para los aristotélicos modificar la teoría a fin de que permitiera la inclusión de aquel resultado.

Mucho más comprometedora es, en cambio, la historia del famoso experimento con el plano inclinado, a partir del cual Galileo formuló la ley del movimiento uniformemente acelerado $e = 1/2\ at^2$, que afirma que en el movimiento uniformemente acelerado los espacios recorridos son proporcionales a los cuadrados de los tiempos empleados para recorrerlos.

El experimento con el que Galileo pretende haber demostrado esta ley consistía en hacer rodar una bola de bronce «bien redonda y pulida» a través de un canal inclinado «rectísimo... bien pulido y liso» forrado con un «papel suave lustrado al máximo» para hacerlo aún más liso. Se hacía discurrir varias veces la esfera de bronce a través del canal, luego hasta la mitad, hasta un tercio, dos tercios, tres cuartos, y así sucesivamente, apuntando siempre el tiempo que empleaba para recorrer las diferentes distancias. La conclusión a la que se llegaba era que «a partir de la repetición del experimento casi cien veces sucedía siempre que los espacios recorridos eran entre sí como los cuadrados de los tiempos en todas las inclinaciones del plano».

Este pasaje aparece muy a menudo en los textos de física a modo de ejemplo y modelo de cómo debe proceder la investigación científica y con ese objeto siempre aparece

## 1. Los Nobel también hacen trampa

acompañado por comentarios oportunos. En un manual italiano recientemente publicado puede leerse por ejemplo:

> Existen algunos puntos que conviene destacar: ante todo, Galileo se da cuenta perfectamente de que debe llevarse a cabo cada experimento de la manera adecuada, esto es, eliminando todos los fenómenos colaterales que podrían acarrear problemas; en este caso particular se trata de eliminar, con el máximo cuidado, toda forma de resistencia (bien pulido y liso, bronce en extremo duro, bien redondeada y pulida). En segundo lugar, precisamente porque el experimento se lleva a cabo de un modo particular, eliminando por lo tanto toda posible perturbación accidental, se puede repetir cuantas veces se desea con las mismas características. Galileo habla a menudo de pruebas que se han repetido casi cien veces como única garantía de validez de los resultados obtenidos. En tercer lugar, todo experimento carece de significado científico si no se miden con cuidado todas las cantidades que entran en juego; es precisamente a través de la medida que se construye el puente entre la observación simple y pura y la traducción de un fenómeno en términos cuantitativos, es decir, en lenguaje matemático. El cuidado y la genialidad que demuestra Galileo en sus mediciones representan con certeza una de sus más notables cualidades.

Es una lástima que el experimento que Galileo afirma haber realizado «casi cien veces» no se haya llevado a cabo ni tan siquiera una vez, y que sus mediciones exactas fueran tan solo fruto de su imaginación. Un corresponsal contemporáneo de Galileo, el padre Marino Mersenne, intentó repetir el experimento y descubrió que en aquellas condiciones era imposible obtener los resultados numéricos presentados por Galileo. Existían dos posibilidades: o Galileo nunca había realizado el experimento, o no había podido transcribir con exactitud los resultados obtenidos.

Alexandre Koyré, uno de los más grandes historiadores de la ciencia, ha sostenido la primera hipótesis: que Galileo no hizo jamás el experimento del plano inclinado. Para muchos esto resultó tan increíble que en 1961 Thomas S. Settle decidió intentar llevarlo a cabo en las mismas condiciones que indica Galileo. Constató así que Galileo habría podido obtener de la manera que sostenía resultados empíricos «satisfactorios», próximos, aunque no idénticos a los que él transcribió. Las cosas parecían finalmente volver a su sitio y Stillman Drake, el más famoso estudioso norteamericano de Galileo, pudo afirmar con satisfacción que «las conocidas aseveraciones de Galileo acerca de sus experimentos de planos inclinados se habían convalidado completamente».

Desgraciadamente, en 1973, Ronald Naylor, al repetir una vez más el experimento de Galileo, observó algunas discrepancias entre aquello que Settle había realizado y la descripción de Galileo. Settle, ante todo, no había hecho rodar una esfera dentro del surco del plano inclinado, sino suspendida sobre los bordes del mismo. De este modo reducía notablemente el efecto de rotación, que le quita a la esfera gran parte de su aceleración, y ofrecía datos que se correspondían mucho más con la ley. Sin embargo, Galileo no había llevado a cabo el experimento de esta forma. Su plano inclinado poseía un surco lo suficientemente amplio como para contener la esfera. Algunos estudiosos han supuesto que el secreto del éxito del experimento de Galileo radicaba precisamente en el uso del pergamino, que por ser liso reducía al mínimo la resistencia pasiva. Naylor opina, en cambio, que se trata de un efecto contrario. Dado que el pergamino, hecho con piel de ternero o de oveja, no supera los tres pies de ancho, aun en el caso de que los extremos pudieran unirse no lograrían ser lo suficientemente lisos como para asegurar un recorrido sin obstáculos. Por lo tanto la aceleración de la esfera se habría reducido periódicamente dada la necesidad de superar las zonas de unión entre los diferentes trozos de pergamino. Si Galileo realmente hubiera llevado a cabo el experimento se habría dado cuenta de inmediato de que el uso del pergamino no solo no constituía una ayuda, sino que además resultaba contraproducente.

Naylor descubrió también que otro importante experimento de Galileo, a partir del cual se deriva la ley del isocronismo del péndulo, no pudo haber sido realizado del modo en que Galileo lo describe, ya que así no se obtienen los resultados que éste transcribe. La ley establece que en un péndulo el periodo (es decir, el tiempo que emplea en realizar la oscilación) no depende de la amplitud de la oscilación. Galileo afirma, según sus propias palabras, que descubrió esta ley a partir de una serie de experimentos, uno de los cuales consistía en hacer oscilar una esfera de plomo y una de corcho que se encontraban unidas a hilos de igual longitud. Ateniéndonos siempre a lo que Galileo informa, estas dos esferas «conservaban una constante igualdad de sus recorridos a través de todos los arcos», o sea que oscilaban a un mismo ritmo. Naylor ha vuelto a realizar el experimento sirviéndose de una esfera de latón y una de corcho, constatando que después de tan solo veinticinco oscilaciones completas la esfera de latón ganaba un cuarto de oscilación respecto de la esfera de corcho, al contrario de lo que describe Galileo.

Naylor ha concluido que, como ya sugería Koyré, en la mayor parte de los casos Galileo no seguía el método experimental del cual es considerado el padre, y que no se servía de los experimentos para llegar a obtener leyes físicas, sino para confirmarlas. Añadía además otra transgresión al experimentalismo cuando forzaba la adaptación de los datos numéricos obtenidos en experimentos verdaderos o supuestos a la ley que ya había elaborado. Como sostuvo William R. Shea:

> Ésta es una acusación muy seria porque presupone que Galileo no solo era poco sincero al proponer un método del que podía no obtener los resultados esperados, sino también decididamente fraudulento al sostener que había logrado producir pruebas que estaban fuera de su capacidad.

Si se nos pregunta de dónde nacen estas mixtificaciones de Galileo, se descubre que no se debían solamente al poco prejuicio moral que Paul Feyerabend le ha adjudicado, sino también a la necesidad de hacer frente a la carencia de instrumentos de medición y aparatos experimentales fiables. Instrumentos y aparatos indispensables para pasar, según una feliz expresión de Koyré, «del mundo del "casi" al universo de la exactitud».

Los antiguos, ha explicado Koyré, consideraban

> ridículo querer medir con exactitud las dimensiones de un ser natural: el caballo es sin duda más grande que el perro y

## 1. Los Nobel también hacen trampa

más pequeño que el elefante, pero ni el perro, ni el caballo, ni el elefante poseen medidas estricta y rígidamente determinadas. En todas partes existe un margen de imprecisión, de «juego», de «más o menos», de «casi».

Para ellos solo la mecánica de los movimientos celestes seguía leyes matemáticas precisas, mientras que el mundo en el que vivimos y trabajamos no era asimilable a éstas: se creía que en él las cosas ocurren de acuerdo con ciertas leyes, pero no con una rigurosa exactitud. Por este motivo los antiguos no habían podido desarrollar una física matemática, y por eso no habían logrado tampoco hacerse una idea exacta de fenómenos tan simples como la velocidad de caída de una piedra o la trayectoria de una flecha. El signo más evidente de este desinterés por la exactitud fue la ausencia casi absoluta de instrumentos científicos.

Después vino Galileo con la idea de que incluso la física de nuestro mundo cotidiano está hecha de círculos, triángulos, elipses, y que el comportamiento de los objetos de este mundo también podía calcularse con los mismos métodos y la misma exactitud que se habían aplicado para las estrellas y los planetas. Sin embargo, la tarea era difícil y los instrumentos de medición eran aún pocos y artesanales. Además, como veremos en el último capítulo, la simple idea de que los fenómenos del mundo físico obedecen a leyes matemáticas rigurosas era cierta solo en parte y en la medida en que se ignoraban las pequeñas perturbaciones y variaciones consideradas (hoy sabemos que erróneamente) sin importancia. Por este motivo, muy a menudo también los padres de la física moderna se vieron obligados a hacer trampa: cuando un fenómeno se correspondía obstinadamente con la lógica del «casi» ellos lo trasformaban en exacto a la fuerza. ¿De qué manera? Recurrían al *fudge factor*, un factor que, unido a los cálculos, permite que siempre y en cualquier caso todo se corresponda.

## Newton y el «factor de falsificación»

Richard Westfall acuñó la expresión *fudge factor* para describir algunas de las extrañas operaciones de Newton y resulta difícil encontrar una traducción exacta. El verbo *fudge* quiere decir tanto falsificar como hacer algo en forma descuidada, remendar, chapucear, pero también se usa para describir la actividad de los estafadores. El sustantivo *fudge* quiere decir, en cambio, embuste, patraña, invento. Una buena traducción al castellano del *fudge factor* podría ser, entonces, «factor de falsificación».

La manera en que Newton se servía de este factor es muy simple: sabiendo cuáles debían ser los resultados, a partir de especulaciones puramente teóricas, cambiaba el valor de los parámetros hasta obtener el resultado que deseaba. Esto fue lo que hizo, por ejemplo, para calcular el valor de la velocidad del sonido. Hoy en día sabemos que es de 340 m/s, pero los instrumentos disponibles en aquella época eran tan inexactos que los valores que ofrecían eran muy superiores o muy inferiores a esto, de tal modo que Newton al principio no se preocupó en medirlo. Le resultaba más simple y correcto calcularlo en forma teórica a partir de las leyes que se conocían acerca del movimiento de propagación de las ondas.

De esta forma obtuvo un primer valor teórico de 295 m/s. Cuando se enteró de que en Francia el padre Mersenne y el matemático Gilles Personne de Roberval habían obtenido dos resultados completa e inexplicablemente diferentes entre sí (449 m/s frente a 182) decidió intentar él mismo un verdadero experimento de medición. Fijó un péndulo bajo una arcada del Trinity College y midió con éste el tiempo que empleaba para percibir el eco de un sonido reflejado por una pared que se encontraba aproximadamente a 130 metros de distancia. Resultó así que el valor buscado debía encontrarse entre los 330 y los 280 m/s. El valor ya calculado de 295 m/s cae precisamente en este intervalo, por lo que Newton concluyó que evidentemente los dos franceses se habían equivocado y que, como era de esperar, su cálculo teórico era exacto.

Sin embargo, en los años siguientes otras mediciones dieron resultados próximos a los de Mersenne, con lo cual en 1694 Newton decidió repetir el experimento de medición. Esta vez obtuvo valores que oscilaban entre los 338 y los 299 m/s, y poco después se convenció de que la medida más aproximada era la que proponían su amigo W. Derham y J. Sauveur en la que el sonido se propagaba a la velocidad de 348 m/s, es decir 8 m/s más de lo que puede leerse hoy en los libros de física.

Entre 295 y 348 existe una gran diferencia. Newton se daba cuenta realmente, pero no por eso se desesperó. Decidió entonces recurrir al «factor de falsificación»: sostenía que sus cálculos teóricos contenían una evaluación errónea de la densidad del aire (parámetro que en esa época era sumamente difícil de evaluar), lo adaptó haciéndolo pasar de 1/850 a 1/870 y ganó así 33 m/s. Sin embargo, para alcanzar el valor de 348 m/s faltaban aún otros 20 metros. ¿Cómo recuperarlos? Retocando una vez más los cálculos, naturalmente. Esta vez le tocó el turno al vapor: Newton se dio cuenta de que había «olvidado» que en el aire también está presente el vapor, que no vibra con el aire, y que por lo tanto produce un aumento de la velocidad proporcional al cuadrado de la cantidad de aire desplazada. De este modo juntó los 20 m/s que le faltaban para alcanzar el valor, equivocado, de 348 m/s.

Sus adaptaciones no eran otra cosa que manipulaciones y, en última instancia, falsificaciones de los datos numéricos. Solo mucho tiempo después Laplace clarificó el misterio: los cálculos teóricos de Newton eran exactos y la discrepancia entre el valor teórico de 295 m/s y el valor real de 340 no se debía a la densidad del aire o al vapor, como él pensaba, sino simplemente al hecho de que a medida que las ondas sonoras avanzan su compresión genera calor y éste, reduciendo la resistencia del aire, aumenta su velocidad.

Mediante adaptaciones similares, Newton logró hacer que la teoría que había enunciado para explicar la anticipación anual de los equinoccios se correspondiera con los datos extraídos de las observaciones de los astrónomos. El fenómeno de la anticipación de los equinoccios consiste en que el regreso del Sol al equinoccio de primavera tiene lugar un poco antes de que el Sol haya realizado una revolución completa sobre la eclíptica. Esto se sabía desde la antigüedad porque causaba esas pequeñas discrepancias entre el año solar y el año civil, y que, con el transcurso de los siglos, provocaron las diferentes reformas del calendario. Las pequeñas anticipaciones del Sol, que se acumulan con el correr de los años, producen un desequilibrio entre el transcurso de las estaciones y el año civil. Los griegos, por ejemplo, habían adoptado un calendario de doce meses que eran alternativamente de 29 y 30 días. El año de los griegos duraba entonces 354 días, es decir, 11 días menos que el solar. Para saldar esta diferencia se agregaba, de vez en cuando y con criterios que variaban de ciudad en ciudad, un mes suplementario. También los romanos, que tenían un año de 355 días, se veían obligados cada tanto tiempo a agregar, después del 23 de febrero, un periodo de 22 o 23 días que denominaban «mes mercedonio». Sin embargo, estos agregados no se hacían necesariamente con el mismo cuidado, por lo que en la época de Julio César el año civil se anticipaba en 90 días al año solar. Para evitar estos problemas César estableció que desde ese momento el año constaría de 365 días y que, para saldar la pequeña diferencia restante, cada cuatro años existiría uno de 366 días que llevaría el nombre de «bisiesto». Esta reforma entró en vigor en el mes de febrero del año 708 de la numeración romana, que correspondía a nuestro año 46 a. C., y fue un año verdaderamente memorable porque para poder recuperar el retraso de 90 días contó con 15 meses y 445 días. Pasó a la historia precisamente como «el año de la confusión».

Todos pensaban que con las reformas introducidas por Julio César no se presentarían desequilibrios entre el año solar y el año civil. Los Padres de la Iglesia, reunidos en el Concilio de Nicea (325), estaban tan convencidos que establecieron que desde ese momento la Pascua se celebraría el 21 de marzo, el día en que, en ese año, caía el equinoccio de primavera. Con el correr de los siglos, sin embargo, el equinoccio comenzó a anticiparse. En la época de Dante Alighieri cayó alrededor del 13 de marzo, y hacia finales del siglo XVI lo hizo alrededor del 11 de marzo. A fin de que coincidiera nuevamente el equinoccio de primavera con el 21 de marzo, Gregorio XIII impulsó la reforma gregoriana, que trajo consigo, entre otras cosas, la desaparición de 11 días. Se pasó, de hecho, del jueves 4 de octubre de 1582 al viernes 15 de octubre. Todo esto debido a la anticipación de los equinoccios, cuya medida exacta y causas eran de vital importancia para una disposición correcta del calendario.

En la época de Newton los astrónomos habían evaluado la pequeña anticipación del Sol en 50 segundos en un año, valor bastante acertado, ya que el actual es de 50,4 segundos por año. Sin embargo, nadie podía explicar la causa de esta anticipación. Newton fue el primero que la atribuyó acertadamente a la acción combinada del Sol y de la Luna sobre el aumento del radio terrestre en el plano ecuatorial. Para demostrar que esta hipótesis era acertada dedujo el valor numérico de la anticipación de los equinoccios: si era igual al observado por los astrónomos significaba que su teoría era correcta. Desafortunadamente para él la teoría era en efecto correcta, pero él no disponía aún de instrumentos conceptuales que permitieran deducir el valor exacto de la anticipación de los equinoccios. Por ese motivo, a fin de obtener la correspondencia entre el valor teórico y el que se observaba efectivamente, debió recurrir una vez más al «factor de falsificación». Esta vez, sin embargo, como ha demostrado Westfall, no se preocupó ni siquiera por encontrar él mismo una nueva medición: simplemente reacomodó tanto como fue necesario los valores de algunos parámetros fundamentales, como la inclinación del ecuador sobre la eclíptica, la densidad de la Tierra, y la relación entre la atracción lunar y la atracción solar, hasta que adaptó aquellas malditas ecuaciones al resultado correcto.

Con igual habilidad Newton logró demostrar la validez de la ley de la gravitación universal, descubrimiento que más que cualquier otro le condujo a la fama. La ley establece que todos los cuerpos materiales del universo se atraen unos a otros con una fuerza cuya intensidad se incrementa al aumentar sus respectivas masas y al disminuir la distancia entre ellos.

La sobrina de Newton, Katharine Barton, relató a Voltaire la anécdota, que más tarde se hizo famosa, según la cual su ilustre tío habría descubierto la ley en 1665 cuando vio caer una manzana en el jardín de su casa de Woolsthorpe. Como testimonio de la credibilidad del relato se citaba el manzano que existía, en efecto, en el jardín de la casa hasta 1814. Los historiadores de la ciencia, sin embargo, no dieron crédito a esta anécdota. A partir del año 1855, cuando D. Brewster publicó la primera biografía intelectual de importancia sobre Newton, sabemos que las cosas no fueron así, y que muy probablemente Newton robó su ley a Robert Hooke, que con toda ingenuidad se la había contado. El mérito de Newton era, sin embargo, tan importante como el descubrimiento de la ley misma, pues se había ocupado de fundamentarla matemáticamente. Newton ofreció, además de una clara y explícita enunciación, una demostración admirablemente clara y convincente que dejó a todos estupefactos, acrecentando aún más la admiración por su genialidad ilimitada. Es una pena que ésta fuera también fruto de una serie de hábiles «correcciones».

La demostración de la ley de la gravitación universal se apoya, como señala Westfall, «en la correlación entre el valor de la aceleración de la gravedad sobre la superficie terrestre y la aceleración centrípeta de la Luna». Si con la demostración apoyada en semejante correlación Newton hubiese sido capaz de deducir un valor de la aceleración con la que los cuerpos caen sobre la superficie terrestre, y si este valor se hubiese correspondido con el que se podía medir experimentalmente, entonces habría podido sostener con toda razón haber demostrado en forma brillante la validez de la ley del inverso de los cuadrados.

Traducida a unidades de medida modernas, su demostración es la siguiente: la aceleración centrípeta de la Luna, es decir, aquella que la empuja a caer continuamente hacia la Tierra y la mantiene en una órbita circular, puede calcularse a partir de las leyes ya conocidas y se corresponde a 0,27 cm/s$^2$. Si este valor es correcto y si la distancia entre la Tierra y la Luna es de 60 diámetros terrestres, entonces, en virtud de la ley del inverso del cuadrado, la aceleración con la que un cuerpo que se encuentra próximo a la superficie terrestre, como por ejemplo una manzana, es atraído hacia el suelo se obtendrá multiplicando 60$^2$ por 0,27. El resultado que se obtiene es 9,72 m/s$^2$. Éste es el valor teórico de la aceleración de la gravedad. Pero ¿cuál era el que se obtenía a partir de las mediciones experimentales? Las indiscutibles mediciones que C. Huygens había hecho en París daban como resultado un valor, casi idéntico, de 9,8 m/s². Existían, pues, tan solo 8 centímetros de diferencia, una tontería comparada con las enormes distancias que se tomaban en consideración en el cálculo. Se trataba entonces realmente de una demostración brillante y genial: la Luna, a una distancia de aproximadamente 60 radios terrestres, está dotada de una aceleración centrípeta que es 3.600 veces más pequeña que la de la manzana, que dista un solo radio del centro de la Tierra.

Sin embargo, si nos preguntamos por qué Newton eligió, como distancia media entre la Tierra y la Luna, justamente 60 radios terrestres, la demostración se vuelve menos elegante. En esa época, en efecto, los científicos no acordaban en absoluto el valor que había que atribuirle a esta distancia. Algunos sostenían que era de 59 radios terrestres, otros de 60, otros, como Copérnico, de 60 y 1/3, mientras que existía quien, como Tycho Brahe, había afirmado que era de 56 radios y medio. ¿Por qué, entonces, Newton eligió precisamente 60? La respuesta de Westfall es simple: porque era la más apropiada para lograr que los cálculos dieran correctamente y la había elegido conociendo ya cuál era el valor de la constante gravitacional. La suya, pues, no era una verdadera demostración, dado que las dos cantidades que entraban en la correlación sobre la que se apoyaba la demostración, es decir, la aceleración gravitatoria y la aceleración centrípeta de la Luna, no habían sido determinadas de modo independiente una de otra, desde el momento en que uno de los parámetros esenciales, la distancia entre la Tierra y la Luna, había sido elegido teniendo en cuenta el valor de la aceleración de la gravedad. Una vez más, entonces, Newton había obligado a sus ecuaciones a ir hacia donde él deseaba.

El artículo en el que Westfall ha revelado de qué manera Newton le otorgó rigor y exactitud a sus cálculos suscitó algunas polémicas y la revista *Science,* que lo había publicado, recibió diferentes cartas comentándolo. Una de ellas, firmada por Arthur H. Boultbee, decía:

> Leyendo el artículo de Westfall he recordado una anécdota que me contó J. C. McLennan hace aproximadamente cuarenta años. Me dijo, si mal no recuerdo: «Una vez felicité muy calurosamente a Niels Bohr por la admirable correspondencia existente entre sus ecuaciones y el valor de la constante de Rydberg, a lo que Niels me contestó: "Naturalmente McLennan, yo mismo los he hecho corresponder a la fuerza"».

Este tipo de manipulaciones de datos numéricos se atribuye también a Gregor Mendel, fundador de la genética, si bien su caso, aunque considerado paradigmático de la tendencia de los científicos a retocar sus resultados, como veremos es mucho más complejo y dramático.

Fruto de oportunas adaptaciones es, sin embargo, la ley de las proporciones múltiples, enunciada en 1807 por el químico John Dalton. Esta ley dice que cuando una sustancia se une con otra para formar más de un compuesto las proporciones en los diferentes compuestos que pueden formarse presentan una relación numérica simple, y esto se debe a que los átomos de un elemento se combinan con un número entero de átomos del otro elemento.

Dalton dice haber llegado a formular esta ley a partir de una serie de experimentos con carbono y oxígeno. Uniendo estas dos sustancias pueden obtenerse dos compuestos diferentes: uno, que se forma quemando carbono en exceso de oxígeno, es el dióxido de carbono, sustancia presente también en el aire que respiramos. Si se hace pasar el dióxido de carbono sobre el carbono incandescente se obtiene en cambio el monóxido de carbono, que contiene menos oxígeno que el dióxido. Para establecer las proporciones de carbono y de oxígeno que contiene el monóxido es necesario cotejar el peso del dióxido de carbono consumido con el peso del carbono necesario para crear una determinada cantidad de monóxido de carbono. Un modo de llevar a cabo esta determinación consiste en calentar en un tubo cerrado un peso dado de dióxido de carbono con otro dado de carbono. Al finalizar el experimento se hace burbujear el gas en agua de calcio: la cantidad de cal que se produce nos indica cuánto dióxido de carbono ha sobrado y por lo tanto cuánto ha desaparecido en combinación con la parte del dióxido de carbono que también ha desaparecido.

De este modo Dalton señaló que en el dióxido de carbono se han combinado tres gramos de carbono con ocho de oxígeno; en cambio, en el monóxido de carbono se han combinado tres gramos de carbono con cuatro de oxígeno: es decir, que, a igual cantidad de carbono, en el dióxido de carbono existe el doble de oxígeno que en el monóxido.

La demostración parece simple y elegante, pero cuando el historiador de la química J. R. Partington intentó rehacer los experimentos se convenció de que era «prácticamente imposible obtener las simples relaciones que Dalton aseguraba haber descubierto». Esta incongruencia puede explicarse de dos maneras: bien Dalton obtuvo la ley sencillamente a partir de su teoría atómica e intentó confirmarla luego sabiendo ya qué debía buscar o, habiéndose dado cuenta a partir de los experimentos de que la única regularidad que se verificaba era aquella de las proporciones múltiples, simplemente descartó todos los experimentos cuyos resultados no concordaban con la hipótesis, al menos en la presentación pública de la ley.

## Millikan y las gotas ausentes

Seguramente del mismo modo se comportó el físico Robert Millikan, premio Nobel de física en 1924, para llegar a determinar la carga eléctrica del electrón que aún hoy se considera la unidad de carga eléctrica. El razonamiento que Millikan siguió era muy simple: si un cuerpo se carga negativamente porque mediante la fricción obtiene electrones de otro cuerpo, su carga eléctrica total debe ser necesariamente un múltiplo entero de la carga del electrón. Después de haber cargado un gran número de cuerpos pequeños y de haber confrontado sus cargas eléctricas se puede pretender descubrir el valor base de la carga eléctrica que corresponde a la carga del electrón.

Los medios que utilizó Millikan eran esencialmente un rociador (que era en origen un vaporizador de perfume) que lanzaba gotitas minúsculas de aceite entre dos placas metálicas unidas a una batería de forma tal que generaban un campo eléctrico. Estas gotitas caían naturalmente hacia abajo por efecto de la fuerza de la gravedad, pero cuando se las sometía a la acción de una fuerza eléctrica, dirigida hacia arriba, permanecían en equilibrio o volvían hacia lo alto. Con el lenguaje imaginativo que le caracterizaba, Millikan sostenía que cuando una gota de aceite «se mueve hacia arriba a la velocidad más baja posible, podría apostar que solo un electrón aislado está apoyado sobre su espalda».

Sin embargo, el fenómeno más interesante era el de las gotitas que permanecían en equilibrio, porque en ese caso era posible deducir la carga eléctrica de la gota una vez que se conocía su masa. Ésta podía determinarse observando en el microscopio el radio y multiplicando luego el volumen de la gota por la densidad del aceite utilizado. Calculando las cargas eléctricas de sus gotas, Millikan descubrió que eran siempre múltiplos de una cantidad $e$ que representaba el «cuanto», es decir la unidad mínima de carga eléctrica. El artículo más importante, en el que Millikan aportó la medición más exacta del valor de $e$, fue publicado en 1913 y la información se apoyaba en datos calculados a partir de 58 gotas de aceite. Además señalaba que «éste no es un grupo determinado de gotas, sino que representa a todas las gotas estudiadas durante 60 días consecutivos, durante los que se desmontó y volvió a reconstruir el aparato experimental». La misma afirmación aparece en el libro *The electron*, donde apunta: «Estas 58 gotas representan todas las gotas estudiadas durante 60 días consecutivos, no se ha excluido ninguna». La información es muy importante en tanto que tan solo una de esas 58 gotas ofrecía los resultados de $e$ que se extraían «en medidas iguales al 0,5% de las otras».

Ahora bien, examinando los cuadernos de laboratorio de Millikan, el historiador de la física Gerald Holton ha descubierto que esta afirmación es falsa. En realidad, Millikan había trabajado sobre un total de 140 gotas, pero había decidido publicar solamente los datos que se referían a 58 de ellas, que eran, obviamente, aquellas que ofrecían los resultados más próximos al valor buscado. En sus cuadernos Millikan presenta también los motivos por los que había descartado los datos que consideraba poco significativos. Él mismo pensaba que las causas se debían algunas veces al bloqueo del manómetro por una burbuja de aire, otras a interferencias de la convección, otras veces a errores del cronómetro, y finalmente al funcionamiento defectuoso del atomizador. En todo caso es cierto que las 58 gotas que toma en consideración en el artículo no eran las únicas sobre las que había trabajado, y es cierto también que de haber considerado la totalidad habría obtenido un valor de $e$ mucho menos exacto.

La anécdota es importante en tanto en cuanto el físico austriaco Felix Ehrenhaft, con un aparato análogo aunque mucho más preciso que el de Millikan, había presentado ya en 1910 una serie de observaciones de las que se desprendía que no era en absoluto cierto que la carga eléctrica de las gotitas fuese siempre $e$ o un múltiplo de la misma. No era cierto entonces que $e$ era la unidad mínima de carga eléctrica, dado que podían encontrarse gotitas cuya carga presentaba un valor inferior.

Por consiguiente, ya en mayo de 1910 Ehrenhaft expuso la hipótesis de la existencia de una entidad más pequeña que el electrón, que él mismo denominó subelectrón, y sostuvo que sus resultados demostraban que en la naturaleza no existen cantidades indivisibles de carga eléctrica que se correspondían con el valor aproximado presentado por Millikan.

Estos datos crearon cierto embarazo en el mundo científico, ya que en aquel momento la existencia de un cuanto de carga eléctrica asociada al electrón era la idea dominante. Aún hoy la física sostiene oficialmente que ningún experimento ha demostrado de forma concluyente que en la naturaleza existen cargas eléctricas menores que $e$. Esta sólida convicción se vio reforzada tan solo después de la publicación del artículo de Millikan en 1913, ya que antes de esa fecha científicos ilustres como Albert Einstein, Max Planck, Max Born y Erwin Schrödinger habían considerado seriamente la hipótesis de los subelectrones, que comenzó a discutirse en el mundo científico a partir de 1981, cuando nuevos experimentos confirmaron la existencia de cargas eléctricas que eran fracciones de $e$. Todo hace suponer que Millikan impuso sus ideas a los físicos de la época manipulando de forma hábil los datos experimentales obtenidos además con un aparato poco preciso y una campaña de desprestigio contra Ehrenhaft.

Alexander Kohn acusa a Millikan de algo bastante común en el mundo científico: haber explotado de forma hábil la idea y el trabajo de un estudiante suyo sin reconocerle sus méritos. El éxito de Millikan se debe también al uso, en cierta fase de la experimentación, de un vaporizador de aceite en lugar de un vaporizador de agua. Esto ocasionaba algunas dificultades porque las gotas se evaporaban rápidamente y su caída podía observarse tan solo durante pocos segundos en los que era difícil llevar a cabo las mediciones. Pero un día en que Millikan no se encontraba en el laboratorio, uno de sus estudiantes, Harvey Fletcher, tuvo la idea de sustituir el vaporizador de agua por uno de aceite. De esta forma los experimentos eran mucho más ágiles y resultaba mucho más fácil llevar a cabo los cálculos y las observaciones.

Cuando Millikan regresó se mostró muy entusiasmado y comenzó a trabajar activamente junto con Fletcher sirviéndose del nuevo aparato. Así fue como después de seis semanas Millikan pudo publicar, en 1910, su primer artículo importante y significativo acerca de la carga del electrón. Sin embargo, este artículo estaba firmado solo por él, aunque en el texto reconoce que había realizado los experimentos junto con Fletcher. El motivo oficial por el cual Millikan publicó este artículo solo era que las normas vigentes en la Universidad de Chicago exigían que los estudiantes que estaban preparando la tesis debían trabajar de forma autónoma: por lo tanto, si Fletcher hubiera firmado el artículo junto con Millikan y hubiera presentado luego esos mismos datos en su tesis, habría podido tener problemas académicos.

Si se tiene en cuenta que, como ha subrayado Holton, Millikan inició sus experimentos acerca de la carga del electrón de una forma puramente casual y que la innovación que introdujo Fletcher fue decisiva para elevar el grado de exactitud de las mediciones, puede parecer bastante injusto que el premio Nobel haya sido otorgado solamente a Millikan.

## 1. Los Nobel también hacen trampa

Perplejidades similares provoca el caso del premio Nobel atribuido en el año 1952 a Selmann Waksman por el descubrimiento de la estreptomicina. En aquella época el único antibiótico conocido y usado era la penicilina, que se había descubierto quince años antes y que se producía a partir de un moho. Waksman, un microbiólogo ruso naturalizado norteamericano que dirigía entonces la sección experimental de agricultura de la Universidad Routhgers en Nueva Jersey, decidió verificar si otros mohos u hongos podían producir sustancias antibióticas. Fijó su atención particularmente en los actinomicetos, hongos que se encuentran en todas partes, e hizo que sus estudiantes los analizaran con atención buscando sustancias antibióticas que tuvieran algún efecto contra las bacterias patógenas.

Uno de sus estudiantes, Albert Schatz, descubrió que un hongo llamado *Streptomyces* producía en efecto un antibiótico que mataba las bacterias que causaban la tuberculosis. Éste se mostró eficaz también contra otras enfermedades tanto en el hombre como en animales. El artículo en el que se anunció el descubrimiento llevaba la firma de Waksman y de Schatz, pero fue solo Waksman quien obtuvo el premio Nobel. Además, Waksman patentó la estreptomicina, lo que le permitió obtener grandes ingresos de los laboratorios farmacéuticos.

Schatz presentó una demanda contra Waksman y exigió una participación en los beneficios de la venta de la estreptomicina. La controversia se resolvió luego sin procedimiento legal, pero la comunidad científica se conmocionó debido a la osadía del alumno al demandar a su «maestro», más aún teniendo en cuenta que Waksman había utilizado los beneficios de las ventas de la estreptomicina para financiar el Instituto Waksman de microbiología. Schatz sufrió el ostracismo al que lo empujó la comunidad científica, que le impidió obtener empleo alguno en investigación o en la enseñanza universitaria. Se vio obligado a emigrar a América del Sur, donde trabajó como profesor de instituto.

## Emilio Segrè: un Nobel impugnado

Una desagradable historia es con seguridad la del premio Nobel otorgado en 1959 a Emilio Segrè y a Owen Chamberlain por el descubrimiento del antiprotón. Dieciocho años después de obtener el Nobel, Segrè fue demandado ante la Corte Suprema del condado de Alameda por su compatriota Oreste Piccioni, que afirmaba ser el verdadero ideólogo del experimento que había llevado al descubrimiento y exigía 125.000 dólares como indemnización y una declaración oficial de Segrè y Chamberlain que le otorgara la paternidad del experimento. El tribunal falló contra Piccioni, pero solamente porque había dejado transcurrir demasiado tiempo antes de denunciar el hecho, aunque reconocía que había aportado, durante el debate, una explicación más que plausible como justificación del retraso.

Los científicos, al menos aquellos que se habían encargado de los trabajos, sabían desde hacía tiempo que Piccioni tenía razón y lo demostraron de forma tangible. El gran físico Edoardo Amaldi, recientemente fallecido, no ha ocultado jamás su solidaridad con Piccioni. Los fundamentos y la plausibilidad de las reivindicaciones de Piccioni aparecieron también de forma evidente después de que, hace algunos años, J. L. Heilbron, uno de los más famosos historiadores de la física norteamericanos, volvió a examinar todo el escándalo sirviéndose de cartas y de otros documentos de archivo. El año pasado Piccioni regresó a Italia con motivo de un congreso, pero, no obstante mi insistencia, no quiso comentar el escándalo, tal vez porque –según dijo– han pasado ya demasiados años y Segrè ha muerto o porque en lo que a él respecta ya todo ha sido dicho.

Oreste Piccioni es de origen toscano. Nació en Siena el 24 de octubre de 1915. Antes de viajar a Estados Unidos para incorporarse al MIT, en 1946, había trabajado con Fermi en Roma, donde obtuvo su diploma como físico en 1938. Después trabajó, como ayudante al principio y luego como profesor de electromagnetismo, en la misma universidad, donde llevó a cabo junto con Marcello Conversi y Ettore Pancini un famoso experimento acerca de la naturaleza de los rayos cósmicos. Precisamente por su competencia en el campo de los rayos cósmicos, Bruno Rossi le invitó a participar en el MIT en 1946. Dos años después se incorporó como investigador al Brookhaven National Laboratory, donde permaneció hasta el año 1960.

En 1954 se había concluido en Berkeley, California, lugar de trabajo de Segrè, el Bevatron, que en aquella época era el acelerador de partículas más potente. Piccioni deseaba intensamente ver este gigantesco juguete en funcionamiento. Su deseo no tardó en realizarse. En diciembre de 1954 recibió la admisión en el Bevatron durante los trabajos de un congreso de la American Physical Society. En esa ocasión le propuso a Segrè un experimento en colaboración que consistía en utilizar el Bevatron a fin de encontrar el antiprotón, uno de los elementos esenciales de la antimateria. No se trataba de observar el proceso de aniquilación del antiprotón, procedimiento que se había adoptado hasta entonces, sino de intentar medir la masa a partir del momento y del periodo de vuelo. El mayor problema de este método, originado por el hecho de que se podían observar pocos antiprotones, que además se hallaban escondidos entre una gran cantidad de mesones, podía superarse, según Piccioni, mediante el uso de un espectrómetro de doble lente magnética y de un contador Cerenkov.

Después del congreso Piccioni regresó a Brookhaven. Cuando pasados algunos meses volvió a visitar a sus «colegas» de Berkeley supo que Segrè y Chamberlain, junto con C. E. Wiegand y T. J. Ypsilantis, habían realizado el experimento exactamente como él mismo lo había ideado. Estos científicos lograron en efecto demostrar por primera vez la existencia del antiprotón, y es gracias a esto que en 1959 Segrè y Chamberlain obtuvieron el premio Nobel por su «ingenioso método para encontrar y analizar el antiprotón», como decía la declaración oficial que E. Hulthén leyó en Estocolmo.

Piccioni, naturalmente, protestó porque, cuando había presentado su proyecto, le habían prometido la participación en el experimento. Segrè logró convencerle de que desistiera de iniciar un proceso oficial y le prometió, a cambio de su silencio, ciertos «favores» por parte de la poderosa comunidad de físicos de Berkeley. Piccioni necesitaba realmente ese apoyo porque su carácter caprichoso y sus simpatías izquierdistas estaban retrasando la obtención de la ciudadanía estadounidense.

Había además quienes lo trataban más duramente que Segrè. Cuando se animó a escribirle una carta a Ernest Orlando Lawrence, premio Nobel en 1939 y director en ese momento del Radiation Laboratory donde se encontraba el Bevatron, obtuvo como única respuesta una convocatoria ante otros dos premios Nobel y una advertencia de no crear más problemas. Uno de los dos Nobel presentes en aquella discusión era Edwin McMillan, que asumió el cargo de director a la muerte de Lawrence en 1958. Apenas se enteró del premio Nobel a Segrè y Chamberlain, Piccioni volvió a la carga y se presentó en el despacho de McMillan. En presencia de Segrè, McMillan le prometió a cambio de su silencio mover sus influencias para obtener una recomendación a fin de que le otorgasen un premio Nobel.

Estas promesas hicieron que Piccioni decidiera guardar silencio y esperar. Pero esperó demasiado, y cuando se dio cuenta de que todos se habían olvidado ya del Nobel prometido decidió iniciar los trámites legales. Demasiado tarde. El tribunal reconoció que el comportamiento de Segrè había provocado muchos daños a su carrera, pero no podía otorgarle ese Nobel que tan ingenuamente había dejado escapar. Además, cuando en 1972 decidió dirigirse a la justicia toda la comunidad científica se volvió en su contra porque había osado llevar a los tribunales, por primera vez en dos mil años de historia de la ciencia, una polémica que todos consideraban exclusivamente científica. Un científico que prefirió permanecer en el anonimato le declaró a Deborah Shapley, que fue quien escribió la historia para *Science:*

> Éstas son acusaciones que pueden hacerse ante un vaso de cerveza y tal vez en ese caso logras obtener comprensión y simpatía, pero expresarlas oficialmente y en público es condenable desde todo punto de vista.

La conclusión de Heilbron es que

sin duda, Piccioni había discutido convenciones tribales que normalmente se consideran tabú: la intervención y la influencia de la política en los temas científicos, la duda de la ética profesional, la dificultad de otorgarle con justicia los méritos a investigadores que colaboran en grandes proyectos y el prestigio del premio Nobel; pero también el criterio de antigüedad que se hace valer ante las posibilidades de progresos y éxitos en la carrera, y los peligros de la «Big Physics», en la que son pocas las personas que controlan en forma directa la distribución y los gastos de grandes sumas de dinero.

La historia tiene un singular apéndice. En un artículo que en 1979 apareció en la revista *Foundations of Physics* y en dos manuscritos que han circulado entre los estudiosos, uno de los cuales llevaba por título «Una estafa experimental ganó el premio Nobel en 1959», J. C. Cooper acusó a Segrè y a Chamberlain de haber engañado durante el experimento que llevó al descubrimiento del antiprotón. «Este experimento representa –según palabras de Cooper– para la comunidad de físicos lo que las cintas de grabación del Watergate para el expresidente Nixon.»

## 1. Los Nobel también hacen trampa

La acusación de estafa que Cooper lanza a los dos premios Nobel es la de haber ocultado que durante el experimento habían observado taquiones, partículas que se mueven a una velocidad superior a la de la luz, para no contradecir la teoría especial de la relatividad de Einstein. La teoría establece que ningún objeto en nuestro universo puede superar la velocidad de la luz $c$, que es de 300.000 km/s. Esta posibilidad es una de las consecuencias más importantes de la fórmula $E = mc^2$, que proclama la equivalencia entre energía y materia. En la fórmula la $m$ designa la «masa», que en este caso podemos considerar la medida de la cantidad de materia, mientras que $E$ indica la energía.

El aspecto más interesante de la fórmula es la presencia de la velocidad de la luz $c$, elevada además al cuadrado. Esto quiere decir que cualquier objeto físico, como un automóvil, una piedra, una pluma o una partícula, posee ya en estado de reposo una energía que corresponde al producto de su masa por el cuadrado de la velocidad de la luz. Un gramo de materia equivale a una cantidad de energía tal que para producirla, una central de un millón de Kw debería trabajar durante veinticinco horas. La relación entre la masa y la velocidad de la luz es, pues, potencialmente muy útil, pero la moneda tiene su revés. Esta misma relación hace que a medida que la velocidad de un objeto crece, aumenten también su masa y su inercia. Éste, por lo tanto, se vuelve más pesado y es más difícil de acelerar.

Las ecuaciones de Einstein demuestran que para que un objeto alcance la velocidad de la luz se necesita una cantidad infinita de energía. Por lo tanto, es absolutamente imposible, por ejemplo, lanzar un cohete hasta igualar y superar la velocidad de la luz, incluso utilizando toda la energía del universo.

Sin embargo, se ha pensado que el hecho de que nada pueda acelerarse hasta alcanzar la velocidad de la luz no quiere decir necesariamente que no puedan existir objetos y partículas «constitucionalmente» dotadas de una velocidad superior a $c$. Estas partículas hipotéticas se llaman «taquiones», del griego *tachus,* que quiere decir precisamente «veloz». Los físicos las buscan desde hace tiempo, pero hasta ahora no las han encontrado. Cooper sostiene en cambio que Segrè y Chamberlain las han visto y que lo han ocultado para no poner en duda la teoría de la relatividad. Su estafa entonces habría consistido en ocultar las pruebas que demostraban el carácter insostenible de la teoría de la relatividad restringida de Einstein.

El historiador de la ciencia Allan Franklin ha afirmado que no existe prueba alguna que sustente esa acusación. Además, hoy en día se piensa que, aun en el caso de que se descubrieran los taquiones, esto no representaría necesariamente una refutación de la relatividad restringida, que, en realidad, descarta tan solo la posibilidad de que objetos materiales obtengan una aceleración hasta alcanzar y superar la velocidad de la luz. Por lo tanto, al menos en teoría, los taquiones pueden existir sin contradecir a Einstein, con la condición de que su física no interactúe con la que Einstein y gran parte de los físicos modernos asignan a nuestro universo. De lo contrario se presentarían paradojas y contradicciones.

Si un día, por ejemplo, se encontraran los taquiones y se construyera un sistema de comunicación (como la radio o la televisión) que se apoyara en ellos, podríamos enviar mensajes tanto a nuestros descendientes como a nuestros predecesores. Esto, que a simple vista puede parecer interesante y hasta deseable, crearía en realidad grandes problemas. Supongamos, por ejemplo, que alguien en 1992 conociendo la historia hubiera avisado a Hitler del desembarco de los aliados en Normandía. Los alemanes habrían neutralizado el ataque e incluso ganado la Segunda Guerra Mundial. ¡Pero cuidado!: si las cosas hubieran sido de ese modo, la historia de estos últimos cincuenta años habría sido completamente diferente, y el orden actual del mundo no sería el que conocemos; todo sería distinto y en particular no tendría sentido alguno que alguien, en 1992, sintiera la obligación de comunicarle a Hitler esa preciosa información.

Intervenir en el pasado, aunque sea mediante una simple información, equivale a modificar ese pasado y también su futuro que incluye nuestro presente, de tal forma que estaría de más esa modificación o enviar esa información. Por lo tanto, aun en el caso de que los taquiones existan, serían incompatibles con nuestro universo, al menos de la forma en que lo describe la física contemporánea.

## La relatividad: ¿broma o estafa?

Sin embargo, el de los taquiones no ha sido el único modo en que se trató de desacreditar la teoría de la relatividad: el gran Rutherford la definió como una broma; Bertrand Russell sugirió que ya estaba presente en las ecuaciones de transformación de Lorentz, mientras que el Nobel Frederick Soddy llegó a afirmar que era fruto de una estafa, idea que posteriormente propugnó Louis Essen, un físico inglés de cierto renombre que se ocupó en particular del problema de la medición del tiempo y que en 1955 construyó el primer reloj de cesio. Uno de los artículos de Essen se titula justamente «La relatividad: ¿Broma o estafa?».

Que la relatividad fuera una broma ha sido pensado por quienes, como Rutherford, nunca han querido aceptarla debido a las consecuencias paradójicas a las que conduce.

La más famosa e increíble de esas consecuencias es aquella que se define, según los casos, «paradoja de los relojes» o «paradoja de los gemelos». Se trata en realidad de una misma paradoja basada en una de las más importantes consecuencias de la teoría de la relatividad: la dilatación del tiempo con el aumento de la velocidad. Según Einstein, el tiempo se alarga y transcurre más lentamente a medida que nos acercamos a la velocidad de la luz, hasta afirmar que si un observador viajara a la velocidad de la luz estaría fuera del tiempo. Esto puede parecer sin duda sorprendente pero no paradójico. Las cosas se complican, sin embargo, porque la teoría de la relatividad incluye como presupuesto fundamental la relatividad del movimiento uniforme, que establece que toda observación hecha desde un sistema es incapaz de afirmar si ese sistema está o no en movimiento. En otras palabras, un observador encerrado en un vagón de tren que se mueve con velocidad uniforme sobre una vía rectilínea no podrá idear experimento alguno para deducir si el vagón se mueve o está en reposo.

## 1. Los Nobel también hacen trampa

Este principio puede incluso parecer trivial, pero cuando se le asocia al concepto de la dilatación del tiempo lleva a extrañas e incomprensibles conclusiones. Un reloj transportado sobre un misil muy veloz mediría, por ejemplo, el tiempo más lentamente, atrasaría respecto de un reloj igual que se encontrara en la Tierra. Pero esto solo desde el punto de vista del reloj que está en la Tierra, es decir, si es un observador en ésta el encargado de controlar la hora que indica el reloj que viaja con el misil. Si, en cambio, el observador se encontrara en el misil, el reloj de la Tierra atrasaría, debido a que ésta se mueve a gran velocidad respecto de las galaxias remotas, y porque el observador carece de toda posibilidad que le permita evaluar si la nave espacial se mueve o no. Para sus ojos se movería solo la Tierra (y el reloj que ha quedado en ella), y por eso el reloj atrasaría. La conclusión paradójica que indica que ambos relojes atrasan, uno respecto del otro, resulta difícil de comprender y en efecto justifica la sospecha de que se trata de una broma.

La cosa resulta mucho más paradójica en caso de que la dilatación del tiempo se mida no ya observando los dos relojes, sino evaluando la edad relativa de dos gemelos, uno de los cuales se queda en tierra, mientras que el otro viaja en una nave espacial a una velocidad próxima a la de la luz. De este modo, cuando el gemelo astronauta regresara a la Tierra su hermano que se quedó en casa sería mucho más viejo. Esto si adoptamos como sistema de referencia la Tierra, es decir, si nos colocamos en el punto de vista del hermano que se quedó en casa. Pero si elegimos como sistema de referencia la nave espacial en la que viaja el otro gemelo, nos encontramos en una situación diametralmente opuesta: ahora es el gemelo que se quedó en casa el más joven, mientras que el que viaja ha envejecido.

Parece un rompecabezas incomprensible, pero la teoría de la relatividad lleva a la conclusión de que en efecto ambos envejecen uno respecto del otro. Del mismo modo en que los relojes atrasan uno respecto del otro. Tenemos la impresión de que se trata de una broma, y uno se pregunta dónde está el truco.

Para Essen, el truco se encuentra en el uso ambiguo de la expresión «visto desde». Según él, cuando los dos gemelos se encuentran nuevamente en la Tierra no se verían uno más viejo que el otro, tanto si la evaluación la hace el que se quedó en la Tierra como si es el que viajó al espacio. Es decir, que se verían de la misma edad. Solamente un tercer observador que, durante el experimento, haya podido comparar continuamente la edad de los dos gemelos podría decir que el que volvió del espacio ha envejecido menos, pero solo en caso de que este observador se colocara desde el punto de vista del hermano que quedó en tierra. Si, en cambio, lo considerara desde el punto de vista del hermano que viajó al espacio, vería más joven al hermano que permaneció en tierra. Esto quiere decir que uno de los conceptos fundamentales de la relatividad einsteniana, el de la simultaneidad, contiene un error que sería la causa de los resultados paradójicos a los que lleva la teoría. Más que de una broma, entonces se trata de un error.

Pero ¿en qué sentido puede afirmarse que la relatividad es una estafa? Y en ese caso, ¿quién sería el estafador? Aclaremos de inmediato que la acusación parece, a la luz de los hechos, tener fundamento, pero que el culpable no es Einstein (o al menos no él solo), y que además se trata de una estafa muy particular en la que se ven involucrados, en calidad de cómplices, la gran mayoría de los físicos que vivieron desde 1905 (año en que se enuncia la teoría de la relatividad) hasta nuestros días. En pocas palabras, la estafa consistiría en que desde 1905 hasta hoy los físicos han sostenido que la teoría de la relatividad nació para explicar el resultado inesperado de un experimento que Albert Michelson y Edward Morley llevaron a cabo en 1887, y que más tarde se vio confirmada por otros resultados experimentales, ante todo el que obtuvo Eddington en 1919 observando el recorrido de la luz proveniente de las estrellas durante un eclipse total de sol. Eddington demostró que la luz se desviaba cuando pasaba cerca del Sol de acuerdo a lo que Einstein había previsto.

Los científicos contestatarios como Soddy y Essen sostienen, en cambio, que el experimento de Michelson y Morley no tuvo influencia alguna en Einstein, que no elaboró la teoría de la relatividad restringida a fin de dar cuenta del curioso resultado que ellos habían obtenido, sino simplemente desarrollando la teoría de Maxwell y Lorentz a partir de algunos apuntes que se encontraban en las obras de Ernst Mach.

Esta acusación está perfectamente fundamentada y el mismo Einstein ha confirmado repetidas veces que, en efecto, el experimento de Michelson y Morley tuvo muy poca o ninguna influencia en la elaboración de su teoría. Esto quiere decir que todos los textos de física afirman algo falso cuando sostienen que la teoría de la relatividad nació para explicar el resultado obtenido en aquel famoso experimento y que los físicos relativistas se comportan como impostores (si bien de buena fe) cuando, haciendo descender la teoría de la relatividad de un resultado experimental, buscan acreditarla como una teoría apoyada sólidamente en hechos, en lugar de reconocerla como una simple especulación matemática, como efectivamente la consideró el mismo Einstein en el momento en que la propuso.

Nos encontramos, por lo tanto, ante una especie de juego de prestidigitación en que los físicos, como hábiles ilusionistas, nos empujan a establecer una relación que podría ser solo ilusoria entre un dato experimental y una teoría que lo explica, y que se considera de inmediato verdadera precisamente en virtud de esta relación. Sucede igual que en el experimento en que un prestidigitador sierra una caja en la que se encuentra encerrada una mujer. Nosotros vemos a la mujer entrar en la caja, vemos la sierra cortar la caja exactamente por la mitad y nos vemos obligados a aceptar la única explicación posible, es decir, que la mujer ha sido cortada en dos y que luego, cuando la caja se vuelve a abrir, por arte de magia sus piernas vuelven a estar unidas a su cuerpo. De forma análoga, el engaño de los físicos relativistas no consistiría en haber empujado al gran público sino a la comunidad científica a establecer una relación entre la teoría de Einstein y el experimento de Michelson y Morley.

Se dice generalmente que este experimento demostraba que el éter no existe, lo que sin duda es cierto, pero el aspecto teórico más interesante de este resultado era otro. Los físicos se encontraron ante la necesidad de admitir como verdaderas dos cosas que en apariencia eran incompatibles: es decir, que la velocidad de la luz es constante, y que no obedece al principio de relatividad enunciado por Galileo. Hasta entonces todos estaban convencidos de que la luz tenía una velocidad constante, aunque al mismo tiempo obedeciera al principio de relatividad. Esta convicción había comenzado a cuestionarse a partir del experimento de Michelson y Morley. Pero veamos cómo sucedieron las cosas.

Hasta la segunda mitad del siglo XIX los físicos estaban convencidos de que todo lo importante que había que decir acerca del mundo ya lo había enunciado Newton, quien había reconocido y descrito las leyes fundamentales que rigen los fenómenos de nuestro universo. Eran leyes simples y razonables que ofrecían un aspecto tranquilizador del universo que nos rodea. En el mundo de Newton no se observaban fenómenos paradójicos o incomprensibles. Todo se desarrollaba en forma clara y regular: los relojes no atrasaban y los gemelos envejecían tranquilamente juntos. En 1887, sin embargo, la solidez y la racionalidad de este mundo tranquilo sufrieron un duro revés cuando se advirtió que la luz se comportaba de forma incoherente y diferente de cuanto preveían las leyes conocidas. Estas leyes establecían que en nuestro universo existen solo dos dimensiones absolutas (que no dependen o son relativas, por lo que no se modifican a partir de los cambios de las otras): espacio y tiempo, mientras que todas las demás son relativas y obedecen al principio de relatividad de Galileo. Así las cosas, todos creían que la velocidad de la luz, aunque constante, era relativa. Es decir, que cambia de acuerdo con las circunstancias y el punto de vista que se adoptan.

Tomemos, por ejemplo, el experimento del barco de Galileo y modifiquémoslo para estudiar el comportamiento de la luz. Supongamos que el barco se mueve con un movimiento uniforme a una velocidad de 240.000 km/s, que es un poco inferior a la de la luz (300.000 km/s). Supongamos que este barco tiene un faro rojo en la popa y un faro blanco en la proa. Si un hombre observa el barco desde la costa que se encuentra paralela a la dirección del barco, verá moverse tanto la luz del faro blanco como la del faro rojo a la misma velocidad, es decir a 300.000 km/s. Ésta es la velocidad de la luz de los dos faros respecto de él. Pero si este mismo observador quiere calcular la velocidad no ya respecto del propio sistema de referencia, o sea respecto de sí mismo, sino en relación con el barco, deberá concluir que la luz del faro blanco se mueve a una velocidad mucho más baja que la del faro rojo. Si el barco se mueve a 240.000 km/s y el faro blanco que está en proa envía la luz en la misma dirección que el barco, entonces la velocidad de esta luz puede obtenerse restando la velocidad del barco a la de la luz. El resultado es que la luz del faro blanco viaja a una velocidad de tan solo 60.000 km/s. En cambio, la luz del faro rojo viaja a 540.000 km/s porque se mueve en la dirección opuesta a la del barco, y por lo tanto su velocidad se obtiene a partir de la suma de la velocidad de la luz más la del barco.

Esto quiere decir que la luz no respeta el principio de relatividad de Galileo; mientras que la velocidad y la dirección de una bala de cañón que cae desde lo alto son iguales tanto cuando el experimento se lleva a cabo sobre un barco en movimiento uniforme como si se realiza en tierra, en el caso de la luz, por el contrario, su velocidad es completamente diferente dependiendo de que el sistema se halle en movimiento o en reposo.

A los físicos del siglo XIX no les importaba tanto que la luz desobedeciera o no a Galileo porque este hecho no comportaba dificultad teórica alguna. El razonamiento era el siguiente: si la velocidad de propagación de la luz es constante y sin embargo varía de acuerdo con el sistema de referencia adoptado, no necesariamente debe concluirse que nos encontramos ante una contradicción, la causa es simplemente que la constancia de la velocidad de la luz es tan solo respecto del espacio y del tiempo absolutos. Entonces la cosa no solo es aceptable, sino que de ella puede derivarse una demostración ulterior: el sistema del espacio-tiempo absoluto es el único que puede considerarse como realmente en reposo y puede servir como punto de referencia para todos los demás. Los científicos del siglo XIX le dieron a este sistema el nombre de «éter cósmico», identificándolo con un fluido misterioso y evanescente que habría debido ocupar inmóvil todo el universo y que constituía el medio a través del cual se propagaban las ondas luminosas.

El único problema de este razonamiento era que nunca se había podido realizar un experimento análogo al que hemos descrito anteriormente, que es un experimento puramente ideal. Nadie entonces podía poner la mano en el fuego y afirmar que verdaderamente la luz no obedece al principio de relatividad de Galileo. Nadie tenía a mano un barco que pudiera viajar a alta velocidad, aunque no fuera a 240.000 km/s. Michelson se dio cuenta de que el barco, el sistema apto, se encontraba a mano de todo el mundo: nuestra Tierra se comporta en su movimiento alrededor del Sol como un barco que va a la velocidad de 30 km/s, es decir, a 108.000 km/h, que no es ciertamente comparable a la velocidad de la luz, pero es ya lo suficientemente elevada como para permitir el experimento. Además, su trayectoria es tan amplia que durante el experimento, en una pequeña fracción de segundo, puede considerarse rectilínea.

El experimento se llevó a cabo en 1887 con un aparato construido por Michelson y Morley, que permitía medir la velocidad de las dos mitades de un mismo rayo de luz, una mitad hacia la Tierra y la otra en sentido contrario (al igual que sucede con el experimento ideal del barco con el faro rojo y el faro blanco que hemos descrito más arriba), y el resultado fue diferente por completo al del experimento ideal. Los dos rayos viajaban a exactamente la misma velocidad de 300.000 km/s.

Este resultado, fruto de un experimento real y no de un simple razonamiento, creó el desorden en el mundo de la física. Si el rayo de luz que se movía en sentido contrario al del movimiento de rotación de la Tierra tenía la misma velocidad que su gemelo que se movía en la otra dirección, quería decir que el éter no existía. Hasta aquí nada de extraño: el éter iba a unirse al flogisto en el cajón de los desechos y las teorías equivocadas que llenan la historia de la ciencia. Pero la falsificación del éter cubría con descrédito también el sistema de referencia absoluto constituido por el espacio y el tiempo, que era uno de los pilares de la física newtoniana.

## 1. Los Nobel también hacen trampa

La simple idea de que la luz obedeciera al principio de relatividad de Galileo parecía chocar con la idea misma de un sistema absoluto de referencia constituido por el espacio y el tiempo. Existían dos posibilidades: o se encontraba una explicación adecuada para el extraño comportamiento de la luz dentro de la física newtoniana, o había que abandonar esta física y crear otra que negara la idea de espacio y tiempo como sistema absoluto de referencia y se apoyara, en cambio, en la extensión y la generalización del principio de relatividad de Galileo manteniendo la constancia de la velocidad de la luz. Ésta fue exactamente la dirección en la que se movió Einstein, y dado que su propuesta recibió un consenso casi unánime, hoy nos encontramos viviendo en un mundo en el que relojes y gemelos se comportan de forma extraña y absolutamente incomprensible.

Pero ¿era ése realmente el camino correcto? No obstante el enorme consenso y la gran popularidad que obtuvo la teoría de la relatividad, nadie estaba dispuesto a poner la mano en el fuego. George F. Fitzgerald, un físico irlandés muerto en 1901, ofreció de inmediato una explicación alternativa: supuso que el resultado obtenido por Michelson y Morley podía estar causado por una reducción del largo del brazo del instrumento que habían utilizado, y que se estaba moviendo en paralelo a la Tierra. Sin embargo, esta explicación les pareció a todos arbitraria y poco satisfactoria. Del mismo modo no se habían tomado en consideración los resultados negativos que anteriormente había obtenido W. M. Hicks y luego D. C. Miller, que entre 1902 y 1926 repitió varias veces el experimento con un aparato mucho más adecuado.

Desde entonces se multiplicaron los esfuerzos por proponer interpretaciones del experimento y teorías alternativas, aunque a menudo los protagonistas de estos intentos fueron considerados buscadores del movimiento perpetuo. De cualquier manera, es cierto que los capítulos que en los textos de física se refieren a la teoría de la relatividad deberían estar escritos de forma más crítica y objetiva, resaltando la naturaleza teórica y aclarando, tanto en el plano histórico como en el lógico, la verdadera relación que esta teoría tiene con el experimento de Michelson y Morley, y de manera más general con todas las teorías que se presentaron como pruebas experimentales, descartando aquellas, también numerosas, que son testimonio de lo contrario. La relatividad no debería considerarse como un capítulo de fe, sino como una elegante propuesta teórica que nació y se desarrolló principalmente en el nivel matemático, pero que aún resulta difícil de aceptar debido a las paradojas a las que conduce.

# 2. Crímenes y castigos

## Breuning, «el antecedente»

En 1916 el *British Medical Journal* publicó un artículo en el que el doctor James Shearer, un médico norteamericano que servía como sargento en el ejército inglés, presentaba un nuevo instrumento, más eficaz que los rayos X, para radiografiar los efectos de las heridas con armas de fuego. La noticia generó gran interés, pero investigaciones más profundas demostraron la absoluta inutilidad del aparato y que la documentación presentada era producto de manipulaciones de radiografías normales. El *British Medical Journal* se vio obligado a publicar su retracción. Sin embargo, no todo terminó allí: Shearer debió comparecer ante la corte marcial y fue condenado a ser fusilado. La pena, indudablemente excesiva, se conmutó luego por trabajos forzados de por vida, pero Shearer no la cumplió porque murió tan solo un año después.

Totalmente diferente y mucho más significativa es la historia de Stephen Breuning, cuyo caso judicial se considera hoy en día el antecedente legal de toda controversia relativa a los «crímenes» científicos, aunque el juez Willcox haya subrayado la existencia de otras sentencias anteriores, emitidas en su mayoría por él mismo contra científicos, sobre todo médicos e investigadores de laboratorios encargados de evaluar la seguridad de los fármacos.

En 1977 Breuning era uno de tantos jóvenes psicólogos. En el Illinois Institute of Technology había obtenido su doctorado, el segundo título que habilita para la investigación y marca el inicio de la carrera científica. Durante un año había trabajado en el Oackdale Regional Center for Developmental Disabilities, marchándose inmediatamente después al Coldwater Regional Center, un instituto de asistencia a personas con problemas mentales, en Coldwater, Michigan. En ese instituto, Breuning habría podido pasar el resto de su vida asistiendo a los enfermos, actividad por la que un joven ambicioso como él no podía tener vocación alguna.

Por otra parte, con una especialización como la suya, era difícil insertarse en las estructuras de investigación e intentar una profesión más atractiva. Hacer carrera en ciencias significa poder producir algo nuevo; pero para ello hay que hacer investigación, para lo cual hay que ser capaz de obtener financiación gubernamental. Pero ningún organismo costearía jamás las investigaciones de un joven que no cuente aún con publicaciones y credibilidad científica. Ésta es la paradoja fundamental de la política científica norteamericana: cualquier persona puede presentar un programa de investigación y pedir que se lo financien, pero solo quien ya ha investigado y publicado obtiene realmente los fondos.

A Breuning no le quedaba otra salida más que esperar la ocasión propicia. Para él, que además de ser ambicioso era afortunado, la ocasión se presentó casi de inmediato. En 1979 el profesor Robert L. Sprague, de la Universidad de Illinois, un científico ya consagrado que recibía desde hacía años subvenciones de los National Institutes of Health (NIH) para realizar estudios en el campo de la psiquiatría, encontró ciertas dificultades para llevar adelante una parte de las investigaciones relativas a la cura farmacológica del retraso mental. Algunos colegas le informaron que el sitio más adecuado para estas investigaciones era el Coldwater Regional Center, donde trabajaba un investigador muy competente. De esta forma Breuning entró en contacto con Sprague y vio llegar a sus manos fondos para investigar el efecto de los fármacos psicotrópicos. En ese mismo periodo Breuning se relacionó también con el profesor Thomas Gualtieri, otro apreciado estudioso que daba clases en la Universidad de North Carolina. Tanto Sprague como Gualtieri mostraron de inmediato simpatía y aprecio por el joven Breuning. Sprague lo visitaba a menudo en su casa y lo llevaba a los congresos.

Durante varios años las cosas siguieron su curso tranquilamente. Breuning trabajaba y producía mucho, tal vez demasiado: escribió tantos artículos que en cinco años, desde 1979 hasta 1984, logró producir él solo un tercio de toda la literatura científica acerca de psicofarmacología del retraso mental. No se trataba tan solo de cantidad, los datos que publicaba eran extremadamente significativos: demostraban con la fuerza de los números que la terapia farmacológica utilizada hasta el momento estaba equivocada.

Un porcentaje variable entre el 30 y el 50% de los pacientes internados en institutos públicos reciben tratamientos que se apoyan en la administración de psicofármacos. Estas personas sufren perturbaciones muy serias, tanto emocionales como de comportamiento. Los fármacos neurolépticos y antipsicóticos, denominados también tranquilizantes mayores, son las sustancias que más se utilizan a fin de modificar el comportamiento de los pacientes agresivos, hiperactivos y autodestructivos. Se usan también fármacos estimulantes, particularmente en los niños. Las investigaciones de Breuning parecían demostrar que los neurolépticos (que producen lentos efectos deletéreos, en particular la discinesia tardía, un problema de motricidad análogo a la enfermedad de Parkinson) hacen daño y no deberían usarse.

Otros investigadores comenzaron también a tener dudas acerca de la utilidad de estos fármacos, pero Breuning fue el único que logró demostrar experimentalmente que sus dudas estaban bien fundamentadas. Por este motivo sus artículos tuvieron tanta repercusión y sus opiniones comenzaron a verse respetadas. Breuning sostenía que en la mayoría de los casos los neurolépticos son perjudiciales, y que resulta más eficaz el uso de fármacos estimulantes. Además, afirmaba que el cociente de inteligencia de los enfermos se duplicaba milagrosamente cuando se les suspendía el uso de psicofármacos.

No todos se mostraban de acuerdo con estas ideas que contrastaban en especial con lo que desde hacía años sostenía Sprague, quien, a pesar de conocer los riesgos implícitos en el uso de neurolépticos, afirmaba que no existía alternativa y que lo único que podía hacerse era desarrollar una terapia que potenciara al máximo los resultados positivos y redujera al mínimo los efectos negativos. Las diferencias entre el anciano profesor y su ambicioso discípulo estaban destinadas a profundizarse a medida que Breuning aumentaba su prestigio y sobre todo después de obtener la financiación de un proyecto de investigación independiente.

En enero de 1981 Breuning se trasladó a Pittsburgh, donde había obtenido un excelente puesto en el Western Psychiatric Institute and Clinic, afiliado a la Medical School de la Universidad de Pittsburgh. Aquí, desde junio de 1981 hasta abril de 1984, trabajó como director de un importante programa de investigación en el área de la psiquiatría, el John Merck Program.

Esta última tarea, que nadie hubiera confiado a un estudioso con pocos años de experiencia como Breuning, la obtuvo gracias a otro golpe de suerte: el director anterior había dimitido y Breuning supo de qué forma sacarle provecho. Él era un investigador poco preparado y no estaba capacitado para desempeñar el trabajo de director de investigación de otros. La posición en que se encontraba requería no solo de su capacidad para obtener una financiación federal, sino también para renovarla. El programa estaba financiado por el National Institute of Mental Health (NIMH), uno de los muchos institutos de investigación que conforman los NIH, la gigantesca máquina de 9.000 millones de dólares de presupuesto que financia la mayoría de las investigaciones biomédicas en

Estados Unidos. Para obtener la financiación, los científicos y las instituciones interesadas deben someter ante ese instituto una petición, especificando en detalle el presupuesto previsto (incluyendo los salarios del personal), las máquinas y los viajes que se efectuarán, los objetivos específicos de la investigación, su importancia científica, una referencia detallada de los estudios preliminares que se llevaron a cabo y que justifican la continuación de la investigación, y finalmente los métodos y procedimientos que se usarán para desarrollarla.

Ambas investigaciones procedieron con rapidez y llegaron a resultados sorprendentes que confirmaban los estudios precedentes demostrando que el cociente de inteligencia de los niños se duplicaba si se suspendía el uso de los neurolépticos. No resultó extraño que cuando en abril de 1983 Breuning solicitó, como era habitual, la renovación de la financiación, se la otorgaran con extrema facilidad. En septiembre del mismo año Breuning, ya convencido del crédito de que gozaba en el NIMH, presentó una nueva solicitud en la que pedía una financiación más sustanciosa para otros cuatro años de investigación.

Todas estas peticiones iban acompañadas de informes detallados en los que se describían ampliamente los excelentes resultados obtenidos hasta el momento. ¡Qué camino se había forjado el joven psicólogo que en 1977 parecía destinado a envejecer entre los enfermos de Coldwater! Ahora era un verdadero científico que trabajaba en una buena universidad, manejaba varios millones de dólares y dirigía su propio grupo de investigación dentro del cual había encontrado un sitio para su esposa.

## 2. Crímenes y castigos

Todo parecía indicar que vendrían más éxitos y una aún más extensa y brillante carrera. Después de la publicación, junto con Alan Poling, de un importante manual de psicofarmacología: *Drugs and the Mentally Retarded* (1982), Breuning se había convertido en una autoridad incuestionable de la psiquiatría norteamericana. ¿Quién habría podido retirarle su licencia de científico? Nadie, excepto el que fuera su director, que desde hacía un tiempo había comenzado a estudiar con más atención los resultados de su antiguo discípulo que contradecían de manera tan categórica sus teorías.

Las sospechas de Sprague comenzaron en septiembre de 1983 cuando, durante una de sus visitas a los laboratorios que se dedicaban a sus investigaciones, se dirigió a Pittsburgh para informarse acerca del estado de los estudios de Breuning. Steve, como afectuosamente le llamaba Sprague, y su esposa Vicky Davis, que colaboraba en las investigaciones, le invitaron a visitar su nueva casa y a pasar con ellos el día. Después de haber discurrido acerca de diferentes tópicos Sprague lamentó las dificultades que retrasaban sus investigaciones. No lograba encontrar dos enfermeras cuyo acuerdo, en la identificación de perturbaciones atribuibles a la discinesia tardía, superara el 80%. La esposa de Breuning le sorprendió entonces afirmando que en sus experimentos, en cambio, todo iba perfectamente y que ellos identificaban con exactitud esas perturbaciones en la motricidad en un 100%.

Sentí un gran asombro e incredulidad –cuenta Sprague–, y me di cuenta inmediatamente de que se trataba de una afirmación insostenible desde el momento en que yo no creo posible que nadie, por más hábil que sea en su actividad experimental, obtenga un acuerdo total en un ámbito tan complejo como es el de la identificación de movimientos anormales de la discinesia tardía.

Sprague sabía por experiencia que el proceso de evaluación de la gravedad de la discinesia tardía era muy difícil. Las enfermeras examinan a decenas de pacientes y luego toman nota de las perturbaciones relativas a 34 diferentes tipos de movimiento, desde el temblor del pie hasta la agitación de la lengua, otorgándole a cada uno de estos síntomas una puntuación que va desde 0 hasta 4. Era difícil que dos enfermeras estuvieran en todo de acuerdo al evaluar el grado de intensidad de estas perturbaciones en la motricidad. Curiosamente, las enfermeras de Breuning ofrecían evaluaciones que coincidían punto por punto en el 100% de los casos.

El anciano profesor no creía que las enfermeras de su colaborador tuvieran semejante precisión, y así fue como de improviso surgió en su mente una sospecha: ¿sería posible que todos los resultados tan exactos obtenidos por Breuning contra el uso de los neurolépticos fueran falsos? ¿Inventados? Descubrirlo y demostrarlo se convirtió desde ese momento en el objetivo de su vida.

La oportunidad se presentó casi de inmediato. En el verano de 1983 Sprague organizó una convención para el American College of Neuropsychopharmacology e invitó a Breuning a disertar acerca de sus estudios en Pittsburgh para los que había recibido financiaciones tan elevadas. Se trataba en parte de una trampa, puesto que

## 2. Crímenes y castigos

Sprague había tenido acceso a uno de los informes que Breuning había enviado al NIMH y se había dado cuenta de que algo no funcionaba. Si verdaderamente Breuning hubiera realizado la investigación como la describía en ese informe, habría debido trabajar durante 273 días en un año que tenía tan solo 261 días laborables, sin contar, subrayó luego Sprague, eventuales incidentes como la rotura de unos aparatos o la indisposición de los sujetos que se trataban en el estudio.

En noviembre del mismo año, Sprague leyó con gran curiosidad el resumen del informe que Breuning pensaba presentar en el congreso. Allí encontró la primera confirmación de sus sospechas. Era evidente que Breuning no podía haber realizado los experimentos con los que afirmaba haber obtenido aquellos sorprendentes resultados. En ese resumen Breuning hacía referencia a un estudio relativo a 57 niños minusválidos que fueron observados durante un año y medio, y cuyos resultados él mismo y Gualtieri habían publicado. Del total de 57 niños, a 45 –sostenía Breuning– se los estudió por otros dos años y su comportamiento se evaluaba cada seis meses.

Nadie que no estuviera al corriente de los detalles de los estudios de Breuning podía encontrar alguna objeción en este informe, pero Sprague, que los seguía desde hacía tiempo, se dio cuenta inmediatamente de que los experimentos presentados no podían ser ciertos. Él sabía que Breuning había estudiado los primeros 57 niños en Coldwater, y que este estudio había concluido a finales de 1980. Esto quiere decir que los experimentos de los otros dos años a 45 de los 57 niños debieron comenzar inmediatamente después. El problema radica en que en enero de

1981 Breuning se había trasladado de Coldwater a Pittsburgh. ¿Cómo había podido, en tal caso, seguir estudiando durante otros dos años a pacientes que ya no estaban a su alcance?

El 4 de diciembre de 1983, un domingo por la mañana, Sprague se lo preguntó directamente a Breuning, quien no pudo darle una respuesta plausible. Sprague, que ya había hablado con Gualtieri, le dio cuarenta y ocho horas para que le entregara los registros originales de los experimentos, de lo contrario le impediría presentar su informe en el congreso e informaría al NIMH de sus descubrimientos. Después de tres días Breuning le mandó los registros de tan solo 24 pacientes, argumentando que no podía encontrar los restantes. Aun en el caso de que esos registros hubieran sido auténticos, el destino de Breuning estaba escrito: con tan pocos datos originales a su disposición las rigurosas estadísticas perdían, desde el punto de vista matemático, todo significado: los resultados que afirmaba haber obtenido quitando los neurolépticos y suministrando fármacos estimulantes no se apoyaban en una demostración científica.

Pero Sprague sabía que incluso esos datos referentes a 24 pacientes eran inventados. El 29 y el 30 de noviembre había llamado al doctor Neal A. Davidson, director de los servicios de psicología y del programa de terapia de comportamiento en el centro de Coldwater, que era la persona por cuyas manos pasaban todos los datos relativos a experimentos llevados a cabo con los niños ingresados en Coldwater. Davidson se cayó de la nube: no sabía absolutamente nada acerca de esas investigaciones y sostenía que ni siquiera era posible afirmar cuáles y dónde estaban los 24 niños con las características que aparecían indicadas en el informe de Breuning.

Los experimentos que Breuning había descrito tan meticulosa y detalladamente ante el NIMH, que le había otorgado 133.000 dólares, no se habían realizado jamás y no podía probarse que los niños a los que se les suspende la terapia con neurolépticos se vuelvan más inteligentes.

Se trataba de un verdadero descubrimiento en tanto que los estudios de Breuning ya habían comenzado a influir, en casi todos los hospitales de Estados Unidos, en el tratamiento terapéutico de los niños minusválidos. Había que avisar de inmediato a todos los órganos competentes para que tomaran las medidas necesarias e informaran del modo más rápido posible a los estudiosos y a los médicos que cuanto hasta el momento habían dado por supuesto no había sido demostrado.

El 20 de diciembre de 1983 Sprague escribió una carta a Lorraine Torres, directora de la división de las *Extramural activities* del NIMH, cuya tarea es controlar el mecanismo por el cual los comités científicos aprueban las peticiones de financiación y la manera en que se invierten esos fondos.

Con una gran tristeza –declaró Sprague– decidí escribir aquella carta porque sabía que con ella estaba poniéndole fin a la prometedora carrera de un científico joven y capaz a quien, hasta el momento, yo apreciaba tanto como a cualquier otro colega que haya trabajado conmigo.

Los escrúpulos de Sprague eran excesivos. Su carta no desencadenó una batahola como él esperaba y para arruinar la carrera de Breuning faltaba aún mucho tiempo. Exactamente cinco años, durante los cuales Sprague debió luchar contra la inercia y los obstáculos burocráticos del mundo académico y de los organismos que financian las investigaciones científicas en Estados Unidos, arriesgándose también, en algún momento, a ver arruinada su propia carrera.

Al principio, el NIMH no pareció demasiado alarmado al saber que existía alguien que obtenía dinero para investigaciones que en realidad no se realizaban. En lugar de indagar directamente, le encargó a la Universidad de Pittsburgh la evaluación de la veracidad de las acusaciones de Sprague.

Se constituyó así una comisión de investigación, compuesta por Sheldon Adler, Richard Michaels y Robert E. Lee, que trabajó rápidamente y el 17 de febrero de 1984 presentó un informe ante Donald Leon, presidente de la Medical School de la Universidad de Pittsburgh. La comisión informaba que Breuning había confesado que todo lo escrito en el resumen analizado era falso y que las supuestas investigaciones hechas en Coldwater parecían fruto de la invención. Los tres escrupulosos miembros de la comisión decían no haber indagado acerca de la actividad que Breuning desarrolló después de su llegada a Pittsburgh e invitaban a Leon a iniciar una investigación formal dada la gravedad de las irregularidades cometidas.

El presidente, hombre de mundo, no fue tan rápido, y no se dejó impresionar por el tono alarmante del informe. Dejó que éste descansara en su archivo durante cinco meses y el 6 de julio de 1984 le escribió a Lorraine Torres una carta en la que, al mismo tiempo que olvidaba informarle que Breuning había confesado haber escrito información falsa en el famoso resumen, especificaba que no habían surgido «responsabilidades serias relativas a la actividad que Breuning había desarrollado en Pittsburgh» y que por lo tanto «no existía motivo alguno para proceder en su contra».

La Medical School of Pittsburgh condujo, pues, una investigación superficial a partir de la cual, sin embargo, se dio cuenta de que Breuning era culpable de falsificación científica. En lugar de profundizar para conocer con exactitud cuáles eran las investigaciones falsas, obligó a Breuning a dimitir sin acusación pública alguna dándole la oportunidad de obtener, en abril de 1984 (es decir un mes después de la conclusión de la indagación en su contra), un buen puesto como jefe del servicio de psicología en el Polk Center del departamento de Salud Pública de Polk, Pennsylvania, donde se convirtió en el responsable del tratamiento terapéutico y de las decisiones respecto de la cura de niños minusválidos.

Nadie parecía, pues, interesado en informar a los médicos y a los pacientes que las terapias que Breuning promovía eran peligrosas y no debían aplicarse porque se apoyaban en datos científicos falsos. Sprague era, al parecer, el único en preocuparse: bombardeaba con cartas a las revistas e instituciones, pero nadie parecía darle crédito. Su batalla quijotesca comenzó lentamente a fastidiar a las autoridades.

En agosto de 1984 el NIMH decidió finalmente llevar adelante por cuenta propia una investigación y encargó a James Schriver la tarea de reunir material e información para una comisión que se nombraría al año siguiente. «El primero en sufrir las preguntas de Schriver —relató Sprague— fui yo mismo.» Durante dos semanas el sabueso del NIMH se instaló en su estudio y lo exprimió como un limón. Sprague tuvo paciencia; respondió a todas las preguntas y entregó 394 páginas de documentos. No se le imputó nada seriamente, pero se le criticó por no haber vigilado más de cerca la actividad de Breuning. El resultado: la renovación de la financiación de sus investigaciones se postergaba hasta que la comisión (que aún se encontraba trabajando) concluyera su trabajo. Era una forma no tan velada de hacerle comprender que debía comportarse si no quería tener problemas.

Pero Sprague no se quedó tranquilo: quería por todos los medios que los familiares de los pacientes tratados con el «método» Breuning estuvieran sobre aviso, que las revistas en las que habían aparecido sus artículos informaran a los lectores que muy probablemente contenían datos falsos y que entre tanto se pasaran por un tamiz todas las investigaciones de Breuning y su esposa. El resultado fue que sus financiaciones sufrieron una reducción del 15%.

Mientras tanto, «la justicia» académica seguía su curso. En febrero de 1985 el NIMH había nombrado finalmente una comisión de investigación presidida por Arnold J. Friedhoff, conocido psiquiatra de la Universidad de Nueva York, de la que formaban parte un psicólogo de Yale, Edward Zigler; Herbert G. Vaugham, director de un centro de estudios acerca del retraso mental, y otros dos psiquiatras, C. Keith Conners y Richard I. Shader. Después de dos años de trabajo, el 20 de abril de 1987, la comisión presentó ante el NIMH su informe, que era muy severo, no solo respecto de Breuning, sino también contra las autoridades académicas de Pittsburgh que habían tratado de ocultar el caso. El veredicto era duro:

> Es conclusión unánime de este comité que Stephen E. Breuning, consciente, intencional y repetidamente se ha involucrado en prácticas desviadas, ofreciendo resultados falsos de investigaciones financiadas con fondos del Public Health Service; que no ha llevado a cabo las investigaciones que describe, y que solo se han estudiado pocos sujetos experimentales de la totalidad descrita en las publicaciones e informes; que no se ha aplicado jamás el complejo diseño y las rigurosas metodologías que aparecen en esos informes. El doctor Breuning ha descrito también en forma falsa, consciente o inconscientemente, los lugares en los que las supuestas investigaciones se llevaron a cabo. A partir de todos estos hechos este comité concluye de forma unánime que el doctor Stephen E. Breuning es responsable de una conducta científica seriamente desviada.

El mismo comité reconoció que Breuning había trabajado con la complicidad y la ayuda de su esposa, Vicky Davis, cuyo sueldo se había pagado directamente con fondos de la financiación MH-32206.

Una de las irregularidades más sorprendentes que surgieron durante las investigaciones se refería a una de las publicaciones de Breuning. En ella se presentaban datos de experimentos de diez pacientes estudiados en el Oackdale Regional Center for Developmental Disabilities en Lapeer, Michigan, pero los funcionarios de ese instituto declararon luego que los únicos pacientes que Breuning había estudiado en aquella época eran peces y ratones.

Sprague creía que su batalla había terminado, que el NIMH haría públicos los resultados de las investigaciones tanto ante el mundo científico como ante los familiares de los pacientes minusválidos sometidos a la terapia farmacológica, e imaginaba que las revistas que habían publicado los artículos de Breuning informarían a los lectores que cuanto hasta el momento había publicado quien una vez fuera un prometedor joven psiquiatra no era sino fruto de la fantasía. Pero las cosas no se presentaron exactamente de ese modo. Transcurrieron los meses y el informe de la comisión seguía en los archivos del NIMH. Mientras tanto, la aprobación para la financiación de Sprague pasaba por los diferentes despachos del instituto. El anciano profesor, que además debía ocuparse de su esposa gravemente enferma, estaba afligido y, dado que no quería darse por vencido, decidió dirigirse a la prensa. En noviembre de 1985 relató toda la historia a Barbara Culliton, una redactora de *Science,* pero fue Constance Holden quien escribió el artículo en febrero de 1986. Sin embargo, después de varios meses el artículo no apareció publicado.

Cuando Sprague llamó a la revista para tener noticias recibió tan solo respuestas evasivas. Aquel artículo permaneció dormido en un cajón durante otros diez meses. Mientras tanto, en diciembre de 1986, Sprague le contó la misma historia a Daniel Greenberg, redactor de la revista *Science & Government Report*. Greenberg llamó a *Science* y manifestó su intención de contar no solo el caso Breuning, sino también la historia de la autocensura del periódico que había impedido la publicación de un artículo que ya se había escrito. *Science* decidió publicar el artículo de inmediato. Veintitrés días después el NIMH hizo circular entre los interesados directos un borrador del informe Friedhoff, que no tuvo difusión definitiva hasta abril de 1987.

El asunto era ya de dominio público: la revista *Newsweek* se refirió a él, y todos los protagonistas de la historia (con excepción de Breuning, que había grabado sus intervenciones) participaron en la transmisión de un famoso programa radiofónico de la cadena CBS, «60 Minutes», que llevaba por título «The facts were fiction» [Los hechos eran ficción]. Al finalizar la transmisión, el presentador, Morley Safer, le pidió a Thomas Gualtieri su opinión como psiquiatra acerca del comportamiento de su antiguo colaborador. «No se necesita un psiquiatra –respondió Gualtieri–, pienso que se trata de un mentiroso congénito y de un falsificador, pero esto no es un diagnóstico psiquiátrico.»

Solo en ese momento se despertó la conciencia puritana de Estados Unidos. En abril de 1988 el Congreso nombró dos comisiones encargadas de investigar el problema de los fraudes científicos. Una estaba presidida por el demócrata Ted Weiss, y la otra por el más temible John Dingell, diputado en Michigan por el mismo partido. Ambas comisiones discutieron ampliamente el caso Breuning, que ya había llegado a los tribunales. Bajo el auspicio del Departamento de Justicia, Breuning debió comparecer el 15 de abril de 1988 ante un «Grand Jury» federal en Baltimore, Maryland.

El juez Beckinridge L. Willcox, en ese momento procurador por el distrito de Maryland (figura que actúa como juez competente en todos los fraudes cometidos contra el NIH debido a que esa institución tiene su sede precisamente en Bethesda, Maryland), lo acusó de haber violado en más de una ocasión el *False claims act,* ley que impide presentar información y documentación falsa ante institutos gubernamentales con el fin de obtener financiación, y de haber obstaculizado las investigaciones a su cargo declarando en falso durante los trabajos de la comisión Friedhoff.

Frank A. Kaufman, el juez del distrito, emitió la sentencia el 10 de noviembre de 1988. Breuning fue encontrado por la corte federal culpable de haber falsificado sus propias investigaciones. La Universidad de Pittsburgh reembolsó a los National Institutes of Mental Health más de 163.000 dólares, que era el monto de los fondos que la universidad había recibido para financiar las investigaciones de Breuning, que por su parte debió restituir 11.352 dólares por el sueldo recibido, y además sufrió la condena de 60 días de arresto domiciliario, 250 horas de servicios para la comunidad, y 5 años en los que se le prohibía el ejercicio de la investigación en el campo de la psicología. El texto de la sentencia concluía con este párrafo:

Stephen E. Breuning ha manchado de forma seria y considerable la propia reputación de científico y la de numerosas personas que trabajan intensa y anónimamente desde hace años sin obtener reconocimiento alguno. Ha provocado daños en la carrera de personas inocentes que sufrieron sus engaños. Esperamos que su pública humillación y las sanciones establecidas por esta corte le lleven a reflexionar junto a aquellos que comparten sus opiniones y actitudes acerca de la gravedad de sus acciones a fin de prevenir la repetición de casos similares.

Finalmente se había hecho justicia, y también Sprague obtuvo un merecido reconocimiento por su extensa batalla: en enero de 1989 la American Association for Advancement of Science le otorgó el Scientific Freedom and Responsibility Award.

## Gallo: el camino del engaño no conduce a Estocolmo

Los últimos coletazos de la historia de Breuning coincidieron con otros dos escándalos de proporciones mucho mayores que involucraban a dos protagonistas de la ciencia norteamericana: el premio Nobel David Baltimore y Robert Gallo. Este último había estado muy cerca de obtener el mismo tipo de reconocimiento por un descubrimiento que hoy sabemos, gracias a su propia confesión, que no es suyo: el del virus responsable del sida. Después de que una investigación oficial convocada por la Office of Scientific Integrity, organismo del NIH nacido en la primavera de 1989 a fin de investigar los engaños y estafas cometidos por los científicos norteamericanos, ha afirmado que los norteamericanos se atribuyeron el descubrimiento del virus del siglo precisamente a través de comportamientos poco honestos y engaños graves (no se sabe aún si fue él mismo o su colaborador Mikulas

Popovic quien los llevó a cabo), ya nadie cree que Gallo pueda llegar a ser invitado a Estocolmo.

La historia comienza a fines de 1979 cuando dos médicos californianos, Joel Weisman y Michael Gottlieb, observaron los primeros casos de una nueva enfermedad que presentaba síntomas parecidos a la mononucleosis, con fiebre, adelgazamiento e inflamación de las glándulas. Se formó inmediatamente un equipo bajo la dirección del doctor James Curran, del Center for Diseases Control (CDC) de Atlanta, el centro epidemiológico más grande y eficiente que existe, con el objeto de clarificar la naturaleza del enigmático mal que parecía preferir a los homosexuales.

Antes de finales de 1981 los investigadores de Curran se convencieron de que se trataba de una enfermedad infecciosa que se trasmitía probablemente por vía sexual. En ese momento la enfermedad no tenía todavía un nombre científico, se hablaba de la «neumonía gay», o del «cáncer gay», e incluso de la «peste gay», pero desde los ambientes más doctos comenzaba también a difundirse una sigla, GRID *(Gay Related Immune Deficiency)*. En cualquier caso, todos los nombres contenían la palabra «gay» para subrayar que se trataba de una enfermedad reservada a los homosexuales.

El término GRID, que sonaba ofensivo para los 17 millones de homosexuales hombres y mujeres que en ese momento vivían en Estados Unidos, se cambió por AIDS (sida), que significa *Acquired Immuno Deficiency Syndrome* (Síndrome de Inmuno Deficiencia Adquirida), después de que se encontrara en Denver, Colorado, el primer paciente no homosexual que había contraído la enfermedad. Era un pacífico padre de familia de 59 años, un hemofílico que evidentemente se había infectado a través de una transfusión de sangre que se le realizaba en forma periódica. Su caso demostraba que la nueva enfermedad no se restringía solamente a los homosexuales, podía atacar a cualquiera y se trasmitía como la hepatitis. Desde ese mismo momento comenzó a pensarse que su origen fuera un virus, como ocurre en el caso de la hepatitis. En ese preciso instante entra en escena Robert Gallo.

Gallo es un italoamericano de segunda generación cuya familia –según pone de manifiesto en su autobiografía *Virus Hunting* («A la caza del virus»)– no era pobre como la mayor parte de los inmigrantes, ni provenía «de la parte pobre del sur de Italia que se llama *Mezzogiorno*». Su abuelo, Domenico Gallo, era un hombre próspero y además piamontés. No se vio obligado a emigrar por necesidad, sino para coronar, oponiéndose a la voluntad familiar, su sueño de amor con una calabresa. Así llegó a Waterbury en Connecticut, donde, sin embargo, adquirió una casa «lejos del barrio de los italianos». Es decir, que no tenía nada que ver con los indecentes «comedores de spaghetti» que poblaban la *little Italy* de las ciudades norteamericanas. Este distanciamiento de sus orígenes italianos le resultó poco honorable y simpático incluso al mismo Michael Specter, que ha reseñado en forma severa el libro para la revista *New York Review of Books*. Solo en un momento la autobiografía de Gallo asume un tono abierto y sincero: cuando describe el dolor que le causó la muerte de su hermana Judy, víctima de la leucemia, desgracia a la que atribuye su vocación científica.

Es cierto que su carrera estuvo siempre relacionada con las enfermedades de la sangre y en particular con la leucemia. Inmediatamente después de terminar sus estudios ingresó en los NIH como colaborador de Seymour Perry, que dirigía estudios de biología de las células tumorales humanas en el National Cancer Institute, uno de los institutos más antiguos y prestigiosos de los NIH. Después de haberse hecho un lugar allí y de aprender las técnicas de biología molecular con Ted Breitman y Sidney Pestka, obtuvo a partir de 1970 un despacho propio y en 1972 ocupó el puesto de Perry, cambiándole el nombre a su estructura, que se convirtió en el Laboratorio de Biología de las Células Tumorales.

Más tarde ha confesado:

> Tuve suerte al llegar al NCI precisamente en esa época. En 1971 la administración Nixon aprobó el *National Cancer Act* y los fondos para las investigaciones acerca del cáncer gozaron de prioridad nacional, lo que me aseguraba la posibilidad de conservar el puesto y los medios para continuar las investigaciones.

Al principio, los experimentos de Gallo consistían en cotejar, desde el punto de vista bioquímico, células normales y células cancerosas; estudiaba una enzima en particular, el ADN múltiple (polimerasis), con la esperanza de demostrar que era responsable del desarrollo anormal de las células leucémicas. A comienzos de 1970 comprendió que éstos y otros experimentos que estaba realizando no le llevarían a ninguna parte. Decidió entonces cambiar de rumbo. «Pero –ha confesado luego– no podía decidir qué estudio emprender.» En mayo de 1970, durante un congreso en Houston, se encontró por primera vez con los retrovirus, una clase de virus muy particular, los gérmenes más peligrosos para el hombre. Gallo no sabía nada de virus, y mucho menos de retrovirus o de las técnicas de virología, pero de todos modos decidió «reconvertirse». Entró así en un campo que hasta entonces había sido completamente extraño para él: el que estudia los microorganismos que causan las enfermedades infecciosas.

Hasta hace treinta años se creía que todas las enfermedades virales eran infecciones que se desarrollaban muy deprisa, luego de una incubación relativamente breve, para evolucionar más tarde de forma aguda. Se pensaba que, durante estas enfermedades, el germen se multiplicaba invadiendo al paciente mientras este último desarrollaba una determinada inmunidad, y que los éxitos posibles eran esencialmente dos: la eliminación del intruso, como sucede normalmente en el resfriado, o la muerte del paciente.

En 1945 se descubrió la existencia de virus que provocan infecciones muy lentas: por eso se las llamó *slow virus,* o virus lentos. Además de lentos, algunos de estos virus poseen otras dos características: recorren parte de su ciclo biológico hacia atrás, en particular la información genética (que normalmente pasa del ADN al ARN) sigue en ellos exactamente el camino opuesto y por eso llevan el nombre de retrovirus.

La segunda característica es que algunos pueden provocar cáncer en los animales. Gallo fijó su atención precisamente en estos virus, con la esperanza de lograr demostrar que alguno de ellos podía ser el causante del cáncer en el hombre. El camino que eligió para llegar a este descubrimiento era al mismo tiempo simple e ingenioso.

Debido a que los virus de este tipo son prácticamente invisibles, la única forma de evidenciar su existencia es individualizar la transcriptasa inversa, la enzima que causa ese curioso y particular funcionamiento «a marcha atrás». Sin embargo, todo parecía más fácil de lo que era en realidad.

La mayor dificultad que presenta este tipo de investigaciones es que las células infectadas mueren mucho antes de que se las pueda analizar para saber cuál es la causa que determina su muerte. La investigación puede tener lugar solo mediante una estrategia que permita la supervivencia de las células infectadas. En 1976 Gallo pudo superar esta dificultad. Junto con sus colaboradores, Francis Ruscetti y Doris Morgan, descubrió un factor de crecimiento bautizado con el nombre de «interleucina 2» que, unido a las células leucémicas enfermas, aseguraba la supervivencia por largos periodos, de modo que permitía poner en evidencia con toda tranquilidad la eventual presencia de la transcriptasa inversa.

De esta forma Gallo pudo llevar a cabo sus investigaciones y rápidamente descubrió el primer retrovirus causante del tumor en el hombre. Para resaltar aún más su descubrimiento, decidió presentarlo durante un importante congreso científico que tuvo lugar ese mismo año en Hershey, Pennsylvania. Pero en lugar de cubrirse de gloria, como había imaginado, se vio sometido al ridículo. Los colegas que analizaron sus preparados se dieron

## 2. Crímenes y castigos

cuenta de que lo que Gallo había descubierto era realmente un retrovirus que provoca el cáncer en los monos, no en el hombre, y, para demostrar que Gallo había armado demasiado alboroto para nada, denominaron su virus *human rumor virus* en lugar de *human tumor virus*.
En su autobiografía, Gallo afirma que el grave error se debe a un «incidente del frigorífico», que habría causado la contaminación de sus preparados con un virus de mono. En todo caso logró elevar su reputación como científico cuando en 1978 descubrió el HTLV-1, el primer retrovirus humano que es el causante de una extraña y fatal forma de leucemia. En 1982 descubrió otro perteneciente a la misma familia y causante del mismo tipo de enfermedad y lo llamó HTLV-2. Los descubrimientos de la interleucina 2 y de ambos retrovirus humanos fueron sin duda hallazgos importantes que permitieron a Gallo obtener el Lasker Award, un prestigioso premio destinado a las investigaciones médicas creado por Mary Lasker, la esposa de un gran publicitario que en los años veinte había lanzado al mercado los cigarrillos Lucky Strike y que de viejo se había dedicado a la lucha contra el cáncer.
Sin embargo, no se trataba de una pista muy prometedora dado que estos retrovirus no eran la causa de las leucemias más comunes y difundidas. Además, a fines de los años setenta, ya se había esclarecido que el origen viral del cáncer era un hecho secundario y que el del retrovirus parecía un callejón sin salida. Se necesitaba un nuevo cambio en los trabajos, pero esta vez Gallo no podía comenzar desde el principio, pues ya no se encontraba en los inicios de su carrera. Debido a que comenzaban a

aparecer fondos para las investigaciones acerca del sida y nadie conocía aún la causa del mismo, Gallo presentó su retrovirus, el HTLV. Lamentablemente se equivocaba. Hoy sabemos que el virus del sida es un retrovirus y ataca, al igual que los dos virus que Gallo descubrió, las células de la sangre conocidas como linfocitos T4, pero es muy diferente y no pertenece a la misma familia. Por este motivo todas las investigaciones de Gallo resultaron infructuosas.

Afortunadamente, él no era el único que se había comprometido a buscar las causas del sida. Trabajaban sobre todo algunos de sus colegas de Bethesda en laboratorios que hasta entonces se dedicaban como el de Gallo al cáncer, aunque también en Atlanta, en el CDC, para el Dana Farber Cancer Institute, en el departamento de biología de tumores de la Harvard School of Public Health, y también el grupo del Instituto Pasteur de París, dirigido por Luc Montagnier y Jean-Claude Chermann, que al menos oficialmente tenía muy pocas posibilidades de lograr algún éxito dada la escasez de medios que tenía a su disposición. Sin embargo, como reconocen aún hoy los norteamericanos, fueron ellos precisamente quienes dieron el paso adelante descubriendo cuál era la causa del sida.

Gallo ha sostenido siempre que Montagnier y sus colegas carecían de los conocimientos necesarios para descubrir si la causa del sida era o no un retrovirus. «Montagnier –escribió en su autobiografía– tenía poca experiencia en retrovirus y ninguna, que yo sepa, en retrovirus humanos.» Esto no es verdad. La rubia colaboradora de Chermann, Françoise Barré-Sinoussi, había aprendido en Bethesda las técnicas usadas en las investigaciones del virus del ratón y también a medir la transcriptasa inversa, precisamente en el laboratorio de Gallo. Ella y Chermann habían trabajado luego en los retrovirus que provocan el cáncer en el ratón y habían colaborado con Montagnier en una investigación acerca de un retrovirus humano asociado al tumor del seno.

Ambos grupos partían con una paridad técnica, pero los norteamericanos fueron quienes anunciaron, dos años después del comienzo de sus investigaciones, el descubrimiento de la causa del sida: se trataba, como ya se sospechaba, de un virus, y en particular de un retrovirus, es decir, uno de esos agentes infecciosos en los que Gallo era considerado un especialista. El investigador norteamericano consideraba que se trataba precisamente del tercer retrovirus humano, y por eso lo llamó HTLV-3.

El anuncio del descubrimiento se dio a conocer el 24 de abril de 1984 durante una conferencia de prensa convocada en Washington por Margareth Heckler, secretaria de Estado responsable de la sanidad y de educación del gobierno de Estados Unidos. La señora Heckler declaró que Gallo y sus colaboradores Mikulas Popovic, Zaki Salahuddin y Elizabeth Read, entre otros, habían aislado un virus hasta ahora desconocido y habían demostrado que era el causante del sida. Al mismo tiempo, agregó Heckler, Gallo y su grupo habían elaborado una prueba de diagnóstico que estaría disponible a partir del mes de noviembre. Algunos días antes el NIH, ente del que depende el laboratorio de Gallo, había presentado una solicitud de patente para una prueba de diagnóstico serológico del sida. Era sin duda un éxito notable y sin precedentes por la rapidez con la que se había logrado.

Es una lástima que se tratase de un descubrimiento erróneo. Hoy sabemos que el virus que causa el sida no es un retrovirus de la familia HTLV, sino un virus lento de otra clase que se comporta de forma muy distinta a como lo hacen los dos retrovirus de la leucemia que Gallo había descubierto y que, además, el verdadero responsable ya había sido hallado por los franceses el año anterior. Fue Montagnier y no Gallo quien descubrió la causa del sida. Pero hay más.

Cuando se completó el análisis del presunto virus descubierto por Gallo, el HTLV-3, se vio que no se parecía en nada a los dos retrovirus de la leucemia descubiertos anteriormente por el mismo Gallo, sino que era del mismo tipo del que descubrieron los franceses; era tan parecido a éste que se los podía considerar idénticos. Gallo no había descubierto un nuevo virus, sino que simplemente le había cambiado el nombre al de los franceses y había intentado hacerlo pasar por un retrovirus como los que él ya había descubierto. Todo hacía suponer que no se estaba frente a un caso de plagio, sino frente a un verdadero robo o apropiación indebida de virus.

Pero ¿cómo había podido suceder? La historia, en extremo complicada, no se ha podido esclarecer por completo a través de las distintas investigaciones efectuadas en el plano científico, y mucho menos en el plano legal donde han tenido lugar las más escandalosas escenas. Nos limitaremos a un informe basado en todo aquello que se pudo verificar luego de ocho años de polémicas y discrepancias judiciales y, sobre todo, después de que, en abril de 1992, el NIH diera a conocer los resultados de una cuidadosa investigación llevada a cabo por la OSI.

Ante todo, se ha aclarado por qué Gallo, teniendo a su disposición los medios y los conocimientos disponibles en esa época, no logró adjudicarse el que podría ser considerado el descubrimiento del siglo: Gallo no descubrió el virus del sida simplemente porque no supo buscar. Partía de la convicción de que si la causa del sida era un retrovirus, tenía que ser precisamente aquel que él había descubierto, el HTLV. Estaba tan seguro de ello que dio órdenes a su colaborador, Prem Sarin, de medir la transcriptasa inversa en los cultivos de glóbulos blancos infectados con el virus, de la misma forma en que normalmente lo hacía con el HTLV. Debía esperar unos treinta días antes de controlar si en las probetas aparecía la transcriptasa inversa. Sabían que el HTLV aumenta en forma indefinida la producción de esa enzima que no puede observarse en detalle en pocas horas o días, sino mucho tiempo después de la contaminación viral.

Ése fue un error fatal. Hoy sabemos que el sida se produce a partir de un retrovirus que no es el HTLV. Pertenece a una familia por completo diferente y su comportamiento es distinto: en lugar de inducir a los linfocitos que ataca a producir indefinidamente una transcriptasa inversa, los mata luego de algún tiempo y muere con ellos. Es un retrovirus *kamikaze,* y para identificarlo la transcriptasa debía medirse de inmediato y no después de un mes, cuando no existía nada para medir, ya que tanto los virus como los linfocitos estaban muertos.

Los franceses, que no tenían prisa ni prejuicios, analizaron con mayor cuidado sus probetas, y se dieron cuenta enseguida de que el extraño comportamiento del virus del sida no se correspondía con el que Gallo había descubierto en el HTLV. El 3 de enero de 1983 Montagnier había obtenido las células extraídas del cuerpo de Frédéric Brugière, un diseñador de moda de 33 años, identificado con el anagrama Rub, que en diciembre de 1982 había presentado síntomas de sida, enfermedad de la que murió en 1988. Se sabía que había estado en Nueva York en 1979, que era homosexual y que había mantenido relaciones con más de 50 personas al año. En las células de este enfermo se encontró la transcriptasa inversa y los investigadores franceses confirmaron ya el 25 de enero de 1983 que habían encontrado la pista correcta. Observaron también que el virus que habían identificado no se comportaba como lo hacía el norteamericano. El 4 de febrero de 1983 Charles Dauguet fotografió en el microscopio electrónico este nuevo virus. Las fotografías exhibían, en efecto, diferencias morfológicas notorias respecto del virus de Gallo. Pero el grupo de investigadores franceses no compartía una opinión unánime. Algunos, como Jacques Leibowitch, estaban convencidos de que se trataba del mismo tipo de virus que habían aislado los norteamericanos.

Montagnier informó a Gallo del descubrimiento llevado a cabo en París en una carta fechada el 2 de febrero de 1983. A partir de ese momento Gallo comenzó a temer que los franceses hubieran encontrado algo diferente y quizá más importante, y adoptó una actitud defensiva. Insistía en que el virus de los franceses debía ser necesariamente un retrovirus, una variante del HTLV. Por eso hizo lo imposible para evitar que el descubrimiento francés no se publicara solo, sino acompañado por una serie de artículos suyos y de sus colaboradores.

Los artículos aparecieron todos en la revista *Science* el 20 de mayo de 1983. El artículo francés estaba precedido por un resumen que no formaba parte del manuscrito original y que el mismo Gallo había escrito, respondiendo aparentemente a una petición de la redacción de la revista. Decía: «Un retrovirus que pertenece a la familia de los virus humanos de la leucemia recientemente descubierto, es decir, a los HTLV, ha sido aislado en un enfermo blanco que presentaba una deficiencia adquirida». Los otros artículos que formaban parte de ese número de la revista, casi todos dedicados a los retrovirus, estaban escritos con el objeto de minimizar la importancia del descubrimiento francés y de reafirmar la idea de que la causa del sida era un virus del tipo HTLV.

Sin embargo, ni siquiera los franceses tenían en ese momento una idea clara y precisa de las diferencias entre su virus y el norteamericano. Pero ya en el verano de 1983 el virólogo norteamericano Matthew Gonda demostró claramente que el virus de los franceses no se asemejaba en nada al de Gallo y que parecía más bien estar emparentado con retrovirus animales no oncógenos. En los primeros meses de 1984 los franceses se dieron cuenta también de que definitivamente su virus era muy diferente del norteamericano y que era la única causa del sida.

Sin embargo, antes de que la noticia apareciera en una revista científica y fuera de dominio público, atribuyendo a los franceses el honor del descubrimiento del virus más temible de estos últimos decenios, Gallo organizó la famosa conferencia de prensa en Washington durante la cual el mundo supo que había sido él, Gallo, y no Montagnier el descubridor del virus del sida y que éste no era el LAV de los franceses, sino, como Gallo siempre había sostenido, un virus del grupo HTLV que obtuvo el nombre de HTLV-3.

¿Quién tenía razón y cuál era el verdadero virus asesino? Hoy sabemos, y lo reconoce el mismo Gallo, que la verdadera causa del sida es el virus descubierto por Montagnier, y sabemos también que el HTLV-3 no era otra cosa que el mismo virus de los franceses, exactamente el mismo, al que se le había cambiado el nombre. ¿Cómo pudo suceder una cosa así? ¿Se puede suponer que Gallo haya robado literal y deliberadamente el virus de los franceses? Y en ese caso, ¿cómo lo hizo?

En su autobiografía, el investigador norteamericano sostiene que se trató de otro *freezer accident,* de un accidente de frigorífico que habría causado la contaminación de algunos de sus preparados con otros que contenían el virus francés y que se conservaban en el mismo frigorífico. Esta versión fue confirmada por Gallo durante una entrevista publicada en Francia por el semanario *L'Express* y en Italia por *L'Espresso:*

Puedo tan solo confirmar –sostenía Gallo– aquello que sospechábamos desde 1987: fue un accidente de contaminación de uno de nuestros preparados. El virus del Instituto Pasteur, que por otra parte ha contaminado otros laboratorios, era en extremo potente y colonizador. Ha invadido muchos de nuestros cultivos. ¡Por suerte no todos! Teníamos otros preparados. Créame, ¡no teníamos necesidad alguna de ro-

## 2. Crímenes y castigos

barle el preparado a otros! Cada virus tiene su propia firma y se puede diferenciar con mucha precisión. Esta estúpida polémica ha sido provocada solamente por razones de patentes y dinero.

De todos modos es cierto que Gallo tenía en su frigorífico probetas que contenían el virus de Montagnier. De hecho, antes de aislar su HTLV-3 Robert Gallo había obtenido en dos ocasiones muestras del virus francés LAV. La primera vez se las llevó en persona el mismo Montagnier el 17 de julio de 1983, y la segunda se las enviaron desde París el 23 de septiembre, tras el explícito pedido de uno de los colaboradores de Gallo, Mikulas Popovic, un checoslovaco que ha desempeñado un papel crucial en toda esta historia. Popovic había firmado en su momento un recibo comprometiéndose a reconocer la prioridad francesa y a utilizar el virus solo para investigaciones biológicas, inmunológicas y moleculares, y especialmente a no hacer uso comercial alguno sin el previo consentimiento del Instituto Pasteur.

Sin embargo, es lícito preguntarse si se trató realmente de un accidente o si, en cambio, los investigadores norteamericanos no hicieron más que cultivar la muestra recibida desde París. El problema es comprender si Gallo y Popovic fueron verdaderamente víctimas de un accidente, sin saber que tenían entre manos el virus de los franceses, o si en realidad lo sabían y aprovecharon su posición para ocultar toda prueba que demostrara la prioridad del grupo de Montagnier, y entonces, consciente y deliberadamente, «robaron» el virus presentándolo como un descubrimiento propio e independiente.

Para responder a esta pregunta se necesita ante todo verificar si el LAV y el HTLV-3 son o no iguales. Hoy en día los científicos han establecido más allá de toda duda que se trataba del mismo virus, pero hasta hace algunos años la cosa no estaba tan clara. A finales de 1984 una serie de investigaciones llevadas a cabo en Inglaterra y en Estados Unidos demostraron que el virus de Gallo y el de Montagnier eran tan similares que se podían considerar gemelos. Sin embargo, en los primeros meses de 1991, Gallo analizó atentamente algunos preparados del virus francés que aún conservaba en su frigorífico, y demostró que en realidad ni a su HTLV ni al LAV de los franceses se los podía considerar idénticos. Para entonces Montagnier se vio obligado a controlar nuevamente su virus y descubrió que en realidad las muestras que había llevado a Estados Unidos y las que aún conservaba pertenecían a los preparados del virus LAV originario (aquel que había encontrado en las células de Frédéric Brugière), pero infectados por otro virus del sida llamado LAI y que Montagnier estaba cultivando en su laboratorio en 1983, precisamente mientras trabajaba en el descubrimiento del LAV. Este segundo virus se reproducía a una velocidad increíble y el paciente al que se le había extraído, un estudiante que había contraído la infección en Estados Unidos en 1979, murió en 1984, es decir, poco tiempo después de haber manifestado los primeros signos evidentes de la enfermedad. Este segundo virus en extremo potente había colonizado e infectado al virus LAV en el laboratorio del Instituto Pasteur. Lo que Montagnier había llevado al laboratorio de Gallo eran pruebas del virus LAV infectadas por el LAI.

## 2. Crímenes y castigos

Esto, sin embargo, lejos de excusar a Gallo, constituyó la prueba definitiva de que él había redescubierto precisamente el virus de los franceses, dado que su HTLV-3 resultó ser un virus LAV infectado por el LAI. A esta conclusión llega también el informe de la OSI dado a conocer en abril de 1992. Es cierto entonces que Gallo usó para sus estudios el virus de los franceses. Pero ¿era consciente o no? El investigador norteamericano ha sostenido siempre que no, y ha intentado dar crédito a la hipótesis del desafortunado accidente, pero una serie de «pruebas de indicio» parecen demostrar lo contrario. Algunas de estas pruebas fueron recogidas por los abogados que defienden al Instituto Pasteur en la controversia legal con el gobierno norteamericano, pero la mayor parte ha sido descubierta por John Crewdson, quien, después de mucho trabajo, publicó en el periódico para el que trabaja, el *Chicago Tribune,* un suplemento especial de 16 páginas con toda la historia.

La primera prueba descubierta por Crewdson era una carta a la que alguien le había quitado dos líneas muy comprometedoras. Matthew Gonda, especialista en morfología viral en el Centro de Investigaciones del Cáncer de Frederik, en Maryland, le había escrito el 14 de diciembre de 1984 a Mikulas Popovic que en las fotografías del microscopio electrónico de 33 muestras de suero que se consideraban infectadas por el virus del sida éste aparecía identificado tan solo en las muestras 6 y 7. La copia de esta carta formaba parte del informe desde el principio de la investigación, pero le faltaban dos pasajes. En el texto original Gonda exponía con precisión que las muestras 6 y 7, las únicas que presentaban el retrovirus visible en el microscopio electrónico, habían sido identificadas como HOT7/LAV y 717.4/LAV. Evidentemente, se trataba de los cultivos de Popovic infectados por la cepa viral de Montagnier. Aún hoy nadie, ni siquiera la comisión de la OSI, ha podido esclarecer quién fue el responsable de borrar de aquella carta dos líneas tan comprometedoras para Gallo y sus colegas. Ciertamente los franceses no tenían interés alguno en hacerlo.

En cambio, Gallo asumió la total responsabilidad de otra borradura. Se trata de la supresión de los pasajes del artículo, publicado en 1984, en el cual los norteamericanos anunciaban el descubrimiento del HTLV-3. La redacción original de ese artículo fue realizada en gran parte por Mikulas Popovic, que se había ocupado de la serie más importante de los experimentos en los que había utilizado el virus de los franceses. En esta primera redacción Popovic admitía haber usado el cultivo del virus de Montagnier. Cuando el boceto pasó por las manos de Gallo ese pasaje fue borrado y el investigador norteamericano apuntó al margen: «*Mika, are you crazy?*», como diciendo «¿eres tonto?».

El informe de la OSI admite a regañadientes que esta omisión por parte de Gallo aparece como un intento de *self serving*, es decir, de favorecerse y obtener ventaja ocultando las contribuciones de los franceses, y debió reconocer que, si bien no se puede hablar de un verdadero engaño, se trata de un caso de «mala conducta», de un comportamiento científico poco correcto. La justificación de Gallo parecía un poco artificial: afirmó que no podía permitir que el artículo incluyera la cita del LAV a la que Popovic se refería, desde el momento en que se le entregó el virus francés solo para usos internos y con la cláusula explícita de que cualquier resultado que con él se obtuviera no debía publicarse. Gallo se sirvió de las cláusulas (impuestas por los franceses en la famosa carta precisamente para evitar que se ignoraran sus méritos) para hacer exactamente lo contrario y dar la impresión de que el virus que él había descubierto no tenía nada que ver con el de los franceses.

Aun en el caso de aceptar esta justificación, queda otro elemento muy sospechoso: los norteamericanos habían publicado una fotografía del virus francés LAV haciéndola pasar por una imagen del HTLV-3. Los artículos con los que el grupo de Gallo anunció al mundo la victoria en la carrera por el descubrimiento del agente del sida eran cuatro. Uno de ellos, cuyo autor principal era Jörg Schüpbach, estaba dedicado a las técnicas de reconocimiento del virus. El artículo estaba ilustrado con algunas fotografías que mostraban al HTLV-3, al HTLV-1 y al HTLV-2 a fin de exhibir sus diferencias.

Algunos meses después de la publicación del artículo, los abogados del Instituto Pasteur recibieron una llamada telefónica anónima en la que se les informó que la microfotografía que aparecía como la del HTLV-3 correspondía en realidad al virus LAV de los franceses. De inmediato, una averiguación permitió confirmar esta información. El mismo Gallo debió admitirlo y asumir la responsabilidad, ya que Schüpbach declaró que aquella fotografía había sido incluida en el artículo por decisión de Gallo.

Todo resultó de inmediato muy sospechoso y la explicación que Gallo dio luego no logró disipar por completo la impresión de que él y su grupo habían hecho hasta lo imposible para apropiarse de los resultados de las investigaciones de los franceses. En su autobiografía Gallo sostiene que la sustitución de las fotografías ocurrió «de forma inadvertida» y en una nota a pie de página explica:

> Sucedió por error. Cuando Mika envió su trabajo acerca de los cultivos celulares que contenían el LAV para las pruebas de microscopía electrónica les colocó una etiqueta con la sigla LAV. Evidentemente el técnico y la sociedad que se ocuparon de evaluarlas eligieron el LAV para una de las ilustraciones sin saber que se trataba del virus del grupo del Instituto Pasteur.

Se trataba entonces de otro error que, sin embargo, como en el caso del accidente del frigorífico citado anteriormente, daba una vez más la impresión de que los únicos descubridores del virus del sida eran los norteamericanos y no los franceses. Cuando accidentes y errores, que son en principio hechos casuales, apuntan todos en una misma dirección, al igual que cuando se ganan demasiadas manos seguidas al póquer, es lícito sospechar que existe alguien que está haciendo trampa.

Sin embargo, la investigación de la OSI absuelve a Gallo del cargo de fraude y hurto científico en perjuicio de los franceses. La comisión de investigaciones ha verificado que en toda la historia se cometieron un total de veinte incorrecciones que han tenido como consecuencia una representación poco fiel de lo que en realidad había sucedido. De estos veinte errores ocho tan solo se consideraron debidos a «mala conducta», es decir, a fraude o engaño deliberado, y estas ocho fueron en su totalidad atribuidas a Popovic.

Gallo, en cambio, fue absuelto completamente de todos los cargos graves y se le recriminó solo el hecho de no haber reconocido durante mucho tiempo los méritos de los franceses y de no haber controlado con atención el trabajo de sus colaboradores. Por este motivo, Bernardine Healey, la nueva directora de los NIH, le convocó y, ante todos los directores de los distintos institutos de investigación que de ella dependían, le invitó a que en el futuro vigilara con más celo a los miembros de su grupo y le impuso un año de «libertad vigilada» durante el cual un director de los NIH le apoyaría en el control del correcto funcionamiento de su laboratorio.

Con total justicia el periódico francés *Libération* elevó una protesta porque consideraba que la OSI había realizado una *enquête maison,* un sumario casero. Es innegable que el gobierno estadounidense continúa defendiendo a Gallo, y, dado que es evidente que esto ocurre por motivos económicos, el ministro francés de Investigación Científica, Hubert Curien, ha amenazado con romper el acuerdo que divide los derechos de la prueba, diagnóstico firmado por ambos gobiernos en 1987.

En diciembre de 1983 el Instituto Pasteur presentó en Estados Unidos una solicitud de patente para un equipo de diagnóstico que utilizaba esencialmente la prueba ELISA, preparada por el grupo de Montagnier. La solicitud se registró en forma regular y fue analizada, y mientras tanto el Instituto Pasteur firmaba un acuerdo con la sociedad norteamericana Genetic System Corporation, de Seattle, para la producción de esta prueba de diagnóstico.

En abril de 1984 también los National Institutes of Health, administración de la que depende el laboratorio de Gallo, presentaron, como se ha señalado antes, una solicitud de patente para un equipo de diagnóstico serológico del sida. Su petición, en lugar de dormir en los archivos como la solicitud francesa, obtuvo una aprobación relámpago y la patente fue otorgada solo un año después (US patent 4.520.113), mientras que la petición francesa quedaba en suspenso. Esto le daba a los NIH el derecho de percibir un porcentaje sobre la venta de todos los equipos de diagnóstico en los países del mercado norteamericano. El importe anual de este porcentaje se estimó alrededor de los cinco millones de dólares. Gallo y Popovic, como autores del descubrimiento, han recibido por sus derechos en los últimos años más de 100.000 dólares anuales. Lo que resulta inusual en toda la historia no es el tiempo transcurrido para que la solicitud francesa fuera aceptada, sino la extraordinaria rapidez con la que se resolvió la norteamericana. Los franceses, con toda justicia, iniciaron una causa contra el gobierno estadounidense.

La disputa científica y legal entre los dos campos se resolvió provisionalmente en marzo de 1987 con un acuerdo amistoso entre el Departamento de Salud de Estados Unidos y el Instituto Pasteur. Su importancia política era tal que la firma del acuerdo fue anunciada en Washington por el presidente de Estados Unidos, Ronald Reagan, y por el jefe del gobierno francés, Jacques Chirac. Con ese acuerdo los franceses renunciaban a los procedimientos legales y a la indemnización por los porcentajes ya cobrados por la parte contraria; los norteamericanos, por su parte, aceptaban que en su patente se incluyera el nombre de Montagnier junto al de Gallo, que la prueba serológica se presentara como un invento común y que las dos partes dividieran los derechos.

Ahora que ha quedado claro que los verdaderos descubridores del virus del sida fueron los franceses, éstos reclaman la propiedad completa de los derechos de explotación de la prueba. «Sin la colaboración del Instituto Pasteur –declaró el ministro Curien– Gallo no habría podido ultimar su prueba.» Sin embargo, es de esperar que los norteamericanos no acepten fácilmente volver a negociar el acuerdo de 1987 y que todo terminará una vez más en los tribunales. Como ya ocurrió en el pasado, no se excluye que en el transcurso de las disputas legales surjan nuevos detalles acerca de cómo Gallo, durante un tiempo, logró presentarse como el verdadero descubridor del virus del sida. La historia aún no ha terminado.

## Baltimore: el Watergate de la ciencia norteamericana

Más estrepitoso aún es el caso que un editorial del *New York Times* ha denominado «el Watergate de la ciencia», en el que se ha visto involucrado el premio Nobel David Baltimore.

El caso Baltimore –podía leerse en ese editorial– recuerda en muchos aspectos al escándalo del Watergate. Del mismo modo que el Watergate se inició con un «hurto insignificante» y culminó con una vergonzosa negación de los hechos, el caso Baltimore comenzó con aquello que parecía ser un simple engaño de un científico y más tarde se transformó en una generalizada y desesperada carrera por negar cualquier deuda con cualquiera que tuviera el deber, por la posición que ocupaba, de evitar errores y castigar injusticias.

David Baltimore es un apreciado virólogo y biólogo molecular, a quien en 1975 se le otorgó el premio Nobel de Fisiología y Medicina, junto a Howard Temin y Renato Dulbecco, por «descubrimientos relativos a la interacción entre los virus tumorales y el material genético de la célula», como aparece en el nombramiento oficial. Desde 1972 ha enseñado biología en el MIT. En 1982 se convirtió en el director del Whitehead Institute for Biomedical Research en Cambridge, Massachusetts. En octubre de 1990 fue elegido presidente de la Universidad Rockefeller, sucediendo a otro premio Nobel, Joshua Lederberg. En 1968 contrajo matrimonio con Alice S. Huang, una microbióloga de la Harvard Medical School, con la cual tuvo una hija.

Científico de fama reconocida y, al menos hasta hace poco tiempo, altamente apreciado por sus colegas, Baltimore ha escrito acerca de sí mismo en el *Current Biography Yearbook*:

> Mi vida está enteramente dedicada al avance del conocimiento. Nosotros los científicos no necesitamos otra justificación. Mi más profunda motivación es encontrar la cura contra el cáncer. Tal vez nunca logremos encontrarla. Yo trabajo simplemente porque deseo comprender.

Una declaración tan noble contrasta claramente con las deudas que se le atribuyeron durante el escándalo que le llevó ante una comisión parlamentaria y más tarde ante un tribunal federal.

Todo comenzó el 25 de abril de 1986 cuando la revista *Cell* publicó un artículo firmado por Baltimore, David Weaver, Moema H. Reis, Christopher Albanese, Frank Costantini y Thereza Imanishi-Kari. Esta última, una japonesa nacida en Brasil pero naturalizada estadounidense, era la responsable de los experimentos relativos a la parte central y más importante de la investigación objeto del artículo.

Se trataba de una cuestión más bien esotérica. Hacia 1983 David Baltimore comenzó a trabajar junto con Frank Costantini de la Universidad de Columbia, en la creación del denominado «ratón transgénico», es decir, un ratón cuyo patrimonio genético había sido modificado a través de la sustitución de uno de sus genes por otro proveniente de una raza diferente de ratones.

Frank Costantini había comenzado en 1981 a realizar este tipo de experimentos, que poseen extrema importancia, ya que sobre ellos se apoya la posibilidad de obtener la terapia más eficaz contra las enfermedades hereditarias: la sustitución de los genes «erróneos» por otros sanos. Sin embargo, en la actualidad esta perspectiva se considera aún experimental, ya que no es posible insertar genes extraños en el punto exacto y no queda claro todavía qué tipo de reacciones pueda desencadenar esto en el organismo, particularmente en su sistema inmunológico. El artículo trataba en especial este último aspecto y sostenía que en el transcurso de los experimentos descritos el ratón que había recibido un gen extraño, el transgén, había comenzado a producir altos niveles de anticuerpos y en particular idiotipos, es decir, secuencias de ácidos nucleicos que permiten que los anticuerpos desarrollen su función. Se afirmaba entonces que el gen trasplantado no solo había producido células análogas a las del ratón donante, sino que además había enviado al sistema inmunológico del receptor una serie de mensajes que habían permitido que estas células no fueran reconocidas como extrañas y por tanto no fueran rechazadas.

Con respecto al mecanismo mediante el cual el supuesto efecto se había verificado, los autores presentaban tres posibles explicaciones, ya que sostenían que hasta el momento no tenían datos que permitieran reconocer que una explicación era más válida que las otras. El resultado obtenido era de todos modos importante porque apoyaba la hipótesis de la existencia de un efecto regular que había planteado Niels Jerne, quien había obtenido el premio Nobel en 1984. Según esa hipótesis, el sistema inmunológico está gobernado por una red que se autorregula y depende de la creación de anticuerpos antiidiotipo, es decir, anticuerpos contra los mismos anticuerpos.

Si el experimento descrito en el artículo hubiera reforzado realmente esa hipótesis, habría representado una importante contribución para la inmunología. Pero no era así. En realidad, como reveló Margot O'Toole, una especialista que había colaborado durante cierto tiempo en estas investigaciones, los resultados del experimento discurrían por otros caminos y habían sido «adaptados» en forma oportuna para hacerlos concordar con la hipótesis de Jerne.

## 2. Crímenes y castigos

Margot O'Toole había obtenido su doctorado en inmunología en 1979 en la Universidad Tufts bajo la dirección de Henry Wortis. Más tarde trabajó en Filadelfia, donde obtuvo dos becas de estudio. Finalmente, en 1985, se trasladó a Boston, donde su marido había obtenido un puesto en el MIT. Wortis fue el que presentó a O'Toole a Imanishi-Kari, quien necesitaba para sus experimentos a una persona que estuviera familiarizada con la tecnología de la transferencia de material biológico de un animal a otro.

Al principio las dos investigadoras se llevaron maravillosamente. Pero sus relaciones se tornaron más tensas después de que la mayor parte de los experimentos llevados a cabo por O'Toole dieron resultados opuestos a los de Imanishi-Kari. «Naturalmente, yo pensé que las diferencias se debían a errores míos y por eso repetí varias veces mis experimentos.» «Todo ello –declaró O'Toole– requirió mucho tiempo y gastos de laboratorio y fue entonces cuando Imanishi-Kari se volvió muy impaciente. Insistía en que las diferencias se debían simplemente a mi incompetencia.» Entonces las relaciones entre las dos investigadoras se deterioraron tanto que incluso se retiraron el saludo. Finalmente, O'Toole decidió cambiar el tipo de investigación y abandonar Boston y el MIT. Logró obtener un puesto en el departamento que dirigía Wortis en la Universidad Tufts. Sin embargo, un año después también Imanishi-Kari dejó el MIT y se trasladó a la Universidad Tufts.

Cuando en abril de 1986 se publicó el famoso artículo, O'Toole se dio cuenta de inmediato de que los resultados que se presentaban contrastaban de forma notoria con sus experimentos, cuyos datos conservaba aún en

17 páginas. Por curiosidad volvió a estudiar con cuidado aquellos apuntes. Había poco que hacer; demostraban claramente que aquello que se afirmaba en el artículo no podía ser cierto. Luego de consultar con una amiga (la inmunóloga Brigitte Huber), O'Toole se dirigió directamente a Wortis, su jefe, habló también con Herman Eisen del MIT, y finalmente con la ayudante del presidente del MIT, Mary Rowe. A todos les dijo que aquel artículo estaba lleno de errores y que las conclusiones a las que llegaba eran completamente erróneas.

Pero la Universidad Tufts y el MIT consideraron que se trataba de una lucha personal entre dos señoras un poco histéricas y no quisieron inmiscuirse. En la Universidad Tufts se creó una pequeña comisión de investigación presidida por Wortis, quien además de ser director de las investigaciones de O'Toole era muy amigo de Imanishi-Kari, e hizo lo imposible para apaciguar de forma pacífica las diferencias. La comisión concluyó que se trataba simplemente de dos formas distintas de evaluar los resultados de la investigación, pero que no existía motivo alguno para considerar que se habían cometido errores, o peor aún falsificaciones, y que por lo tanto no era necesaria una carta de corrección o de retractación.

A conclusiones análogas llegó también la investigación dirigida por el inmunólogo Herman Eisen llevada a cabo por el MIT, que había financiado la investigación científica. Sin embargo, las cosas cambiaron bastante cuando entraron en juego Ned Feder y Walter Stewart, conocidos ya como *fraudbusters,* es decir «cazadores de fraudes», porque unos años antes habían desenmascarado los hechos turbios que involucraban a algunos de sus colegas menos escrupulosos. Ned Feder tenía aproximadamente 60 años; obtuvo su título en 1953 en la Harvard Medical School, donde también había sido profesor entre 1958 y 1967, cuando entró como investigador en los NIH. Walter Stewart tenía alrededor de 50 años; también él obtuvo su título en Harvard en 1967 y entró en el laboratorio de Feder en los NIH en 1968. Es muy conocido por un artículo publicado hace algunos años en el que describe un importante marcador que se utiliza para investigar el sistema nervioso central. A principios de los años ochenta ambos habían descubierto la vocación de *fraudbusters* y con esa nueva investidura habían obtenido gran éxito, pero también habían ganado muchos enemigos. Una de sus primeras indagaciones fue el asunto Darsee, al que nos referiremos más adelante.

Gracias a la información dada por Charles Maplethorpe, un amigo de O'Toole, Feder y Stewart obtuvieron una copia de las 17 páginas de las notas de laboratorio que O'Toole había tomado durante el periodo en el que había trabajado con Imanishi-Kari. Con la ayuda de estos apuntes llevaron a cabo un cuidadoso análisis del artículo aparecido en *Cell* y escribieron una extensa nota en la que sostenían que los resultados que presentaba el artículo eran por completo erróneos e injustificados. Sin embargo, esta nota no fue aprobada por los supervisores de los NIH, quienes consideraron que una crítica tan seria no podía apoyarse tan solo en 17 páginas de notas de laboratorio. Feder y Stewart escribieron entonces a todos los coautores del artículo para solicitarles una copia de sus datos de laboratorio. En ese momento se desencadenó la batahola. Baltimore, desde su autoridad de premio Nobel, escribió en una encendida carta: «No os reconozco derecho alguno de erigiros en guardianes de la corrección científica».

Pero Feder y Stewart no se rindieron; cogieron su manuscrito y en mayo de 1987 lo enviaron, acompañado de una extensa carta, a cien investigadores, entre los más importantes de Estados Unidos, explicándoles entre otras cosas: «Nos ha sido vedado por los NIH comunicar nuestros resultados a una revista incluso como ciudadanos. Por este motivo quisiéramos saber vuestra opinión».

Mientras tanto se había desatado una guerra entre los órganos directivos de los NIH y los dos *fraudbusters*. Se los acusó de haber producido poco en los últimos años y de haber emprendido sin autorización la nueva actividad de «detective». La financiación de la que gozaban quedó reducida y se vieron obligados a abandonar su despacho para mudarse a un sótano. Ambos se defendieron argumentando que el instituto trataba de utilizar la disminución de su productividad como excusa para castigarlos por la actividad desarrollada en descubrir los fraudes científicos. En la carta que enviaron a sus colegas solicitaban también el apoyo y la solidaridad en la lucha contra sus superiores.

Su intervención fue determinante para llevar la contienda a las salas del Congreso de Estados Unidos. Lograron demostrar que las investigaciones realizadas en el MIT y en la Universidad Tufts no se habían llevado a cabo de forma rigurosa. Por eso se promovieron dos investigaciones parlamentarias, una que se reunió por primera vez el 11 de abril de 1988, dirigida por el demócrata Ted Weiss, y otra que comenzó a trabajar exactamente al día siguiente, dirigida por John Dingell. En ese momento todo comenzó a complicarse. Hasta entonces O'Toole había hablado simplemente de error. Pero cuando la historia llegó a Washington en la comisión parlamentaria comenzó a hablarse de fraude.

Mientras tanto, la disputa se había extendido hasta involucrar prácticamente a todo el mundo científico norteamericano. En mayo de 1987 también Baltimore había enviado una carta a más de mil colegas contándoles su versión de los hechos, no solo para procurar contener el escándalo, sino también para presentarlo como un peligroso intento de provocar una crisis en la investigación científica. En esta carta decía, entre otras cosas:

> Creo que es muy importante que yo refiera estas cosas no solo para demostrar que ni yo ni ninguno de los otros coautores del artículo podemos estar realmente comprometidos por este ataque, sino también por otra razón mucho más importante: un pequeño grupo de *outsiders,* en nombre de un supuesto, imaginario, error tiene la intención de utilizar esta pequeña y normal disputa científica para consentir la introducción de nuevas leyes y reglas en la actividad científica, leyes y reglas que yo considero peligrosas para la ciencia norteamericana.

Esta actitud de rechazo del control por parte del poder político hizo que John Dingell se interesara por Baltimore. Stewart y Feder convencieron a Dingell de que las universidades y las instituciones que controlan la investigación científica no pueden autogobernarse y corregir por sí solas los errores de funcionamiento. Dingell, que se ocupa del tema desde hace años, está convencido de que el problema de los fraudes científicos es muy serio y le acarrea a Estados Unidos grandes pérdidas económicas, sobre todo a causa del encubrimiento que las universidades y las instituciones ofrecen a los investigadores involucrados impidiendo las indagaciones y ocultando los escándalos desde su origen. Esto era lo que habían procurado hacer las comisiones de la Universidad Tufts y del MIT y lo mismo intentaron hacer los funcionarios de los NIH.

En junio de 1988 los NIH nombraron una comisión de expertos para esclarecer estos problemas. Formaban parte de ella Joseph M. Davie, Haugh McDevitt de Stanford y Ursula Storb de la Universidad de Chicago. La comisión se dirigió de inmediato a Boston para interrogar a los protagonistas de la historia y prometió un informe en pocas semanas. En noviembre de 1988 circulaba una versión no oficial aún de ese informe. Allí se afirmaba que no había surgido elemento alguno que apoyase la hipótesis de fraude ni de mal comportamiento científico.

Baltimore, aunque se encontraba por completo satisfecho, criticó algunas apreciaciones de la comisión, mientras que O'Toole la reprobó en su totalidad. En enero de 1989 los NIH emitieron una especie de sentencia oficial, una «decisión memorándum» firmada por el entonces director James B. Wyngaarden, que absolvía plenamente a Baltimore y a sus colegas de todo cargo o hipótesis de fraude o de mal comportamiento científico, aunque aceptaba algunos de los graves errores que la comisión había puesto en evidencia en el artículo.

## 2. Crímenes y castigos

Pero si ésa era la respuesta del mundo científico a las «injerencias» de los políticos, se trató en realidad de un movimiento en falso que consiguió el efecto contrario. A partir de ese momento Dingell hizo de ella una cuestión de principio: Baltimore debía pagar para demostrar que los científicos, aun siendo premio Nobel, no pueden considerarse intocables. Estaba convencido de que, como se lo habían demostrado Feder y Stewart, durante toda esta contienda se habían cometido distintas irregularidades, y para verificarlo sin dejar lugar a dudas hizo intervenir, dada su competencia, al servicio secreto de Estados Unidos.

Los análisis de los servicios secretos proporcionaron los datos que permitieron finalmente adjudicarles a Imanishi-Kari y a sus coautores (incluido Baltimore) sus responsabilidades. Las indagaciones comenzaron precisamente en agosto de 1988 por petición expresa de Dingell. El jefe del grupo que analizó los documentos era John Hargett. Éste y uno de sus colaboradores, Larry Stewart, han demostrado ante todo que los datos de los cuadernos de laboratorio fueron cambiados y que una página que se creía escrita en 1984 se remontaba en realidad a dos años más tarde. Otras cuatro páginas fueron escritas en 1986 e incluidas en un cuaderno de 1984. Salieron a la luz otras muchas manipulaciones. En la página 96 del cuaderno de los apuntes de 1984, la fecha del 10/12 se cambió por 1/10/1985; en la página 97 del mismo cuaderno la fecha 10/12 se había cambiado por 1/10/1985 con una tinta diferente, aunque de igual color. En la página 89, la fecha 10/2 se cambió por la del 12/12.

A partir de ese momento se pudo empezar a hablar de un verdadero fraude porque, independientemente de su contenido científico, resultaba evidente que aquellos cuadernos habían sido manipulados, es decir falsificados. Y quien falsifica documentos, o cualquier otra cosa, lo hace porque tiene algo que esconder. La mayor parte de las veces se trata de una verdad que resulta incómoda.

El abogado de Imanishi-Kari, Bruce A. Singal, sostuvo sin embargo que no se demostraba nada, excepto que su representada era un poco desordenada, y hasta ese momento el mismo Baltimore continuaba defendiendo a su colega. Pero otras nubes oscurecían el horizonte. Era cada vez más evidente que todas aquellas manipulaciones de las notas de laboratorio se habían hecho para ocultar algunos errores de naturaleza estrictamente científica. En particular se deseaba encubrir que un reactivo no funcionaba como se creía. Esto era en realidad algo que se sabía desde hacía tiempo y el mismo Baltimore lo había admitido en una carta que enviara a Eisen el 9 de septiembre de 1986, pero que siempre se había procurado minimizar sosteniendo que el funcionamiento deficiente de ese reactivo, en definitiva, solo afectaba a una parte poco esencial de los experimentos.

Pero los cuidadosos análisis llevados a cabo en su momento por Feder y Stewart demostraban lo contrario: el funcionamiento deficiente de ese reactivo, ocultado con sumo cuidado, comprometía el valor de toda la investigación y se trataba además de la manipulación y falsificación más importante, ya que había permitido llevar la investigación misma hacia los objetivos deseados. No se trataba entonces de errores o manipulaciones relativos a detalles poco importantes; era todo el artículo y el significado mismo de la investigación lo que aparecía como un gran engaño.

A pesar de todo, Baltimore continuó defendiendo a Imanishi-Kari y fue precisamente en esa ocasión en que definió a Dingell como otro McCarthy, protagonista de una nueva caza de brujas y que veía a los científicos como acusados.

Sin embargo, cuando concluyeron los análisis de los servicios secretos resultó que la falsificación de los datos científicos había comenzado mucho antes de la publicación del artículo en 1986, y había continuado en forma ininterrumpida hasta finales de la década, para ocultar las responsabilidades científicas que no se limitaban en absoluto al famoso reactivo. Los análisis de las notas de laboratorio dejaban en claro que algunos de los experimentos fundamentales ni siquiera habían sido realizados.

El golpe final no lo dio en realidad la comisión parlamentaria presidida por Dingell, sino que fue asestado por un segundo informe emitido por los National Institutes of Health dado a conocer a fines de mayo de 1991, que llegaba a la conclusión de que Imanishi-Kari había falsificado o inventado los resultados de laboratorio, y criticaba a Baltimore por haber procurado por todos los medios alejar de ella toda sospecha, a pesar de que las evidencias en su contra habían aumentado en los últimos tiempos, sobre todo después de las investigaciones realizadas por los servicios secretos. En una carta que acompañaba el informe, escrita por el nuevo jefe de la OSI, Suzanne Hadley, se decía:

> Imanishi-Kari ha presentado repetidas veces datos e informaciones falsos y tendentes a confundir a los NIH, a la Offi-

ce of Scientific Integrity y a los expertos de las comisiones encargadas de las investigaciones.

Solo en ese momento Baltimore se dio cuenta de que se había jugado la reputación por intentar de todas las maneras posibles (y sobre todo explotando la autoridad que tenía por haber recibido el premio Nobel) defender y ocultar las falsificaciones de una estudiosa sin escrúpulos, que resultaron no ser pocas ni irrelevantes. El 22 de marzo de 1991, apenas se dieron a conocer informalmente los resultados de la investigación, declaró a los periodistas: «Yo les pediré hoy mismo a los otros coautores que se retracten del artículo completo. Y le dejo a Thereza Imanishi-Kari la responsabilidad de explicar lo que ocurrió».

Pero ya era demasiado tarde para tomar distancia y la comunidad científica estaba convencida de que Baltimore la había engañado. El editorial de la revista *Nature* del 12 de diciembre de 1991 llevaba el elocuente título de: «La derrota de Baltimore es una derrota para la investigación». Al premio Nobel se le acusaba, justamente, de no haber controlado el trabajo de sus colaboradores, luego de haberlo defendido a pesar de ser consciente de los errores y de las falsificaciones cometidas, de no haber querido reconocer (a pesar del ruego explícito que le dirigió Paul Doty en las páginas de *Nature*) que son los «*senior authors*», es decir, los autores más famosos de las publicaciones científicas, quienes tienen la responsabilidad de aquello que se publica porque su nombre constituye una garantía, y, finalmente, se le culpaba de haber involucrado a la comunidad científica en una batalla injusta y equivocada.

Estas críticas fueron las que, en diciembre de 1991, empujaron a Baltimore a presentar su dimisión como presidente de la Universidad Rockefeller y que acabaron definitivamente con su carrera como directivo de la ciencia. Ninguna universidad aceptaría ahora otorgarle cargos directivos y él mismo decidió regresar a la investigación pura.

## Milanese: ¿un castigo ejemplar?

En marzo de 1986 algunos investigadores que trabajaban en el laboratorio que dirigía Ellis Reinherz en el Dana-Farber Cancer Institute de Boston anunciaron el descubrimiento de una nueva molécula que parecía amplificar las actividades vitales de los linfocitos T de las células de la sangre responsables de la inmunidad celular. La molécula era una linfocina y se le dio el nombre de «interleucina A-4». El descubrimiento se presentó en dos artículos aparecidos en *Science* y en el *Journal of Experimental Medicine,* en los que se especificaban el peso molecular (entre 10 y 12 kilodalton) y las características bioquímicas de la nueva molécula, así como también su mecanismo de acción.

Se trataba de un resultado importante que tenía muchas analogías con aquel ilustrado en el famoso artículo firmado por Baltimore, Imanishi-Kari y compañía. La analogía más importante era, sin embargo, que este resultado también era falso. No era cierto que se había demostrado experimentalmente un aumento de las resistencias de las defensas inmunológicas y no existía nada que se correspondiera con la interleucina 4-A. En noviembre del mismo año los autores del importante descubrimiento publicaron, siempre en *Science,* una carta de retracción en la que, después de haber explicado que no lograban repetir los experimentos originales, afirmaban con claridad: «Por lo que sabemos no existe linfocina alguna de 12 kilodalton con las características funcionales y la actividad descrita en nuestro artículo». ¿Qué había ocurrido? ¿Y por qué esta vez, a diferencia de lo que había sucedido en el caso Breuning o en el de Baltimore que tenía lugar en ese momento, se retractaban en forma tan intempestiva? ¿Por qué nadie había intentado ocultarlo?

Simplemente porque esta vez el responsable no era un famoso investigador financiado por organismos federales como Gallo, Baltimore o Breuning, sino que era Claudio Milanese, un joven estudioso italiano de veintisiete años que poco tiempo antes había obtenido su diploma y, después de haber ganado una beca de estudios para su doctorado en investigación, había sido enviado a Estados Unidos para perfeccionarse. Los experimentos cruciales eran obra suya y por ese motivo su nombre era el primero en la lista de autores de ambos artículos. Cabe señalar, sin embargo, que mientras el primero tenía solo tres autores, Milanese, Neil E. Richardson y Ellis E. Reinherz, el segundo llevaba seis firmas, señal de que se habían dedicado al tema con diligencia. Todos querían estar en el tema de la interleucina 4-A y otros dos artículos estaban listos para ser enviados a *Science* y a los *Proceedings of the National Academy of Sciences.*

En el grupo de coautores, el verdadero protagonista, Milanese, pasaba a ocupar un segundo lugar. El mayor mérito se le otorgaba obviamente al jefe, Ellis Reinherz, que se había apresurado a convocar una conferencia de prensa (a la que Milanese no fue invitado a participar) y en patentar la nueva sustancia. También se habían puesto en marcha ya las conversaciones con una empresa farmacéutica para la producción. Milanese no participó en todo esto, tampoco se le informó si recibiría alguna compensación por su descubrimiento y a cuánto ascendería; sus colegas parecían considerar el descubrimiento de Milanese como propio. Cuando, terminado el plazo de su beca de estudio, se preparó para regresar a Turín, nadie se preocupó de encontrar un medio para que se quedara. ¿Quién podía imaginarse que los investigadores del Dana-Farber iban a fallar donde había tenido éxito un doctorando italiano?

Sin embargo, apenas se dieron cuenta de que en sus manos los experimentos seguían otro curso, se apresuraron a llamarlo. Milanese regresó a Boston y le recordó a Reinherz que ya antes de la publicación del artículo de *Science* le había explicado claramente que en los últimos experimentos no había obtenido éxito alguno. La interleucina parecía haberse volatilizado: sus efectos ya no eran visibles en los cultivos celulares. Reinherz estaba enfurecido y el tímido y delgado Milanese temió por un momento lo peor. Luego su jefe, conteniendo la furia, le invitó con gran decisión a que hiciera una vez más aquellos malditos experimentos. Pero no hubo nada que hacer: la interleucina no existía. Después de un mes Milanese regresó a casa y Reinherz debió afrontar el problema de cómo dar marcha atrás y poder salvar su imagen.

Afortunadamente la solución era fácil y se encontraba a mano: ¿el descubrimiento no lo había hecho Milanese? Por lo tanto era él mismo quien debía asumir toda la responsabilidad de lo que había ocurrido, declararlo públicamente y aceptar el castigo correspondiente. Para comenzar envió a *Science* la famosa carta en la que se retractaba, luego llamó por teléfono al investigador italiano y le solicitó una carta-confesión a través de la cual quedara claro que solo él era el verdadero responsable de aquel engaño «que en realidad –explica Milanese–, se había originado no sé bien si por un error mío o por alguna infección del cultivo con el que trabajaba». Hasta marzo de 1986 todos estaban preparados para llevarse parte de los méritos de aquel error, que era en aquel momento el gran descubrimiento, pero unos meses después Milanese fue el único acusado de fraude.

Baruj Benacerraf, presidente del Dana-Farber, constituyó de inmediato una comisión presidida por Stuart Schlossman que, ateniéndose a la confesión del acusado, concluyó rápidamente sus tareas confirmando que el único responsable del desagradable incidente era el mismo Milanese. No solo eso. Se escribieron cartas y se hicieron llamadas telefónicas a Italia para entorpecer la carrera de aquel joven demasiado influenciable que, dejándose condicionar por la atmósfera de competencia que se respira en los laboratorios norteamericanos, había demostrado que no poseía las cualidades de un verdadero investigador. Sus jefes de Turín obligaron entonces a Milanese a renunciar a su puesto de doctorado que había obtenido después de un concurso público de oposición y a abandonar la carrera universitaria.

## 2. Crímenes y castigos

Castigo justo y ejemplar –se podría decir–, pero si se compara la historia con las de Breuning o la de Imanishi-Kari todo parece tener otro color. Milanese podía negar haberse equivocado, falsificar los cuadernos de laboratorio como Imanishi-Kari y exigir que Reinherz lo defendiera. Pero no lo hizo. Comprendió que no debía defender la jactancia de un prestigio científico que no tenía y un descubrimiento que sabía que era falso. Prefirió confesar de inmediato porque era joven y deseaba aprender a ser científico, no a ser un charlatán o un estafador. No lo comprendieron y utilizaron con él todo el rigor que ninguna comisión científica haya usado jamás con alguno de sus viejos zorros cuando fueron descubiertos en pleno engaño. Lo desterraron del paraíso de la ciencia y no dejaron lugar a apelación alguna de su parte.

No me arrepiento de haber dicho la verdad –ha declarado Milanese– ni de haber asumido más culpas de las que me correspondían. Lo único que me reprocho es no haberme puesto más firme y haber impedido que Reinherz publicara los resultados de los experimentos que sabía que eran dudosos.

Milanese confesó como lo hizo Breuning. Pero la Universidad de Pittsburgh en la que Breuning trabajaba se olvidó de la confesión e intentó poner la historia en la penumbra porque con los engaños de Breuning había cobrado 163.000 dólares. El Dana-Farber, en cambio, no había ganado nada aún con el error de Milanese; por eso Benacerraf no tenía interés alguno en defenderlo: ese joven podía ser sacrificado para que sirviera de ejemplo a todos aquellos que se dejaran llevar por la tentación de no decir la verdad.

Desde el punto de vista científico la responsabilidad de esta historia es solo de Reinherz. El caso Baltimore ha esclarecido definitivamente que son los altos cargos quienes deben pagar por los errores de sus colaboradores, no solo porque, cuando todo va bien, son ellos quienes se llevan los méritos, sino también y sobre todo porque de ellos es la responsabilidad de dirigir las investigaciones y controlar con cuidado los experimentos y los resultados antes de publicarlos. Actuando de este modo enseñan a sus colaboradores más jóvenes lo que significa trabajar con espíritu crítico, usar el cerebro para hacer ciencia. Milanese había ido a trabajar con Reinherz para aprender a ser un buen científico, cometió un error y Reinherz no solo no supo corregirlo, sino que se precipitó a publicarlo. Entonces, ¿qué es lo que aprendió el joven Milanese en el prestigioso laboratorio norteamericano al que le habían enviado sus profesores? Que la ley de la ciencia es: «Atrapa un descubrimiento cualquiera que éste sea y como puedas», lema que en ciencia equivale a «coge el dinero y corre».

A través de este camino del dinero, como veremos más adelante, se puede comprender por qué hoy en día los científicos cometen más fraudes que en el pasado, por qué los científicos norteamericanos engañan más que los otros y por qué colegas e instituciones parecen estar tan interesados en encubrirles. No es casualidad, por ejemplo, que los engaños que hemos relatado en este capítulo tengan como protagonistas a científicos que trabajan en el campo de las ciencias biomédicas. Ésta es el área de la investigación en la que precisamente el gobierno de Estados Unidos invirtió más dinero en los últimos años y en la que aún hoy continúa invirtiendo.

## 3. ¿La Ciencia con mayúsculas o el Embuste con mayúsculas?

«Jim, el honrado»

En 1968, año memorable en muchos aspectos, la editorial norteamericana Athenaeum publicó *La doble hélice,* un libro en el que James Watson contaba la historia y el trasfondo del descubrimiento de la estructura del ADN por la que había obtenido el premio Nobel en 1962. Dos años antes el mismo Watson había hecho circular entre sus amigos el primer borrador del libro entonces titulado *Honest Jim* «Jim, el honrado». Este título recuerda, por un lado, una novela de Kingsley Amis *(Lucky Jim* –«Jim, el afortunado»–), y por otro había sido elegido para definir, a través de una expresión irónica, el modelo de científico competitivo y carente de escrúpulos, que es precisamente la imagen que Watson ofrece de sí mismo y de sus colegas en el libro. «Honrado» es de hecho un adjetivo que en inglés se usa a menudo en sentido irónico para describir a una persona que en realidad no lo es. Shakespeare, por ejemplo, en *Julio César* pone repetidamente en boca de Antonio: «Pero Bruto es hombre honrado», precisamente para insinuar lo contrario.

En aquel libro Watson confesaba que para alcanzar su objetivo y llegar antes que sus competidores al descubrimiento de la estructura del ADN se había comportado como un hombre dispuesto a todo. Había esperado, por ejemplo, que su simpática hermana pudiese servir de señuelo romántico a fin de poder ser admitido en el laboratorio de Maurice Wilkins. Había aprovechado luego la amistad de Peter Pauling para espiar al padre de éste, Linus, ya premio Nobel y peligroso adversario; había logrado también obtener información acerca de lo que estaban haciendo otros competidores a través de uno de los miembros de la comisión que había examinado, en lo referente a la financiación, su programa de investigación.

Con características similares Watson representa a sus colegas sacando a la luz las mezquindades, los defectos personales e incluso, en muchos casos, la estupidez. Precisamente por este motivo la Harvard University Press, que había firmado ya desde hacía tiempo un contrato con el autor, rehusó publicar el libro, puesto que también en el ínterin Francis Crick y Maurice Wilkins, los dos científicos que habían compartido el Nobel con Watson, habían elevado algunas quejas y presionado para que se detuviera la publicación. Cuando finalmente otro editor publicó el libro se suscitó una avalancha de polémicas que rápidamente hicieron de él un *best-seller*.

En la reseña para el *Chicago Sunday Times*, Richard Lewontin, un destacado biólogo de Harvard, sostuvo:

### 3. ¿La Ciencia con mayúsculas o el Embuste con mayúsculas?

Watson ha contado la verdad acerca de las motivaciones y el comportamiento de los científicos y esto ciertamente no ha resultado positivo para su imagen pública. El mito del científico objetivo, altruista, consumido hasta la muerte por el fuego de la curiosidad, esclavo del deseo de conocer, es un mito que de alguna manera ha sobrevivido al cinismo de nuestro tiempo... La ciencia es una actividad competitiva y agresiva, la lucha de un hombre contra otro hombre en la que el conocimiento es solamente un subproducto. –Y agregaba–: Si se hiciera alguna vez una denuncia por difamación, debería ser toda la asociación la encargada de presentarla.

En efecto, en los ambientes científicos internacionales se interpretó el libro de Watson como una especie de traición porque destruía ante la opinión pública la imagen clásica y mítica según la cual la ciencia está constituida solo por intelectos incorpóreos que avanzan hacia los descubrimientos a través de pasos lógicos inexorables que se realizan lentamente con el único fin de lograr el progreso del conocimiento. «Jim, el honrado», alias James Watson, era el típico representante de una nueva generación de jóvenes científicos insensibles, cínicos, amorales, y el ambiente en el que trabajaba esta nueva generación había hecho suyas de forma evidente la inexorabilidad y las refinadas técnicas de los negocios y de la industria.

Sin embargo, nadie se dio cuenta entonces de la verdadera importancia y magnitud de la revolución en la estructura social de la ciencia de la que había nacido este nuevo tipo de científico. Todos parecían estar convencidos de que la transformación de la ciencia, de una actividad de aficionados a una profesión masiva, había aumentado simplemente la competitividad y ampliado los paradigmas de los criterios morales vigentes en la comunidad científica abriendo paso en este campo a defectos humanos que, hasta entonces, se habían mantenido al margen de las academias y laboratorios.

Esta interpretación era en esencia correcta, pero olvidaba un hecho importante: la pérdida del desinterés, esa característica por la que el científico del pasado tenía como objetivo la búsqueda de la verdad sin tener en cuenta las ventajas que esa búsqueda, y sus eventuales descubrimientos, habrían podido acarrearle. Seguía considerándose que solo una gran ambición de honores y prestigio motivaba la competitividad carente de escrúpulos de «Jim, el honrado», y no se comprendía que esto era cierto solo en parte, ya que la gran estructura económica sobre la que la ciencia ahora se erigía era la responsable de forzar y acelerar la carrera frenética hacia el descubrimiento y la publicación.

Muy pocos advirtieron, por ejemplo, aquellos pasajes de *La doble hélice* en los que Watson relataba las polémicas y dificultades que se le presentaron al comité de la National Foundation que le había otorgado una beca de estudio para llevar a cabo investigaciones que debían desarrollarse en el laboratorio de Herman Kalckar en Copenhague. El joven investigador encontró que los estudios de bioquímica de Kalckar eran poco interesantes y, después de haberlo seguido hasta Nápoles a la famosa Estación Zoológica, decidió cambiar de rumbo y comenzar a ocuparse de la estructura del ADN. La conversión se desencadenó a partir de una fotografía que Maurice

## 3. ¿La Ciencia con mayúsculas o el Embuste con mayúsculas?

Wilkins presentó en Nápoles en la que se observaba una imagen de la molécula del ADN obtenida mediante la difracción de rayos X.

Precisamente en esa ocasión Watson pensó que podría explotar la belleza de su hermana Elisabeth para ganarse la simpatía de Wilkins, seguirle a Londres y entrar en su laboratorio, pero Wilkins no tragó el anzuelo y Watson optó por el laboratorio de Max Perutz en Cambridge, donde a partir del mismo método se estudiaban no precisamente el ADN, sino grandes moléculas biológicas y en particular la hemoglobina. Sin embargo, la comisión que le había adjudicado la beca no aceptó el cambio de programa, y se arriesgó a permanecer sin apoyo económico cuando se trasladó sin autorización desde Copenhague a Cambridge. En la página en la que Watson trata las dificultades que encontró cuando intentaba obtener la autorización de Washington confiesa también haber utilizado 2.000 dólares para pagar dos elegantes vestidos que le compró a su hermana en París.

La dependencia de los organismos y mecanismos de financiación que sufría el investigador no solo en el trabajo, sino también en su vida privada, pasó inadvertida en aquel momento. Pero hoy, al volver a leer aquellas páginas puede observarse que una de las características principales del nuevo tipo de científico que Watson y sus colegas encarnaban era que su trabajo se veía condicionado por una estructura económica completamente diferente a la que había avalado el trabajo de los científicos en el pasado.

El encuentro en Nápoles fue fundamental para orientar los intereses de Watson, aunque para poder asistir a aquel congreso debió solicitar autorización a Washington, y lo mismo debió hacer antes de trasladarse desde Copenhague hasta Cambridge. En el primer caso la autorización le llegó con gran entusiasmo y generosidad, pero en el segundo, que comportaba un cambio radical de programa, Watson encontró fuertes resistencias: su «empleador» había decidido pagarle por los estudios que estaba realizando en Copenhague y no parecía interesado en absoluto en pagarle por lo que él tenía intención de hacer en Cambridge. Su investigación, le comunicaron, debía atenerse estrictamente al programa que había presentado cuando había solicitado la beca.

Ninguno de los comentaristas de *La doble hélice* subrayó la importancia de este hecho mediante el cual Watson ponía al desnudo con extrema sinceridad la competitividad inescrupulosa que reinaba ya entonces en el mundo científico. Era demasiado pronto para darse cuenta de que el poder de control que ejercían los organismos de financiación sobre la conducción de las investigaciones anulaba la autonomía intelectual que los científicos y los hombres de cultura habían pretendido tener respecto del poder político.

Si al científico, considerado un diletante y un aficionado (en tanto en cuanto se ocupaba de forma desinteresada de indagar los fenómenos con los que se encontraba debido a su curiosidad), se le había reconocido hasta entonces el derecho de trabajar en absoluta libertad y autonomía, llegado un momento se le arrebató esta libertad y se le impuso el cumplimiento de investigaciones programadas y «con un fin determinado» (éstas fueron las nuevas palabras de moda) que subordinaban la investigación guiada

### 3. ¿La Ciencia con mayúsculas o el Embuste con mayúsculas?

por la mera curiosidad a los objetivos prácticos que de ella se podrían obtener.

El gran mérito del libro de Watson era que presentaba con claridad ante los ojos de todos el final de un mito, el del científico puro, y anunciaba el nacimiento de otro tipo de científico, una especie de «mercenario de la ciencia» como decía Diderot, fruto del largo proceso que había transformado en una profesión como cualquier otra a una actividad que siempre se consideró libre de condicionamientos sociales y políticos y nunca perturbada por intereses materiales.

La parábola que llevó al científico diletante a convertirse en un profesional comienza simbólicamente en el año 212 a. C. cuando un soldado desconocido de Claudio Marcelo mató a Arquímedes, el matemático más grande de la Antigüedad, y termina el 2 de agosto de 1939, cuando Einstein informa a Roosevelt que los científicos norteamericanos están preparados para construir la bomba más potente que el hombre haya imaginado jamás.

Arquímedes era, al igual que Einstein, un personaje singular, excéntrico y poco interesado en los aspectos prácticos de la vida. Parece que estaba emparentado con la familia de Hierón, que entonces reinaba en Siracusa y que era originalmente muy rico, aunque luego despilfarró toda su fortuna en divertirse. Estaba siempre tan absorto en sus ideas que a menudo se olvidaba de comer o de bañarse. Pero una vez –cuenta la leyenda–, precisamente cuando estaba tomando un baño, se le ocurrió el principio conocido como «principio de Arquímedes» (según el cual un cuerpo inmerso en un fluido está sujeto a dos fuerzas verticales opuestas). Entusiasmado por su descubrimiento salió del agua y se puso a correr completamente desnudo por las calles de Siracusa gritando «¡Eureka!, ¡eureka!», es decir «¡Lo he encontrado!».

Durante el asedio de la ciudad, que duró casi dos años, del 214 al 212 a.C., se dice que Arquímedes inventó ingeniosas máquinas de guerra para mantener alejado al enemigo: catapultas para lanzar piedras, poleas y ganchos para alzar y destruir las naves romanas, dispositivos ópticos para incendiarlas. Pero ni siquiera sus inventos lograron detener a las legiones romanas que finalmente conquistaron y saquearon la ciudad. Sin embargo, Arquímedes no se vio turbado por el alboroto y, mientras los legionarios incendiaban Siracusa, estaba tranquilo en el jardín de su casa intentando resolver un problema dibujando figuras geométricas en la arena. Cuando entró un soldado que tenía la orden de llevarle en presencia del cónsul Marcelo, Arquímedes ni siquiera escuchó sus palabras y le pidió que se apartara para no borrar sus dibujos. El legionario irritado le mató con su espada, aunque tenía órdenes expresas de Marcelo de no ejecutarlo. Arquímedes murió porque no quiso escuchar la llamada y las órdenes del poder. Este gesto que le costó la vida puede considerarse como el símbolo del completo desinterés con el que los científicos trabajaron durante muchos siglos.

Las cosas ya no eran así cuando, con un gesto igualmente cargado de significación, Einstein invitó al presidente Roosevelt, mucho más poderoso que el cónsul Marcelo, a instaurar «una relación permanente entre la administración y el grupo de físicos que se ocupan de reacciones en cadena en Estados Unidos» para construir

## 3. ¿La Ciencia con mayúsculas o el Embuste con mayúsculas?

«un nuevo tipo de bombas extremadamente poderosas». Cuando, en aquel fatídico 1939, la ciencia golpeó a la puerta del poder ya hacía tiempo que los científicos no se comportaban como individuos excéntricos y sin interés alguno en los aspectos prácticos y económicos de su existencia. Vivían ya de su actividad, por la que recibían una paga regular, algo de lo que Einstein fue el último en lamentarse. A menudo expresó la opinión de que un científico debería ganarse la vida como zapatero, ya que, según él, no se puede recibir un sueldo por descubrir teorías nuevas «porque los descubrimientos no pueden hacerse a partir de órdenes» y, agregaba, «si no descubro nada, desilusiono a aquel que me paga y recibo dinero por nada».

Uno de sus primeros biógrafos, Philipp Frank, insistió con especial interés en este aspecto y escribió que Einstein demostró siempre una particular aversión por las investigaciones que se emprendían como una profesión. Pero era una opinión que ya no estaba de moda: la ciencia se había convertido desde hacía tiempo en una profesión, muy unida a la sociedad, a la política y a la industria por fuertes lazos económicos. Junto con el sueldo, el científico había creado obligaciones respecto de sus empleadores que, como acertadamente sospechaba Einstein, no tenían interés en pagarle por descubrimientos que no habían sido ordenados. Los descubrimientos debían hacerse de acuerdo con lo programado. El empleador establecía qué y con qué medios debía estudiarse.

Habían transcurrido veintiún siglos desde que Arquímedes había muerto y muchas cosas habían cambiado. En la Antigüedad, quien se ocupaba de la investigación debía disponer de medios económicos personales porque nadie estaba dispuesto a financiarle un trabajo al que no se le reconocía importancia social alguna. Los científicos (que todavía no se llamaban así) provenían en su mayor parte de clases acomodadas, pero aquellos que no disponían de medios económicos suficientes se dedicaban, al menos temporalmente, a otra profesión. Se respetaba como norma que esta profesión no fuera la ciencia: no podían hacer ciencia con fines de lucro. Parece que, por ejemplo, Hipócrates de Quíos, un matemático (no confundirlo con su homónimo Hipócrates de Cos), sufrió la expulsión de una escuela pitagórica porque había enseñado geometría a cambio de dinero. El científico, para ser considerado como tal en el mundo antiguo, debía ser, al igual que Arquímedes, completamente independiente desde el punto de vista económico, de forma que pudiera ocuparse del estudio de aquello que lo atraía o le generaba curiosidad con total libertad y sin condicionamientos.

El investigador era en aquella época un diletante puro en el sentido etimológico de la palabra, es decir, que ocupaba todo su tiempo en cosas que no tenían nada que ver con la política, con el Estado, con los negocios o con la agricultura, y mucho menos, o en todo caso en forma ocasional, como le ocurrió a Arquímedes, con la guerra. Se ha señalado que, aunque Arquímedes haya construido diferentes máquinas de guerra, no se le puede considerar un verdadero ingeniero militar, ya que todo aquello que dejó escrito tiene exclusiva relación con los resultados de sus investigaciones puras. Los antiguos romanos llamaban *otium* («ocio»), al tiempo que quedaba

### 3. ¿La Ciencia con mayúsculas o el Embuste con mayúsculas?

libre después de las ocupaciones de la vida política y de los negocios, que se denominaban *negotia*. El ocio podía dedicarse a los cuidados de la casa, de las tierras o a los estudios; por eso la palabra pasó a indicar luego estos mismos estudios y las investigaciones científicas. Desde este punto de vista el científico antiguo puede considerarse un «ocioso a tiempo completo», un hombre tan absorto en sus estudios que no tiene tiempo para los negocios.

En la época de Galileo las cosas ya eran diferentes. Los ricos y los nobles no tenían interés alguno en la investigación y los científicos eran generalmente hombres necesitados que descendían de familias burguesas, hijos de artesanos o comerciantes. Todos se veían en la necesidad de procurarse medios de subsistencia para poder garantizar la independencia necesaria para las investigaciones. Esto podía obtenerse de distintas formas: se podía «ganar el victo», como solía decir Leonardo, poniéndose al servicio de un rico mecenas que podía ser un noble, un príncipe, o mejor aún un rey generoso como Luis XII de Francia, que en 1507 le otorgó un sueldo fijo como «pintor e ingeniero ordinario». Se podía intentar obtener también una cátedra universitaria o emprender la carrera eclesiástica. Esta última fue durante mucho tiempo la más apreciada y, sobre todo en la Edad Media, la mayor parte de los científicos eran hombres de la Iglesia como Alberto Magno, Copérnico, Ramón Llull, Roger Bacon, Nicolás Cusano y Lucas Pacioli.

Es curioso que la forma menos interesante de ganarse el sustento sea la carrera universitaria. Tradicionalmente las universidades tenían la tarea de preparar a sus estudiantes para las profesiones eclesiásticas, jurídicas, médicas, mientras que las ciencias gozaban de un espacio marginal y reducido porque no preparaban para una profesión en particular, y el Estado estaba dispuesto a pagar por la formación y la instrucción de los súbditos, pero no para la investigación pura. En aquella época no se podía pensar en establecer una coincidencia entre la ciencia y la enseñanza, como se hace hoy en día. Los científicos consideraban que la profesión del profesor era poco interesante, aburrida y que quitaba tiempo a la investigación. Además se pagaba poco, mal y con criterios poco rigurosos, dado que el concepto de «sueldo» no se había consolidado aún. Por ejemplo, cuando Galileo comenzó su carrera como profesor de matemáticas en la Universidad de Pisa recibía un sueldo de 60 escudos al año, mientras que Mercurialis, un profesor famoso en aquel momento, que sin embargo no dejó huella en la historia de la ciencia, ganaba 2.000.

En definitiva, eran pocos los científicos que podían vivir solo con el sueldo de profesor, la mayor parte se veía obligada a desempeñar diferentes trabajos. El más difundido era dar clases privadas en casa y tener tal vez algún estudiante como pensionista a cambio de dinero. El rédito de un científico medio no era muy elevado y muchos vivían de forma miserable. El mismo Galileo tuvo una vida continuamente agobiada por los problemas económicos. En el periodo más significativo de su carrera, el de los dieciocho años de enseñanza en Padua, percibía al principio de la República de Venecia un sueldo de 180 florines al año, paga que era muy inferior a sus necesidades y que luego, a pesar de haber aumentado a 1.000 florines en 1609, era aún inadecuado para él y se vio obligado a recurrir a la enseñanza privada, transformando su casa en una pensión en la que alojaba a casi 20 estudiantes. Además había habilitado un pequeño taller en el que construía instrumentos matemáticos que luego vendía. Era una vida dura que no se modificó hasta 1610 cuando tenía 46 años: fue entonces cuando un antiguo alumno suyo, el archiduque Cosme II de Medici, le llamó a Florencia como «primer matemático del estudio de Pisa y primer matemático y filósofo del archiduque de Toscana».

En una carta de 1609 Galileo explicaba por qué solo la relación con un príncipe mecenas podía permitirle trabajar con tranquilidad:

> No se acostumbra obtener sueldos de una República, aunque espléndida y generosa, sin servir al público, porque para ser útil al público hay que satisfacerle, y no solo a un particular; y mientras yo soy capaz de leer y servir, uno de la República no puede eximirme de esta tarea, dejándome las ganancias; semejante comodidad no puedo esperarla de otra persona que no sea un príncipe absoluto. Pero dado que las lecciones privadas y los alumnos en casa serían un impedimento y retraso para mis estudios, deseo vivir libre de éstos; pero cuando deba volver a mi patria desearía gozar de ocio y comodidad para poder poner fin a mis obras sin ocuparme de leer.

La palabra «leer» significa en este pasaje enseñar, y queda claro que Galileo aspiraba a librarse casi por completo de las tareas de la enseñanza universitaria a fin de poder dedicarse al ocio que no había tenido un precio tan alto para los científicos de la época de Arquímedes. Galileo y los científicos de su generación eran ociosos *part-time* que se veían obligados a afanarse para asegurarse la independencia económica necesaria que les permitiera llevar a cabo las investigaciones que más les interesaban y que nadie estaba dispuesto a financiar.

Pero con el correr del tiempo se comprendió que a la sociedad le convendría hacerse cargo de las condiciones materiales de los científicos y encontró una solución adecuada: el Estado pagaría a los científicos no solo por la enseñanza universitaria (que mientras tanto se había ampliado y modificado de manera que a los profesores no les resultaba ya tan aburrido), sino también por sus investigaciones libres y autónomas, a las que la carga didáctica reducida debía dejar espacio suficiente.

Mientras que el modelo del científico ocioso *part-time* era una creación italiana, el nuevo esquema se ideó y puso en práctica en Francia a finales del siglo XVII y más tarde se perfeccionó en Alemania. El primer artífice del nuevo modelo fue Jean-Baptiste Colbert, el poderoso secretario de Estado de Luis XIV, el Rey Sol, que en 1666 decidió que el Estado debía financiar las actividades de la Académie des Sciences al igual que ya hacía con academias análogas generadas a fin de promover el desarrollo de la pintura, escultura, arquitectura y teatro.

Con la creación de la Academia de las Ciencias como ente de investigación financiado por el Estado, al que siguieron otras instituciones como el Observatorio de París nacido en 1667, y otras más antiguas aunque revitalizadas, como el prestigioso y antiguo Collège de France que databa de 1530, o el Jardin des Plantes (1635), Col-

### 3. ¿La Ciencia con mayúsculas o el Embuste con mayúsculas?

bert y los ministros que le sucedieron otorgaron dignidad y confirieron honores, además de posibilidad de trabajo y sueldo, a una nueva clase de estudiosos que recuperaban el espíritu de Galileo y que era por completo diferente a la de los profesores universitarios. El objetivo, sin embargo, no era intentar relacionar ambas clases, sino fusionarlas hasta hacer desaparecer la figura del profesor erudito que solo sabía «leer», es decir, explicar y comentar los textos de los antiguos.

El largo proceso de fusión finalizará en 1794 con la fundación, bajo el dictado de Napoleón, de la École Polytechnique de París: esta escuela y el Muséum National d'Histoire Naturelle (el nuevo nombre que los revolucionarios le dieron al Jardin des Plantes) fueron los primeros institutos científicos modernos. En ellos ya no se enseñaba un saber pasado de moda y apegado al libro, sino los resultados y las perspectivas de la investigación experimental, que podían verificarse y profundizarse en laboratorios unidos institucionalmente a las estructuras de enseñanza donde trabajaban, junto con los profesores, asistentes, técnicos y un número reducido de alumnos bien preparados.

La función de la enseñanza estaba ya unida a la investigación. El científico y el profesor se habían fusionado en una sola persona. El Estado había decidido reconocer finalmente la importancia de las investigaciones autónomas y «ociosas» de los científicos y había establecido que éstas debían ser el objeto de estudio de la enseñanza universitaria y que había que pagarlas bien.

Un aspecto importante del modelo propuesto por Colbert y perfeccionado por Napoleón era que los científicos no tenían otra obligación respecto del Estado que no fuera la de llevar adelante sus investigaciones en total autonomía. Al científico no se le pagaba para que descubriera para su empleador cosas que tuvieran una finalidad para el bienestar social, aunque todos sabían que la investigación se traduce en todo caso en progreso tecnológico, y que a los científicos se les puede llamar, en calidad de consultores y expertos, con el fin de resolver problemas vitales para el Estado, como por ejemplo el armamento. El Estado había decidido pagar la actividad de la investigación del científico sin pedirle nada a cambio.

Esta misma actitud se adoptó en Alemania cuando en 1806 se volvió a organizar la Universidad de Berlín, y se extendió luego a todas las universidades alemanas en las que se crearon, a principios del siglo XIX, los primeros laboratorios modernos. A partir de ese momento la vocación por la investigación, que le había traído tantos problemas a Galileo, se transformó en el punto de apoyo de una profesión prestigiosa y bien remunerada que garantizaba sueldos elevados, honores y una completa autonomía.

La nueva categoría, como signo de su reconocimiento definitivo, tenía un nombre finalmente. Hasta entonces se denominaba «filósofo natural» o simplemente «filósofo» a quien se ocupaba de investigaciones científicas, puesto que a finales del siglo XVIII el cuerpo de la ciencia aún no se había fragmentado en las diferentes disciplinas, como zoología, botánica, geología, física, química. En 1834 la revista inglesa *Quarterly Review* dio cuenta de las dificultades que impedían que la British Association for the Advancement of Science encontrara un término que pudiera aplicarse en forma indiferente a todos los estudiosos de las diferentes disciplinas científicas: «Filósofos», podía leerse en el artículo, «les parece a todos un término demasiado amplio, por lo que algunos ingeniosos caballeros propusieron que por analogía con el término *artist* se acuñase *scientist*». La propuesta la acogió y difundió el naturalista y filósofo de la ciencia William Whewell, quien en 1840 en el prefacio a su *The Philosophy of the Inductive Sciences* escribió: «Necesitamos precisamente un término que sea apropiado para describir a quien cultiva la ciencia en general. Yo me inclinaría por llamarle científico».

Mucha gente está convencida, o simplemente desea creer, que este científico ideal que se formó en Francia y en Alemania a comienzos del siglo XIX es el mismo de hoy en día. En realidad esto es cierto (aunque solo en parte) para Europa, pero no lo es para Estados Unidos, donde vive y actúa el tipo de científico encarnado por «Jim, el honrado», que constituye un modelo en el que ya comienza a inspirarse y formarse también el científico europeo y, en general, toda persona que, en cualquier parte del mundo, se ocupe de la investigación científica.

En Estados Unidos la profesión de científico ha sufrido su última transformación perdiendo definitivamente el derecho al ocio, es decir, el derecho de elegir los temas y de llevar a cabo las investigaciones con total libertad y autonomía sin la obligación de perseguir objetivos determinados. Políticos y militares asumieron con el Proyecto Manhattan, que condujo a la construcción de la bomba atómica, el control total del trabajo de los científicos, cuyos movimientos y actividades comenzaron a verse programados, planificados y dirigidos en forma rigurosa.

Pero los científicos norteamericanos no perdieron su autonomía solamente por culpa de los militares, como se cree a menudo. Lo que más peso tuvo en la nueva transformación fue el sometimiento del aparato mismo de la investigación a la lógica pragmática, eficiente y directiva, típica de la sociedad norteamericana. Esta lógica era incompatible con la idea misma de autonomía científica. En Estados Unidos el científico no podía ser un «ocioso». Lo expresó claramente Thomas Alva Edison en una entrevista publicada en 1893 en *Scientific American*:

> No estudio la ciencia como han hecho Newton, Kepler, Faraday y Henry con el único fin de conocer la verdad. Yo soy un inventor de profesión. Mis estudios y mis experimentos los he llevado a cabo con el único objeto de inventar algo que tuviera una utilidad comercial.

En 1876 Edison creó en Menlo Park, en las afueras de Nueva York, el primer modelo del laboratorio norteamericano, donde nacieron, entre otras cosas, la bombilla y el fonógrafo. Las características fundamentales que diferenciaban este laboratorio de los alemanes eran, por un lado, el interés casi exclusivo en los aspectos prácticos de la investigación y, por otro, la programación estricta del trabajo de equipo que permitía desmontar un problema en sus diferentes aspectos y resolverlo de la manera más eficaz y en el menor tiempo posible. Todo esto teniendo siempre presente los costes y la competitividad.

## 3. ¿La Ciencia con mayúsculas o el Embuste con mayúsculas?

Este mismo estilo de trabajo se aplicó a un aspecto de la investigación pura, el de la física atómica, cuando por boca de Einstein los científicos propusieron al gobierno estadounidense la construcción del primer mecanismo nuclear. El hombre que más que ningún otro se preocupó por trasladar al campo de la investigación pura los criterios directivos expresados por Edison fue Vannevar Bush, el consejero científico del presidente Roosevelt.

Bush poseía una mentalidad muy diferente de la de un Corbino o un lord Cherwell, que fueron consejeros científicos de Mussolini y Churchill, respectivamente. Ante todo, no era un físico como ellos, sino un ingeniero. Había nacido en Everett, Massachusetts, en 1890, hijo de un pastor universalista y había terminado su carrera de ingeniería en 1916, en el Massachusetts Institute of Technology, donde se respiraba un aire muy diferente del que podía encontrarse en cualquier instituto de física del viejo continente. Aquí, el pragmatismo norteamericano prevalecía sobre los ideales «anticuados» que animaban la investigación europea y se tendía, más que a comprender, a inventar y crear. Bush se formó en esta cultura a la cual contribuyó a desarrollar más que cualquier otro. Patentó alrededor de cincuenta inventos y construyó con H. Caldwell el prototipo de las calculadoras analógicas modernas. Era justo entonces que Roosevelt le confiara la dirección de la Office for Scientific Research and Development, de la que dependían alrededor de treinta mil científicos, incluidos aquellos que trabajaban en la primera bomba atómica. Fue Bush quien sentó las bases del sistema científico norteamericano.

## El sistema estadounidense

El principio fundamental del nuevo sistema era que, a partir de ese momento, el gobierno de Estados Unidos financiara la actividad de investigación de las universidades, que hasta entonces habían sido y continuaban siendo empresas privadas. Los dos entes principales del gobierno que financian la investigación en Estados Unidos son los National Institutes of Health y la National Science Foundation. El primero tiene por objeto mejorar la salud del pueblo norteamericano. Para desempeñar esa misión conduce directamente y apoya económicamente las investigaciones biomédicas que tienden a individualizar las causas de las enfermedades, a prevenirlas y a curarlas. En cambio, la National Science Foundation, nacida en 1950, tiene por objeto promover el progreso de la ciencia y de la ingeniería apoyando la investigación en estas áreas y preparando programas educativos «para formar mejor a la nación hacia el encuentro y los desafíos del futuro». Los sistemas de financiación usados por ambas instituciones para alentar la investigación son de distinto tipo: financiación directa a proyectos, contratos, financiación para la formación del personal y becas de estudio para la formación de los científicos.

Hasta los años sesenta la mayor parte de la financiación era distribuida por el ministerio de Defensa y estaba destinada obviamente a investigaciones militares; luego fue teniendo lugar en forma progresiva lo que se denominó «medicalización» de la ciencia norteamericana, que aumentó notablemente la financiación atribuida a los NIH, que gestionan en la actualidad el 40% del total del presupuesto federal asignado a la universidad.

Hoy en día la gran máquina estadounidense para la investigación biomédica le cuesta al gobierno un total de 9.000 millones de dólares al año y distribuye más de 50 millones de dólares que, según lo que anunció el presidente Bush en San Antonio el 3 de febrero de 1992, sufrirán un aumento de 200 millones de dólares en los próximos 5 años.

Sin embargo, el hecho de que el gobierno estadounidense le otorgue hoy la prioridad absoluta a las investigaciones biomédicas, que tienen como fin salvaguardar la salud, no significa que tenga intención alguna de abandonar la tecnología, sobre todo aquella de interés militar. Después de la aprobación de la Ley de Presupuestos de Defensa para 1989, el ministerio de Defensa dio a conocer la primera versión del llamado «Plan para tecnologías críticas», que se refiere casi exclusivamente a las tecnologías capaces de mantener la superioridad cualitativa de los sistemas de armamento. La comisión de tecnologías críticas nacionales, nombrada por el director de la oficina de política científica y tecnológica de la presidencia de Estados Unidos, ha agregado a estas otras 22 tecnologías consideradas las más importantes de una lista más amplia de 100. La lista abarca desde aquellas tecnologías que tienen relación con problemas energéticos ambientales a las relativas a sistemas de transporte, las biotecnologías, las tecnologías de la información y las telecomunicaciones hasta las técnicas de producción industrial y de estudio de los materiales. Por su parte, en la primavera de 1990 el Ministerio de Comercio dio a conocer un informe acerca de las tecnologías emergentes que reconoce las doce tecnologías, las cuales, según los expertos, pueden asegurar el desarrollo de nuevos productos hasta el año 2000.

La política científica norteamericana está dominada hoy en día por aquel pragmatismo que era típico de la visión de la ciencia propugnada por Edison. Se ha asistido a una disminución progresiva del interés por las investigaciones puras y los científicos se ven obligados hoy en día, como temía Einstein, a emprender solo aquellas por las que el gobierno está dispuesto a pagar.

Alrededor de la investigación científica gira una máquina burocrática que tiene el poder de decidir a quién se debe financiar, cómo y con cuánto, y qué garantiza que el dinero se gaste «en algo útil». El gobierno no controla en forma directa la distribución de los fondos, pero exige ese control a los comités de científicos, que deciden en la práctica qué colegas reciben la financiación. Los comités constituyen el «sistema de control de los pares», ya que están compuestos por estudiosos expertos en la materia que juzgan el mérito de las solicitudes de financiación de sus colegas. El comité de los pares, al evaluar la oportunidad de financiar a determinado investigador, tiene en cuenta ante todo la fama, la profesionalidad y la seriedad del solicitante. Tener una idea brillante no es en absoluto suficiente para obtener financiación; debe demostrarse no solo que se conoce bien el tema, sino también que se han realizado contribuciones significativas. Esto queda documentado en esencia en el número de artículos y libros publicados. Éste es precisamente el parámetro determinante que contribuye a decidir la distribu-

### 3. ¿La Ciencia con mayúsculas o el Embuste con mayúsculas?

ción de fondos. La frase *publish or perish,* «publica o muere», expresa de forma elocuente el estado de las cosas.

Sin embargo, el poder de los «pares», es decir, de los colegas, no es total. Está compensado y en algunos casos superado por el de los funcionarios y burócratas que administran las asignaciones para la investigación. Los funcionarios del departamento de Defensa pueden financiar a quien desean sin tener que solicitar consejos y opiniones a nadie. También en la National Science Foundation son los funcionarios quienes toman las decisiones, aunque cuando lo hacen deben tener en cuenta la opinión de los comités de científicos.

Las cosas son por completo diferentes en lo que respecta a la administración de fondos que asignan los NIH. Aquí los comités de científicos son los que toman las decisiones finales, mientras que los funcionarios se limitan a controlar que se respeten las complejas normas burocráticas que regulan la distribución de la financiación, estableciendo en forma explícita una serie de criterios formales, que van desde la manera en que debe redactarse la solicitud hasta las modalidades para pagar equipos, colaboradores o fotocopias.

Para cada disciplina un grupo de científicos juzga las solicitudes de financiación. Después de un cuidadoso examen se llega a una votación secreta durante la que cada miembro otorga una puntuación a cada una de las solicitudes y esta puntuación es precisamente la que decide el destino. La decisión que se toma a este nivel es, en la mayor parte de los casos, definitiva, aunque existe un Consejo de consulta que puede modificarla. Esto sucede en muy raras ocasiones, y resulta curioso que uno de los casos en que esto tuvo lugar fuera el de la solicitud de Robert Sprague, el acusador de Breuning. Su solicitud se votó en la sección de estudio, pero quedó anulada en el Consejo consultor.

Las grandes ventajas de este sistema son la claridad, la practicidad, la precisión y, en principio, la rectitud asegurada, al menos en el plano formal, por el espíritu puritano que en éste, al igual que en todos los demás aspectos de la administración estadounidense, constituye la base misma del sistema. No puede sorprender entonces que con esta máquina bien reglamentada Estados Unidos hayan obtenido tantos éxitos, siendo el primero de todos ellos la construcción de la bomba atómica, éxitos que le han garantizado a ese país una indudable supremacía tecnológica, evidente en muchos sectores de la industria y sobre todo, como demostró la guerra del Golfo, en el terreno militar. Uno de los indicios más importantes que permiten evaluar la superioridad científica norteamericana es probablemente la cantidad de premios Nobel obtenidos.

Este prestigioso reconocimiento, creado sobre la base de un testamento que dejó el industrial Alfred Nobel, fue otorgado por primera vez en 1901, y durante los primeros cincuenta años fueron casi siempre científicos quienes lo recibieron, en especial en el decenio que va desde 1921 a 1931. En los primeros diez años los norteamericanos no pudieron obtener ni siquiera uno. El primer científico norteamericano que fue a Estocolmo fue A. A. Michelson en 1907, más tarde A. Carrel (que era de origen francés) en 1912, y después debieron esperar hasta 1923 para ver premiado a R. A. Millikan.

## 3. ¿La Ciencia con mayúsculas o el Embuste con mayúsculas?

A partir de 1931, los premios Nobel europeos empezaron a disminuir, mientras comenzaba el irresistible ascenso de los norteamericanos, que llegaron casi a veinte en el decenio 1932-1941, consiguiendo superar a los europeos en el decenio siguiente. El ascenso continuó con una curiosa disminución en el decenio 1962-1971, para alcanzar el récord absoluto de 45 premios Nobel en el decenio que va desde 1972 hasta 1981. Sin embargo, a partir de ese momento se inició una disminución que caracterizó los años ochenta y se vio acentuada por la recuperación de la ciencia europea, mucho más agresiva y competitiva. Es un hecho significativo que en 1991 los norteamericanos obtuvieran ningún premio Nobel. En física el reconocimiento le fue otorgado a un francés, el de química a un suizo, y el de medicina a dos alemanes. No ocurría algo igual desde 1957, pero mientras que en ese momento la situación podía deberse a una casualidad, dado que la ciencia norteamericana se encontraba en plena expansión, hoy en día este hecho se coloca en el centro de una disminución general que cobra un significado por completo diferente: es el signo de una innegable inversión en la tendencia que no se relaciona con los diferentes problemas que se observan en la ciencia norteamericana (ante todo los fraudes científicos), que parecen demostrar que el sistema ya no puede asegurar el progreso de la investigación.

Pero ¿por qué motivo la máquina de la ciencia norteamericana, que hasta ahora estaba tan bien aceptada, ha dejado de funcionar correctamente? Como ha revelado recientemente el físico Charles W. McCutchen, el sistema puesto en marcha por Vannevar Bush comporta diferentes problemas que dependen del lugar que ocupa el poder, si se encuentra en las manos de los funcionarios o en las de los comités de científicos. En el primer caso, la investigación científica se ve obligada a sufrir todos los efectos de la burocratización. Allí donde predomina el poder de los funcionarios, el interés por los aspectos formales de la gestión administrativa prevalece sobre los aspectos creativos de la investigación y, por otra parte, se siente en forma más acentuada el impulso por la planificación que transmiten los políticos al mundo científico a través de los burócratas. Todo esto termina por limitar de un modo evidente la libertad de acción del científico que, al elegir y perseguir los temas propios de investigación, debe tener en cuenta la compatibilidad con los criterios y directivas que siguen los administradores.

A fin de superar los obstáculos de la burocracia los científicos se sirven de diferentes trucos. Uno es describir en la solicitud de financiación un trabajo que en realidad ya ha sido realizado pero no publicado. En este caso el investigador conoce ya los resultados y puede describir los experimentos que se propone llevar a cabo sabiendo qué logrará obtener. Una vez que se obtiene la aprobación para un proyecto de este tipo, pueden utilizarse los fondos para realizar otras investigaciones más originales que no se mencionaron en la solicitud de financiación. Es una forma de proceder en esencia deshonesta, aunque es uno de los escamoteos más difundidos para superar los obstáculos que el sistema impone. Otra estrategia es solicitar financiación para investigaciones que se llevarán a cabo en un área donde cualquier resultado, ya sea positivo o negativo, será importante.

### 3. ¿La Ciencia con mayúsculas o el Embuste con mayúsculas?

El hecho de que el científico se vea obligado a recurrir a estos pequeños trucos hace pensar que el sistema norteamericano está estructurado para castigar o frenar la creatividad. La ciencia creativa e innovadora, las nuevas ideas, parecen tener muchas menos posibilidades de obtener financiación si los científicos que las proponen no pueden demostrar que resultarán útiles para el interés nacional o para la industria.

A estos defectos, estrechamente unidos a la burocratización, se agregan aquellos relativos a los comités científicos que, según McCutchen, demuestran cómo el mismo sistema de control por los pares se ve comprometido por una cantidad de desórdenes que impiden juzgarlo como la forma más apta para decidir la distribución de la financiación. Ante todo, señala McCutchen, la opinión de los colegas está llena de prejuicios porque los especialistas compiten entre ellos y, al mismo tiempo, luchan por la propia categoría.

En la práctica, el primer defecto del sistema de control por los pares es favorecer el mantenimiento del *establishment*, eliminando de forma sistemática tanto a los aficionados (categoría a la que pertenecen no solo los estudiosos incompetentes y provincianos, como protagonistas del progreso científico como Edison o Marconi), como a todos aquellos que poseen una preparación científica regular y se ocupan de investigaciones que resultan demasiado innovadoras respecto de las ideas que predominan en la comunidad científica. Son investigaciones que consisten, como sostiene el historiador de la ciencia Thomas Kuhn, en pasar de las etapas de la ciencia normal (en donde no se hace más que explicar las consecuencias y buscar nuevas tecnologías a partir de descubrimientos ya envejecidos) a la etapa de la ciencia revolucionaria que da origen a nuevas hipótesis, nuevas teorías y nuevos descubrimientos.

El sistema de financiación actual de proyectos ignora, según McCutchen, la categoría del talento humano. Éste funcionó solo hasta finales de los años sesenta, cuando la relación entre la financiación y el número de investigadores permitía que la mayor parte de los proyectos se subvencionaran. Es decir, cuando no existía aún la enorme competencia que más tarde pudo observarse con el aumento de la población científica y la disminución progresiva de la financiación.

Hacia mediados de los años sesenta se instauró una especie de dictadura de los mediocres: los científicos de competencia mediocre se apoderaron de los mecanismos de distribución y adjudicación de la financiación y los gestionaron con criterios no demasiado lúcidos, como es típico en personas de poca inteligencia, cuyos defectos se vieron aumentados por la indulgencia ante los juegos de poder y las mafias académicas, aunque justificada por la necesidad de defender las corporaciones.

Estas consideraciones de McCutchen adquieren mayor peso si se comparan con los resultados obtenidos desde hace varios años por la historia de la ciencia. Los estudios de Derek de Solla Price han creado la convicción, aceptada hoy por unanimidad, como veremos en seguida, de que el crecimiento exponencial de la ciencia ha tenido como consecuencia el predominio de los científicos mediocres sobre aquellos que han demostrado ser altamente creativos. En otros términos, a medida que la población científica ha ido aumentando, el número de científicos geniales se ha reducido proporcionalmente respecto del de los científicos mediocres.

Ahora bien, si se compara este resultado con el hecho de que la distribución de la inteligencia, en una población, adquiere el aspecto de la clásica curva de campana que describe el comportamiento de muchos factores casuales, como por ejemplo la altura de los individuos, se descubre que el sistema actual tiende, como señala McCutchen, a seleccionar a los científicos en los amplios estratos intermedios de la campana, es decir que elimina en forma sistemática la gran cantidad de aficionados, pero también la pequeña cantidad de individuos geniales. En otras palabras, las personas muy creativas e inteligentes, que son ya, según la estadística, menos que las de inteligencia media, quedan excluidas de la investigación. La discriminación se debe a que los miembros de los comités deciden financiar los proyectos que se encuentran al alcance de su nivel de comprensión.

McCutchen no es ni el primero ni el más acérrimo crítico del sistema de control de los pares. Hace algunos años, una pequeña editorial inglesa publicó un libro de Stephen Lock titulado *A Difficult Balance,* que ha pasado casi inadvertido, pero que ilustraba, con una serie de ejemplos históricos notables, los defectos del sistema de evaluación de los pares. El caso de mayor resonancia es quizás el del premio Nobel Rosalyn Yalow, cuyo artículo fundamental acerca de la radioinmunología sufrió el rechazo de dos prestigiosas revistas, una de las cuales se justificó con esta curiosa y ambigua argumentación: «Las personas verdaderamente imaginativas y creativas –sostenían los encargados de la reseña– no pueden ser juzgadas por sus pares, porque no tienen». Podría parecer un elogio, pero es más probable que, al estar acompañando al rechazo de la publicación, no sea sino el evidente testimonio de la arrogancia de los mediocres.

No se puede sino estar de acuerdo con McCutchen en que éste, más que un sistema de control, es una especie de «conspiración evolucionada» en la que los encargados de juzgar, haciendo lo que sus intereses personales les sugieren, empujan a las personas creativas a no comportarse como tales si desean trabajar y recibir financiación. En lugar de incentivar a quienes son verdaderamente creativos, selecciona y favorece a los científicos profesionales hábiles, pero poco creativos, de los que se espera más de lo que pueden ofrecer. Es por eso que, finalmente, para contentar a su «empleador», estos investigadores se ven obligados a recurrir a la estafa.

Es así como nacen no solo los diferentes fenómenos de inmoralidad, ante todo los fraudes científicos, sino también un problema en verdad preocupante, que es el de la complicidad y la defensa a ultranza de los culpables por parte de los organismos que deberían tener la obligación de vigilar y garantizar el funcionamiento correcto del sistema.

Es cierto que existe, sobre todo en los más altos niveles, una fuerte complicidad entre entes gubernamentales, universidades, laboratorios y revistas científicas que procura evitar, en nombre de intereses no precisamente científicos, todos los intentos de reforma del sistema. Se trata de una vasta red cuyos nodos y responsabilidades específicas son a menudo difíciles de localizar. Este entramado emergió en toda su dramática gravedad en el transcurso del asunto Baltimore.

En este caso, gran parte del mundo científico y académico puso en movimiento un gigantesco mecanismo de entorpecimiento, justificado por la acusación elevada contra Dingell, al pretender imponer serias y peligrosas restricciones a la autonomía de los investigadores.

Los protagonistas de este intento de obstaculización fueron al comienzo científicos que, como Henry Wortis, han procurado silenciar rápidamente el caso, aunque existieran elementos que permitían evaluar la seriedad de las acusaciones contra los autores del artículo y, en particular, contra Imanishi-Kari. Luego el número de personas involucradas aumentó de manera impresionante. Puede decirse que el encubrimiento comenzó solo después de que los organismos propuestos oficialmente para el control de la conducta de los científicos, en especial en los NIH, se vieran involucrados en el caso.

El inicio de la etapa crucial tuvo lugar precisamente cuando los NIH prohibieron a Stewart y Feder publicar el análisis crítico de los errores que contenía el artículo de *Cell*. La responsabilidad de esta iniciativa recae principalmente sobre Joseph E. Rall, director de las actividades internas de investigación de los NIH, y tal vez también sobre quien en aquel momento era el director de los institutos, James B. Wyngaarden.

Pero obviamente estas personas no se movieron por iniciativa propia: sufrieron fuertes presiones por parte de las autoridades y los poderosos personajes del mundo científico norteamericano, como Francisco Ayala por cuenta de la National Academy of Sciences, o Maxine

Singer en nombre de la Carnegie Institution. Ha sido reconocido que el hombre que más que ningún otro orquestó, junto con Baltimore, la vasta red de reacciones y presiones fue Phillip Sharp. La amplitud y contundencia de las reacciones del mundo científico, que ha tratado de oponer a las investigaciones una verdadera resistencia, pueden evaluarse a partir del hecho de que, en este caso, se ha presentado a favor de Baltimore un científico dotado de un vivo sentimiento crítico y de una fuerte aspiración de independencia como es Stephen J. Gould, que llegó a comparar a Baltimore con Galileo en un artículo aparecido en el *New York Times* el 30 de julio de 1989.

Las publicaciones científicas, los periódicos y los semanarios tuvieron un papel crucial en el intento de entorpecer las acusaciones. Las revistas científicas que se vieron más directamente involucradas fueron *Cell, Science, Journal of Immunology* y, al menos al principio, también *Nature*. El órgano de la National Academy of Sciences, *Issues in Science and Technology,* dirigido por Steven Marcus, estuvo siempre del lado de Baltimore. Al comienzo, al menos, también el *New York Times* y el *Washington Times* sostuvieron el juego de quienes deseaban entorpecer las acusaciones. Alguno de los periodistas que se vieron involucrados terminó también pagando sus culpas. Barbara Culliton, que ha trabajado para *Science* durante casi veinte años y que con sus artículos había sostenido la causa de Baltimore, renunció a la revista una vez concluido el caso y pasó a *Nature,* dejándole su puesto a David Hamilton.

En extremo críticos respecto de la manera de actuar de Dingell fueron también el *Washington Post* y el *Wall*

### 3. ¿La Ciencia con mayúsculas o el Embuste con mayúsculas?

*Street Journal,* mientras que Eugene Garfield, director editorial de *The Scientist,* llegó a definir en una serie de editoriales importantes publicados en su periódico la actuación de Dingell como un linchamiento *(over-kill)* más que como un control *(over-see)* sobre las actividades de los científicos y de los organismos de investigación. La única publicación que se pronunció desde el comienzo y con decisión a favor de una discusión seria acerca del caso Baltimore fue el *Science and Government Report,* dirigido por Dan Greenberg.

No obstante, Dingell y los dos *fraudbusters* no fueron abandonados por completo. En el ámbito político Dingell contó con el apoyo de otros dos parlamentarios demócratas, Robert A. Roe y Ted Weiss. Entre las personalidades científicas más importantes que intervinieron a favor de O'Toole y de sus defensores puede reconocerse la presencia de dos premios Nobel, Linus Pauling y Walter Gilbert. Pero quien más que cualquier otro trató de contrarrestar la tarea de desinformación puesta en marcha por Phillip Sharp y el mismo Baltimore fue el matemático de Yale Serge Lang, quien desde hacía años estaba en primera fila denunciando los engaños, complicidades y manipulaciones retóricas que buscaban cubrir la incapacidad profesional de sus colegas.

Las dificultades que encontró la OSI (Office of Scientific Integrity) demuestran en realidad que lo que estaba en juego no era la autonomía de la investigación, sino la necesidad de revisión del sistema. La OSI fue creada en la primavera de 1989 por orden del parlamento estadounidense, pero nunca se le otorgó una efectiva autonomía. Es simplemente una oficina de los National Institutes of Health, que incluso le dieron el personal, constituido originalmente por nueve investigadores, cuya actividad tenía una financiación de un millón de dólares al año. Las tareas atribuidas a esta oficina son esencialmente tres: ante todo controlar que las universidades y los laboratorios que el gobierno financia apliquen las normas en materia de fraude científico emanadas de la sanidad pública, que imponen a estas instituciones indagar directamente los comportamientos sospechosos de sus investigadores y enviar un informe anual acerca de estos controles a la OSI. En segundo lugar, la OSI examina estos informes y los pasa para su aprobación a otra oficina, la OSIR (Office of Scientific Integrity Review), que forma parte del ministerio de Sanidad, el Public Health Service.

En los primeros dos años de actividad la OSI analizó 100 casos de sospecha de fraude científico, pero indagó directamente solo 25 y emitió una sentencia de plena responsabilidad para tan solo 15 casos. Sin embargo, la vida de esta oficina ha sido más bien difícil y sus actividades se vieron continuamente obstaculizadas; tanto es así que en julio de 1991 su primera directora, Suzan Hadley, dimitió como protesta por las permanentes injerencias en su trabajo. La última de estas injerencias resultó decisiva.

Uno de los 15 casos de fraude que Hadley había confirmado se refería a un médico de la Cleveland Clinic Foundation, que había sido acusado de haber manipulado sus resultados para poder obtener la renovación de la financiación. La conclusión de su culpabilidad fue contradicha por una indagación que la misma clínica había llevado a cabo y que estaba a cargo de Bernardine Healey. En junio de 1991 la misma Healey fue nombrada directora de los NIH y, obviamente, quiso imponer sus criterios sobre las actividades de la OSI, en particular en el caso en el que se veía involucrada la clínica de la que ella había sido directora. Al no soportar la injerencia Hadley presentó su renuncia y le cedió el puesto a Jules V. Hallum.

A partir de ese momento la actividad de la OSI sufrió una notoria disminución en su funcionamiento y finalmente, en junio de 1992, se cerró y quedó absorbida por la OSIR, constituyéndose un nuevo organismo, la ORI (Office of Research Integrity), creado por el gobierno para poner fin a las polémicas.

## Si Atenas llora...

Pero quien piense que el sistema europeo de investigación es mejor porque los científicos del continente no engañan, no solo se equivocaría, sino que se arriesgaría a elogiar la imperfección. Ante todo, debemos decir que en Europa pueden señalarse casos no muy lejanos de falsificación. El más reciente y escandaloso es el de la memoria del agua, que tuvo por protagonista a Jacques Benveniste y del que hablaremos en seguida. Menos conocido es el caso del inglés M. J. Purves, quien en 1981 se cavó su propia fosa por haber querido demostrar que en el embrión de oveja el cerebro absorbe más azúcar cuando el animal está despierto.

La afirmación, que de por sí no era perturbadora, había despertado la curiosidad de algunos de los colegas de Purves, quienes, apoyándose en la simple descripción del experimento, tuvieron la sospecha de que algo no funcionaba correctamente. A diferencia de muchas universidades norteamericanas, la Universidad de Bristol se movilizó con mucha rapidez y rigurosidad: nombró un comité que ya en los primeros meses de 1981 confirmó que en efecto el experimento no podía reproducirse y emitió un veredicto de condena. Como buen caballero, Purves, una vez enfrentado a las pruebas, admitió la propia culpabilidad y acordó llevar a cabo con los órganos de la universidad una declaración oficial en la que desmentía los resultados, que se postergó algunos meses únicamente por problemas familiares. Sin embargo, ninguno de los colegas pudo explicarse cómo una persona del talento de Purves había podido participar en una falsificación semejante, ya que no necesitaba financiación porque gozaba del apoyo de la Welcome Foundation y de la sanidad pública.

Más comprensible, al menos desde este punto de vista, resulta en cambio el caso del neurobiólogo alemán Robert Gullis. Sostenía haber demostrado que algunos mensajeros del sistema nervioso, en especial aquellos que reducen los fenómenos de la ansiedad y nos tranquilizan, es decir las encefalinas, actúan aumentando la concentración de una sustancia conocida como GMP cíclico. Todo parecía muy probable y uno de los expertos más conocidos del área, el profesor Bill Lands de la Universidad de Michigan, sostuvo que los artículos de Gullis podían contarse entre los más interesantes que él había leído en los últimos dos años. Es una lástima que fueran ficticios.

En una carta enviada, como es natural, a *Nature* el 24 de febrero de 1977 Gullis escribía:

### 3. ¿La Ciencia con mayúsculas o el Embuste con mayúsculas?

Deseo poneros al corriente de que algunos artículos de los que soy el autor principal y que se publicaron en diferentes periódicos no son fiables. Las curvas y los valores publicados son tan solo producto de mi fantasía y, durante mi breve carrera como investigador científico, he publicado más hipótesis personales que resultados obtenidos de forma experimental. Estaba tan convencido de mis ideas que simplemente las plasmé en el papel... Asumo toda la responsabilidad de estos desafortunados incidentes y estoy preparado para pagar las consecuencias. Espero también que mi experiencia sirva de advertencia para otros y deseo también presentar mis excusas a la comunidad científica y a las diferentes personas que se vieron involucradas.

Son sin duda engaños como los norteamericanos; la única diferencia es que en Europa hay muchos menos que en Estados Unidos. ¿Por qué? ¿Será tal vez porque el sistema europeo de política científica es mejor y ha logrado garantizar mejor la autonomía del científico evitando la excesiva competitividad que domina los laboratorios estadounidenses? En realidad, parece que no. En los países europeos se ha adoptado hoy en día un sistema que es un punto intermedio entre el viejo modelo decimonónico (que preveía la atribución a la investigación de pocos fondos asignados sin criterios rigurosos y sin establecer específicas modalidades burocráticas de control) y el que funciona en Estados Unidos.

El caso extremo es el que ofrece el sistema italiano, en el que, como ha sostenido Peter Aldhous en el número especial que la revista *Science* ha dedicado en abril de

1992 a la investigación europea, no existe tradición alguna de evaluación de las solicitudes de financiación a través de un control por los pares. Los fondos, que obviamente representan una menor cantidad de la que se distribuye entre los científicos norteamericanos, se otorgan a raudales, y si bien es cierto, como ha declarado ante Aldhous el presidente del CNR, Luigi Rossi Bernardi, que «no existe siquiera un caso en que se hayan denegado la financiación a un científico», es indudable que existen laboratorios en los que el dinero ingresa en mayor cantidad, siendo éste un hecho que en nada depende de la seriedad y productividad científica. El resultado es que muchos científicos mediocres reciben igual o incluso más fondos que sus colegas, quienes, no obstante, desde el punto de vista profesional son más capaces.

Esta forma tan poco rigurosa de otorgar financiación tiene como ventaja, aunque sea la única, no incentivar el fraude. Éstos son los resultados de una investigación que promovió la revista francesa *La Recherche*. Al presentar estos datos, Odile Robert afirma que en Francia el fenómeno de fraude científico es casi irrelevante y mucho más bajo que en Estados Unidos.

Existen dos explicaciones posibles –sostiene Odile Robert–. La primera es cuantitativa: al igual que en el caso de los efectos secundarios de los fármacos, el fraude no se verifica si no supera un umbral crítico determinado que puede darse solo en Estados Unidos, debido a la gran cantidad de investigadores activos con que cuenta ese país. La segunda es cualitativa y de tipo sociocultural: la eficacia evidente del sistema de investigación norteamericano tiene en la otra cara de

## 3. ¿La Ciencia con mayúsculas o el Embuste con mayúsculas?

la moneda el publicar o morir, que vale para todos los investigadores y durante toda su carrera. Los norteamericanos no bromean con la escasa productividad en materia de resultados y publicaciones. El investigador que es considerado improductivo pierde el sueldo y el puesto de trabajo, y la supervivencia de la mayor parte de los laboratorios está unida también a las donaciones. En Francia el sistema de grandes organismos de investigación ofrece un panorama que en su conjunto es mucho más distendido. Demasiado, según afirman algunos. La estabilidad, sin embargo, del puesto de trabajo del investigador francés crea un clima psicológico que ofrece una protección importante contra la tentación de cometer fraude.

La situación en Italia y en otros países europeos no es muy diferente. En el continente europeo existen menos fraudes porque hay una menor competitividad. Pero esto no significa que el científico europeo sea un hombre íntegro, inteligente, creativo e incorruptible. Es un punto intermedio, un híbrido que conserva algunos ideales nobles, pero también privilegios injustos y prejuicios del pasado, y al mismo tiempo se ve obligado a alinearse con el ideal norteamericano del investigador que aparece ante todos como el modelo del profesional acorde con la sociedad contemporánea.

Precisamente porque el modelo norteamericano ha sido adoptado solo en parte es también más difícil que en Europa se descubran los posibles fraudes. En Norteamérica todo se inspira en el rigor y la transparencia garantizada por el *Freedom of information act,* una noble institución que permite examinar y tener una copia de todos los documentos y actas que se refieren a la actividad de todo aquel que utilice el dinero público para su propio trabajo. Si alguien comete un engaño es posible localizar sus responsabilidades aun siendo éste un premio Nobel como Baltimore, porque las reglas no dejan espacio para el juego de la interpretación, la gente confía en éstas y el puritanismo les impone a todos, científicos, políticos y periodistas, un comportamiento serio. Por eso, el encubrimiento, el entorpecimiento, resulta tan difícil de sostener en Estados Unidos (y no solo en el ámbito científico).

En Europa, donde este sistema se adoptó solo en parte y con las «debidas» modificaciones, ocultar y entorpecer las investigaciones es a menudo un juego de niños. No es casual que por ejemplo Milanese no se haya comportado como O'Toole, que, aunque había nacido en Irlanda, estudió y vivió en Estados Unidos desde los diecisiete años.

La prensa europea es también menos aguerrida. ¿Qué periodista europeo puede jactarse de una noticia análoga a la de Crewdson, que logró llevar a Gallo contra las cuerdas? ¿Y por qué el libro que Michel de Pracontal le ha dedicado al asunto Benveniste es tan ambiguo y dudoso? Si bien es cierto que los periodistas europeos no cuentan con una ley de libre acceso a la información, parecen de todos modos menos agresivos y profesionales que los norteamericanos. Pero, aunque los científicos europeos denunciaran y los periodistas publicaran sus denuncias en primera plana, ¿dónde encontraríamos, no digo en Italia, sino en Europa, un político que como Dingell estuviera dispuesto a llevar el caso al ámbito político y legal?

## 3. ¿La Ciencia con mayúsculas o el Embuste con mayúsculas?

El fenómeno del fraude científico en su aspecto actual y contemporáneo no es un hecho exclusivamente norteamericano. Es un producto colateral de la Ciencia, con mayúsculas, que no fue un gran engaño que los políticos y científicos norteamericanos llevaron a cabo en perjuicio de la humanidad, sino una enfermedad de la ciencia occidental en desarrollo. Todo parece demostrar que el verdadero problema no se halla en el sistema, sino en las enormes dimensiones que éste ha asumido en los últimos decenios.

Por eso, según mi opinión, no serviría de mucho modificar o incluso abandonar el sistema norteamericano, como ha sostenido McCutchen cuando propuso eliminar por completo el filtro de los pares y sustituirlo por una adjudicación generalizada de financiación a las universidades. A esto debería asociarse también el abandono del criterio de la cantidad de publicaciones para la adjudicación de los fondos y el desmantelamiento del sistema de los jueces anónimos. Debería pasarse, siempre según McCutchen, a un sistema de publicación carente de toda censura.

Las revistas –sostiene McCutchen– no deberían rechazar nunca un trabajo. Si merece la pena pagarles a los científicos, merece la pena escucharlos. Si la publicación sin censura creara una gran cantidad de basura demostraría que los científicos crean basura. Es mejor saberlo antes que esconderlo.

Todo esto probablemente no serviría de nada porque el sistema norteamericano está averiado, no porque esté equivocado (debe considerarse el mejor sistema para la adjudicación de financiación), sino simplemente porque las dimensiones críticas asumidas por la empresa científica no permiten ya un funcionamiento correcto y fisiológico. No debe revisarse el sistema de financiación, sino la estructura y las dimensiones de la gran máquina de la investigación científica.

## La ciencia como empresa infinita

En enero de 1991 el presidente de la American Association for the Advancement of Science, Leon Lederman, presentó, como prescribe el estatuto de esa entidad, el informe anual acerca del estado de la investigación científica en Estados Unidos. Era un informe alarmante que enumeraba sin términos medios los efectos evidentes de la crisis en la que se encontraba la investigación norteamericana, procuraba encontrar las causas y proponía soluciones posibles. Estados Unidos, sostenía Lederman, está perdiendo su liderazgo científico: disminuye la cantidad de premios Nobel asignada a los estudiosos norteamericanos, desciende en 10.000 unidades al año el número de científicos diplomados, aumenta la competitividad de la ciencia europea y sobre todo de la japonesa, de tal forma que en 1986, por primera vez en la historia de Estados Unidos, las importaciones de productos de alta tecnología superaron las exportaciones, y en 1989 las sociedades que registraron más patentes en Estados Unidos fueron Canon, Toshiba e Hitachi, las tres japonesas.

La principal causa de esta crisis, sostenía Lederman, es la disminución progresiva de la financiación destinada a

## 3. ¿La Ciencia con mayúsculas o el Embuste con mayúsculas?

la investigación. El gobierno, admitía el informe, se está esforzando por aumentar las asignaciones, pero los científicos están insatisfechos. Ante todo, no obstante los aumentos de los últimos años que han marcado una inversión de la tendencia (respecto de la inflexión de los años setenta), si se corrigen las cifras asignadas para 1990 teniendo en cuenta la inflación, se descubre que la cantidad de dinero efectivamente utilizable es un poco superior a la asignada en 1968, es decir, hace aproximadamente veinte años. Con la notoria diferencia, puntualizaba Lederman, de que hoy en día los científicos son el doble de los que eran en 1968.

La idea que subyacía en el informe era que la reducción de la financiación estaba disminuyendo el ritmo de crecimiento que había caracterizado a la investigación norteamericana en sus mejores años y que ésta era la causa de la crisis actual. Aquel informe llevaba el polémico título de «Ciencia: ¿el fin de las fronteras?», y se oponía en forma explícita al título que en 1945 Vannevar Bush le había puesto al informe acerca del estado de la investigación y del tipo de organización que había llevado al éxito del Proyecto Manhattan: «Ciencia: la frontera infinita». El informe Bush procuraba presentar la investigación científica como una empresa destinada a un continuo progreso. Bush, obviamente, pensaba sobre todo en los resultados virtualmente infinitos que podían obtenerse con una máquina científica bien organizada y aceitada, pero no se daba cuenta de que sus ideas implicaban también un crecimiento exponencial de la estructura misma y de la población de científicos, crecimiento que a largo plazo no habría podido sostenerse. El informe

Lederman constituyó una primera, aunque oscura, toma de conciencia del fin del sueño científico norteamericano: el del crecimiento indefinido de la ciencia.

Pero la simple idea de que el crecimiento de la ciencia pudiera continuar en forma indefinida ya había sido criticada desde el comienzo de la Ciencia con mayúsculas por John Derek de Solla Price, uno de los protagonistas de la cientometría, disciplina que se sitúa entre la sociología, la estadística y la historia de la ciencia, y que se ocupa del análisis de todos los fenómenos relacionados con el desarrollo científico. Price demostró, ante todo, que la gran mayoría de los parámetros que miden el desarrollo científico crecen de forma exponencial mientras que algunos, los más significativos, como por ejemplo, el de la financiación y el del número de científicos realmente geniales que surgen, no pueden seguir este ritmo. La conclusión más importante que alcanza Price es que, ya sea por esta diferencia en la velocidad de crecimiento de los parámetros de la ciencia o por el simple hecho de que en la naturaleza nada puede crecer en forma indefinida, la ciencia deberá (es difícil determinar el momento preciso, pero Price lo sitúa alrededor del año 2061) alcanzar un nivel de saturación y estabilizar su ritmo de crecimiento.

El primer parámetro que crece en forma exponencial es el de la población científica. Según el historiador John D. Bernal, en 1896 los científicos en todo el mundo no superaban los 50.000 y de ese total no más de 15.000 se dedicaban verdaderamente a la investigación. Sesenta y seis años más tarde los científicos que trabajaban en investigación eran menos de un millón, cifra que subía a dos millones si

### 3. ¿La Ciencia con mayúsculas o el Embuste con mayúsculas?

se consideraban aquellos que trabajaban en grupos de investigación en la industria, en las entidades del gobierno y en la enseñanza. Entre 1976 y 1986 la población científica mundial había pasado de 1.000.000 a 2.186.000 miembros. Hoy en día supera los tres millones. La mayor parte obviamente, es decir, alrededor de un millón, trabaja en Estados Unidos. Son cifras que dicen más de lo que parece. Demuestran que, en efecto, la población científica ha sufrido un crecimiento exponencial.

Desde el punto de vista matemático, si una cantidad crece de forma exponencial significa que se duplica en intervalos regulares de tiempo. Según los cálculos de De Solla Price, el periodo de duplicación de la población científica es de doce años y medio. Es decir que, aproximadamente cada trece años, el número de científicos se duplica mientras que la población general permanece prácticamente sin cambios. Los italianos, por ejemplo, eran 21 millones en 1861, ascendieron a 56 millones en 1992; esto significa que en 131 años no llegaron siquiera a triplicarse, mientras que los científicos, que aun exagerando un poco debían ser menos de 3.000 en 1861, y hoy en día son 71.000, se duplicaron casi once veces.

Además de este motivo, de algún modo natural, que impondrá de forma necesaria la disminución de la tasa de crecimiento de la población científica, existe otro más interesante para nuestros propósitos, que está en relación con una especie de efecto contrario del crecimiento mismo de la ciencia. Resulta que mientras el número de científicos se duplica cada doce años y medio, el de científicos verdaderamente capaces y geniales se duplica tan solo cada veinte años. En otras palabras, el número total de científicos asciende en proporción al cuadrado del número de los buenos científicos. Por eso, si deseamos multiplicar por cinco a los buenos científicos debemos multiplicar por veinticinco a toda la población científica. Para tener un total de ochenta mil científicos altamente creativos habría que tener una población total de ocho millones de científicos. La conclusión es que, a medida que la ciencia crece, aumenta el número de científicos poco creativos y mediocres respecto del de los genios. En otros términos, a medida que la población científica crece, disminuye su potencial creativo. Cuanto más crece el número de científicos, más cuesta llevar a cabo los descubrimientos.

Pero es el coste lo que vuelve imposible el mantenimiento del crecimiento de la ciencia a un ritmo exponencial. Se ha evaluado que el coste de la ciencia crece al cuadrado respecto del crecimiento de los científicos. En otras palabras, el crecimiento exponencial de la ciencia requeriría un crecimiento exponencial de la financiación. Esto es precisamente lo que ocurrió en la etapa de mayor desarrollo de la ciencia norteamericana.

El total invertido en investigación y desarrollo en Estados Unidos en 1929 correspondía al 0,2% del Producto Nacional Bruto (PNB); en 1940 era el 0,3%, en 1941 el 0,7%, desde 1946 hasta 1952 más o menos el 1%, en 1956 el 2%, y en 1964 alcanzó el 3%. También este crecimiento fue de tipo exponencial. La tasa de crecimiento de la financiación era al principio mayor que el de la población científica. Según los cálculos de De Solla Price, entre 1950 y 1960 el periodo de duplicación de los gastos para investigación y desarrollo en Estados Unidos fue de cinco años. Esto significa que el aumento anual de estos gastos era del

15% mientras que la renta nacional ascendía solo al 3,5%. Si la financiación hubiera continuado su crecimiento a un ritmo constante, en 1973 las inversiones en investigación y desarrollo habrían alcanzado el 10% de la renta nacional. Se detuvo, en cambio, en el 3%, cifra que no se superó por motivos obvios, dado que de lo contrario, es decir, si hubiera continuado su crecimiento exponencial, hoy en día los norteamericanos gastarían en investigación el doble del total de su Producto Interior Bruto (PIB).

Europa, donde la financiación para investigación creció notablemente, no podía permitirse una locura semejante. En 1962, cuando solo Estados Unidos había invertido en investigación casi 18.000 millones de dólares, todos los países europeos habían gastado en total alrededor de 4.500. En Italia, en 1964, el gasto para investigación era el 0,6% del PNB, en Francia el 1,6% y en Inglaterra el 2%. Hoy en día alrededor de 71.000 científicos italianos tienen 16.000 millones de financiación, lo que corresponde al 1,4% del PIB. Esta barrera parece haber detenido en forma definitiva el crecimiento de los gastos para la investigación en Italia.

Las consecuencias paradójicas de un eventual crecimiento exponencial continuado de la ciencia demuestran con bastante claridad que este fenómeno, como todos los del mundo real, no podía continuar creciendo hasta el infinito. ¿Qué sucederá entonces? Según Price, lo que sucede en todos los fenómenos naturales de crecimiento exponencial: en un determinado momento el crecimiento alcanza un máximo, luego comienza a disminuir y su curva se inclina hacia un límite de saturación más allá del cual ya no crece.

Según los cálculos de Price, el desarrollo de la ciencia alcanzaría su punto máximo entre 1993 y el año 2008, dirigiéndose después hacia su límite de saturación. Entonces se reduce, siempre según Price, a cuatro casos. Es posible que se observe, ante todo, una pérdida de definición de la curva que corresponde a la muerte del fenómeno. En lugar de un máximo estable (como prevé el aplanamiento del crecimiento sobre la línea de saturación) se observa una lenta declinación hacia el cero o un cambio imprevisto que interrumpe en forma brusca la curva en la mitad. Este tipo de curva puede describir, por ejemplo, los casos en que una civilización determinada, después de haber alcanzado su madurez, se disuelve y muere como en el caso del Imperio Romano.

A veces, ya antes de alcanzar el punto máximo, la curva comienza a oscilar de forma constante en la línea ideal que estaría constituida por el desarrollo del crecimiento exponencial precedente, o bien la oscilación se reduce en forma progresiva hasta coincidir con el límite de saturación. En el primer caso se observa un desarrollo con pronunciados altibajos constantes que oscilan alrededor de la curva logística ideal sin llegar a tocarla jamás. En el otro caso, en cambio, las oscilaciones se vuelven progresivamente menos amplias hasta que alcanzan el límite de saturación y dan lugar a una línea casi horizontal, obteniendo por lo tanto el mismo efecto final que se tendría si el crecimiento exponencial hubiera seguido sin interrupciones hasta su saturación natural. En otras palabras, en estos casos el crecimiento continúa a través de la prolongación natural del crecimiento exponencial, pero en forma más o menos desordenada.

### 3. ¿La Ciencia con mayúsculas o el Embuste con mayúsculas?

La cuarta posibilidad corresponde al fenómeno que el historiador de la física Gerald Holton ha denominado *escalation*. Puede suceder que, alcanzado el límite de saturación, el fenómeno, en lugar de aplanarse o de terminar, genere, después de un cierto periodo, una nueva curva logística que se eleva un peldaño sobre la anterior. En otros términos, después de un periodo de crisis, o de declinación, el fenómeno del crecimiento exponencial puede observarse después de una reorganización.

¿Cuál de estos cuatro modelos seguirá el desarrollo futuro de la ciencia? Según Price, será el de la curva logística normal el encargado de llevarnos hacia el lento declive de la ciencia occidental, y en particular de la ciencia norteamericana. La población científica estará constituida por una gran cantidad de científicos siempre cercanos a la habilidad media, pero en ella se encontrarán, aunque en forma menos progresiva pero más marcada, los grandes genios, que podrían hacer que la ciencia obtenga progresos rápidos y reales. Este tipo de ciencia será entonces poco productiva, aparatosa y muy costosa, y por eso será necesario enfrentar la pregunta de si aún merece la pena realizar tantos sacrificios para mantenerla en pie.

## El futuro de la ciencia

¿Qué hacer entonces? La solución más obvia parecería redimensionar y reorganizar la empresa científica. En esencia, menos científicos, menos dinero y mayor calificación. Ya en 1967 Alvin M. Weinberg sostuvo, en *Reflections on Big Science*, que el sistema científico norteamericano se encontraba bajo una especie de «nutrición forzada». Este proceso había comenzado con la fundación de las escuelas profesionales en los diferentes sectores, pero hasta la Segunda Guerra Mundial se había presentado como un proceso virtuoso y útil para el crecimiento de la sociedad estadounidense.

Después de la Segunda Guerra Mundial, en cambio, el crecimiento de la financiación que el gobierno central otorgaba acentuó esta tendencia hasta convertirla en potencialmente peligrosa para todo el sistema de investigación. La investigación norteamericana lleva tiempo sufriendo este crecimiento exagerado, y sería necesario volver a colocarla en su verdadera dimensión. Pero nadie parece tener la intención de hacerlo. Tal vez porque todo hace suponer que se trata de un imposible. Los grandes sistemas y organismos sociales, atrofiados a menudo, no se modifican: se colapsan y se extinguen. Es difícil modificar su estructura como para mantenerlos en pie. ¿Quién habría podido reformar, por ejemplo, el Imperio Romano como para conservarlo aún con vida? ¿Quién podría hoy en día reformar el sistema de la Ciencia, con mayúsculas, cuya crisis refleja por anticipado y en gran magnitud la crisis de la ciencia europea? Probablemente nadie. Por eso hoy en día parece mucho más razonable que hace veinte años la propuesta de Price:

> El país que ha alcanzado una plena madurez logística, saturada de ciencia, debe procurar comportarse con madurez y sabiduría; debe ceder parte de su función de guía a los países más jóvenes que crecen a su alrededor y que en forma gradual lo despojan de su superioridad científica.

### 3. ¿La Ciencia con mayúsculas o el Embuste con mayúsculas?

El único remedio sería entonces transferir progresivamente la actividad de investigación a los países en vías de desarrollo.

Esta propuesta está basada en una constatación impugnable: en los países en desarrollo la ciencia cuesta menos y solo este hecho elimina cualquier efecto contrario o paradoja relacionada necesariamente con la profesionalización y masificación de la actividad investigadora. Allí donde la ciencia cuesta poco no se instala la dictadura de los mediocres porque el acceso a la investigación favorece a personas altamente creativas y motivadas, no se crean estructuras de poder e hipertrofias burocráticas que sofocan la autonomía del investigador, no se observa un aumento indiscriminado de publicaciones e informaciones erróneas o tendentes a confundir. Todo el sistema tiene un funcionamiento más fisiológico, y el desarrollo de la comunidad científica y el de los gastos que a ella se refieren se refleja en un progreso científico real.

Un ejemplo lo constituye el notorio desarrollo que tuvo la ciencia en Japón inmediatamente después de la Segunda Guerra Mundial. En *Made in Japan,* el libro que Akio Morita dedicó a este fenómeno, se señaló con justicia que

> en la reconstrucción que tuvo lugar después de la guerra, el bajo coste del personal instruido fue una ventaja para la creciente industria japonesa de tecnología convencional. Ahora que la industria requiere de la alta tecnología, Japón es afortunado porque posee una fuerza de trabajo altamente instruida que está preparada para el nuevo desafío.

Por otra parte, la historia de la ciencia demuestra con bastante claridad que los científicos siempre han producido más cuando se les ha pagado menos. La paradoja aparente se explica a partir de que las condiciones económicas desfavorables funcionaban como un filtro, desalentando a los mediocres que deseaban emprender la carrera de investigadores. Permanecían solo las personas de inteligencia superior a la media y muy motivadas para quienes la investigación es más una vocación que una profesión.

No obstante, la idea de Price nunca se consideró con seriedad, al menos hasta hace pocos años cuando la recogieron las instituciones de carácter internacional y algún científico, aunque sin hacer referencia explícita a Price.

A partir de 1989 el Banco Mundial, institución de crédito internacional nacida en 1945 para contribuir a la reconstrucción y al desarrollo de las capacidades productivas destruidas durante la guerra, comenzó a subrayar la importancia que tiene, para los países del Tercer Mundo, el desarrollo de estructuras propias y autónomas de investigación científica. El Banco Mundial ha recomendado, en primer lugar a África, frenar la pérdida de cerebros, ya que más de 70.000 africanos instruidos han decidido permanecer en Europa y que muchos de los 34.000 africanos que estudian en Estados Unidos probablemente se queden y se establezcan en ese país. En segundo lugar, el Banco recomienda que la mitad de la aumentada ayuda financiera propuesta para África en la próxima década se invierta en sectores productivos, asistencia técnica e investigación. Mientras tanto, la Acade-

### 3. ¿La Ciencia con mayúsculas o el Embuste con mayúsculas?

mia de Ciencias del Tercer Mundo ha solicitado que se facilite la transferencia de información y la adquisición de la literatura científica a los países en vías de desarrollo, a través de facilidades económicas para la compra de libros y revistas y el acceso a bancos de datos para 50 bibliotecas centrales que se constituirían en 50 países en desarrollo.

La importancia de tales iniciativas fue subrayada por el premio Nobel de física Muhammad Abdus Salam, quien propone que en los próximos veinte años entre el 10 y el 15% de las ayudas destinadas a los países en desarrollo se reserve para promover la ciencia y la tecnología. En la actualidad, todas estas iniciativas se entienden más como la mejor forma de garantizar el adecuado desarrollo de los países del tercer mundo que como el camino para reducir los costes y obtener una mayor rapidez en el desarrollo científico internacional. Pero no hay duda de que serán la base de las premisas para la transferencia de la investigación de los países occidentales a aquellos en vías de desarrollo.

Esta transferencia puede parecer inconcebible y, dada la actual situación, difícil de realizar. El predominio científico y tecnológico de Occidente parece tan arraigado que es difícil imaginar un futuro en el que las investigaciones de vanguardia se lleven a cabo en países de África Central, América del Sur o Afganistán. Pero se trata tan solo de un prejuicio que un mínimo conocimiento de la historia de la ciencia puede desbaratar con facilidad. «La primera cosa que se debe comprender acerca de la distancia entre la ciencia y tecnología del Norte y la del Sur –sostiene Salam– es que tiene un origen relativamente reciente.» Aun sin tener en cuenta las relaciones de derivación que se establecen entre la ciencia griega y la oriental, sostiene Salam, en la época de Platón, el periodo inicial de mayor desarrollo, los científicos pertenecían a una especie de Commonwealth griega que recogía a griegos, egipcios, italianos del sur, y a los antepasados de los actuales sirios y turcos. Desde el año 600 al 650 existió un claro predominio de la ciencia china, mientras que desde el 650 al 700, además de los chinos, contribuyeron en forma reconocida al progreso científico los habitantes de India, los árabes, los persas, los turcos y los afganos «en una sucesión ininterrumpida de exponentes del tercer mundo durante cincuenta años», subraya Salam.

Solo después del año 1100 comienzan a aparecer los primeros nombres occidentales, Gerardo de Cremona, Roger Bacon y otros. Pero los honores se dividen durante los siguientes doscientos años con hombres de ciencia del tercer mundo como Ibn-Rushd, Naseer-ud-din Tusi, Musa ibn Maimun y el sultán Ulug Beg. Occidente no comenzó a ganar terreno hasta 1450 y se puso en cabeza alrededor del año 1660.

En aquella época, sostiene Salam, se levantaron dos de los más grandes monumentos de la historia moderna, uno en Occidente y otro en Oriente: la catedral de San Pablo en Londres y el Taj Mahal, verdadera joya del arte islámico, erigido en Agra por el sha Giahn para su esposa. Estos monumentos, según Salam, simbolizan más que cualquier otra cosa los niveles comparativos de tecnología arquitectónica, de habilidad artesanal y de sofisticación que las dos culturas habían alcanzado en aquel momento de la historia.

### 3. ¿La Ciencia con mayúsculas o el Embuste con mayúsculas?

Pero en ese mismo periodo –agrega Salam– se erigió, esta vez solo en el norte, un tercer monumento aún más grande debido a su importancia para la humanidad. Se trata de los *Principia* de Newton, publicados en 1687, y este trabajo no tuvo su contrapartida en la India.

Fue entonces, hace tan solo 300 años, cuando Occidente adquirió esa neta superioridad científica y tecnológica que hoy aparece estrechamente unida a nuestra civilización, pero es evidente que se trata solo de un prejuicio y que Salam tiene razón:

> La ciencia y la tecnología son cíclicas y constituyen una herencia compartida por toda la humanidad. Este y Oeste, Sur y Norte han participado en igual medida en su creación en el pasado, al igual que esperamos que suceda en el futuro cuando el esfuerzo común en el campo científico se convierta en una de las fuerzas unificadoras de los diferentes pueblos del globo.

Estas transferencias de cultura de una civilización a otra y de una zona geográfica a otra fueron determinadas, en el pasado, por condiciones históricas, económicas y políticas complejas de las que sus protagonistas no eran conscientes. Hoy en día, como suponía Price, el alto nivel de conciencia que hemos alcanzado, gracias al desarrollo de los análisis históricos y sociológicos relativos a la ciencia y al contexto social en el que está inmersa, permiten pensar que la transferencia podrían llevarla a cabo, por primera vez, los científicos y las sociedades en las que trabajan. Es probable también que, en ese caso, la transferencia no esté acompañada necesariamente por un retroceso o una involución científica de aquellos países que hasta ahora han estado a la vanguardia de la investigación.

# 4. Descubrimientos y redescubrimientos del agua

## Poliagua

En 1968 un miembro del área de comunicaciones de la Marina militar estadounidense escribió un informe en el que llamaba la atención de las autoridades científicas de su país sobre las investigaciones realizadas en la Unión Soviética acerca de un nuevo tipo de agua. Un químico ruso no muy conocido, Nikolay Fediakin, que trabajaba en el instituto técnico de Kostroma, una pequeña ciudad a 270 kilómetros de Moscú, había publicado en 1961 un artículo en el que describía el método de producción de un agua dotada de propiedades sorprendentes.

Este nuevo tipo de agua, que Fediakin llamó «agua anómala», se formaba por condensación del vapor en capilares de cuarzo (es decir, en probetas con una pequeñísima boca). Su densidad era un 40% más alta que la del agua normal, tenía la consistencia de gelatina de petróleo y se congelaba a -40° C. Sin embargo, su característica más sorprendente era que no hervía.

Los científicos norteamericanos se sintieron de inmediato conmocionados: recordaban aún con amargura la ofensa del «Sputnik», el primer satélite puesto en órbita por los rusos el 4 de octubre de 1957, bastante antes que ellos. Estados Unidos había dado a conocer dos años antes su programa de lanzamiento de los primeros satélites «Vanguard». El presidente Eisenhower había hablado de ello el 29 de julio de 1955. En los dos años siguientes, mientras en Estados Unidos una enorme campaña de prensa preparaba a la opinión pública para el gran evento, los rusos trabajaban en silencio y aquel fatídico 4 de octubre derrotaron al gran coloso norteamericano anunciando el lanzamiento del «Sputnik» durante el octavo congreso de la Federación Internacional de Astronáutica que se realizaba en aquel momento en Barcelona. Como si con esto no bastara, en un intento por recuperar el tiempo perdido, los norteamericanos llevaron a cabo, en diciembre de 1957 y en febrero de 1958, dos apresuradas pruebas de lanzamiento que fracasaron por completo. En noviembre, en cambio, los rusos habían puesto ya en órbita un segundo «Sputnik» a bordo del cual se encontraba la perrita «Laika».

La noticia del agua anómala parecía testimoniar una vez más la superioridad de la ciencia rusa. Era necesario hacer algo. Su carrera contra el tiempo en aquella ocasión era mucho más apasionada, ya que existían competidores: los primeros occidentales que se lanzaron sobre la nueva pista fueron los ingleses. El artículo original de Fediakin se había traducido al inglés en 1962, y en 1966 algunos científicos británicos invitaron a Boris Deryaguin a dictar una serie de conferencias acerca del agua anómala. Deryaguin era el director del laboratorio de fuerzas de superficie del Instituto de Química y Física de Moscú y, después de que Fediakin lo contratara, había comenzado a trabajar junto con su equipo en el agua anómala publicando alrededor de quince artículos.

Los experimentos que Deryaguin y su grupo habían vuelto a realizar estaban mucho más documentados que los artesanales de Fediakin, y los resultados positivos que habían obtenido parecían tener mayor valor. En Inglaterra se habían repetido los experimentos; primero los llevó a cabo John Bernal en el laboratorio de cristalografía del Birbeck College de Londres y luego otros científicos, que confirmaron en su totalidad los resultados de los rusos.

Cuando la noticia del agua anómala llegó a Estados Unidos, el químico Ellis R. Lippincott realizó, junto con algunos colaboradores de la Universidad de Michigan, una serie de experimentos en los que se reprodujo el agua anómala. Se realizó un detallado examen espectroscópico usando rayos infrarrojos y láser, llegándose a la conclusión de que en efecto se encontraban frente a un nuevo tipo de agua compuesta por unidades poliméricas dispuestas a partir de un orden preciso. Debido a esta peculiar característica decidieron denominarla «poliagua».

Para demostrar la superioridad de la ciencia norteamericana respecto de la rusa, Lippincott explicó también cuál era la particular disposición de los átomos que producía en la poliagua una mayor densidad y viscosidad que la diferenciaban del agua normal. Finalmente, un físico de la Universidad de Princeton, Lelan Allen, desarrolló una teoría basada en la mecánica cuántica para dar cuenta de los resultados experimentales de la nueva sustancia. El *New York Times* afirmó que los científicos habían logrado obtener un agua dotada de propiedades maravillosas que se utilizaría para impermeabilizar los abrigos, sustituir el anticongelante de los automóviles, como lubricante, como inhibidor de corrosión e incluso como sustancia conservante para los bancos de sangre.

Otro artículo aparecido en la autorizada revista *Nature* advertía contra un uso indiscriminado de la poliagua, que estaba dotada también de otra propiedad singular, la de absorber el agua normal, y pronosticaba el peligro de que una difusión excesiva pudiera, a largo plazo, deshidratar por completo la Tierra. Sociedades y oficinas del gobierno se apresuraron a financiar los diferentes proyectos de investigación acerca de la poliagua. En poco tiempo se llevó a cabo una gran cantidad de experimentos documentados en una amplia literatura.

Pero a fines de 1970 comenzaron a generarse dudas acerca de la verdadera naturaleza de la poliagua y finalmente, en 1971, el descubrimiento comenzó a desbaratarse. A decir verdad, ya en 1969 un científico ruso, Tal'roze, había sostenido que las muestras de poliagua producidas por Deryaguin estaban contaminadas por sustancias grasas. Pero más tarde, en un artículo titulado «*Polywater: polimer or artifact?*» aparecido en la revista *Science* en 1970, D. L. Rousseau y S. P. Porto demostraron que la poliagua estaba constituida en realidad por una solución de siliconas en un agua contaminada entre el 20 y el 60% de sodio, el 3% de calcio y potasio y el

15% de cloratos, sulfatos y fosfolípidos. Los dos autores pensaron por un momento que se encontraban ante un caso de estafa, pero luego optaron por una solución menos comprometedora: afirmaron que la contaminación estaba causada por sales que algunos investigadores utilizaban para reducir la presión del vapor durante el proceso de evaporación del agua o por la grasa utilizada para consolidar esas mismas sales.

Comenzó entonces una precipitada marcha atrás. En 1971 Lippincott presentó sus dudas acerca de sus anteriores análisis y Allen concluyó, basándose en nuevos cálculos, que el modelo atómico que había elaborado para explicar la composición de la poliagua carecía por completo de fundamentos. Finalmente, en agosto de 1973, también Boris Deryaguin admitió definitivamente que las propiedades anormales atribuidas a su agua eran en realidad fruto de una reacción entre el vapor y las superficies sólidas que tenía lugar durante el proceso de condensación. La poliagua no existía; se trataba tan solo de un agujero en el agua.

## La memoria del agua

El 30 de junio de 1988 apareció en la revista *Nature* un artículo firmado por unos trece autores, dos de ellos italianos. El título nada le decía a un profano: «Desgranulación de basófilos humanos activada por un antisuero contra IgE muy diluido». Pero el contenido era tan sorprendente e importante que la noticia apareció en todos los periódicos y telediarios del mundo. Si los resultados que se presentaban en ese artículo se hubieran confirmado realmente, la ciencia habría dado, por primera vez, una prueba plausible del principio fundamental de la medicina homeopática: el que afirma que sustancias suministradas en dosis infinitesimales pueden desempeñar una acción terapéutica. Pero veamos los detalles del «descubrimiento».

Los basófilos son glóbulos blancos de la sangre que contienen gránulos, a su vez portadores de diferentes sustancias, entre las cuales la principal y más importante es la histamina. Esta última cumple un rol fundamental en las reacciones alérgicas. Cuando un sujeto alérgico entra en contacto con un alérgeno al que es sensible (como podría ser por ejemplo el polen de las plantas) los basófilos dejan en la sangre sus gránulos que liberan la histamina en el nivel de las mucosas, de las paredes vasculares, de los bronquios, provocando las manifestaciones características de la alergia. Es decir, que la desgranulación de los basófilos es el primer escalón de la reacción alérgica.

Es también posible provocar una reacción alérgica en sujetos que son normalmente insensibles utilizando una sustancia especial llamada anti-IgE. Es un anticuerpo producido por las cabras. Su importancia radica en que actúa como clave universal para desencadenar la desgranulación de cualquier tipo de basófilo, tanto en personas alérgicas como en aquellas que no lo son.

Los experimentos presentados en el artículo de *Nature* consistían en verificar si la desgranulación de los basófilos podía desencadenarse mediante pequeñísimas dosis de anti-IgE, preparadas a partir del principio de dilución típico de la homeopatía. Se partía de una solución acuosa que contenía un gramo de anti-IgE por cada litro de agua, luego se diluía diez veces esta solución y después se repetía la operación dividiendo por diez el contenido del antisuero. De ese modo se obtenía una solución dentro de la cual, bajo las leyes de la química, no se encontraba huella alguna del antisuero. Una famosa ley química, descubierta para desesperación de los homeópatas por Amadeo Avogadro, establece que la cantidad de sustancia presente en una molécula-gramo de cualquier compuesto es igual al producto de $6,02 \times 10^{23}$. Esto significa que una molécula-gramo de cualquier sustancia o fármaco disuelto trece veces consecutivas en 100 ml de agua desaparece por completo. La probabilidad de encontrar una sola molécula en la disolución es de 1 en 99. Por eso la medicina y la farmacología oficiales sostienen que los fármacos homeopáticos no contienen nada y no ejercen acción terapéutica alguna.

Ahora bien, en el artículo de *Nature* se demostraba exactamente lo contrario. El agua destilada en la que el antisuero había sido diluido casi hasta desaparecer provocaba, aunque no siempre, la desgranulación de los basófilos. Naturalmente los experimentos no se realizaban de forma directa en el hombre, sino que se utilizaba una prueba de desgranulación de los basófilos conocida como DBH, preparada por el profesor Jacques Benveniste de la Universidad de París-Sur, director de la unidad de investigación Inserm U 200, en la que se habían llevado a cabo los experimentos. Aunque era el más autorizado, Benveniste figuraba el último en la lista de autores del artículo, y el primer nombre era el de Elisabeth Davenas. Otro autor clave era Bernard Poitevin. Los coautores italianos eran el profesor Antonio Miadonna del Hospital Maggiore de Milán y un miembro de su equipo, Alberto Tedeschi. La prueba utilizada en los experimentos consistía prácticamente en poner en contacto, en una probeta, los basófilos provenientes de una muestra de sangre con un agente desgranulante, en este caso específico, con el antisuero IgE altamente diluido.

La operación se completaba con la incorporación de un colorante especial, el azul de toluidina, muy utilizado en histología, para la coloración de las células nerviosas. Esta sustancia permite observar en el microscopio los basófilos, que aparecen como unas burbujitas rojas. Aquellos que pueden observarse, sin embargo, son los basófilos que aún no se desgranularon; los desgranulados, en cambio, no se colorean y permanecen invisibles. Para demostrar que la reacción ha tenido lugar es suficiente contar las burbujas rojas en el microscopio. Si hay pocas o ninguna significa que los basófilos se han desgranulado. Si, en cambio, pueden contarse muchas, la reacción no ha tenido lugar.

A menudo, aunque no siempre, en los experimentos presentados en el artículo faltaban muchas burbujitas rojas. La dosis «homeopática» de antisuero había desarrollado su efecto en forma inexplicable ante las mismas narices de la ley de Avogadro. Los mismos autores no sabían explicar por qué y escribían: «La naturaleza de este fenómeno permanece sin explicación». Sin embargo, arriesgaban una hipótesis:

Pensamos que ninguna de las moléculas originales estaban presentes en las diluciones sobrepasando el límite de Avogadro, y que la información específica debe haberse transmitido durante el proceso de dilución y agitación. El agua puede haber actuado como un molde para la molécula.

Esta hipótesis formulada por Benveniste, que la repitió luego en diferentes ocasiones, se volvió tan famosa como la hipótesis de la «memoria del agua».

Benveniste sostenía que, prácticamente, las moléculas de antisuero ya no se encontraban en el agua tras las altísimas diluciones, sino que dejaban una huella, una especie de marca imperceptible, modificando el campo electromagnético de algunas moléculas de agua. Es decir, que el agua conservaría la memoria de las moléculas de antisuero y esta memoria desencadenaría la desgranulación de los basófilos.

La idea fue considerada absurda por la ciencia oficial, y más aún cuando Benveniste para divulgarla subrayó los aspectos paradójicos con algunas analogías sorprendentes. Declaró, por ejemplo, que se podría lanzar las llaves del coche al Sena en París y recoger luego en Le Havre las moléculas que conservan el molde que permitiría volver a hacer las llaves y encender el motor. Cuando escuchaban este ejemplo, los colegas de Benveniste, físicos y químicos, sacudían la cabeza. La cosa resultaba difícil de digerir para la ciencia oficial, sobre todo porque hay que recordar que la reacción tenía lugar en forma intermitente y con intensidad variable.

Pero entonces, ¿por qué *Nature,* la revista científica de mayor prestigio en el mundo, había publicado aquel artículo? En realidad, el director de la revista, John Maddox, había rechazado en un principio el artículo, pero Benveniste había insistido repetidas veces poniendo sobre la balanza toda su autoridad científica hasta que finalmente Maddox prometió publicarlo, aunque con dos condiciones: en primer lugar todo el artículo debía estar precedido, como sucedió en efecto, por un editorial titulado «Cuándo creer en lo increíble», en el que el mismo Maddox señalaba que el fenómeno descrito en el artículo carecía de explicación física, al menos por el momento, y pedía a los lectores que dejaran su opinión acerca del tema en suspenso hasta que, y ésta era la segunda condición, una comisión no hubiera ido al laboratorio de Benveniste a fin de asistir a la repetición de los experimentos y hubiera controlado los resultados.

De esta forma, durante toda una semana el mismo John Maddox, el conocido prestidigitador James Randi y el *fraudbuster* Walter Stewart pusieron patas arriba el laboratorio de la unidad 200, hicieron 1.500 fotocopias de documentos y metieron las narices en todas partes para intentar comprender dónde estaba el truco. Los resultados de aquella visita de control se presentaron en un artículo aparecido, siempre en *Nature,* el 28 de julio de 1988. Sin embargo, el artículo no presentaba ni una solución clara, ni una abierta acusación. Para comprender qué había ocurrido había que leer entre líneas.

Con gran habilidad, los tres examinadores se declaraban convencidos de la buena fe de Benveniste mientras que de Davenas decían tan solo que debían agradecerle por haberse encargado de contar las burbujitas rojas. La ausencia de referencia a la buena fe de Davenas parecía insinuar en forma implícita, como luego hizo Randi (aunque solo en privado y no por escrito), que la investigadora pudiera ser la responsable del truco que estaban buscando. Pero en el resto del artículo no se mencionaba truco alguno ni se sacaba la conclusión de que el tema de la memoria del agua fuese un montaje de tipo fraudulento. La única acusación que se hacía contra los investigadores franceses era la de haber cometido errores en las muestras estadísticas. Para ellos la presentación salteada de los resultados positivos dependía simplemente de errores en el conteo de las burbujitas rojas.

Sin embargo, según los investigadores, esto no excluía la existencia de alguna persona que hubiese cometido un engaño. Existían, de hecho, muchos detalles sospechosos. Los examinadores se enteraron, en primer lugar, de que la única que había obtenido regularmente buenos resultados era Elisabeth Davenas, que había sido siempre la encargada de registrar los resultados de los experimentos y mediante un procedimiento singular: los escribía con tinta indeleble en un cuaderno de laboratorio cuyas páginas estaban enumeradas, pero antes tomaba apuntes a lápiz, luego llevaba a casa el cuaderno y escribía la versión definitiva. Esto hacía pensar de inmediato que, al ordenar las cosas, Davenas no tenía en cuenta los resultados negativos. Las sospechas contra Davenas aumentaron en el transcurso de una experiencia que resultó decisiva. En un primer momento, los experimentos repetidos por los franceses ante la vigilancia de los tres examinadores habían dado resultados positivos, tanto es así que Maddox comenzaba a temer que debía publicar en su revista un informe favorable acerca de los méritos a tener en cuenta y la seriedad científica de la homeopatía.

Antes de verse obligados a admitir algo tan vergonzoso para ellos, los tres examinadores deseaban llevar a cabo una última serie de experimentos con una metodología muy rigurosa. Las probetas que contenían las diluciones se etiquetaron ante el ojo vigilante de una cámara de televisión. Luego Davenas las llevó a otra habitación cuyas ventanas habían sido oscurecidas para que nadie pudiera ver lo que ocurría. Se controló también que no existieran micrófonos y, siempre bajo la vigilancia de la videocámara, quitaron las etiquetas que Davenas había colocado y las sustituyeron por otras, numeradas de acuerdo con un código totalmente casual inventado en aquel momento y que se transcribió sobre una hoja de papel. Esta hoja se dobló y se colocó dentro de otra, esta vez de aluminio, y se introdujo en un sobre que fue cerrado con un adhesivo especial de manera tal que cualquier persona que hubiera intentado abrirlo habría dejado sus huellas digitales.

Finalmente se colocó el sobre en el techo del laboratorio. Solo al final de este proceso Davenas obtuvo nuevamente las probetas para continuar con el experimento. Todo este procedimiento se había llevado a cabo a fin de que si alguien intentaba realizar algún engaño contaminando alguna de las probetas con el antisuero, no supiera cuál de ellas contaminar. Finalmente las diluciones ya codificadas fueron puestas en contacto con los basófilos, se agregó el colorante y se las llevó al frigorífico para poder efectuar los conteos. Hecho esto, investigadores e inquisidores fueron a cenar. Sin embargo, antes de abandonar el laboratorio, Randi, sin decírselo a nadie, hizo unas marcas en el suelo para señalar la posición de una escalera que podía servir para alcanzar la carta que estaba pegada al techo. El último en salir del laboratorio fue Benveniste, que era el único que tenía las llaves de las alarmas.

Según el relato de Randi, al día siguiente, cuando todos regresaron para efectuar los conteos y observar los resultados del experimento, Davenas y los otros investigadores parecían un poco preocupados. Benveniste, en cambio, estaba muy contento. Estaba tan seguro de que los resultados habrían sido positivos que había preparado champán y convocado a los fotógrafos. Se efectuaron los conteos e inmediatamente después se abrió la carta que contenía los códigos. Se dieron cuenta de que los resultados eran todos negativos. En lugar de las burbujas del champán, Benveniste tuvo que digerir gran cantidad de burbujitas rojas, prueba tangible de que los basófilos no habían realizado la desgranulación. El anti-IgE en dosis homeopáticas no tenía efecto alguno. Randi señaló también que la escalera se había movido de la posición que ocupaba la noche anterior y que alguien había intentado abrir la carta con un lápiz o con un instrumento punzante sin lograrlo, por lo que abandonó el intento temiendo dejar signos evidentes de violación del documento.

En su artículo, los tres inquisidores relataban simplemente cómo se habían desarrollado los hechos sin arriesgar una hipótesis acerca de quién podía ser el responsable del intento. Pero a partir de abril de 1989 Randi sostuvo en diferentes ocasiones que la principal sospechosa era Davenas. Aunque no lo dijeran en su artículo en forma explícita, los tres examinadores estaban convencidos de que, más que fruto de una errónea metodología estadística, toda la historia no era más que un montaje que se apoyaba en un vulgar engaño.

El artículo contenía también una referencia a los posibles instigadores. Maddox y sus compañeros descubrieron que Boiron, la empresa farmacéutica homeopática más importante, no solo había pagado sus gastos de hospedaje, sino que también se hacía cargo de los sueldos de Davenas y Poitevin, que era, como se recordará, uno de los autores del artículo que anunciaba el «descubrimiento».

La relación entre Benveniste y la industria farmacéutica homeopática había comenzado a desarrollarse precisamente a través de Bernard Poitevin. Poitevin era un médico que había terminado sus estudios en Nantes, en 1978, y que comenzó a ocuparse de la homeopatía después de que su padre adoptivo se sanara mediante este tipo de terapia. En 1980 llegó al laboratorio de Benveniste para realizar su tesis de doctorado en inmunología, pero en realidad siguió interesado en llevar adelante experimentos de homeopatía. Él fue quien hizo la presentación entre Benveniste y Michel Aubin, director científico de los Laboratoires Homéopathiques de France (LHF), una empresa farmacéutica que competía con Boiron. En 1982 Aubin firmó un primer contrato con Benveniste para estudiar la acción de los productos homeopáticos en los sistemas alérgicos.

Pero al mismo tiempo, Boiron comenzó a interesarse en los experimentos de homeopatía que Benveniste había empezado a realizar por sugerencia de Poitevin. Así, en 1983, cuando la LHF renueva su contrato con el laboratorio de Benveniste por otros dos años, se firma un contrato con la empresa Boiron. Mientras tanto Poitevin, que había sido nombrado consejero científico de la LHF, actuaba como supervisor de los experimentos con la asistencia de un técnico de laboratorio pagado por Boiron, Beatrice Descours. Pero en 1983 Descours dimitió y ocupó el puesto Elisabeth Davenas, cuyo sueldo se pagaba con fondos de la empresa Boiron. En 1988, algunos meses antes de la publicación del artículo en *Nature*, Boiron adquirió finalmente la LHF convirtiéndose en la única empresa que financiaba los experimentos de la unidad 200 dirigida por Benveniste.

En total, las dos empresas farmacéuticas habrían invertido de 1982 a 1986 entre doscientos y trescientos mil francos por año, y entre 1987 y 1988 alrededor de ochocientos mil francos. Esta estrecha relación con las dos empresas farmacéuticas cuestionaba toda la investigación que se realizaba en la unidad 200, pero Benveniste señaló que muchas investigaciones científicas reciben hoy en día financiación de las industrias, incluso algunas que más tarde recibieron el premio Nobel.

En todo caso, Benveniste y la ciencia francesa salían muy mal parados de toda esta historia, sobre todo porque, mientras, los otros laboratorios que habían confirmado los resultados franceses estaban empezando a dar marcha atrás. Miadonna y Tedeschi, por ejemplo, dos milaneses que habían apoyado con entusiasmo a Benveniste, declararon terminada su misión y que no pensaban volver a ocuparse de ese tipo de experimentos. Uno de los coautores del artículo en cuestión, Pierre Belon, rompió sus relaciones con Benveniste, y Philippe

Lazar, director general del Inserm, del que dependía el laboratorio de Benveniste, le amenazó con despedirlo, aunque más tarde le permitió concluir su mandato, que llegaba a su fin en 1992, con la condición de que echara a Davenas y repitiera los experimentos bajo el control de una persona fiable, el profesor Alfred Spira, director de la unidad 292 del Inserm, a fin de verificar la veracidad de la acusación de haber cometido errores en el muestreo estadístico, la más grave en el plano científico.

La nueva serie de experimentos se concluyó en enero de 1990. El veredicto de Spira fue salomónico:

El fenómeno existe –declaró– los experimentos han dado resultados positivos y, sin embargo, aunque se haya utilizado una metodología correcta, los resultados resultan extraños desde el punto de vista estadístico. Es un hecho que no logro comprender ni explicarme.

Es decir, que la historia culminó sin un veredicto definitivo.

La comunidad científica internacional está convencida, sin embargo, de que la historia de la memoria del agua era en realidad fruto, si no de una verdadera estafa, al menos de una experimentación mal conducida. Lazar obligó a Benveniste a abandonar este tipo de experimentos y a volver a ocuparse estrictamente de inmunología. El honor de la ciencia francesa se salvó gracias a Spira, que si bien no quiso comprometerse a proporcionar una prueba de la existencia del fenómeno en discusión, dio testimonio de que en la experimentación no existía un error metodológico. En esas condiciones hay quien continúa sosteniendo, como Michel de Pracontal, un periodista que ha dedicado al caso el libro *Les mystères de la mémoire de l'eau,* que nadie ha demostrado que los resultados de Benveniste fueran fruto de errores de experimentación, y mucho menos de una estafa, y no excluye la posibilidad de que dentro de algunos años vuelva a creerse en su efectividad.

## Energía en un vaso de agua

Un verdadero descubrimiento del agua fría ha sido desde el comienzo la fusión fría, el proceso físico que, según sus descubridores, habría permitido extraer energía a bajo coste a partir de un pequeño recipiente de agua pesada y dos electrodos. La mayor parte de los científicos se mostraron de inmediato muy escépticos y, aunque con cautela, dijeron que aquello tenía todo el aspecto de ser un descubrimiento ficticio porque el fenómeno era conocido y se sabía que no se podía producir más que una cantidad irrisoria de energía. Por eso nació la sospecha de que alguien hubiera hecho trampa para poder especular al respecto.

La historia comenzó el 23 de marzo de 1989 con una conferencia de prensa en una pequeña universidad de Utah, en Salt Lake City. Dos químicos, Martin Fleischmann y Stanley Pons, anunciaron haber realizado la fusión fría.

La fusión se produce cuando los núcleos de dos átomos se funden, es decir, que originan otro átomo liberando al mismo tiempo una enorme cantidad de energía respecto del peso de los materiales empleados. Pero ¿por qué tiene lugar la fusión? Se sabe que los elementos en la naturaleza no son tantos; 92 son estables, el último es el uranio, el más pesado. Luego existen otros que son inestables y se obtienen en laboratorio (los llamados elementos transuránicos), pero en total son alrededor de un centenar; más no pueden existir por el simple hecho de que cuanto más se agranda el núcleo, más inestable se vuelve hasta que se rompe. Los núcleos más estables son los de peso medio que se encuentran en el centro de la tabla de Mendeleev, que no son ni muy grandes ni muy pequeños. Los núcleos pequeños tienden en efecto a fundirse y a generar núcleos medios, mientras que los núcleos grandes tienden a sufrir un proceso de fisión, es decir, a romperse y a generar nuevamente núcleos medios. Desde hace tiempo se sabe que la fusión de dos núcleos en uno solo libera gran cantidad de energía, y se sabe también que el Sol funciona precisamente de esta manera a fin de producir luz y calor. El Sol se alimenta de un carburante nuclear que produce energía a través de las reacciones de fusión nuclear de los elementos ligeros. Es por eso por lo que desde hace años los físicos intentan imitar al Sol.

Pero debe superarse una gran dificultad. Si se desean fundir dos núcleos de átomos ligeros (como por ejemplo el hidrógeno pesado y el deuterio) para generar un átomo más pesado y la liberación de una gran cantidad de energía, se necesita colocarlos muy cerca el uno del otro. La cosa no es tan simple como parece, ya que cuando dos núcleos atómicos están demasiado cerca se rechazan debido a la repulsión electrostática, descubierta a fines de 1700 por el físico francés Charles-Augustin Coulomb, y que constituye la llamada «barrera coulombiana». Para superar esta barrera son necesarias presiones o temperaturas altísimas. El Sol puede operar la fusión nuclear precisamente gracias a que desarrolla temperaturas extremadamente elevadas. En el exterior del Sol la temperatura es del orden de 5.000°, pero en su núcleo, en el interior, alcanza muchos millones. Por eso, este tipo de fusión se denomina fusión caliente.

Desde hace años muchos investigadores en distintos países del mundo y en particular en la Unión Soviética, en Estados Unidos y en Italia, procuran realizar la fusión caliente reproduciendo las condiciones que se observan solo en el Sol. Sin embargo, es una empresa muy difícil, pues el problema a superar no es solo la forma de calentar la materia hasta alcanzar los millones de grados, sino también el recipiente: no se sabe dónde colocar esta materia que se encuentra a tan alta temperatura.

Las soluciones que hasta hoy se han elaborado son en esencia dos: una es el confinamiento magnético. Es decir, que en realidad no se crea contenedor alguno, sino que las partículas se encierran en un campo magnético que no les permite salir. Una gran máquina para el confinamiento magnético se encuentra en Oxford, y ha sido denominado «Tokamak» porque, dado que era un invento soviético de los años cincuenta, tomaba el nombre de las iniciales de las palabras rusas *Toroidalny Kamera Makina,* que significa «máquina de cámara toroidal», es decir, en forma de rosca. La otra solución es el confinamiento inercial, que de modo particular sostiene hoy en día el premio Nobel Carlo Rubbia, que se obtiene quemando una pastilla de combustible suspendida por unos haces concéntricos de partículas o de rayos láser.

La fusión caliente está muy lejos de realizarse y requiere el montaje de enormes y muy costosos laboratorios. Cada una de las máquinas utilizadas cuesta cientos de millones de liras.

El interés por el anuncio de Fleischmann y Pons nacía precisamente de que los dos parecían haber cogido un atajo y descubierto una forma más económica que la empleada por el Sol para producir energía. La fusión fría no requiere altas temperaturas y por lo tanto tampoco tantas máquinas. Todo lo que Fleischmann y Pons necesitaban era una celda electrolítica, es decir, una especie de vaso grande lleno de agua pesada (agua con deuterio), sales y dos electrodos, dos barritas de metal, una de paladio o titanio y la otra de cualquier otro metal. El paladio y el titanio son ávidos consumidores de hidrógeno y deuterio. Sobre el funcionamiento de los aparatos fueron dadas a conocer solo hipótesis.

Haciendo pasar la corriente a los electrodos, el paladio comenzaba a consumir deuterio del agua, absorbiéndolo y concentrándolo en su estructura. Los átomos de deuterio se acumulaban cada vez más en el paladio, encontrándose tan cerca unos de otros que superaban, por efecto de la compresión, la repulsión de Coulomb y se fundían.

Sin embargo, la cosa resultaba más fácil de decir que de comprender. Ninguna ley conocida puede justificar que la sola compresión pueda vencer la barrera coulombiana que es en extremo fuerte. En segundo lugar, los átomos de deuterio que se funden no son muchos, y en consecuencia la energía que se produce precisamente a partir de su fusión es muy baja. Es como si a fuerza de amontonar personas en un autobús ya completamente lleno de gente sucediera, durante una larga jornada, que una o dos parejas de personas se compenetrasen de manera tal que emitieran una pequeña luz. En caso de admitir que pueda observarse este tipo de fusión, se trata únicamente de un fenómeno esporádico, y se la denomina fría porque la producción de energía no está acompañada de emisión de calor. Se verifica tan solo un modesto aumento de la temperatura del agua, que nada tiene que ver con las increíbles temperaturas de la fusión caliente. Es por eso por lo que al presentar su descubrimiento ante la sociedad de químicos norteamericanos en Dallas, el 15 de abril de 1989, Pons señaló su celda electrolítica y dijo: «Éste es mi Tokamak».

Carlo Rubbia, entrevistado por la televisión italiana el mismo día en que se difundió la noticia del descubrimiento, dijo, entre otras cosas: «Es cierto que, si fuera verdad, Dios habría sido muy bueno con nosotros», como diciendo que era algo demasiado hermoso como para ser cierto.

La ciencia quería pruebas para creer que en los pequeños recipientes de Fleischmann y Pons tenían lugar verdaderas reacciones de fusión nuclear y no extrañas y esporádicas reacciones químicas. La prueba, según los químicos, estaba constituida por la emisión de neutrones. Su razonamiento era simple y esta vez estaba totalmente de acuerdo con las leyes de la física: el núcleo del deuterio (en jerga deuterón) está compuesto por un protón y un neutrón, y esto constituye la única diferencia entre el deuterio y el hidrógeno: este último tiene tan solo un protón. Ahora bien, si los dos núcleos de deuterio (deuterones) se funden, pueden suceder dos cosas:

a) un deuterón se une al protón del otro y genera un isótopo del helio, emite el neutrón inutilizado y una pequeña cantidad de energía, o de lo contrario:
b) los dos deuterones juntan sus neutrones y un protón formando tritio, un isótopo del hidrógeno, y liberan el protón restante junto con una pequeña cantidad de energía.

Ahora bien, mientras los neutrones liberados por las reacciones pueden observarse, ya que siendo eléctricamente neutros escapan con facilidad, los protones cargados se absorben con rapidez y no pueden contarse. Sin embargo, al chocar contra otro núcleo, pueden provocar la emisión de otros neutrones. Es decir, que la emisión de neutrones de la celda de Pons y Fleischmann podía considerarse como una prueba de que dentro de ella habían tenido lugar reacciones de fusión.

Así fue como en diferentes laboratorios de todo el mundo comenzó una especie de cacería frenética de neutrones. Aquel que hubiera observado más neutrones que los demás habría tenido en sus manos la prueba más contundente de la realidad de la fusión fría. Pons y Fleischmann no habían visto directamente los neutrones. Sus celdas habían producido un aumento de la temperatura del agua (interpretada como producción de energía) que correspondía a un rendimiento energético del 400%, es decir, que la celda producía cuatro veces más energía que la que recibía a través del electrodo. Pagas uno y coges cuatro: mucho mejor que en los supermercados más generosos.

El calor producido habría sido, al menos en una ocasión, de tal magnitud que el electrodo de paladio se habría vaporizado en parte, lo que habría significado que se había alcanzado una temperatura igual a la de la fusión del paladio, que es de 1.554° C. Sin embargo, este suceso afortunado y extraordinario no lo había observado nadie en forma directa porque ocurrió de noche, según declararon los dos químicos. Tampoco ellos habían observado los neutrones, dijeron, porque no poseían los instrumentos adecuados, pero midieron los rayos gamma producidos, según ellos, por las reacciones entre los neutrones emitidos y el agua de la celda electrolítica. Ellos estimaron que los neutrones liberados debían ser 40.000 por segundo, y la energía producida del orden de 10 wats por cada centímetro cúbico de paladio.

La mayor parte de los científicos encontró increíbles estos datos, no tanto por los 10 wats de energía producidos, sino por los 40.000 neutrones. Eran demasiado pocos. De acuerdo con las leyes de la física, para obtener esa cantidad de energía los neutrones emitidos debían ser muchos más. A los 40.000 había que agregarles otros ocho o nueve ceros. Es decir que Fleischmann y Pons deberían haber visto $10^{12}$ neutrones, que afortunadamente no vieron, porque de lo contrario habrían muerto de inmediato, ya que se trata de una cantidad muy fuerte de radiaciones.

Era evidente entonces que en el relato de los dos investigadores había algo que no iba bien. Además de la factibilidad del fenómeno, a la que nadie se oponía, los resultados de los experimentos parecían excesivamente alterados. Un mes después de la publicación del artículo original de Fleischmann y Pons, Steven Jones, un investigador de la Universidad Brigham Young, siempre en Utah, publicó otro artículo acerca del mismo experimento en el que se afirmaba que se había observado la emisión de neutrones. Sin embargo, a diferencia de Fleischmann y Pons, Jones y sus colaboradores se limitaron a decir que habían observado un pequeño número de reacciones de fusión: un flujo de 0,4 neutrones por segundo que, por lo tanto, no era demasiado relevante desde el punto de vista práctico.

Era de suma importancia entonces, repetir los experimentos a fin de observar directamente la producción de calor y de neutrones, y sobre todo medirlos con precisión. Los primeros experimentos de confirmación, aunque todavía muy inciertos, parecían positivos. Hacia finales de abril, Francesco Scaramuzzi logró producir, con un método puramente físico, emisiones débiles y esporádicas de neutrones. En Estados Unidos, J. Mahaffey, del Georgia Tech, anunció también que había observado un flujo de neutrones, pero de inmediato dio marcha atrás diciendo que era posible que su contador de neutrones no hubiera funcionado bien. B. Gammon, K. Marsh y C. Martin de la Universidad A & M de Texas de College Station no midieron la emisión de neutrones sino la producción de energía, que resultaba ser mucho más baja que la anunciada por Fleischmann y Pons (entre 108 y

140%), aunque bastante significativa. Pero estos investigadores habían revelado también que en uno de sus experimentos habían obtenido el mismo resultado utilizando agua normal, en lugar de agua pesada, que es la que contiene deuterio. Esto terminaba por confundir aún más las ideas; el agua normal contiene muy poco deuterio: aproximadamente un átomo por cada 6.400 átomos de hidrógeno. Entonces, si el agua normal también podía producir energía, significaba que en la fusión fría realmente no tenían lugar reacciones de fusión entre núcleos de deuterio.

Después llegó una importante confirmación: Daniele Gozzi, catedrático de química física de la Universidad de Roma, fue el primero en observar tanto el aumento de temperatura como la emisión de neutrones, aunque en ambos casos los valores observados eran muy bajos. El electrodo había alcanzado los 150° C y los neutrones contados eran tan solo 36.

Sin embargo, este hecho fue suficiente para desencadenar en todo el mundo una especie de reacción en cadena de confirmaciones. Se obtuvieron resultados positivos en el conteo de neutrones no solo en diferentes universidades de Estados Unidos, desde Stanford hasta la Universidad de Florida, desde Los Alamos National Laboratory hasta la Universidad Case Western Reserve, sino también en la India, en el Bhabha Atomic Research Centre de Bombay, en la Universidad de Moscú y en la Universidad Kossuth en Hungría. Sin embargo, en la mayor parte de los casos, se trataba de resultados aleatorios, esporádicos y difíciles de reproducir. Los mismos Fleischmann y Pons no lograban volver a obtener sus resultados originales.

Mientras tanto, se acumulaban los resultados negativos, obtenidos en prestigiosos laboratorios como el de la Universidad de Yale dirigidos por Michael Salamon o los del Brookhaven Laboratory del California Institute of Technology, y se multiplicaban los ataques en las revistas científicas más autorizadas del mundo. Los críticos más benévolos eran los que, como Robert Pool, consideraban que la única explicación posible para aquellos resultados extraordinarios e increíbles presentados por Fleischmann y Pons eran errores de experimentación y de control.

Pero existía también quien definía la fusión fría como un castillo de naipes, como Ron Parker, director del Massachusetts Institute of Technology, en un artículo aparecido en el *Boston Herald* en mayo de 1989, y arriesgaba la sospecha de que detrás de todo pudiera ocultarse una estafa. Aunque esta acusación nunca fue formalizada oficialmente, siguió circulando en los ambientes científicos y sobre todo después de que el ya recordado Salamon de Yale se había trasladado, con todos sus instrumentos, al laboratorio de Fleischmann y Pons para ver si por casualidad sus celdas electrolíticas eran diferentes de las suyas y por lo tanto capaces de producir realmente la fusión fría. Sin embargo el resultado fue totalmente negativo. Enfrentadas a los instrumentos de Salamon, las celdas electrolíticas de los dos químicos de Utah rehusaron en forma obstinada emitir neutrones. Pero Pons negó estos resultados negativos sosteniendo que, precisamente en las dos horas en que sus celdas electrolíticas estaban produciendo la fusión fría, los contadores de Salamon no funcionaban porque se había interrumpido la corriente.

## 4. Descubrimientos y redescubrimientos del agua

La argumentación resultaba para muchos un intento de justificación bastante lamentable, aunque no se la puede considerar como una prueba del carácter fraudulento del fenómeno.

Si bien es cierto que no existen pruebas que apoyen la acusación de estafa contra Fleischmann y Pons, no ocurre lo mismo con el caso de un amigo y colaborador de ambos, contra el que pueden presentarse numerosas pruebas y razones precisas. Alrededor de la fusión fría se ha construido, de hecho, una gran maniobra económica que tiene todas las características de un típico fraude en perjuicio de los organismos financiadores. La Universidad de Utah vislumbró en la fusión fría una beneficiosa oportunidad. Su presidente, Chase N. Peterson, ardiente defensor del discutido fenómeno, transfirió en forma oculta y sin avisar al senado académico 150.000 dólares destinados a otras iniciativas para permitir el nacimiento del National Cold Fusion Institute (NCFI). Sin embargo, esta maniobra fue descubierta y el 1 de junio de 1990 Peterson se vio obligado a dimitir. Otra gran operación que Peterson llevó a cabo en favor de la fusión fría fue lograr obtener la asignación por parte del gobierno federal de cinco millones de dólares para el instituto. Cuando el caso quedó descubierto, en el verano de 1990, de aquellos cinco millones quedaba tan solo uno y medio. El Congreso le encargó a una comisión parlamentaria investigar en qué se había invertido ese dinero y buscar eventualmente la manera de recuperarlo.

John Bockris, viejo amigo de Fleischmann y jefe de uno de los grupos de investigación de la Universidad de Texas A & M, fue quien más favoreció las asignaciones para la fundación del NCFI produciendo sorprendentes resultados que confirmaban la fusión fría. Sin embargo, según la revista *Science,* esos datos son a tal punto sospechosos que no puede pensarse que se trate, como en el caso de Fleischmann y Pons, de un error de observación: la hipótesis más probable es que alguien se haya encargado de retocarlos para que se adaptaran a la hipótesis planteada.

La línea de investigación de Bockris, que había estudiado junto con Fleischmann en el Imperial College de Londres, era diferente: para demostrar que en las celdas electrolíticas tenía lugar en efecto la fusión fría, medía la producción de tritio. Las primeras huellas de esta sustancia se registraron a finales de abril de 1989. Sin embargo, al principio el efecto era casi imperceptible; luego, solo en una noche, la concentración de tritio en las celdas electrolíticas había aumentado diez mil veces. Cuando este resultado se repitió en seis celdas diferentes durante una semana, pareció que la teoría de la fusión fría se encontraba a salvo de toda crítica. Esto era de gran importancia, ya que el testimonio de Bockris en junio de 1989 ante los órganos de gobierno de Utah –apoyado por las declaraciones de Robert Huggins, de Stanford–, fue lo que persuadió a los políticos de conceder la financiación de 5.000.000 de dólares con los que se pensaba constituir el instituto nacional de fusión fría.

Sin embargo, desde el comienzo, los más valientes defensores del descubrimiento notaron que los datos de Bockris resultaban demasiado buenos como para ser ciertos. Ningún laboratorio en el mundo había logrado obtener un testimonio tan claro y evidente de la emisión de tritio. De inmediato se dijo que, muy probablemente, ese tritio no se producía por la fusión fría, sino que alguien lo había colocado. A ese alguien se le identificó: Nigel Packham, uno de los más estrechos colaboradores de Bockris.

En esa época Packham estaba haciendo sus estudios de doctorado, era su quinto año, y los tres anteriores había estado en la misma universidad en la que habían estudiado Bockris y Fleischmann, el Imperial College de Londres. Packham era quien se ocupaba de medir la producción de tritio. Dado que el sistema de medición calorimétrica que Bockris usaba era demasiado primitivo, Packham propuso que Kevin Wolf hiciera las mediciones en el Instituto del ciclotrón de la misma universidad. Es allí donde se llevaron a cabo las mediciones. El mismo Wolf fue el primero en expresar sus dudas acerca de la extraña aparición del tritio. Sostuvo desde el principio que debía tratarse de una especie de contaminación, provocada probablemente porque los electrodos de paladio se habían extraído de una barra que posiblemente ya contenía tritio y que durante el experimento lo había liberado en las celdas por efecto de la corriente.

En aquellos experimentos lo que resultaba demasiado sospechoso era que la producción de tritio debía estar acompañada por la emisión de muchos miles de millones de neutrones al segundo, de acuerdo con los conocimientos de la física contemporánea. En los experimentos de Bockris, sin embargo, no existía huella alguna de esos millones de neutrones. Precisamente contra este hecho se dirigieron las críticas de uno de los miembros de la comisión nombrada por el departamento de Energía que comenzó a investigar el 19 de junio de 1990. Se trataba de Jacob Bigeleisen, un químico de la Universidad del Estado de Nueva York en Stony Brook que había formado parte del proyecto Manhattan y que, por consiguiente, era especialmente competente en los experimentos acerca de la producción de tritio.

Durante una visita al laboratorio, Bigeleisen le preguntó a Packham si existían posibles fuentes de tritio en la habitación, a lo que Packham respondió que tenían una botella de agua con tritio, la que, según él, contenía lo suficiente como para contaminar todas las celdas electrolíticas. Pero Packham declaró que era ridículo pensar que alguien hubiera llenado las celdas con el agua con tritio. No obstante este hecho, nadie se ocupó de llevarse la botella: lo único que hizo Bockris fue quitarle a Packham la tarea de controlar las celdas que contenían tritio. Pero –dijo– no porque sospechara de Packham, sino solo para tranquilizar a sus críticos que lo acusaban de ser el responsable de la contaminación de las celdas.

El lugar de Packham fue ocupado por dos investigadores, Ramesh Kainthla y un físico búlgaro, Omo Velev. Hasta ese momento las celdas habían dejado de producir tritio, y reiniciaron su producción solo cuando Velev se alejó de la universidad por dos semanas de vacaciones. Cuando regresó y examinó los protocolos de laboratorio, el físico búlgaro se presentó en la oficina de Bockris para protestar: aquellos datos le parecían increíbles y, en particular, le hacían sospechar la correspondencia entre las fechas en que las celdas emitían tritio y las de las visitas de los agentes del EPRI (Electric Power Research Institute), que habían financiado las investigaciones en ese área durante muchos años.

En 1989 este organismo había asignado 150.000 dólares, distribuidos en forma equitativa entre los laboratorios de Bockris, C. Martin y John Appleby. Cuando comenzó a hablarse de la fusión fría, el EPRI duplicó de inmediato las asignaciones. En julio de 1990 Bockris había comprado un nuevo contador de tritio que había costado 25.000 dólares. En otoño del mismo año la Universidad de Utah había solicitado al organismo un millón y medio de dólares para financiar las investigaciones acerca de la fusión fría. Para evaluar ese pedido los funcionarios del EPRI realizaron dos viajes a Texas, y puntualmente antes de cada viaje las celdas de Bockris produjeron tritio. La primera visita la efectuó Rocky Goldstein el 5 de julio. Dos días antes, el 3 de julio, una de las celdas de Bockris produjo tritio. Luego, durante tres meses todos los experimentos resultaron negativos hasta que, entre el 24 y el 28 de septiembre, otra celda comenzó a producir tritio precisamente el 27 de septiembre cuando otro funcionario del EPRI, Dave Worledge, realizaba una visita de tres días acompañado de Bindy Chexal.

Cuando Velev fue a ver a Bockris para decirle que estas coincidencias le resultaban extrañas, el jefe le dijo que no existía razón alguna para sospechar contaminaciones, ya que otros ocho laboratorios también habían observado la emisión de tritio. Pero en realidad, de los ocho laboratorios a los que Bockris se refería solo el de Bombay en la India había obtenido resultados análogos.

Con posterioridad a este incidente, en el laboratorio se creó un clima de sospecha y de choques que desembocó en la desintegración del grupo: en octubre, Kainthla se fue a trabajar a una industria privada; en noviembre, después de otras sospechosas apariciones de tritio en las celdas que alguna vez había vigilado Packham, también Velev decidió abandonar el laboratorio de Bockris para ir a trabajar al de Appleby, donde no quiso tener nada que ver con la fusión fría. Ni siquiera en este caso, hay que admitirlo, nos encontramos ante pruebas claras e irrefutables de una estafa perpetrada alrededor de la fusión fría. Sin embargo, creer lo contrario requiere una buena dosis de fe o una ingenuidad incurable. No obstante, a varios años de distancia, el hombre de la calle que sabe a través de los periódicos que las investigaciones acerca de la fusión fría continúan en diferentes partes del mundo y se entera de que, de vez en cuando, se observan experimentos de confirmación, no logra comprender aún si la fusión fría es un fenómeno real o un invento.

Aunque el 30 de junio de 1991 el NCFI se cerró por improductividad, no todos los científicos norteamericanos abandonaron las investigaciones acerca de la fusión fría. También en otros países continuaron los estudios: en especial en Italia y en Japón. En Italia se ocuparon de este tema, además de Daniele Gozzi y Francesco Scaramuzzi, Giuliano Preparata, catedrático de física nuclear en la Universidad de Milán, quien ya en mayo de 1989 había elaborado, junto con Tullio Bressani y E. del Giudice, una teoría acerca del mecanismo que produciría la fusión fría. En Japón trabajan en fusión fría alrededor de doscientos cincuenta investigadores.

En febrero de 1992 el profesor Hideo Ikegami, que enseña física en la Universidad de Nagoya y dirige toda la investigación japonesa acerca de la fusión, anunció haber obtenido en sus celdas una energía muy superior a la que habían «registrado» Fleischmann y Pons en su momento: 110 wats continuos. La misma potencia (100 wats por centímetro cúbico de paladio) había alcanzado en julio del mismo año la celda que habían construido Akito Takaashi de la Universidad de Osaka y Francesco Celani del INFN de Frascati. Es sin duda mucho para un sistema tan pequeño, pero no debe olvidarse que esta cantidad de energía es suficiente para satisfacer el consumo de una bombilla normal. Resulta, sin embargo, muy poca para sostener que se ha pasado de la fase de fenómeno raro y esporádico (atribuible a reacciones químicas o físicas de poca importancia, aunque interesantes desde el punto de vista teórico), a un hecho demostrado científicamente y realmente aprovechable en el ámbito industrial.

Durante la tercera conferencia internacional de fusión fría, que se celebró en Nagoya, Japón, en noviembre de 1992, Fleischmann y Pons afirmaron que habían logrado producir 1.000 wats por centímetro cúbico de paladio. La opinión científica internacional permanece escéptica: en un artículo aparecido en *Nature* se ha comparado el hecho de que tantos científicos se dediquen aún a la fusión fría con la búsqueda de la piedra filosofal que tuvo lugar durante todo el Renacimiento hasta finales del siglo XVII, sin tener en cuenta los continuos fracasos. En la misma publicación David Lindley ha tildado de arriesgado, paradójico y carente por completo de lógica el razonamiento de quienes esperan ver salir de sus probetas enormes cantidades de energía. Tienen entre manos, según Lindley, solo un pequeño y extraño efecto que no saben explicar y argumentan que si se incrementase en varios órdenes de magnitud la fusión fría podría constituir una gran esperanza para la humanidad. Es como decir, continúa Lindley: «Si tuviéramos un poco de jamón podríamos hacer un bocadillo en el caso de que pudiéramos encontrar un poco de pan».

Los defensores de la fusión fría consideran que la hostilidad de gran parte de los ambientes científicos está determinada no tanto por motivos de probabilidad teórica o experimental, como por el temor de que el desarrollo de la fusión fría pueda determinar un derrumbe de la financiación destinada a la física nuclear y, en particular, a los costosísimos Tokamak. La argumentación es sin duda plausible y debe admitirse también que ninguno de los sistemas de observación ideados por los físicos nucleares ha logrado obtener resultados concretos e interesantes para la producción de energía desde el punto de vista económico. Pero esto no permite, sobre todo considerando los sospechosos indicios de estafa arriba mencionados, pensar que la fusión fría es una revolución teórica que está abriendo nuevos horizontes en física. Debemos considerar un simple *coup de théâtre,* bastante poco modesto, la ocurrencia de Fleischmann durante la segunda conferencia de fusión fría que se llevó a cabo en Como en julio de 1991, que, parafraseando a Galileo, exclamó: «Y sin embargo se funde».

# 5. Delitos de bata blanca

## Ginecólogos en la tormenta

El 12 de diciembre de 1987 la Australian Broadcasting Corporation puso en el aire, como todos los sábados a las 12:40, el «Show de la Ciencia» presentado por Norman Swan, un pediatra de origen escocés que colgó su bata blanca para dedicarse al periodismo científico. Pero aquélla no era una transmisión cualquiera. Toda Australia estaba preparada para escucharla porque lo que Swan revelaría aquella mañana había aparecido ya el día anterior en dos de los más importantes periódicos australianos: *The Age* y el *Sydney Morning Herald*. Swan había anunciado que demostraría definitivamente que uno de los médicos más famosos de Australia, William McBride, considerado héroe de la medicina por haber descubierto y revelado al mundo que la talidomida provocaba el nacimiento de niños deformes, no era más que un estafador. Comenzaba así un extenso caso que después de cinco años de investigaciones destruyó uno de los mitos de nuestro tiempo y que Bill Nicol reconstruyó en detalle en *McBride: Behind the Myth* [«McBride: detrás del mito»].

Aquella mañana, en la cuarta planta del edificio Olivetti en Sydney desde donde se transmitía el programa de radio, se encontraban con Swan tres antiguos colaboradores de McBride: Phil Vardy, Jill French y Anne Manuel; dos profesores, Tom Watson y Michael Bennett, y también Bill Nicol. Nicholas Wade, del *New York Times* y coautor de *Betrayers of the truth* [«Traidores de la verdad»], intervino con una entrevista. Faltaba tan solo el interesado, William Griffith McBride, que en su momento había rechazado la invitación a participar que Swan le había enviado por carta.

Pero ¿cuál era la acusación? Sus tres antiguos colaboradores consideraban que no solo se había apropiado de sus ideas y de su trabajo publicándolos bajo su propio nombre, sino que además había falsificado los resultados de algunos experimentos presentándoles como verdaderos, y realizado otros que ni siquiera había intentado llevar a cabo.

El enredo se remontaba al verano de 1982. En junio de ese año Vardy se encontró con un paquete dirigido a él, a McBride y a French. Lo abrió y encontró una serie de extractos de un artículo titulado «Efectos de la scopolamina en el desarrollo del embrión de pollo y de conejo» aparecido en el *Australian Journal of Biological Sciences*. Los extractos tenían la firma de McBride, que figuraba como primer autor, de Vardy y de French. Vardy no recordaba haber escrito nunca aquel artículo y, más aún, estaba seguro de no haberlo escrito jamás porque los experimentos relativos a esa investigación nunca se habían terminado. Con suma curiosidad se dirigió a la oficina de registros de la Foundation 41, el instituto en el que trabajaban él y McBride, y solicitó que le entregaran toda la correspondencia relativa a ese artículo. Descubrió así que se trataba de un nueva redacción de un manuscrito anterior de McBride que había sido rechazado por una revista de toxicología. Este manuscrito tenía tan solo dos autores: McBride y el mismo Vardy, que, sin embargo, no solo no lo había escrito, sino que tampoco había oído hablar de él. Después del rechazo, el artículo había sido escrito al menos cinco veces. Seguramente lo había hecho McBride porque todas las modificaciones eran suyas. Eran cambios que tenían todo el aspecto de falsificaciones.

En la primera versión, por ejemplo, McBride afirmaba haberle suministrado scopolamina a seis conejos por vía endovenosa y a otros seis por vía oral. En la versión definitiva los dos grupos se habían convertido en grupos de ocho conejos cada uno. Se habían añadido cuatro conejos que en realidad, como bien sabía Vardy, nunca habían recibido scopolamina ni por vía oral ni por vía endovenosa, simplemente porque nunca habían estado en su laboratorio. Se habían modificado también, de forma totalmente arbitraria, los datos acerca del peso de los conejos, las dosis diarias y el número de fetos malformados que se habían observado. El artículo publicado presentaba luego una gran mentira final: McBride había afirmado que los embriones de los conejos habían sido «diseccionados para analizar el cerebro, el paladar y los órganos del tórax y abdominales». Vardy sabía con certeza que esto no era verdad. Los embriones se conservaban aún enteros en las vitrinas de la estantería de McBride. Vardy se dirigió entonces al despacho de McBride, cogió los recipientes de vidrio con los embriones, colocó detrás de ellos la primera página del *Sydney Morning Herald,* manteniendo bien a la vista la fecha del 25 de junio de 1982, tomó una serie de fotografías y esperó tranquilamente el regreso de McBride.

Pero si creía haber atrapado al héroe de la talidomida se equivocaba por completo. McBride negó todo, incluso la evidencia: afirmó que al ver tan ocupados a Vardy y a French decidió terminar él solo los experimentos que había iniciado con ellos, pero no fue capaz de decir dónde, cómo y cuándo los había hecho. Por el mismo motivo, porque los había visto demasiado ocupados por el trabajo, no les había enseñado a ninguno de los dos el manuscrito del artículo que luego publicaría con sus nombres y a sus espaldas. Con respecto a los conejos de más, McBride afirmó que los había estudiado en Estados Unidos con un amigo suyo de quien no quiso revelar el nombre. Vardy pensaba que todo este aparato de justificaciones evidentemente inventadas se habría desmoronado ante las fotografías de los embriones, que en lugar de estar diseccionados estaban aún enteros. Pero McBride miró las fotografías, tuvo tan solo un momento de duda, y luego dijo: «Y sin embargo yo recuerdo haberlos diseccionado. Pero sí, recuerdo perfectamente haberlo hecho. Lo recuerdo como si fuese hoy».

En aquel momento Vardy decidió llegar hasta el final. En primer lugar fue a ver a R. J. Walsh, quien además de

## 5. Delitos de bata blanca

director de la facultad de medicina era miembro del Consejo científico de la Foundation 41. Walsh le escuchó con atención. Quiso ver todas las pruebas, que examinó con minuciosidad y en los mínimos detalles, antes de convencerse de la culpabilidad de McBride. Finalmente, se convenció. Pero en lugar de sugerirle a Vardy cuáles eran los pasos más adecuados para provocar una investigación por parte del comité científico del instituto, le puso una mano sobre el hombro y le dijo seriamente: «Phil, es mejor que te busques otro trabajo».

Pero a Vardy le despidieron antes de que pudiera formalizar su dimisión, mientras que aquellos colegas que lo apoyaban vieron cómo su sueldo se reducía. French, en cambio, había dimitido de inmediato, en el mismo momento en que había leído el artículo. McBride había vencido. Pero la suya fue una victoria pírrica.

Después de que el caso quedó planteado en el «Show de la Ciencia» del 12 de diciembre de 1987, la prensa, que hasta ese momento no solo había sido aliada, sino incluso artífice de su fama, se volvió en su contra y comenzó a pasar por el cedazo toda su vida. Salió a la luz una historia que si no hubiera estado acompañada por documentos y testimonios directos, habría resultado increíble.

El 31 de mayo de 1988 la Foundation 41 se vio obligada, precisamente por la presión de la prensa, a encargar una investigación seria dirigida por sir Harry Gibbs, un antiguo presidente de la Corte Suprema de Justicia. Algunos meses más tarde, el 2 de noviembre de 1988, la comisión daba a conocer, en un informe de 25 páginas, los resultados a los que había llegado y que justificaban el veredicto de completa culpabilidad emitido contra

McBride. Resultaba evidente que había falsificado deliberadamente el artículo, que había mentido acerca de los conejos que faltaban arrastrando también a Ian Langman, un colega muerto (que por lo tanto no podía atestiguar), que las dosis de scopolamina suministradas a los conejos habían sido falsificadas, que había mentido sin pudor alguno cuando había afirmado que los embriones nacidos de los animales tratados en el experimento habían sido diseccionados y que, finalmente, no solo no se habían realizado los experimentos según los modelos de corrección metodológica corrientes, sino que los resultados obtenidos se habían presentado de forma distorsionada y deshonesta.

Fue un duro golpe, tanto para McBride como para su fundación. Pero esto no era sino el comienzo. Los periódicos continuaron ensañándose con él y demostraron que aquélla no era ni la primera ni la única estafa de quien hasta ahora había sido denominado el «Jonas Salk de Australia», comparándolo con el inventor de la vacuna antipolio. Se confirmó en primer lugar que había obtenido el título de Doctor of Medicine, el segundo título que califica a un médico no solo para ejercer sino también para investigar (habilitándole para la enseñanza universitaria), utilizando los resultados del trabajo de sus colegas en la clínica ginecológica de Crown Street, donde había trabajado después de haber obtenido su primer título en 1950.

Pero las responsabilidades más graves salieron a la luz cuando los periodistas se preguntaron cuáles fueron sus verdaderos méritos en el caso de la talidomida. Este fármaco era un tranquilizante producido durante los años cincuenta que se prescribía también para los malestares del embarazo. Su introducción en Australia tuvo lugar en agosto de 1960 y el laboratorio que lo producía, Distiller Company, se lo dio para que lo experimentara, entre otros, a McBride, quien por aquel entonces tenía tan solo 33 años, pero era considerado uno de los ginecólogos más expertos de Sydney. Cuando finalizó el periodo de experimentación clínica, el resultado fue que de las 26 madres australianas que habían usado la talidomida y que habían tenido niños deformes, seis eran pacientes de McBride. Él declaró luego que había comprendido que era culpa de la talidomida después de que, el 24 de mayo de 1961, hubiera nacido el tercer niño deforme.

De acuerdo con el testimonio de su colega, John Newlinds, McBride arriesgó esta hipótesis por primera vez el 12 de junio de 1961. Más tarde, para imprimirle pasión a su historia y dar la imagen del héroe incomprendido que lucha contra la incredulidad del mundo científico, McBride afirmó que había avisado de inmediato a la sociedad productora del tranquilizante y que había enviado un artículo (en el que a partir de experimentos demostraba científicamente la peligrosidad del fármaco) a *Lancet*, una de las revistas médicas más prestigiosas del mundo. Pero el productor habría ignorado sus advertencias y la revista habría rehusado publicar el artículo.

Las sucesivas investigaciones confirmaron, en cambio, que la noticia llegó al laboratorio productor de la talidomida el 21 de noviembre de 1961 y que el artículo que McBride decía haber enviado a *Lancet* en realidad no fue escrito jamás. Jan Munro, que en ese momento dirigía la revista, encargó investigar de forma detallada el archivo y no encontró huella alguna ni del artículo ni de la correspondencia relativa al mismo, y desafió a McBride más de una vez a que enseñara la carta, fechada el 13 de julio de 1961, con la que se le habría notificado la decisión de no publicar el artículo. En 1987 McBride afirmó que la carta se encontraba, junto con otros documentos, en la Biblioteca Nacional de Sydney y que cualquier persona que lo deseara podría obtener una fotocopia. Munro escribió a la Biblioteca para solicitar una copia el 8 de noviembre de 1987, pero nunca obtuvo respuesta.

Se sabe, en cambio, que después de las sospechas de junio de 1961 McBride había realizado experimentos con talidomida en conejillos de Indias, cuyos resultados habían sido negativos: el fármaco no producía nacimientos anormales. Además, entre junio y septiembre su hipótesis se vio debilitada por el hecho de que otras 23 mujeres que habían utilizado Distaval (que era el nombre del fármaco en Australia) habían dado a luz niños normales. McBride no disponía de prueba científica alguna acerca de la peligrosidad de la talidomida; por eso se limitó a escribir a *Lancet* solo una breve carta de diez líneas, que se publicó el 16 de diciembre de 1961. En ella ponía en conocimiento el haber observado que «la incidencia de anormalidades múltiples y graves en niños nacidos de madres que habían tomado talidomida durante su embarazo como antiemético o como sedante era aproximadamente del 20%», mientras que la tasa normal de esas malformaciones es del 1,5%, y terminaba preguntando: «¿Ha observado alguno de vuestros lectores anormalidades análogas en niños nacidos de mujeres que han tomado el mismo fármaco durante el embarazo?». Más que una alarma era un intento de encontrar

## 5. Delitos de bata blanca

datos que confirmaran su sospecha. Sin embargo, esta carta es la que le permitió ganarse la fama de héroe de la talidomida arrebatándosela a quien podía aspirar a ella con más derechos y con todos los papeles en regla.

Widikund Lenz, entonces director de la clínica pediátrica de la Universidad de Hamburgo, fue quien demostró científicamente la peligrosidad de la talidomida, provocando la suspensión de su comercialización. Lenz se dio cuenta del extraño aumento de los nacimientos de niños focomélicos en su país en agosto de 1961, y comenzó a sospechar que la causa fuera la talidomida el 11 de noviembre del mismo año, después de haber estudiado con atención 14 casos de nacimientos anormales. Ese mismo día, Lenz llamó por teléfono al laboratorio alemán productor del fármaco. El 18 de noviembre participó en una convención de pediatras en Düsseldorf y presentó un informe en el que daba cuenta en forma detallada de aquello que había descubierto. Este informe fue considerado luego por el ministerio de Sanidad inglés (que fue el primero en promover una amplia investigación) «la primera indicación de los posibles efectos perjudiciales de la talidomida en el desarrollo embrional».

Pero Lenz, a diferencia de McBride, no pensaba en reivindicar su prioridad; se preocupaba sobre todo por evitar daños a los pacientes. El 20 de noviembre logró que el Ministerio de Sanidad alemán dispusiera la suspensión de la comercialización de la talidomida. El 26 de noviembre el periódico *Welt am Sonntag* publicó un amplio artículo que transcribía lo que Lenz había afirmado en la convención de Düsseldorf y se declaraba abiertamente a favor de la solicitud que éste había presentado a fin de que el fármaco se retirara del mercado. Esto ocurrió al día siguiente cuando la filial alemana informó a los laboratorios extranjeros.

El laboratorio inglés que comercializaba el Distaval también en Australia anunció en forma oficial su retirada con una carta que apareció el 2 de diciembre en el *British Medical Journal* y en *Lancet*. McBride envió su famosa carta a *Lancet* dos días después. No es inverosímil entonces que él la haya escrito precisamente para poder reivindicar luego una prioridad a la que no tenía derecho.

Lenz, en cambio, después de haberse ocupado de salvaguardar la salud de las pacientes, estudió con atención muchos otros casos de nacimientos anormales atribuibles a la talidomida, analizó el tema con mucho rigor científico, y escribió, no ya una breve carta, sino un extenso y documentado artículo, fechado el 7 de diciembre de 1961, que apareció en la revista médica alemana *Deutsche Medizinische Wochenschrift* el 29 de diciembre, es decir, trece días después de la aparición de la carta de McBride. Esos trece días fueron los que hicieron que, el 22 de julio, fuera premiado McBride y no Lenz con una medalla de oro y 100.000 francos por el Institut de la Vie, una fundación afiliada a la Academia francesa. Ese premio, otorgado por un instituto entre cuyos miembros pueden contarse más de cincuenta premios Nobel, consagró a McBride como el «héroe de la talidomida». Otro éxito notable obtenido mediante el mismo método y el mismo sistema que McBride había experimentado para alcanzar su segundo título.

Pero McBride demostró luego que merecía aquel premio: después de muchos estudios y numerosos experi-

## 5. Delitos de bata blanca

mentos, logró demostrar exactamente de qué forma produce la talidomida sus desastrosos efectos. Esto era lo que se creía, hasta que los mismos periodistas australianos que en 1962 le habían consagrado «hombre del año» demostraron que McBride había realizado ese descubrimiento también a través de un robo.

La víctima era esta vez una de sus colaboradoras e hija de uno de sus amigos, el doctor Harold McCredie. Janet McCredie es una radióloga que comenzó a trabajar con McBride en enero de 1972. Su tarea era estudiar a través de los rayos X las deformaciones producidas por la talidomida. Unos veinte días después del comienzo de sus estudios se había dado cuenta de que existían notables analogías entre los daños producidos por la talidomida y aquellos causados por algunas enfermedades que atacan los nervios de los adultos como la lepra, la diabetes, la sífilis y la siringomielia. Por eso arriesgó como hipótesis que la talidomida atacaba los nervios sensoriales del embrión. Al principio McBride no quiso darle crédito, pero hacia finales de febrero se convenció de la certeza de la hipótesis y parecía entusiasta. Pero en lugar de realizar experimentos de confirmación y de comunicarle luego los resultados al mundo científico, informó al gran público en dos entrevistas aparecidas simultáneamente en sendos periódicos de Sydney el 3 de marzo de 1972.

Naturalmente, ninguna de sus entrevistas contenía la mínima referencia a los méritos de McCredie. Ésta no se lo tomó tan mal, ya que en ese momento no tenía base científica para demostrar la justificación de su propia hipótesis. En junio de 1972 la joven radióloga fue a Inglaterra donde presentó su idea a Howard Middlemiss, profesor de radiología en la Universidad de Bristol y autoridad internacional en el área del examen radiológico de las enfermedades de los nervios. Middlemiss, después de haberle escuchado con atención, consideró que la hipótesis tenía un buen fundamento y alentó a McCredie a escribir un artículo para una importante revista de radiología y a preparar la tesis de doctorado acerca del mismo tema. En los meses siguientes McCredie estudió gran cantidad de exámenes radiológicos de casos de nacimientos anormales causados por la talidomida. Al final de su estancia en Inglaterra estaba listo el artículo en el que presentaba su teoría en forma documentada: en él sostenía que la talidomida provoca sus desastrosos efectos porque actúa en una zona concreta del embrión, conocida como cresta neural, a partir de la cual se desarrollan normalmente las células de los nervios sensoriales.

Cuando regresó a Sydney, la joven radióloga enseñó a McBride el texto ya listo para la edición. Éste lo leyó con mucha atención; luego, en lugar de felicitarla o sugerirle algún retoque, le dijo sin rodeos que quería figurar como coautor. La joven radióloga se quedó sin palabras, pero antes de que se pudiera recuperar de la sorpresa, McBride le dio un discurso muy convincente que le indujo a acceder a sus peticiones. La teoría estaba bien desarrollada por entonces –le dijo–, aunque todavía debía demostrarse con experimentos en animales. Se sabe que los experimentos cuestan dinero, y él, como director de la Foundation 41, podía encontrarlo al día siguiente, pero solo si ese artículo llevaba también su firma. Janet cedió e hizo lo que luego definió como «la cosa más loca que jamás haya hecho». McBride le dio todo aquello que necesitaba para los experimentos, y después de haber visto los primeros resultados los publicó, sin que McCredie se enterara, en junio de 1973. Era el primer artículo científico que contenía la demostración experimental de la validez de la teoría de la cresta neural. Otro golpe maestro que reforzaba definitivamente la autoridad científica del héroe de la talidomida.

Apoyándose en esa autoridad científica, construida en forma tan honrada e irreprochable, McBride comenzó a aterrorizar al mundo afirmando la peligrosidad de otras sustancias consideradas universalmente inocuas como la imipramina y el bendectin, que fue el centro de uno de los casos judiciales más importantes que haya involucrado jamás a un laboratorio farmacéutico. Según McBride, este fármaco también podía causar malformaciones congénitas.

La afirmación resultaba de lo más extraña, dado que ya lo habían tomado alrededor de treinta millones de mujeres solo en los Estados Unidos y se le consideraba el producto más estudiado y probablemente más inocuo de toda la historia de la medicina. Un hecho aún más extraño era que McBride no había publicado nunca un artículo científico demostrando su tesis, y sus acusaciones aparecían tan solo en declaraciones a la prensa. Estas acusaciones provocaron una serie de ataques de los medios de comunicación contra Merrel Dow, laboratorio que producía el Debendox (nombre comercial del bendectin), que fue acusado sin fundamento de haber querido ocultar por todos los medios el monstruoso escándalo de varios miles de niños que nacieron deformes a causa del fármaco. Como consecuencia de esta campaña de prensa, el laboratorio recibió gran cantidad de solicitudes de indemnización y se vio involucrado en una serie de procesos legales. Cuando finalmente, en junio de 1983, los gastos legales del bendectin superaron a los ingresos por su comercialización, el laboratorio decidió retirarlo de la venta, aunque ningún trabajo científico u órgano gubernamental lo hubiera requerido o impuesto.

McBride compareció como experto en favor de los querellantes en muchos de los procesos de indemnización por daños, y durante los debates afirmó que la base científica de sus acusaciones era la convicción de que los agentes anticolinérgicos, capaces de bloquear al neutrotransmisor acetilcolina, pueden causar defectos congénitos. Con el fin de probar científicamente esta tesis, McBride inició en 1980 el experimento que marcó el comienzo de su fin; lo llevó a cabo junto con Phil Vardy y Jill French, y fue el tema principal del programa de Swan.

A partir de ese momento la vida de McBride se convirtió en un calvario: la prensa no perdía ocasión de atacarle, su fundación se vio sometida a dos investigaciones de carácter financiero y fiscal, y él mismo debió comparecer en 1990 ante el tribunal médico de Nueva Gales del Sur, que le acusaba no solo de múltiples errores científicos, que llenaban su carrera, sino también de varios episodios poco edificantes que demostraron cuán poco cuidaba la salud de sus pacientes. Cuarenta y tres mujeres que fueron sus pacientes entre 1979 y 1988 le habían denunciado por su poca profesionalidad y mucho desparpajo. Una de estas pacientes acusó a McBride de haberle inducido a la fase de transición al parto cuando se encontraba en la semana 35 de gestación y que, para liberarse de las responsabilidades de los daños provocados, había alterado las hojas clínicas retrasando la fecha de la última menstruación.

Frente a los errores de McBride, los de Michael Briggs, otro científico australiano, parecen pecados de juventud. Briggs era desde 1976 profesor de biología humana en la Universidad Deakin de Geelong, cercana a Melbourne, donde le habían convocado después de haber adquirido cierta fama por unos estudios que realizó junto con su mujer, Maxine, acerca de varios aspectos relativos a la seguridad de la píldora anticonceptiva. Esos estudios habían sido financiados por el laboratorio farmacéutico Schering (del que Briggs era director de la sede de Sussex) y por el laboratorio norteamericano Wyeth, el productor más importante de hormonas sexuales. En Australia, Briggs se ocupó en particular de los efectos de la píldora en la circulación sanguínea y de la influencia que podía tener en el desarrollo del tumor de mama. Eran temas que ya habían sido ampliamente estudiados y las investigaciones de Briggs no hicieron sino confirmar lo que ya se sabía, es decir, que la píldora puede ejercer un efecto preventivo frente al tumor de mama. Se trataba de una investigación que no era nueva y que concluía con datos que nadie habría puesto en duda jamás.

Sin embargo, analizándolos en detalle, hubo alguien, James E. R. Rossiter, que notó que algo no funcionaba. En una de las investigaciones Briggs afirmaba haber recogido una serie de datos relativos a 80 mujeres menores de 30 años que no fumaban y que antes de esa edad nunca habían tomado la píldora. Durante todo el periodo de la investigación –dieciocho meses– estas mujeres tuvieron que ayunar un día de cada mes antes de someterse a un análisis de sangre. Quien conduce este tipo de investigaciones sabe que existe siempre alguna persona que renuncia. Las 80 mujeres que Briggs estudió, en cambio, demostraron verdadero celo en su colaboración y soportaron el fastidio del ayuno durante los dieciocho meses.

Pero esto no era todo: Briggs afirmaba haber efectuado 16 tipos de análisis diferentes con la sangre de las pacientes, destinados a obtener información acerca de la mayor o menor predisposición a enfermedades cardiovasculares. El hecho sorprendente es que los aparatos necesarios para esos análisis no estaban disponibles en la universidad en la que Briggs trabajaba. De igual manera, en un artículo publicado en 1980, Briggs había presentado el informe de una serie de experimentos acerca de la relación entre el uso de progesterona y los tumores de mama en las hembras de una raza particular de perros que nadie había visto jamás en Deakin.

Cuando las acusaciones fueron muchas y justificadas, Briggs admitió que, en realidad, nunca había realizado esas investigaciones y que había extrapolado los datos de estudios de otros autores que en la mayor parte de los casos eran poco conocidos. En 1985 renunció a su puesto de profesor y se trasladó a Marbella, en España. En octubre de 1985 se celebró en Berlín un pequeño congreso a puerta cerrada solo para discutir los resultados obtenidos por Briggs, y se decidió que nadie citaría o usaría esos datos en sus investigaciones. Algunos meses después Briggs falleció cuando contaba tan solo 51 años.

## 5. Delitos de bata blanca

## Asuntos de corazón

Un escándalo médico muy sonado en Estados Unidos es el que ha visto involucrada a la universidad más prestigiosa de ese país, Harvard, y a uno de los cardiólogos norteamericanos más famosos, Eugene Braunwald. Braunwald tenía por protegido a un alumno joven y brillante, John Roland Darsee, que trabajaba de forma incansable y había logrado publicar, durante los dos años que pasó en Harvard, unos cien trabajos entre artículos y extractos, muchos de los cuales llevaban también la firma de su maestro.

Braunwald dirigía dos laboratorios diferentes y administraba en total 3.000.000 de dólares concedidos por los NIH. De los 130 investigadores que se formaron bajo su dirección, 40 son en la actualidad profesores universitarios, jefes de departamento o directores de unidades de cardiología de clínicas y hospitales de diferentes sitios en Estados Unidos. Sin embargo, de todos ellos, según palabras del mismo Braunwald, el más eficiente era Ronald Darsee. Considerando los méritos sorprendentes de su alumno, estaba pensando en crearle un laboratorio propio, solo para él, en el Harvard Beth Israel Hospital.

Pero los otros alumnos de Braunwald no lograban comprender cómo y cuándo Darsee llevaba a cabo la gran cantidad de investigaciones de las que extraía los documentos y los datos para sus numerosos artículos. Fue entonces cuando decidieron vigilarle, y en mayo de 1981 le sorprendieron con las manos en la masa mientras falsificaba datos numéricos de un experimento que sería objeto de una próxima publicación. Era una investigación que formaba parte de un estudio de muchos centros, en el que participaban otros laboratorios norteamericanos, que planeaba la experimentación en animales de nuevas terapias contra la isquemia de miocardio, con una financiación de 724.000 dólares otorgada por uno de los NIH, el National Heart, Lung and Blood Institute (NHLBI).

La tarea de Darsee era verificar el efecto de varios fármacos en perros a los que se les había provocado un infarto artificial. En mayo de 1981 algunos de sus colegas comunicaron a Robert Kloner, director del laboratorio, que los experimentos sobre los que Darsee estaba preparando un artículo nunca habían tenido lugar. Kloner pidió a Darsee que le enseñara las notas de laboratorio de los experimentos. Darsee dijo que no las tenía, pero volvería a hacer los experimentos y le daría los datos. El 21 de mayo comenzó a hacerlos. Cogió un perro infartado y le midió la actividad eléctrica y la presión sanguínea antes y después de la inyección de algunos fármacos. Ante las miradas horrorizadas de sus colegas, a cada rato paraba el rodillo sobre el cual la máquina registraba la presión y la actividad eléctrica, y escribía encima «primer día», «segundo día», «tercer día», etc. Así pudo obtener en un solo día los datos que necesitarían una semana de experimentación.

Cuando los testigos oculares le condujeron ante Kloner no pudo negar los hechos. Más aún, sus malévolos y envidiosos colegas tenían entre manos otra prueba: sus investigaciones preveían que al finalizar algunos experimentos en los perros se hiciera la autopsia del corazón del animal para evaluar el flujo sanguíneo en las arterias coronarias apoyándose en la presencia de una sustancia radiactiva inyectada cuando el perro estaba aún con vida.

## 5. Delitos de bata blanca

Ahora bien, el 14 de mayo de 1981 dos colegas de Darsee, el jefe técnico Sharon Hale y el investigador Edward J. Brown, lo sorprendieron mientras colocaba el perro que llevaba la sigla D-35 en una de las bolsas que sirven para sepultar a los animales de experimento «sacrificados», como se dice en la jerga de laboratorio. Lo curioso es que el perro no mostraba ningún signo de autopsia. Darsee no lo había abierto para extraer el corazón y examinarlo, como establecía el acta del experimento. Para obtener una prueba definitiva, sin que Darsee se diera cuenta, los dos colegas abrieron el cadáver del perro y extrajeron el corazón, que de inmediato fueron a enseñárselo a su jefe. Kloner, al darse cuenta de la gravedad de las acusaciones, habló con Braunwald y ambos decidieron, de común acuerdo, castigar al culpable pero evitar un escándalo que habría comprometido de forma inevitable el prestigio de todo el laboratorio.

El 26 de mayo Braunwald convocó a Darsee en su estudio y le enfrentó con sus acusadores en presencia de Kloner. Como conclusión se dio cuenta de que se trataba de un caso de falsificación demasiado evidente que, dadas las circunstancias, Darsee no podía negar, por lo que no era posible pensar que el joven cardiólogo pudiera ocupar la cátedra (ya solicitada para él) de profesor asociado, y mucho menos que se le concediera la dirección de un laboratorio en el Beth Israel Hospital. Braunwald le hizo comprender a su ex discípulo en desgracia que lo más oportuno para él sería abandonar Harvard, tal vez después de algunos meses a fin de permitirle confirmar si, como el acusado insistía en declarar, aquélla era la única falsificación que había cometido o si existían otras. Mientras tanto, se le pagaría no ya con fondos de los NIH, sino directamente con los del departamento.

Después de algunos meses el anciano profesor consideró que las investigaciones a cargo de Darsee habían concluido e informó a Daniel C. Tosteson, director de la Harvard Medical School, de que no existía motivo alguno para suponer que Darsee se hubiera visto envuelto en otras estafas y que por lo tanto el caso podía considerarse cerrado, no siendo necesario realizar otros procedimientos académicos o legales que difícilmente podrían mantenerse en secreto y que habrían terminado por armar un gran revuelo. Pero el escándalo hizo explosión de todos modos. Para llegar al fondo de la cuestión, Tosteson nombró en noviembre de 1981 un comité de investigación formado por ocho profesores, mientras que de forma independiente los NIH nombraron otro que estaba compuesto por cuatro miembros. Los resultados de las dos indagaciones se dieron a conocer en enero y marzo de 1982, respectivamente.

Ambos comités llegaron a la conclusión de que gran parte de los datos presentados por Darsee eran completamente falsos, otros habían sido copiados y que, en general, la investigación se había llevado a cabo sin ningún cuidado.

La sentencia fue bastante dura: Darsee no podría solicitar o recibir financiación alguna, ni desarrollar investigaciones o formar parte de comités o grupos de estudio de los NIH por un periodo de diez años; el Brigham and Women's Hospital, en el que Darsee había llevado a cabo sus «investigaciones» acerca de la isquemia de miocardio, se vio obligado a restituir 122.000 dólares. Además, el laboratorio dirigido por Braunwald vio suspendida la financiación durante un año hasta que una serie de controles comprobaran que los niveles cualitativos de investigación y la actividad de supervisión de los investigadores mostraba la efectiva confiabilidad de esa estructura.

Braunwald se sintió personalmente ofendido por esta última disposición y afirmó en público, y también por escrito, que si se deseaba realmente aclarar, hacer justicia y llegar al fondo de la cuestión era necesario indagar también la actividad que Darsee había desarrollado antes de llegar a Harvard. Fue así cómo la Universidad de Emory de Atlanta, en la que Darsee había obtenido su diploma en 1974 y había trabajado hasta 1979, se vio obligada a crear un comité de investigación propio que tuvo por presidente a un famoso farmacólogo, el profesor Neil C. Moran, que dio a conocer los resultados el 5 de mayo de 1983.

Ésta era la conclusión final del informe:

> Los resultados de la evaluación del trabajo de Darsee llevada a cabo por este comité ofrecen la demostración clara, directa y detallada de un fraude flagrante y amplio que ha manchado las investigaciones y los estudios realizados por este científico en la Universidad de Emory, además de la invención de los datos publicados como miembro de esta universidad después de su traslado a Harvard.

Darsee, sin embargo, no encontró paz ni siquiera tras la publicación de este informe. Su caso representó el bautismo de fuego de Stewart y Feder, que surgieron como *fraudbusters* precisamente a raíz de un estudio acerca de las 109 publicaciones de Darsee y un examen de los 47 científicos que junto con él habían firmado algunos de sus trabajos. Su objetivo era demostrar que Darsee no podía ser considerado el único culpable, y que cualquiera que hubiera colaborado con él o firmado uno de sus artículos debía ser considerado más o menos cómplice. A partir de este examen resultó que solo 12 de los 47 coautores podían ser considerados víctimas inocentes mientras que todos los otros eran culpables, al menos porque no habían prestado atención. Nadie encontró nada que objetar cuando Darsee hablaba, en uno de sus artículos, de un paciente de 17 años al que se presentaba como padre de cuatro hijos de 8, 7, 5 y 4 años. La sorprendente precocidad de este joven enfermo del corazón, que habría dejado embarazada a la madre de sus hijos por primera vez a la edad de 8 años, pasó por completo inadvertida.

El artículo en el que Feder y Stewart sacaban a la luz estos hechos resultaba bastante comprometedor para toda la estructura científica y por eso varias revistas lo rechazaron, hasta que John Maddox decidió publicarlo en *Nature,* donde apareció en enero de 1987. En el ínterin se había podido averiguar que la carrera de estafador de Darsee había comenzado mucho antes de lo que hasta entonces se suponía. Sus primeros engaños se remontaban a 1969, cuando era aún estudiante de la Universidad de Notre Dame. Julian R. Pleasants, profesor de microbiología en esa universidad, reveló que Darsee había publicado en aquella época dos artículos en una revista estudiantil, ilustrando los resultados de algunos de sus sorprendentes experimentos. En uno de esos dos artículos afirmaba que había dosificado los niveles de diez hormonas diferentes dos veces por semana en 50 ratones, a los que había seguido desde la primera semana de vida hasta la muerte. Había podido verificar entonces que seis hormonas disminuían a medida que el ratón envejecía. Afirmaba también que les había inyectado a 100 ratones viejos dosis de aquellas hormonas que disminuían con la edad logrando así extender su vida media en un 47%. Estos experimentos eran bastante costosos y es difícil que una universidad se los encargue a un estudiante.

Además –subrayó Pleasants– es muy difícil insertar una aguja de jeringa en la minúscula vena femoral de un ratón e inyectarle de esta forma la cantidad exacta de hormonas dos veces a la semana. Los animales se encontrarían en un constante estado de tensión y presentarían traumas, fibromas e infecciones. Son condiciones experimentales prohibitivas para cualquiera, y mucho más para un estudiante que está comenzando.

No obstante la gran publicidad que la prensa le dio a este escándalo, Darsee, después de abandonar Harvard, obtuvo un puesto como clínico en el Hellis Hospital de Schenectaty, en el Estado de Nueva York, donde, desoyendo toda la publicidad negativa se le consideraba un médico brillante y dotado de carisma. En una carta a Braunwald, fechada en diciembre de 1981, Darsee había explicado su comportamiento aduciendo que, en el momento de las falsificaciones, estaba atravesando un periodo muy difícil en el que tenía demasiadas cosas por hacer y muy poco tiempo para realizarlas, que estaba muy cansado mental y emotivamente, ya que desde hacía seis años no había cogido vacaciones, ni siquiera un día por enfermedad, y que se había propuesto llevar a cabo una rápida carrera para obtener una prestigiosa posición académica.

## Falsos trasplantes

Hoy en día ya nadie recuerda a Voronoff, pero hasta los años cincuenta gozó de una enorme popularidad gracias a un método de rejuvenecimiento, basado en trasplantes de testículo, que el mundo científico observó siempre con gran escepticismo y cuyos éxitos se apoyaban únicamente en la imaginación de los pacientes y en una desprejuiciada licencia del inventor.

Serge Voronoff nació en Rusia en julio de 1866, pero vivió principalmente en Francia, donde primero fue cirujano en el hospital militar de París, luego director del laboratorio de biología de la École des Hautes Études y finalmente director de cirugía experimental en el servicio de fisiología del Collège de France. Se naturalizó francés en 1897 y en 1933 recibió la Legión de Honor. Murió el 2 de septiembre de 1951 en el castillo Grimaldi de Menton, que había adquirido con la herencia que le había dejado su primera esposa, una rica norteamericana. Su muerte cuando contaba «tan solo» 85 años sorprendió a la alta sociedad porque unos años antes Voronoff había anunciado en público que sus funerales no se celebrarían antes del año 2000. Se trataba evidentemente de una estrategia para publicitar su método de rejuvenecimiento que ya muchos consideraban en extremo sospechoso, además de delicado y arriesgado.

## 5. Delitos de bata blanca

Voronoff rejuvenecía a sus pacientes trasplantándoles pequeñas porciones de testículo de mono. En aquella época la cosa no parecía tan absurda desde el punto de vista científico como podría parecerlo hoy en día a la luz de los conocimientos desarrollados desde entonces, que ilustran acerca de la dificultad de realizar trasplantes exitosos a causa del rechazo.

Ya en 1849 un fisiólogo alemán, Arnold Adolph Berthold, había realizado un interesante experimento mediante el cual logró volver a transformar un capón en un gallo. Los capones, como se sabe, son gallos castrados de jóvenes a fin de que crezcan más gordos. El experimento de Berthold consistía en reinsertarle al capón su mismo testículo. Todo salió perfectamente y después de dos meses el capón volvió a ser un espléndido gallo.

Cuarenta años después un médico bastante famoso, Ch. E. Brown-Séquard, que tenía entonces 72 años, afirmó ante la Sociedad Biológica de París haber podido neutralizar los inconvenientes de la vejez injertándose un extracto acuoso de testículo de perro. Este segundo experimento era sin duda falso, dado que la testosterona es poco soluble en agua. Es muy probable que Brown-Séquard haya querido darle más fuerza a su correcta intuición acerca de la función de la glándula endocrina. Si realmente intentó realizar aquellos experimentos, sus efectos, si los hubo, pueden atribuirse seguramente a la sugestión o a lo que hoy en día se denomina «efecto placebo».

Es probable que estos dos famosos antecedentes generasen en Voronoff la idea de su método de rejuvenecimiento basado en el trasplante de pequeñas partes de testículo de un animal a otro, y en su etapa final y más sonada, del mono al hombre. La elección del mono fue un recurso que se vio determinado, como escribía el mismo Voronoff, «por la extrema dificultad de encontrar testículos humanos, dado que la extracción inmediata de un testículo después de la muerte accidental de un hombre sano está rodeada de grandes inconvenientes y además penada por la ley».

Después de haber realizado alrededor de 120 experimentos en animales, Voronoff comenzó a interesarse en el hombre a partir del 12 de junio de 1920, cuando llevó a cabo el primer intento de trasplante de testículo en un hombre de 45 años privado por completo de sus atributos debido a las intervenciones quirúrgicas a las que se sometió para curar la tuberculosis. Fue un fracaso. El órgano trasplantado no se asimiló y, como era de esperar, provocó una necrosis. Lo mismo ocurrió con el segundo paciente, operado el 21 de junio de 1920. Cabe señalar que ambos pacientes carecían de sus propios testículos. Para el siguiente intento Voronoff eligió, muy oportunamente, a un hombre de 59 años que sufría de blenorragia complicada por una epididimitis y próstata. Esta vez el éxito fue mayor. A pesar de que dos de los cuatro fragmentos de testículo fueron rechazados, el estado general del paciente mejoró mucho, aunque, según admite Voronoff con honestidad, «solo un síntoma no sufrió mejoría alguna: su impotencia sexual no se modificó en absoluto».

Sin embargo, el brillante cirujano tuvo luego la suerte de tener en su mesa de operaciones a un paciente no demasiado anciano y muy famoso: Anatole France, que él mismo describe con discreción como

## 5. Delitos de bata blanca

un escritor, célebre autor dramático, que tenía 71 años. Él –continuaba Voronoff– presentaba la senilidad precoz más característica. Tenía la apariencia de un hombre bastante viejo; mejillas flojas, cara arrugada, ojos apagados, círculo senil alrededor de la córnea. Todo esfuerzo físico le resultaba doloroso, parecía arrastrarse al andar, sus movimientos eran lentos. A excepción de algún acceso de malaria, no se lamentaba de ningún tipo de problema característico, aunque no tenía apetito, sentía un gran cansancio y siempre solía padecer frío.

Es decir que, si no era precisamente un enfermo imaginario, los síntomas que sufría Anatole France se debían solo a un agotamiento, malestar no poco frecuente en los hombres de letras.

Voronoff, consciente de la gran publicidad que podía comportarle un paciente que era al mismo tiempo tan fácil de curar y tan famoso, se sumergió por completo en su trabajo:

Le he injertado, bajo el efecto de la anestesia local, los testículos de un gran mono cinocéfalo, divididos en ocho fragmentos cuidadosamente distanciados alrededor de sus testículos.

Aliviado de su malestar, más espiritual que físico, gracias a la intervención quirúrgica, el gran novelista recobró fuerzas:

Veintitrés días después del injerto, me ha comentado una primera erección, cosa que le sorprendió, ya que, considerando que era impotente desde hacía diez años, no lo esperaba y creía que la intervención haría efecto principalmente en su estado general. Luego las erecciones se manifestaron con bastante frecuencia. Recuperó la virilidad que presentaba diez años antes y aún hoy, dos años después del trasplante, conserva la manifestación viril. Al mismo tiempo que recuperó su fuerza genital, se produjo un cambio completo y sorprendente en todo su aspecto exterior. Su cuerpo se enderezó, los músculos del rostro se fortalecieron, el ojo se volvió vivaz y, a pesar de sus canas, presenta una imagen de juventud, de vigor y de energía que sorprenden.

Fue este experimento el que le dio fama a Voronoff, además de numerosos clientes, sobre todo norteamericanos. Esto se debía a que por entonces había logrado llevar adelante otro golpe maestro. Se encontró con un inglés de 74 años, al que se refiere con las iniciales E. L., un hombre alto y robusto aún, en absoluto decaído, que se presentaba como muy apto para ser «rejuvenecido». Maquillado correctamente, este paciente fue exhibido primero durante un congreso médico y luego se difundieron sus fotografías «antes y después del tratamiento». En la primera puede verse a E. L. a la edad de 74 años y el texto explicativo apunta que la fotografía fue tomada en el momento de la intervención. En ella puede observarse un señor anciano de cabellos bastante largos, los bigotes enmarañados, con el rostro (sobre todo la frente) surcado por muchas arrugas y con una expresión de abatimiento y depresión. El aspecto general se vuelve aún más decadente gracias a un abrigo que cubre al paciente. La segunda fotografía, en cambio, muestra a E. L. «a la edad de 75 años y medio, dieciocho meses después del trasplante». Esta vez el paciente aparece en la fotografía de perfil, no de frente, a fin de esconder al máximo las arrugas, y además fue retocada: borraron las canas y las sustituyeron por un trazo en lápiz que vuelve más delgada la forma de la cabeza. El paciente tiene los brazos cruzados y el pecho alzado, lo que le confiere con seguridad una actitud más juvenil, y además en esta fotografía no lleva abrigo alguno.

Estas fotografías ponían claramente en evidencia cuál era el verdadero fundamento «científico» del método de Voronoff: la cuidadosa elección de los pacientes, sugestión, una buena dosis de desparpajo y cierta habilidad publicitaria. Parte del aparato publicitario era el aspecto juvenil de Voronoff (debido a intervenciones de cirugía estética y no a trasplantes de testículos) y la segunda esposa, una joven rumana que se había casado con él en 1934 que tenía exactamente cincuenta años menos que él.

Menos pedestres, aunque también menos divertidos, son los trucos llevados a cabo por «ilustres» expertos en trasplantes contemporáneos como Summerlin, Lucas o Illmensee. William T. Summerlin era un joven investigador que trabajaba en 1974 con el famoso inmunólogo Robert A. Good en el Sloan-Kettering Institute for Cancer Research, en Manhattan. Summerlin había nacido en una pequeña ciudad de Carolina del Sur y comenzó a trabajar con Good en 1971, cuando éste se encontraba aún en la Universidad de Minnesota, donde dirigía uno de los grupos de investigación más importantes en el campo de la inmunología. Inmediatamente después de la llegada de Summerlin, Good decidió trasladarse con todo su grupo al Sloan-Kettering, donde le habían ofrecido el cargo de director. En marzo de 1973, durante un congreso de la American Cancer Society, Summerlin hizo una sorprendente declaración ante los periodistas: afirmó que la piel humana, después de haber estado en cultivo durante un periodo variable de cuatro a seis semanas, era perfectamente trasplantable sin problemas de rechazo. Declaró también que ya había trasplantado córneas humanas a conejos sin rechazo alguno. La noticia apareció en diferentes periódicos, entre los que se encontraba el *New York Times,* en la radio y en la televisión. En un solo día Summerlin se había convertido en una celebridad científica.

En las semanas siguientes, sin embargo, comenzaron las dudas acerca de sus declaraciones, ya que no existía otro científico que hubiera logrado obtener los mismos resultados. Good esgrimió su prestigio para acallar la creciente marea de críticas. El problema alcanzó el límite cuando el gran inmunólogo y premio Nobel Peter Brian Medawar declaró que no había podido repetir los experimentos de Summerlin. Medawar había recibido el premio Nobel precisamente por sus estudios acerca de los trasplantes y era miembro del Consejo científico del Sloan-Kettering.

En octubre de 1973 Summerlin fue invitado a presentar ante el Consejo científico del instituto los resultados de sus trabajos acerca del trasplante de córnea. Exhibió ante sus colegas un conejo al que decía haberle trasplantado ambas córneas. Los ojos de aquel animal eran perfectos y transparentes, pero Medawar se dio cuenta de que en realidad no había recibido trasplante alguno, pues los vasos alrededor de la córnea eran perfectamente

## 5. Delitos de bata blanca

normales. Sin embargo, no se animó a desmentir públicamente al joven y prometedor investigador.

Mientras tanto, algunos colaboradores de Summerlin también habían comenzado a murmurar, y en marzo de 1974 la situación se había deteriorado tanto que Good consideró necesario que uno de los colaboradores de Summerlin publicara un artículo con el fin de anunciar la imposibilidad de repetir algunos de los experimentos de Summerlin. Esto habría interrumpido sin duda la carrera de la nueva celebridad. Fue así como el 26 de mayo Summerlin, al conocer las intenciones de Good, decidió hacerle frente para intentar persuadirlo de que no era en absoluto necesario publicar aquel artículo porque se sentía ya cerca del éxito total y definitivo. Afirmó que un nuevo experimento de trasplante estaba desarrollándose bastante bien y prometió enseñar los resultados muy pronto. Se trataba –dijo– de un intento de trasplante de piel de un ratón negro a uno blanco cuyo éxito podría verificarse después de unos diez días.

Antes del encuentro, Summerlin se dirigió en secreto a las siete de la mañana al laboratorio y con un rotulador negro pintó unas manchas en el lomo del ratoncito blanco. Más tarde le mostró a Good aquel ratoncito que pasó a la historia como «el ratón parcheado» (por el título del libro que Joseph Hixson ha dedicado al caso). Good no se dio cuenta de nada y pensó que las cosas estaban mejorando. Pero el asistente de laboratorio encargado de llevar al ratoncito a su jaula descubrió el engaño de inmediato e informó a sus superiores. Summerlin fue suspendido de inmediato. Estalló encontes un escándalo de dimensiones colosales que amenazaba con comprometer muy seriamente la credibilidad del Sloan-Kettering. Su presidente, Lewis Thomas, explicó en una conferencia que se celebró el 24 de mayo de ese año el comportamiento incalificable e incomprensible de Summerlin, planteando la hipótesis de que sufría trastornos emotivos y que, en ese momento, no fuera responsable de sus actos. Declaró también que Summerlin se sometería a un periodo de tratamiento de un año de duración en una clínica y que, durante este tiempo, se le pagaría su sueldo completo de 40.000 dólares.

Según Medawar, al comienzo de su carrera Summerlin habría realmente conseguido trasplantar trozos de piel entre conejos que no tenían parentesco genético alguno. Pero luego, al no poder repetir el experimento y convencido de la factibilidad de su descubrimiento, habría decidido recurrir al engaño.

La investigación que se llevó a cabo por la expresa solicitud de Thomas puso también en evidencia el papel que Good había desempeñado en el caso. En particular, se descubrió que había sido Good precisamente quien había dado la aprobación a Summerlin a fin de que presentara sus resultados a la prensa antes de confirmarlos a través de los experimentos. Summerlin afirmó en una declaración pública que su culpa no era haber divulgado algunos datos que sabía falsos, sino haber cedido a las presiones de las que era objeto por parte del instituto y del director en particular.

Declaró más tarde para el *Journal of the American Medical Association* que cada vez más a menudo se le requería que hiciera públicos los resultados de investigaciones experimentales y que preparara solicitudes de financiación para enviar a institutos públicos y privados. «Así —concluyó Summerlin— a finales de 1973 llegó un momento en que me encontré sin resultados interesantes y fue entonces cuando Good me dijo que era un fracaso.» Fue para demostrarle a su jefe que no era un fracasado por lo que cogió el rotulador y realizó el «trasplante» más sonado del siglo.

Nadie pudo en realidad emular sus proezas, ni siquiera Lucas e Illmensee, que, sin embargo, estuvieron bastante cerca. El doctor Zoltan J. Lucas era profesor asociado de cirugía en la Universidad de Stanford y tenía también un título en bioquímica que había obtenido en el MIT. En 1970 se hallaba trabajando en aspectos inmunológicos del trasplante de riñón en los ratones. Durante la investigación hizo un interesante descubrimiento: demostró que el periodo de supervivencia de los ratones después del trasplante era mayor cuando los animales receptores eran tratados con suero de ratones inmunizados contra las células de la sangre del receptor. Es decir, los anticuerpos contra la propia sangre extendían el tiempo de la formación de los mismos anticuerpos respecto del órgano trasplantado. En septiembre de 1970 Lucas presentó un informe acerca de este descubrimiento en una convención de la Transplantation Society de La Haya.

Coautor de ese informe era un estudiante de medicina, Randall Morris, que había trabajado junto con Lucas en Stanford. También Morris, sin que Lucas lo supiera, se encontraba en La Haya, y se sorprendió mucho al descubrir en aquel momento que Lucas había obtenido brillantes resultados durante experimentos que, en realidad, y de acuerdo con lo que él sabía, nunca se habían realizado. Ante sus insistentes preguntas Lucas respondió que había realizado aquellos experimentos en un periodo en que Morris se encontraba de vacaciones y que le había ayudado K. Enomoto, un joven recientemente diplomado.

Aunque la velocidad con que se habían llevado a cabo aquellos experimentos generaba algunas sospechas, Morris se tranquilizó y siguió trabajando en el laboratorio de Lucas durante todo el año 1971. Hacia el final de ese año tuvo la oportunidad de ver el manuscrito del informe que Lucas estaba preparando para un congreso y se dio cuenta de que allí se daban por terminados experimentos que, en realidad, no habían llegado a su fin. Después de un enfrentamiento, Morris abandonó el laboratorio de Lucas para trasladarse al que dirigía el doctor Eugene Dong, a quien, como es obvio, relató todo lo ocurrido. Éste informó al director del departamento acerca de las discordias surgidas entre Lucas y Morris. Se creó un comité de investigación dirigido por Sidney Raffel, pero no tuvo éxito, y el comité concluyó que las aseveraciones de Morris y Dong carecían de consistencia.

Mientras tanto habían surgido problemas entre Lucas y otro de sus colaboradores, el doctor Baronio Martins. Martins había trabajado junto con Lucas en un proyecto subvencionado por los NIH, pero luego fue despedido. Antes de iniciar un proceso legal pudo obtener una copia de los informes del estado de progreso de las investigaciones donde encontró afirmaciones descalificadoras acerca de su trabajo. Comenzó entonces un juicio por difamación contra Lucas y contra la universidad, en el que además acusó a Lucas de haber falsificado algunos datos de la investigación. Se constituyó entonces un nuevo comité de investigación dirigido por el profesor Georg Fegen, que confirmó en efecto que el laboratorio de Lucas funcionaba de una forma muy extraña, que estaba dirigido de manera poco competente, que el personal era indisciplinado, que los informes de los experimentos se conservaban en condiciones confusas y caóticas y que seguramente algunos resultados experimentales habían sido falsificados.

Con estos elementos los abogados de Martins lograron ganar el caso, también gracias a otros hechos que surgieron durante el debate. Por ejemplo, algunos manuscritos que según las solicitudes de financiación que Lucas había enviado a los NIH habían sido aceptados por varias revistas para su publicación nunca habían sido publicados o ni siquiera habían sido escritos. De las notas de laboratorio pudo saberse también que (no precisamente para ahorrar) los animales de experimento que Lucas había utilizado eran exactamente la mitad de la cifra que había declarado en las solicitudes de financiación.

Una carta de Dong de marzo de 1977 al doctor Lawrence Horowitz, jefe de personal de un subcomité del Senado encargado de controlar las actividades de los NIH y dirigido por el senador Edward Kennedy, atrajo también la atención del Congreso sobre el caso.

En ese momento los hechos comenzaron a precipitarse. Se descubrió que las notas de laboratorio que contenían los datos de una investigación que Lucas había publicado en 1974 junto con una estudiante suya, Sharyn Walker, se habían «perdido» durante una mudanza.

Mientras tanto, en 1978, durante uno de los debates del proceso Martins-Lucas, Dong y un experto, el doctor Kenneth Parker, examinaron las notas de laboratorio del mismo Lucas. Parker demostró que Lucas había registrado los verdaderos datos obtenidos en el transcurso de los experimentos con un bolígrafo, mientras que los inventados estaban escritos con rotuladores o con otro tipo de pluma. En un experimento en el que se daba cuenta del número de animales muertos, la X que indicaba la muerte del animal en algunos casos había sido borrada y sustituida por una línea continua, que señalaba que el animal seguía aún con vida.

En marzo de 1979 la Universidad de Stanford informó a los NIH que durante los diez años anteriores Lucas había incluido en las solicitudes de financiación 30 citas falsas referentes a sus artículos. El mismo Lucas se vio obligado a admitir que 18 de los artículos publicados entre 1967 y 1977 estaban equivocados, 10 habían sido rechazados para su publicación, cinco no habían sido siquiera enviados a las revistas y en tres casos la referencia a la revista era errónea. Llegado a este punto, la universidad suspendió a Lucas de su cargo durante doce semanas sin sueldo. Lo curioso es que, no obstante la cantidad de investigaciones y de acusaciones acumuladas en su contra, continuó recibiendo financiaciones que ascendían aproximadamente a medio millón de dólares, hasta que en octubre de 1981 se retiró por completo de la universidad y abandonó también Stanford.

Lucas había demostrado ser mucho menos «creativo» que Summerlin, cuya habilidad pudo igualar tan solo Karl Illmensee, profesor de embriología y biología del desarrollo de la facultad de ciencias de la Universidad de Ginebra, quien a principios de 1983 fue acusado de haber falsificado los datos de algunos experimentos. Las acusaciones provenían de uno de sus colaboradores, el doctor Kurt Buerki. Illmensee afirmaba haber podido trasplantar el núcleo de células cancerígenas a una célula fecundada cuyo núcleo original había sido extraído: el nuevo embrión resultaba normal. Buerki afirmaba que una parte del experimento había sido realizada un domingo, día en que, sin embargo, ninguno de los aparatos parecía haber sido utilizado.

Dado que los experimentos habían sido iniciados algunos años antes por el mismo Illmensee, junto con el doctor P. Hopp en el Jackson Laboratory de Bar Harbor en Maine, y financiados por los NIH, el Jackson Laboratory nombró una comisión investigadora que confirmó que resultaba imposible repetir los experimentos en cuestión. Esto no significaba necesariamente que los resultados de Illmensee y Hopp no fueran válidos. Sin embargo, otra comisión de investigación de carácter internacional, nombrada por el rector de la Universidad de Ginebra, llegó a conclusiones completamente diferentes. En enero de 1984 esta comisión publicó un informe en el que se planteaban serias dudas acerca de la validez científica de los experimentos. Se arriesgó también la hipótesis de que toda la investigación era inventada. Después de la publicación de ese informe en mayo de 1984 los NIH decidieron no renovar la subvención de 218.000 dólares que hasta entonces habían otorgado a Illmensee, quien renunció a la Universidad de Ginebra en septiembre de ese año.

## ¡Qué sinvergüenzas son los oncólogos!

De todas las estafas científicas y médicas las más reprobables son sin duda las cometidas por los investigadores que trabajan a fin de comprender y, posiblemente, curar las enfermedades graves. El primer puesto entre las enfermedades que aún esperan el descubrimiento de una terapia eficaz está ocupado con seguridad por el tumor canceroso. Las investigaciones acerca de esta terrible enfermedad pueden ser consideradas uno de los fracasos más grandes en la ciencia moderna, sobre todo después de la derrota de la «guerra contra el cáncer» declarada por Nixon a comienzos de los años setenta. Es una verdad incómoda y hubo quien, como el neurofisiólogo inglés Harold Hillman, vio arruinada su carrera por haber intentado afirmar que estos fracasos dependen en forma directa de los métodos de investigación adoptados (y en particular del uso del microscopio electrónico), que modifican la realidad biológica de las células falseando todos los resultados de las indagaciones. La investigación acerca del tumor se encontraría en una especie de callejón sin salida y estaría indagando estructuras biológicas ilusorias en lugar de hacerlo en células cancerígenas.

No hay dudas de que en la denuncia de Hillman hay algo de verdad: ya cuando se inventó el microscopio óptico los científicos observaron y estudiaron durante muchos años cosas que resultaron ser luego simples ilusiones causadas por la imperfección de los instrumentos. Si bien Hillman tiene algo de razón, no se puede ciertamente considerar que toda la investigación acerca del cáncer es una gran estafa. Se trataría, más que nada, de

## 5. Delitos de bata blanca

error o ilusión. Pero es cierto que existen en este campo verdaderos estafadores, así como también es cierto que éstos deben ser considerados los peores de toda la gama de estafadores y especuladores de la ciencia. Sobre todo, cuando no se presentan como personas al margen de la ciencia oficial, como el creador del suero Bonifacio en Italia o Antonio Priore en Francia, sino como estudiosos acreditados a nivel internacional.

Marc J. Straus, por ejemplo, era un médico simpático y muy activo especializado en la investigación del cáncer de pulmón. Había publicado 40 artículos y un libro, y había organizado en los alrededores de Boston seis instituciones, entre clínicas y hospitales, para curar el cáncer. Comenzaba a pensar ya en la posibilidad de obtener un premio Nobel cuando de un día para otro su imperio se desmoronó. En el otoño de 1978 algunas personas que trabajaban en su equipo, dos jóvenes médicos y tres enfermeras, le denunciaron por haber falsificado repetidas veces muchos informes acerca de su actividad.

Las falsificaciones iban desde la simple modificación de la fecha de nacimiento de un paciente hasta la referencia a tratamientos y estudios de laboratorio que, en realidad, nunca se habían realizado, y a diagnósticos falsos de tumor. Straus dijo no saber nada, ser víctima de una conspiración y renunció a su cargo. Otros miembros de su equipo que fueron interrogados admitieron que, en efecto, muchos informes se habían falsificado, pero que esto había ocurrido por miedo a que la disminución del número de pacientes provocara una reducción en la financiación.

La carrera de Straus había sido fulminante. Había llegado al Hospital de la Universidad de Boston en el verano de

1974 y venía del National Cancer Institute. De inmediato formó un nutrido grupo de técnicos de laboratorio, enfermeras y médicos con el objeto de estudiar y combatir específicamente el cáncer de pulmón. Publicó gran cantidad de artículos en las mejores publicaciones del sector y en 1977 era ya una de las personas más famosas de Boston.

Una de las investigaciones más importantes en la que había trabajado era una indagación clínica apoyada por el Eastern Cooperative Oncology Group (ECOG), un prestigioso grupo de investigación internacional que reunía a 40 hospitales. Cuando se revelaron las falsificaciones, este grupo estaba realizando una serie de estudios, uno de los cuales se ocupaba de un tratamiento experimental ideado por el mismo Straus. A los pacientes que sufrían cáncer de pulmón se les suministraba, de acuerdo con normas precisas establecidas por Straus, dos tipos de fármacos que según él habrían prolongado su supervivencia. Los enfermeros y técnicos recogían, organizaban e introducían los datos en un ordenador.

Poco a poco comenzaron a falsificarse los datos. La mayor parte de las falsificaciones (incluso la referencia a falsas pruebas de laboratorio o a resultados falsos) se realizaron a fin de esconder errores de tratamiento cometidos por el grupo al acatar la normativa específica prevista por el ECOG, o con el fin de dar a los médicos la posibilidad de alejarse del tipo de tratamiento previsto por el programa general sin perder la credibilidad. Posteriormente, cuando la Universidad de Boston impulsó una indagación, resultó que el 15% de los datos que se habían introducido en el ordenador eran falsos.

## 5. Delitos de bata blanca

En 1981, después de abandonar la Universidad de Boston y convertirse en profesor del New York Medical College de Valhalla, Straus realizó por primera vez una declaración durante la cual afirmó que la investigación que la ECOG había propiciado era tan amplia y compleja que resultaba materialmente imposible, incluso para el director de un solo sector, controlar de forma detallada lo que hacían sus colaboradores.

Pero los de Straus eran solo engaños terapéuticos, nunca pretendió resolver el problema científico del origen del tumor. En la primavera de 1981, en cambio, el mundo se vio conmocionado por un anuncio sorprendente: el profesor Efraim Racker y su joven ayudante, Mark Spector, habían descubierto la causa del cáncer. Los científicos más importantes de ese área, incluidos el premio Nobel David Baltimore y Robert Gallo, manifestaron de inmediato todo su aprecio e interés por la nueva teoría, mientras que los protagonistas del descubrimiento ya eran señalados como los próximos ganadores del Nobel. Como si se tratara de un concierto de rock, 3.000 personas se hallaban presentes para escucharle cuando en la primavera de 1981 Racker ilustró la nueva teoría durante una conferencia de los National Institutes of Health. Los detalles de la teoría se explicaban en un artículo aparecido luego en la revista *Science* en julio de 1981.

Pero el entusiasmo del mundo científico duró poco. En septiembre de ese mismo año apareció en la misma revista un desmentido y una retracción del descubrimiento que ya estaba revolucionando al mundo. Los datos en los que se apoyaba, se decía en este segundo artículo, no eran correctos. Lo que el artículo no explicaba era que tales datos eran fruto de una hábil falsificación de Spector, el ayudante de Racker.

Spector provenía de la Universidad de Cincinnati y había llegado a la Universidad de Cornell en enero de 1980. En el laboratorio de Racker conquistó rápidamente la fama de hábil experimentador: demostraba gran habilidad con las manos, por lo que sus colegas le llamaban «manos de oro». La tarea que se le confió al comienzo era purificar una enzima que contienen las paredes de la célula, la ATP. El interés de Racker por esta enzima se debía a que consideraba su mal funcionamiento como una de las características fundamentales del origen del tumor. Varios investigadores ya habían intentado, aunque sin éxito, la purificación de la enzima ATP, Spector en cambio lo logró en dos meses. Además, realizó otro descubrimiento que confirmaba de forma brillante las intuiciones de su maestro: la enzima ATP funcionaba mal en las células tumorales pero lo hacía en forma regular en las células normales.

Indagaciones posteriores realizadas siempre por Spector condujeron al descubrimiento de la causa de este comportamiento. En las células tumorales la enzima sufre una modificación química llamada fosforilación. Cada cambio químico de la célula está mediado por una enzima particular. Se trataba entonces de comprender qué causaba la fosforilación de la enzima ATP. Spector descubrió que existía una cantidad de enzimas unidas entre sí por una cadena, conocidas como cinasas, y que cada una experimentaba una fosforilación que activaba a la siguiente, como en una cascada; la última provocaba la fosforilación de la enzima ATP.

## 5. Delitos de bata blanca

Esto era la parte esencial de la teoría de la «cascada de las cinasas» —como se la denominó—, que explicaba finalmente de qué forma la enzima ATP causaba cáncer. Para una completa explicación faltaba, sin embargo, el empujón inicial. ¿Qué era lo que originaba la cascada de fosforilación de las cinasas? Spector pudo responder a esta pregunta en muy poco tiempo. Recientemente se habían descubierto unos virus que causaban el tumor en los animales. El gen de estos virus codifica precisamente la formación de una cinasa. La teoría definitiva elaborada por Spector y su maestro Racker partía de este dato concreto y preveía que el tumor surgía cuando un virus infectaba una célula. El mecanismo preciso de la aparición del tumor se originaba a partir de la actividad de un gen particular del virus que producía la síntesis de gran cantidad de cinasas, las cuales, en cascada, activaban a otras cinasas hasta que la última causaba la fosforilación de la enzima ATP, volviéndola inactiva y transformando la célula normal en una célula tumoral.

La hipótesis era verosímil y fascinante. El único problema era que ningún otro investigador lograba obtener los mismos resultados que Spector. Ni siquiera aquellos que, como Blake Pepinsky, habían trabajado junto a él. Todo terminó por crear sospechas, en particular en el jefe de Pepinsky, Volker Vogt, quien junto con Racker y Spector había firmado el artículo que anunciaba el descubrimiento.

Vogt, un experto en virus tumorales, trabajaba en el departamento de bioquímica de la Universidad de Cornell, en la planta inmediatamente superior al laboratorio de Racker. Halló sospechoso el hecho de no poder repetir algunos experimentos de inmunoprecipitación de la ATP de las membranas, experimentos que en cambio habían resultado un éxito cuando su alumno Pepinsky y Spector los llevaron a cabo. Pero las cosas funcionaban cuando el mismo Spector ponía sus manos en el gel, una sustancia gelatinosa en la que se hacían precipitar las proteínas y las enzimas a fin de identificarlas.

En julio de 1981 Vogt quiso llegar al final de la historia. Spector colocaba las proteínas marcadas con el fósforo radiactivo 32 sobre el gel y las sometía a un campo eléctrico. Por efecto de este campo eléctrico cada proteína se dirigía hacia un punto característico en el que hacía notar su presencia oscureciendo una película radiosensible superpuesta con el gel. Spector siempre había presentado, tanto a sus superiores como a sus colegas, solo estas películas, nunca los geles originales y nadie se había molestado jamás en verificar con un contador Geiger si las marcas sobre la película se debían realmente al fósforo 32.

Cuando por primera vez Vogt hizo la prueba no deseaba dar crédito a sus oídos: los clic del contador Geiger indicaban que no se trataba de fósforo 32, sino de yodo 125. Dado que se sabe que una proteína se puede marcar con el yodo radiactivo mediante un proceso llamado «conjugación», Vogt se dio finalmente cuenta, mediante una simple reacción química que no implica la actividad de enzima alguna (mientras que la fosforilación es una reacción química mediada por una enzima, la cinasa), de lo que Spector había hecho en realidad. El joven «genio» había marcado con yodo radiactivo los geles exactamente en el punto en que, si se hubiera producido la fosforilación, se habría encontrado la huella de fósforo radiactivo.

## 5. Delitos de bata blanca

A la mañana siguiente, Vogt y Racker, se encararon con Spector, quien debió admitir que, en efecto, lo que se encontraba en las películas era yodo, pero dijo no saber explicar la razón. Racker le dio cuatro semanas para repetir todos los experimentos y entregarle los resultados. Spector prometió que haría todo en dos semanas. Pero lo único que pudo hacer fue demostrar la fosforilación efectiva de la enzima ATP, es decir, de todo el aparato de la cascada de la cinasa, solo permanecía en pie como hecho experimental el último eslabón. Es probable que a partir de aquí Spector construyera, imaginariamente y ayudado por su habilidad experimental de ilusionista, toda la teoría de la cascada de la cinasa.

Racker, enfurecido, le despidió. El 19 de septiembre de 1981 Spector retiró la solicitud de su doctorado y abandonó para siempre la Universidad de Cornell. Se descubrió también que en realidad nunca había obtenido su título en la Universidad de Cincinnati, de la que provenía, y que había sido inculpado por haber falsificado dos cheques por la suma total de 4.843 dólares.

Lo curioso de toda la historia es que veinte años antes en circunstancias parecidas el mismo Racker había descubierto otra falsificación realizada por George Webster en el laboratorio del doctor David Green en Wisconsin. Webster había afirmado que durante sus experimentos de fosforilación oxidativa de los mitocondrios había podido individualizar compuestos intermedios de alta energía, es decir, aquello que más tarde se llamó cinasa.

Webster sostenía que estos compuestos transformaban mediante la fosforilación el ADP en ATP, cada uno en uno de los tres estadios de fosforilación, aunque carecían de la correspondiente actividad enzimática. De los estudios de Racker resultaba en cambio que esa actividad enzimática debía existir. Para verificar cuál de las dos versiones era la correcta Racker fue al laboratorio en el que trabajaba Webster y le pidió que le enseñara sus notas de laboratorio para comprobar los detalles experimentales de las investigaciones. Webster dijo que había perdido los apuntes de laboratorio, y finalmente, presionado por la insistencia de Racker, admitió que había inventado todos los experimentos. Inmediatamente después abandonó la carrera académica y encontró trabajo como bibliotecario.

Detrás de la excusa de una improbable equivocación se atrincheraron, en cambio, dos científicos que pretendían haber hecho un «descubrimiento» del mismo alcance que el de Spector. En 1979 Paul Todd y Paul S. Furcinitti de la Universidad del Estado de Pennsylvania publicaron en la revista *Science* un artículo en el que afirmaban que las células renales humanas expuestas durante un breve periodo de tiempo a los rayos gamma desarrollaban tumor.

El resultado concordaba con una serie de investigaciones que varios laboratorios habían llevado a cabo. Estos laboratorios sospechaban ya desde hacía tiempo que una pequeña dosis de radiación podía causar cáncer, daños genéticos y la muerte de la célula. Sin embargo, en 1980 Walter Nelson-Rees, director del banco celular de la Universidad de California, demostró que la línea celular denominada T-1, que muchos laboratorios y en especial el de Todd y Furcinitti habían utilizado como si fuera una cepa normal de células renales, descendía de las células HeLa. Esta línea estaba compuesta por las células de Henrietta Lack, una mujer de color de treinta y un años fallecida a causa de un tumor, y que en 1951 habían sido aisladas por investigadores de la Universidad Johns Hopkins. La investigación se apoyaba entonces en células que eran tumorales ya desde el comienzo.

En los experimentos de Todd y Furcinitti se había omitido toda información relativa a la naturaleza de las células utilizadas. Es cierto, sin embargo, que desde 1977 ellos sabían que la línea T-1 sobre la que estaban trabajando se había contaminado con células HeLa, pues se lo había notificado Robert E. Stevenson, director de la ATCC (American Type Culture Collection), después de que ellos hubieran procurado depositar como original la línea celular T-1. Todd y Furcinitti no fueron ni los primeros ni los únicos científicos engañados por las células de Henrietta Lack y presentamos su caso solo porque, al menos en parte, parecen haber tenido mala fe. Quien desee un panorama completo del escándalo generado por Nelson-Rees puede leer el texto de Michael Gold, *A conspiracy of cells*.

## Estadísticas infladas y pruebas inventadas

En el campo médico el fraude científico se manifiesta ante todo en los casos clínicos inflados. Todos saben que los médicos declaran, tanto en los congresos como en sus artículos, haber operado o curado muchas más personas de las que han tratado en realidad. Es una práctica muy difundida de la que los mismos médicos son muy conscientes y que, sin embargo, en muy pocas ocasiones se discute o critica en público. No se trata de algo tan insignificante o inofensivo como puede parecer en un primer momento, ya que a menudo los propios médicos o los laboratorios farmacéuticos utilizan estos casos clínicos para convalidar, por ejemplo, la conveniencia de determinados tipos de intervenciones quirúrgicas o el uso de determinados fármacos. Si un cirujano sostiene que ha operado a 800 personas con una nueva clase de intervención, y el índice de mortalidad es muy bajo, los otros médicos se verán obligados a creerle y a utilizar la misma intervención cuya fiabilidad se apoya en una lista de casos inventados. Sería mucho más oportuno que, como sostienen desde hace años los médicos anglosajones, tanto en congresos como en artículos se hablara más de los fracasos y de las complicaciones que de los éxitos. Sobre todo si son inventados.

Se pueden considerar verdaderos fraudes científicos los que cometen los médicos de hospital y los docentes universitarios en las pruebas clínicas de los fármacos realizadas después de haber sido aprobados por los órganos de gobierno. Los fármacos, luego de superar en laboratorios farmacéuticos o privados los exámenes que aseguran la calidad, reciben la aprobación de los órganos de gobierno, la FDA (Food and Drug Administration) en Estados Unidos, el Consejo Superior de Sanidad en Italia, aunque antes de introducirlos en el mercado tanto médicos como docentes universitarios realizan pruebas con pacientes. Se sabe que también durante esta etapa se producen, en perjuicio de los pacientes, datos falsos o fraudulentos, aunque en pocas ocasiones se informa al público.

## 5. Delitos de bata blanca

Un caso emblemático fue el del cardiólogo Wilbert S. Aronow, quien, además de ser director del departamento de enfermedades cardiovasculares de un hospital de Long Beach en California, era también miembro del comité de asesoramiento de la FDA. Sus problemas comenzaron en el verano de 1979, cuando investigadores de la FDA, durante una visita de rutina, fueron a controlar sus datos relativos a un fármaco a base de prazosin, que el laboratorio farmacéutico Pfizer pensaba comercializar para prevenir ataques cardiacos. En realidad, el fármaco se vendía ya como antidepresivo, pero los resultados de las pruebas de Aronow demostraban de forma inequívoca que tenía también un efecto preventivo y curativo del ataque cardiaco. Los datos eran tan seguros e inequívocos que el día anterior a la visita de los dos funcionarios de la FDA al hospital, Aronow llamó a Marion Finkel, vicedirector de la oficina encargado de aprobar los nuevos fármacos, y confesó espontáneamente que eran falsos y que además había presentado datos trucados en el caso de otro fármaco.

Esta jugada tenía por objeto evitar un escándalo y, de hecho, el responsable se alegró de tener que firmar una declaración en la que admitía todas sus culpas para detener cualquier publicidad. Pero los sabuesos de la FDA ya comenzaban a sospechar, y continuaron analizando en detalle su documentación hasta descubrir incluso que un estudio acerca del timol, el cual, según afirmaciones de Aronow, podía ser un sanalotodo para la angina, era fruto de una falsificación evidente. Aronow había probado ese fármaco en pacientes que no sufrían de angina y era obvio que, en aquellas condiciones, la eficacia del fármaco era sorprendente. En total se descubrió que Aronow había falsificado entre 1974 y 1978 los datos de las pruebas de cuatro fármacos.

Este caso es ejemplar también debido a la mala fe demostrada por el protagonista, que procuró de todas las formas posibles minimizar el incidente y salvar su reputación. Además de firmar el reconocimiento de culpabilidad, en el cual prometía entre otras cosas que en el futuro no volvería a realizar pruebas clínicas para comprobar la seguridad de los fármacos, renunció al hospital en el que trabajaba y se trasladó a Omaha, en Nebraska, a la Escuela de Medicina de la Universidad de Creighton. Luego de algún tiempo, en 1980, durante una convención dedicada precisamente al problema de la seguridad de los fármacos, se retractó de su anterior admisión de culpabilidad, afirmando que en aquel momento se encontraba en un estado de confusión emotiva y que además estaba en tratamiento desde hacía varios años con un psicoanalista. De esta forma procuraba evitar ser desprestigiado pública y oficialmente ante el mundo científico.

En parte logró su objetivo. En octubre de 1982 firmó un nuevo acuerdo con los órganos de la FDA en el que lograba que los laboratorios para los que había trabajado en el pasado fueran informados de su autodenuncia e imposibilidad de conducir solo ulteriores investigaciones. Su nombre, por lo tanto, no figuró en la lista pública divulgada por el gobierno estadounidense en la que aparecen los estudiosos que no pueden llevar a cabo investigaciones de nuevos fármacos. Los laboratorios pueden servirse todavía de su «valiosa» ayuda.

## 5. Delitos de bata blanca

Parecido a éste, y es probable que igualmente difundido, es un fraude que involucra a los laboratorios que realizan las pruebas a las que se deben someter los fármacos antes de obtener la aprobación oficial y ser comercializados. En muchos casos estos laboratorios no efectúan las pruebas, o bien lo hacen solo en parte, y declaran a las empresas farmacéuticas lo que éstas quieren escuchar, es decir, que los fármacos que producen no solo son seguros porque carecen de contraindicaciones, sino también eficaces. Es un problema muy serio y muy sonado que se discute en numerosos congresos, y acerca del cual ya existe una literatura especializada, pero que llega a la conciencia del gran público solo cuando se trata de un gran escándalo. El mayor de todos es seguramente el que, a mediados de los años setenta, involucró a uno de los más prestigiosos laboratorios privados norteamericanos encargado de controlar la calidad de los fármacos, la Industrial Bio-Test Inc. (IBT) de Northbrook, Illinois.

El 13 de abril de 1976 el presidente de la sociedad, Joseph C. Calandra, el director general Moreno Keplinger y dos investigadores comparecieron en la sala del tribunal de Chicago acusados de falsificar datos relativos a las pruebas de alrededor de trescientas sustancias, entre las que se encontraban 200 pesticidas y varios fármacos. Para llegar al fondo del caso, el juez eligió cuatro sustancias. Una de ellas era el TCC, un agente antibacteriano producido por el laboratorio farmacéutico Monsanto, el cual estaba interesado en probar la fiabilidad del producto a fin de poder utilizarlo en mayor cantidad como desodorante en los jabones de baño. Las pruebas consistían particularmente en exponer a ratones durante 24 meses a grandes cantidades del agente para verificar si causaba atrofia en los testículos como se sospechaba.

Las investigaciones dispuestas por el juez confirmaron que las condiciones en las que se criaban los ratones eran tan insalubres que era imposible verificar los verdaderos motivos de su muerte. En todo caso, los datos acerca de la aparición del tumor en las poblaciones de ratones estudiadas no se desprendían de los análisis realizados directamente en los mismos ratones, sino que habían sido copiados por Keplinger de un estudio llevado a cabo por otro laboratorio. Como si esto no fuera suficiente, dado que aquellos datos eran demasiado «pesimistas», Keplinger los manipuló y los retocó a fin de garantizar al laboratorio productor que el TCC no presentaba siquiera una mínima influencia en la aparición de los tumores. Pero los datos finales eran tan rigurosos y exactos al excluir la posibilidad de tumores que un investigador de la FDA, durante una visita rutinaria de control, se sorprendió y comenzó a sospechar. Precisamente en ese momento comenzaron los problemas de la IBT.

El proceso estuvo acompañado por una serie de escándalos a los que la prensa otorgó gran espacio, tanto por la importancia del laboratorio involucrado como por la cantidad de sustancias incriminadas, y también por la intervención de las sociedades ambientalistas norteamericanas y, finalmente, por los daños económicos provocados a varias sociedades farmacéuticas que se vieron obligadas a someter a prueba nuevamente fármacos y aditivos cuya inocuidad había sido confirmada por la IBT. El laboratorio farmacéutico más directamente involucrado, Monsanto, debió gastar 12 millones de dólares para repetir todas las

## 5. Delitos de bata blanca

pruebas, y los gobiernos estadounidense y canadiense decidieron controlar nuevamente las 22.000 sustancias que la IBT había analizado desde su fundación. Se tenía la fundada sospecha de que esta sociedad, nacida con pocos fondos en 1952, se hubiera transformado en uno de los laboratorios más grandes de Estados Unidos, en los años setenta, solo porque a través de sus pruebas poco ortodoxas tranquilizaba la conciencia sucia de los farmacéuticos.

El escándalo fue tan grande que se nombró una comisión parlamentaria presidida por el senador Edward Kennedy, que al finalizar su trabajo sometió e hizo aprobar por el Congreso, en 1978, el *Good Laboratory Practices Act,* que establecía normas más rigurosas en los controles que debían efectuarse en los laboratorios y en las obligaciones y procedimientos que deben respetarse al comprobar la inocuidad de productos farmacéuticos y pesticidas.

# 6. Falsificaciones afortunadas y desafortunadas

## La ascensión y caída de Franz Moewus

La mañana del 30 de mayo de 1959 Liselotte Moewus encontró en el suelo fulminado por un ataque cardiaco a su marido Franz, el hombre que había demostrado que incluso las algas verdes pueden copular y había convertido a estas pequeñas plantas en protagonistas de una nueva disciplina, la biología molecular, que tiene por objeto analizar los procesos por los cuales el patrimonio genético determina la formación y los caracteres del organismo adulto. Eran estudios de vanguardia llevados a cabo con mucha elegancia y que arribaron a resultados claros y sorprendentes. Por ese motivo, unos meses antes Moewus había sido recibido triunfalmente en Estados Unidos, donde había sido invitado a dictar una serie de conferencias.

Pero precisamente durante este viaje se confirmaron las sospechas que desde hacía años recaían sobre el estudioso alemán: los sorprendentes resultados expuestos en tantas publicaciones eran en realidad resultado de engaños y falsificaciones. Muchos de los experimentos ni siquiera habían sido realizados; en algunas demostraciones Moewus recurría a trucos de prestidigitador y todas sus teorías e hipótesis acerca de la vida sexual y la genética de las algas demostraron ser finalmente un colosal castillo de naipes.

La historia de Moewus, reconstruida solo recientemente en un bello libro escrito por el historiador de la ciencia australiano Jan Sapp, es digna de aparecer junto con la de Kammerer en el capítulo dedicado a los falsificadores desafortunados. A diferencia de muchos falsificadores de los que hablaremos seguidamente –como por ejemplo el estafador de Piltdown que nunca fue descubierto, o Burt, cuyos engaños se descubrieron solo después de su muerte–, Moewus fue desmentido en vida y debió sufrir las amargas consecuencias de sus falsificaciones: perdió el trabajo, perdió el honor como científico y, después de un ataque cardiaco probablemente provocado por el gran disgusto, perdió también la vida.

Franz Moewus nació en Spandau, un suburbio de Berlín, el 7 de diciembre de 1908. En su familia habían sido durante generaciones sastres, especializados en confeccionar los uniformes de la guardia prusiana. Franz, en cambio, demostró un notable interés por la biología y su padre le otorgó todo su respaldo. Así fue cómo, al terminar la universidad, decidió emprender el camino de la investigación científica. Optó por la especialización en botánica bajo la dirección de un autorizado estudioso, el profesor Hans Kniep, que enseñaba en el instituto de botánica de la Universidad de Berlín y se ocupaba especialmente de los hongos y de las algas. Pero murió muy joven, antes de que Moewus terminara su tesis de doctorado. Al quedar huérfano en el ámbito académico, Moewus decidió buscar la protección de Max Hartmann, que ya entonces era una autoridad en el área de la protozoología, y dirigía el Kaiser Wilhelm Institut de biología de Berlín.

Una de las ideas fijas de Hartmann era la de la sexualidad, que él consideraba un fenómeno biológico universal. Según una teoría que él apreciaba mucho, todo el mundo de la vida se apoya en la polaridad sexual entre masculino y femenino. Allí donde hay vida debe existir la distinción entre macho y hembra, así como también una forma primordial de apareamiento. Sin embargo, varios factores se oponían a este punto de vista general: muchos organismos no se reproducen por vía sexual, sino a través de una simple escisión, es decir mediante la división y multiplicación de sí mismos, y otros, como las algas, presentan formas de apareamiento que se realizan entre individuos idénticos e indiferenciados, por lo que resulta imposible individualizar cuál es el macho y cuál la hembra.

Ésta era sin duda una gran dificultad para la teoría sostenida por Hartmann que Moewus, alumno fiel y atento, se encargó de eliminar. En sus primeros estudios escogió precisamente un alga verde, la *Chlamydomonas eugametos,* que parecía la impugnación viviente de la teoría de Hartmann. Esta alga se reproduce sexualmente a través de la copulación de pequeños gametos dotados de flagelos y por completo indiferenciados. En otros términos, es imposible establecer cuál es el gameto femenino y cuál el masculino. Estos gametos se aparean tocándose primero con las extremidades de los flagelos y luego enrollándose en espiral. Todo hacía suponer que se trataba de un vergonzoso caso de homosexualidad protozoica, que se volvía aún más embarazoso al no existir forma alguna de establecer cuál era el sexo común de los dos «compañeros».

Pero Moewus colocó las cosas en su sitio: demostró ante todo que los dos gametos no eran totalmente idénticos, puesto que uno era un poco más grande y, según él, podía ser identificado como el femenino. La prueba definitiva de esta diferenciación sexual la presentó a partir de experimentos de cruce: apareó la *Chlamydomonas eugametos* con una prima de ésta: la *Chlamydomonas braunii*. Esta unión, de acuerdo con lo escrito por Moewus, habría profundizado las diferencias entre los gametos masculinos y femeninos que él indicó con un más y un menos a fin de poder distinguirlos. La diferencia no era morfológica (los gametos eran iguales y permanecían iguales), sino fisiológica. Moewus sostenía que la diferencia estaba precisamente en el funcionamiento. En otros términos, existían diferencias invisibles que hacían que un gameto pudiera actuar de macho y no de hembra.

La demostración era muy elegante y a Hartmann le gustó mucho. Es una lástima que fuera falsa. Contradice, de hecho, las cuidadas observaciones de Adolf Pascher, una autoridad indiscutible de la época que había estudiado a fondo el mismo fenómeno algunos años antes.

Esta disparidad de opiniones generó dudas en algunos estudiosos checoslovacos que procuraron desesperadamente, aunque sin éxito, reproducir los experimentos de Moewus. En 1939 llegaron a la conclusión de que no podía sino confirmarse la idea de Pascher, es decir, que las algas verdes se reproducen a través del apareamiento entre gametos totalmente indiferenciados desde el punto de vista sexual.

Todas estas críticas fueron silenciadas por Hartmann, quien se sirvió de toda su autoridad para sostener la validez de los resultados de su alumno que se correspondían perfectamente con sus teorías. Entusiasmado por este apoyo, Moewus continuó con sus investigaciones y descubrió otras características curiosas de la actividad sexual de las algas verdes. Afirmó que existen factores químicos externos que pueden influir en la actividad sexual de los gametos de las algas. En particular, había «descubierto» que el líquido que constituye el terreno de cultivo en el que viven los gametos contiene sustancias, que él denominaba «sustancias sexuales», capaces de influir en el comportamiento de los otros gametos. Es decir, en el agua existían pequeños organismos que producían sustancias capaces de activar el comportamiento sexual de las algas. Sostuvo también que había podido aislar estas sustancias de los organismos que las producen filtrándolas y centrifugándolas. Afirmó además que los gametos desarrollados en la oscuridad no podían copular, pero si se los trataba con sus sustancias sexuales, volvían a ser sexualmente activos. Se trataba, también en este caso, de experimentos que más tarde resultaron completamente ilusorios e infundados, los cuales, sin embargo, fueron aceptados como válidos en la literatura internacional gracias al autorizado apoyo que Hartmann les había otorgado.

## 6. Falsificaciones afortunadas y desafortunadas

Moewus obviamente esperaba que la gratitud del maestro se concretara en un ascenso en su carrera, más aún tras haber contraído matrimonio con Liselotte, a quien había conocido en 1934 en Dresde, donde había sido invitado como instructor durante un breve periodo. Pero Hartmann (no se sabe si debido a que ya tenía algunas sospechas acerca de la fiabilidad de los resultados de su obsequioso discípulo, o porque tenía la intención de apoyar a otros alumnos, como efectivamente sucedió luego) nunca pareció preocuparse demasiado por las condiciones económicas y por la carrera de Moewus, quien en 1936, al finalizar su beca de estudio con la que hasta entonces había vivido, se encontró sin trabajo.

Decidió entonces buscarse otro protector, en lo posible más poderoso y autorizado. A través del laboratorio farmacéutico Farben obtuvo un contacto con el bioquímico Richard Kuhn, director del Instituto de Química del Centro de Investigación Médica de Heidelberg y profesor de la universidad de esa misma ciudad, conocido en aquel entonces en todo el mundo por sus estudios acerca de los pigmentos carotenoides y las vitaminas, estudios por los que obtuvo el premio Nobel en 1939. Ambos se entendieron de inmediato, dado que, como señala Liselotte, tenían el mismo carácter y la misma forma de hablar. Kuhn demostró ser un «maestro» más atento de lo que había sido Hartmann. Con su ayuda, Moewus obtuvo, en primer lugar, una buena financiación por parte de algunas industrias farmacéuticas hasta que obtuvo la habilitación para enseñar en la Universidad de Erlangen (dado que en Heidelberg no se la habían querido otorgar), por lo que, en octubre de 1942, fue nombrado profesor en la Universidad de Heidelberg. Pero Kuhn también le apoyó de otra manera: siguió obteniendo para él fondos de las industrias farmacéuticas a fin de que continuara sus investigaciones y evitó también que le reclutaran para ir a la guerra. Tanta generosidad debía ser recompensada con actos más importantes que los que Moewus había dispensado a Hartmann. Y, en efecto, Kuhn vivió una agradable sorpresa cuando Moewus le anunció que había descubierto que los carotenoides, precisamente el objeto de sus estudios, desempeñaban un importante papel en la activación de la sexualidad de las algas.

Los carotenoides son sustancias de variados colores, desde el amarillo hasta el violeta, que se encuentran en el reino vegetal y son las responsables, entre otras cosas, de la coloración otoñal de las hojas. Cuando Kuhn las descubrió no pudo atribuirles una función específica. Moewus, en cambio, lo logró rápidamente. Sabía que los carotenoides se encuentran también en las algas, y pensó que si estaban allí, debían servir para algo; se encargó de «descubrirlo». Con oportunos experimentos confirmó que uno de ellos, la crocina, podía generar la movilidad de los gametos, mientras que otros dos podían provocar la diferenciación sexual de los gametos de las algas. Descubrió luego que la pirocrocina acentuaba los caracteres sexuales femeninos de los gametos, mientras que el safranal hacía lo mismo con los masculinos. Finalmente, para completar el ciclo, Moewus demostró que otros dos carotenoides, la cis y la transcrocetina, eran responsables de la atracción recíproca de los gametos, es decir, encendían la mecha que provocaba el apareamiento.

## 6. Falsificaciones afortunadas y desafortunadas

Los artículos en los que Moewus daba a conocer estos resultados, algunos de los cuales firmaba junto con su nuevo maestro, se publicaron entre 1938 y 1940, y contribuyeron sin duda alguna a facilitar la concesión del Nobel a Kuhn en 1939, así como también a confirmar su indiscutida autoridad científica.

En los años siguientes, en una serie de artículos escritos siempre junto con Kuhn, Moewus había llevado a cabo una empresa mucho más importante y para aquellos tiempos estrepitosa: había «desarmado» trozo a trozo su alga preferida, la *Chlamydomonas*, demostrando que poseía 70 genes, y de cada uno de ellos había aislado y demostrado su acción sobre la morfología, la fisiología y la bioquímica del diminuto organismo. En otros términos, no solo había reconstruido el «proyecto» y los «planos de construcción» de su alga, sino que también había identificado cuáles eran y cómo se ensamblaban las partes que constituían al individuo adulto. Se trataba de un resultado espectacular dado que, por primera vez, se demostraba que todo organismo se construye a partir de la información contenida en los genes, los cuales constituyen el patrimonio hereditario de la célula originaria a partir de la cual se desarrolla el embrión. Muchos estaban ya convencidos de la fundamentación de esta teoría y se hallaban trabajando en esta dirección, pero Moewus había sido el primero en obtener resultados completos y exhaustivos. Por lo menos eso parecía.

Todos los protagonistas de la biología molecular moderna se encontraban sorprendidos, y entre ellos también el muy joven James Watson, futuro premio Nobel por el descubrimiento de la estructura del ADN. A fines de 1948 Watson escribió para su profesor T. M. Sonneborn un artículo que nunca se publicó titulado «La genética de *Chlamydomonas* con especial referencia a su sexualidad», en el que analizaba en profundidad los resultados que Moewus afirmaba haber obtenido. Watson se mostraba sorprendentemente atraído y fascinado por los resultados de Moewus y consideraba su trabajo de un valor incalculable. Pero agregaba:

> Sin embargo, respecto del análisis genético, se tiene la impresión de que algunas afirmaciones referidas como hechos no son más que simples deseos. Y resulta difícil de imaginar cómo pudo haberse realizado todo el trabajo del cual se presentaban los resultados. Es posible que algunos experimentos jamás se hubiesen realizado o bien que se hayan falsificado sus descripciones.

La fundamentación de esas dudas, que no constituían aún acusaciones, resultó clara solo diez años después.

Mientras tanto Moewus, iba camino de convertirse en una autoridad; tanto es así que en 1938 había sido invitado al tercer Congreso Internacional de Microbiología que se celebraba en Nueva York. Sin embargo, parecía que el destino ponía constantes obstáculos a su carrera: cuando subió al barco se anunció el comienzo de la guerra y todos los pasajeros recibieron la invitación de regresar a casa.

Cuando la guerra terminó se encontró en condiciones desesperadas. En la Alemania de la postguerra y de la reconstrucción, Kuhn ya no podía hacer mucho por sí mismo. Por otra parte, resultaba difícil encontrar estudiantes interesados en sus estudios y, como si esto fuera poco, debía mantener a algunos parientes a quienes la guerra había privado de todo sustento. Confiando en la amistad y en el empuje de Sonneborn, Moewus procuró en primer lugar obtener un puesto en Estados Unidos, pero al no poder conseguirlo, optó por Australia.

Así fue como en septiembre de 1951 se embarcó para ir a trabajar como investigador del departamento de botánica de la Universidad de Sydney, donde colaboró con el bioquímico Arthur Birch, que en aquella época se hallaba trabajando en el problema de la síntesis de los compuestos naturales.

En 1953 el estudioso alemán aceptó una invitación de Francis Ryan para trasladarse a Estados Unidos, a la Universidad de Columbia, a fin de repetir sus ya famosos experimentos acerca del control genético de las diferentes fases del ciclo de desarrollo de *Chlamydomonas*.

Moewus llegó a la Universidad de Columbia a mediados de enero de 1954 para lo que se anunciaba como una estancia decisiva en su carrera, dado que esta invitación y las que siguieron luego parecían anticipar la adjudicación del premio Nobel. Su desembarco en Estados Unidos había creado gran excitación y expectación. La mayor parte de los científicos sostenían que sus experimentos eran de importancia capital, pero eran muchos los que tenían la sospecha de que estuvieran apoyados en vulgares falsificaciones. Aquel viaje constituía una ocasión óptima, probablemente irrepetible, para verificar cuál de las dos hipótesis era correcta. En todo caso, la agenda norteamericana de Moewus estaba completa. Había sido invitado por varias universidades: Purdue Vanderbilt, UCLA, Cornell, y sobre todo se le había solicitado que dictara, durante el verano de 1954, unas conferencias en la que ya en aquel momento era la meca de los biólogos moleculares de todo el mundo: el Marine Biological Laboratory de Woods Hole, en Cape Cod.

Esa gira, que debía ser, al menos en las expectativas de Moewus, una especie de apoteosis, comenzó a asumir desde el comienzo todas las características de un calvario. En dos conferencias diferentes que dictó, una en el departamento de botánica de la Universidad de Pennsylvania, y la otra en la Universidad de Cornell, se cuestionaron los resultados que Moewus afirmaba haber obtenido durante el periodo de colaboración con Birch. Dos estudiosos, William Stepka y Bernard Davis, se dieron cuenta de que se apoyaban en el «dopaje» de la fenilalanina sintética.

Pero lo peor no había llegado aún. Durante los doce días que Moewus pasó en Woods Hole hablando ante monstruos sagrados de la biología molecular como Boris Ephrussi y Josua Lederberg, su sueño de obtener el Nobel a través de resultados trucados se desvaneció definitivamente, y todo el castillo de ilusiones científicas que había construido en el transcurso de una vida se desmoronó inexorablemente.

Cuando culminó su conferencia acerca del rol de la rutina en la sexualidad de las algas se puso de pie de entre el público Karl Grell, discípulo de Hartmann, que le denunció públicamente afirmando que sus resultados eran falsos y que ya habían sido impugnados por otros alumnos de Hartmann, quien, por su parte, había repudiado toda su colaboración anterior con Moewus. En efecto, precisamente en abril de 1954 se había publicado un artículo de Förster y Wiese, los dos discípulos de Hartmann que habían repetido los experimentos de Moewus sin éxito alguno. Aquel artículo estaba precedido por una breve nota del maestro, que con cautela tomaba distancia de su antiguo colaborador. En una entrevista que la señora Moewus le concedió a Jan Sapp el 26 de mayo de 1987 sostuvo que este incidente fue provocado por la envidia de Grell, quien deseaba apoderarse de la cátedra que durante años Hartmann le había prometido a Moewus.

Pero la disputa definitiva tuvo lugar entre Moewus y Ruth Sager, uno de los pocos estudiosos presentes en Woods Hole que era verdaderamente competente en cuanto al comportamiento del material específico utilizado por Moewus en sus experimentos, es decir, las algas. Sager trabajaba también desde hacía tiempo en *Chlamydomonas,* pero el suyo fue un trabajo extenso y oscuro, durante el cual no habían surgido señales de los espléndidos resultados que hicieron famoso a Moewus.

Así fue que mientras Moewus estaba repitiendo ante los ojos atentos del docto auditorio uno de sus experimentos fundamentales en los que pretendía demostrar que la movilidad de las algas está provocada por una hormona, la crocetina, que a su vez está producida por un determinado gen, Sager le pilló con las manos en la masa en el momento preciso en que intentaba el dopaje mediante un truquillo de prestidigitador.

Moewus estaba demostrando en aquel momento que un grupo de control de sus algas quedaba inmóvil y sin flagelos en el agua destilada, mientras que aquellas que pertenecían al grupo experimental comenzaban a moverse y desarrollaban flagelos en el preciso instante en que la crocetina tomaba contacto con el cultivo. El truco era muy simple: Moewus tenía a su lado dos botellas idénticas que contenían un líquido del mismo color y que carecían de etiqueta. Una contenía agua destilada y la otra una solución de yodo. Sager se dio cuenta de que las células de las algas no quedaban inmóviles porque les faltaba la crocetina, sino simplemente porque Moewus, en lugar de suministrarles agua destilada inocua, las mataba con la solución de yodo. La acusación era grave y provocó un encendido y áspero debate entre ambos durante el cual Moewus no pudo defenderse de manera eficaz dado el carácter flagrante del fraude.

Todo ello creó gran incomodidad y desconcierto incluso entre los protagonistas de la biología molecular, que hasta entonces habían visto en los experimentos de Moewus una confirmación del camino que ellos mismos habían trazado. Procuraron calmar las aguas y prometieron nombrar una comisión encargada de indagar los hechos. Unos días después la comisión ya estaba trabajando: además de Boris Ephrussi, formaba parte de ella Sonneborn, viejo amigo de Moewus y encargado de redactar una carta-informe, fechada el 18 de agosto de 1954, que debía ser refrendada por Moewus y luego publicada. En esta carta, muy extensa y llena de eufemismos, Moewus admitía lo que ya era irrefutable: es decir, que en el transcurso de la demostración se habían matado algunas células de algas con la solución de yodo.

Colocando su firma en aquella carta (que, afortunadamente para él, nunca fue publicada, pero que fue encontrada por Sapp entre los papeles de Sonneborn), Moewus firmó su sentencia de muerte como investigador. Desde ese momento ninguna universidad quiso tener nada que ver con él, no solo como posible candidato a profesor, sino tampoco como conferenciante. Además, la National Drug Company, laboratorio farmacéutico que había otorgado a Moewus una financiación de 3.000 dólares a fin de que pudiera continuar sus investigaciones en la Universidad de Miami, no respondió siquiera a las llamadas telefónicas ni a las insistentes cartas de Moewus una vez que el apoyo económico hubo concluido. Sin respuesta quedaron también las solicitudes de ayuda que Moewus envió a sus viejos colegas de todo Estados Unidos. En torno a quien fuera una celebridad de la biología molecular y que estuvo a un paso del premio Nobel se formó repentinamente un vacío.

Durante varios meses Moewus y su esposa no pudieron encontrar trabajo y sufrieron también el hambre hasta que, en 1956, la señora Moewus obtuvo un puesto de analista en el laboratorio de un hospital de Miami. Algunos meses más tarde el marido encontró trabajo en un laboratorio privado, donde trasladó lo que quedaba de sus cultivos de algas. Esperaba con ello, como sostuvo luego su esposa Liselotte, reemprender sus experimentos para procurar rehabilitarse ante la comunidad internacional. Trabajó en condiciones desastrosas durante casi dos años, aunque sin obtener los resultados favorables que esperaba. Después, la tragedia: al regresar al laboratorio luego de un fin de semana descubrió que, debido a un cortocircuito, todos sus cultivos se habían destruido. Procuró volver a crearlos escribiéndole a un antiguo colega, Richard Starr, que poseía una amplia colección de cultivos de algas, pero tampoco Starr respondió a su carta. Moewus cayó en un profundo abatimiento que duró varias semanas, hasta que en las primeras horas del 30 de mayo de 1959 su esposa Liselotte lo encontró muerto en el suelo.

La ya no tan joven señora, involucrada en esta trágica historia y que algunos sospecharon que fuera cómplice de su marido, continuó trabajando en Estados Unidos algunos años más, y en 1959 publicó el último artículo de su esposo. Luego, en 1961, contrajo matrimonio con Joseph Kobb, un abogado jubilado, y regresó a Alemania para pasar tranquilamente en Heidelberg los últimos años que le quedaban de vida.

## El Byron de los sapos

La historia de Moewus es análoga, aunque quizás más trágica, a la de Paul Kammerer, que la precedió, pero la de Kammerer, sin embargo, goza de más fama que la de Moewus, ya sea debido al libro que le dedicó Arthur Koestler o porque fue inmortalizada en un film soviético del año 1928, *Salamandra,* cuyo guión escribió Anatoli Vasilevic Lunacharski, comisario del pueblo por orden del gobierno soviético, un poco antes de ser depuesto por Stalin y enviado a Madrid como embajador.

Koestler ha definido al protagonista de la historia como «un Byron de los sapos». Kammerer era en efecto un típico exponente de la romántica y decadente sociedad vienesa de fin de siglo, la Viena de los valses y las conquistas, de las agitaciones políticas y de los suicidios.

## 6. Falsificaciones afortunadas y desafortunadas

En su breve vida tuvo tres amores: la música, las mujeres y los sapos, y estos tres amores le empujaron al suicidio. Fue encontrado muerto en las primeras horas de la tarde del 23 de septiembre de 1926, perfectamente sentado bajo una roca, elegantemente vestido de negro y aferrando la pistola en su mano derecha. Era un hombre de personalidad compleja y refinada, así que introdujo un toque de originalidad en su suicidio: no se disparó en la sien derecha, como podría haber hecho cualquiera, sino que optó por la izquierda, haciendo un esfuerzo propio de un contorsionista.

No había duda alguna de que se trataba de un suicidio: había dejado cinco cartas: una dirigida «a la persona que encuentre mi cuerpo», como podía leerse en el sobre que se halló en el bolsillo de su chaqueta; otra a su esposa, Felicitas, en la que declaraba que le resultaba imposible abandonar Viena y aceptar la oferta del gobierno soviético para dirigir un instituto de investigación fundado para él; la tercera carta estaba dirigida a la bailarina Grete Wiesenthal, con quien se encontraba unido sentimentalmente en aquel momento, y es la única de la que se desconoce el contenido. Las dos últimas estaban dirigidas una a su fiel amigo el barón Willy von Gutmann y la otra a la Academia de Ciencias de Moscú; en ellas aducía como motivo de su trágica acción haber descubierto que algunos animales usados por él en sus experimentos habían sido manipulados a fin de que los resultados de sus estudios parecieran fruto de una estafa científica. En la carta al barón Von Gutmann añadía un segundo motivo, de carácter personal y privado, que se refería probablemente al rechazo de Wiesenthal de acompañarle a Moscú.

Un artículo aparecido en aquellos días en *Neue Freie Presse* sostenía que

> la fatal decisión de poner fin a sus días parece haber estado determinada porque una artista de Viena, muy cercana a su corazón, no lograba decidirse a acompañarle a Moscú, y se supone que la depresión cíclica que ya una vez, tres años antes, le había llevado a intentar el suicidio con veronal, finalmente ha predominado.

Pero la mano suicida de Kammerer fue movida sin duda también por las frustraciones causadas por su otro amor: la música. Antes de estudiar zoología había concurrido al conservatorio de Viena y esto había acentuado las características excéntricas, románticas y creativas de su personalidad, características que le reprochó siempre el mundo académico vienés, que nunca accedió a otorgarle aquello que deseaba más que cualquier otra cosa: una cátedra en la universidad. Precisamente por eso un amigo hizo publicar, al día siguiente de su muerte, este anuncio necrológico lapidario: «Ser un genio en este país está prohibido por la Iglesia y por el Estado».

Pero en el núcleo de la tragedia personal de Kammerer se encuentran sin lugar a dudas los sapos parteros, animales hacia los que sentía, junto con las lagartijas y las salamandras, una pasión especial que le llevó a ponerle a su primera y única hija el nombre de Lacerta, que es el nombre latino científico de las lagartijas. Uno de los aspectos más singulares de su actividad como zoólogo era su capacidad para capturar con gran habilidad y facilidad –así como también criar en cautiverio– lagartijas, ranas, salamandras y sapos. Koestler relata que ya durante el periodo de mayor éxito, mientras se encontraba como huésped en un castillo de Moravia, Kammerer recogió en el jardín una variedad extraña de sapo y lo besó con ternura en la cabeza. La anciana propietaria del castillo que presenció la escena casi se desvaneció, y desde ese momento le adjudicó el sobrenombre de «el besador de sapos». Pero fueron precisamente los sapos, y en especial el sapo partero, quienes llevaron a Kammerer a la ruina.

Se había hecho famoso a raíz de una serie de experimentos con estos animales, en el transcurso de los cuales sostenía haber demostrado una de las teorías más controvertidas de la época: la que afirmaba que los caracteres adquiridos eran hereditarios. De acuerdo con esta teoría, que tenía orígenes muy antiguos y que algunos en aquella época contraponían a la genética mendeliana (la cual en ese momento atravesaba su periodo de mayor fortuna), los hijos heredan de sus padres no solo los caracteres que éstos heredaron a su vez de los abuelos, sino también todo aquello que los padres adquirieron en el transcurso de su vida a través del estudio y del ejercicio. Es decir, el hijo de un pianista debería heredar también la habilidad desarrollada por el padre durante largos años de ejercicio y de actividad, y, de la misma forma, el hijo de un herrero debería heredar los fuertes músculos paternos.

La mayor parte de los biólogos consideraba en aquella época, al igual que hoy en día, que esta idea era totalmente infundada. De acuerdo con la genética mendeliana, heredamos de nuestros padres solo la facultad o el talento o, si se desea, la predisposición a desarrollar una determinada capacidad. En otros términos, el hijo de un músico no puede heredar del padre la habilidad que éste adquirió con la experiencia, sino su «oído», al igual que cada uno de nosotros hereda la capacidad de aprender una lengua, aunque desde el nacimiento no podamos hablar la misma lengua que los padres.

Pero Kammerer estaba convencido de lo contrario y afirmó haber podido demostrar a partir de sus experimentos en salamandras y sapos el carácter hereditario de los rasgos adquiridos. El experimento más sorprendente era el del sapo partero. Este animal debe su curioso nombre a una característica particular de su mecanismo de reproducción; a diferencia de la mayor parte de los sapos y ranas, se reproduce en tierra, después del apareamiento, la hembra pone gran cantidad de huevos, que se mantienen unidos entre sí por largos hilos de una sustancia gelatinosa que el macho se enrolla en las patas traseras, luego de haber fecundado los huevos, a fin de transportarlos consigo hasta que salen las crías. Debido a su participación en un proceso que la naturaleza atribuye normalmente a la hembra obtuvo el nombre de sapo partero.

Pero posee otra singular característica: carece de los llamados «guantes nupciales» que sus otros congéneres desarrollan durante el apareamiento, entre febrero y marzo. Como ya se ha dicho, los otros sapos, evidentemente más lujuriosos, se aparean en el agua, lo que acarrea cierta dificultad. El sapo macho coge a la hembra por la cintura con las patas delanteras y la mantiene firme durante largo tiempo, a veces durante varias semanas, hasta que ésta pone los huevos que entonces él fecunda. Mantener inmóvil a la conquista sobre la piel de la hembra, aferrándose a la piel resbaladiza por el agua

## 6. Falsificaciones afortunadas y desafortunadas

durante tanto tiempo sería imposible si los sapos machos no desarrollaran, durante la época de reproducción, en las palmas y los dedos unas bolsas infladas de color negruzco de las que asoman pequeños aguijones curvos, verdaderos ganchos con los que «enganchan» a la hembra. Estas singulares transformaciones que aparecen en las patas delanteras se denominan «guantes nupciales». El sapo partero, al aparearse en tierra, no las necesita y por eso mismo no las posee.

Los experimentos de Kammerer consistían en obligar a los sapos parteros a aparearse en el agua para verificar si con el paso de las generaciones desarrollaban los guantes nupciales transmitiéndoselos también a sus descendientes. Para lograr su objetivo, Kammerer colocó dos sapos en un ambiente muy caliente manteniendo la temperatura entre 25-30° C centígrados. En la misma habitación se encontraba una tina de agua fresca. Para evitar los fastidios del calor, los animales se vieron obligados a pasar un periodo de tiempo cada vez más largo dentro del agua y se acostumbraron a hacer el amor en la tina.

Después de algunos años, en 1909, Kammerer pudo anunciar al mundo que los descendientes de sus sapos parteros, obligados a aparearse en el agua, habían desarrollado los guantes nupciales. El descubrimiento suscitó un mar de polémicas entre los numerosos defensores de una y otra postura, polémicas destinadas a arrastrarse durante años, ya que nadie logró repetir los experimentos de Kammerer porque ningún otro estudioso pudo criar este animal en cautiverio y resolver las numerosas dificultades técnicas, como por ejemplo que los huevos puestos por la hembra en el agua se hinchaban de inmediato y no permanecían adheridos a las patas traseras del macho, sino que se depositaban en el fondo de la tina, donde la mayor parte de ellos no se desarrollaba.

Apoyándose precisamente en la unicidad de los experimentos de Kammerer, su más acérrimo enemigo, el gran especialista en genética William Bateson, a partir de 1910, arriesgó acusaciones más o menos veladas de fraude. Muchos científicos dignos de confianza habían tenido la oportunidad de observar a los sapos parteros dotados de guantes nupciales que Kammerer había producido, y ninguno había tenido la más mínima sospecha de que se hubieran producido artificialmente a través de algún truco.

En 1923, después del paréntesis de la guerra, Kammerer fue a Inglaterra, donde, durante dos conferencias que dictó en Cambridge y en Londres, enseñó a los científicos presentes el último ejemplar de los sapos parteros con guantes nupciales que poseía. En una de sus conferencias, la de Londres, estaba presente Bateson, que, aun sin haber analizado en profundidad el ejemplar que Kammerer había exhibido, se vio obligado a pedir disculpas al estudioso alemán por la animosidad con la que en el pasado había intentado desacreditar su trabajo. Fue una verdadera satisfacción para Kammerer que, como muchos otros austriacos, había perdido todo durante la guerra. No obstante, en aquel momento comenzó el periodo más entusiasta de su vida.

Después del éxito obtenido en Inglaterra le invitaron dos veces a dictar conferencias en Estados Unidos, conferencias que la prensa y la opinión pública norteamericana siguieron con gran atención aunque el mundo científico las juzgaba con reservas. A los éxitos profesionales se asociaron, como ocurre a menudo, los éxitos con las mujeres, que, por otra parte, nunca habían faltado en su vida. Aunque había contraído matrimonio muy joven con la baronesa Felicitas Maria Theodora von Wiedersperg, de quien siempre estuvo enamorado, tuvo muchas aventuras. Su atractivo nacía probablemente de la suma de un carácter cerrado y algo sombrío, y un instinto profundo y casi animal, el mismo que hacía posible su gran familiaridad con los sapos.

Entre sus primeras relaciones sentimentales extramatrimoniales, una de las más importantes fue la que mantuvo con la viuda del compositor Gustav Mahler, Alma, que inmediatamente después de la muerte de su marido en 1911 fue durante un breve periodo asistente de Kammerer en el Instituto de Biología Experimental dirigido por Hans Prizbram, en el que Kammerer trabajaba. La viuda de Mahler, que en aquella época colaboró en algunos experimentos con la mantis religiosa, era una de las «mujeres fatales» de la Viena de la época, y escribió en sus memorias que Kammerer se enamoró perdidamente de ella después de «un beso concedido con reticencia», amenazando con dispararse sobre la tumba de su antiguo marido si ella no se casaba con él. Luego Kammerer se enamoró de Anna Walt, una pintora excéntrica que entonces era bastante famosa, con la que llegó a contraer matrimonio, aunque la relación duró solo pocos meses. Después de su regreso de Estados Unidos se enamoró sucesivamente de las cinco hermanas Wiesenthal, la mayor de las cuales, Grete, fue bailarina solista y maestra del cuerpo de baile de la Ópera de Viena para luego abrir su propia escuela de baile donde enseñó un nuevo estilo de danza, denominado precisamente «estilo Wiesenthal».

A fin de lograr la completa felicidad solo faltaba que le otorgaran la esperada cátedra en la Universidad de Viena. No llegó, pero Kammerer tuvo un gran satisfacción. El gobierno soviético, que ya en aquella época consideraba más afín a la ideología comunista la teoría del carácter hereditario de los rasgos adquiridos, le ofreció la posibilidad de trasladarse a Moscú donde se crearía especialmente para él un instituto de investigación a fin de permitirle continuar sus estudios. Kammerer, aunque fascinado con el ofrecimiento, aceptó tan solo por sus difíciles condiciones económicas, y porque esperaba que esto le abriera las puertas para un regreso triunfal a Austria o a cualquier universidad alemana. Le amargaba además la duda, que luego se demostró fundada, de que su última amante no le acompañara a Moscú. No obstante, había ido a Rusia para alcanzar los últimos acuerdos con el gobierno soviético y había regresado a Viena para embalar libros, instrumentos y animales cuando, en 1926, se desencadenó el escándalo en el que se vio involucrado.

A comienzos de ese año la Biologische Versuchsatalt, en la que Kammerer trabajaba y donde había realizado sus experimentos, recibió la visita de Gladwyn Kingsley Noble, superintendente de la sección de reptiles en el Museo de Historia Natural de Nueva York, un hombre de treinta y dos años con modales toscos y groseros que, sin embargo, gozaba de fama como experto en reptiles. Noble había examinado el año anterior las fotografías de los guantes nupciales desarrollados por los sapos parteros de Kammerer y no le habían convencido en absoluto. Según él, su aspecto no era normal. Por eso, había decidido observar en persona lo que en realidad habían producido los experimentos de Kammerer. En aquel momento, el «besador de sapos» no se encontraba en Viena, pero otorgó su consentimiento para que Noble inspeccionara, cómo y cuándo creyese conveniente, el último ejemplar de sapo partero dotado con guantes nupciales que él tenía en su poder y que era el mismo que había exhibido en Inglaterra.

El examen de Noble tuvo un éxito sorprendente. El estudioso norteamericano, coadyuvado por Paul Weiss, en aquel momento ayudante en el instituto dirigido por Hans Prizbram, verificó sin lugar a dudas que el ejemplar no presentaba guante nupcial alguno, es decir que no tenía ni aguijones, ni rugosidad y, lo que es peor, demostró que la coloración negra de la pata anterior izquierda (la única que le quedaba, ya que la otra le había sido amputada para llevar a cabo el análisis) no se debía a causas naturales, sino a la inyección de tinta china. Advertido de la situación, Prizbram, aunque no pudiera evidenciar en la pata del sapo ni los aguijones ni la rugosidad característica del guante nupcial, no quiso dar crédito a los resultados de los análisis realizados por el norteamericano y los repitió. El resultado fue el mismo: el color negro de la pata había sido provocado sin sombra de dudas por la inyección de tinta china.

El 7 de agosto de 1926 Noble publicó en *Nature* un artículo en el que ofrecía un amplio informe de sus indagaciones que desacreditaban de manera decisiva los resultados de los únicos experimentos que se llevaron a cabo con el objeto de defender la teoría del carácter hereditario de los rasgos adquiridos. El artículo del norteamericano estaba acompañado por otro que llevaba la firma de Prizbram, quien, a pesar de confirmar la presencia de la tinta china, procuraba explicar los hechos a fin de salvar la credibilidad de los experimentos de Kammerer. Sostenía que la ausencia de los aguijones y de las rugosidades podía explicarse tanto por el agotamiento causado al animal por el viaje de ida y vuelta a Inglaterra, como por el mal estado que presentaba debido al método de conservación utilizado. En cambio, con respecto a la tinta china no existía duda alguna de que se estaba ante un intento de fraude. Prizbram, sin embargo, no pensó jamás, ni siquiera remotamente, en atribuirle ese intento al mismo Kammerer. Pública y oficialmente arriesgó la hipótesis de que alguien había intentado falsificar el ejemplar, pero manifestó no tener idea alguna de quién podía haber sido el autor de aquel intento. En privado, en cambio, de acuerdo con lo que relató su hijo Karl, Prizbram defendió siempre la autenticidad de las observaciones y la buena fe de Kammerer, añadiendo que sabía quién había sido el que había llevado a cabo la falsificación para desacreditar a Kammerer, pero que no podía hacer una declaración pública por falta de pruebas.

Uno de los defensores de Kammerer, el profesor Mac Bride, afirmó en cambio que más que un enemigo podría haber sido alguien que deseaba ayudar a Kammerer. El razonamiento de Mac Bride era simple: si el ejemplar analizado por Noble carecía de los aguijones y de las rugosidades, es probable que careciera también de la característica coloración oscura, todo debido al mal método de conservación utilizado o a los trajines sufridos por el sapo en sus diferentes traslados. Alguien que lo había notado y que estaba al corriente de la llegada inminente de Noble –suponía Mac Bride– podría haber intentado restablecer dentro de lo posible el aspecto original de los guantes nupciales. En lugar de un enemigo o un competidor, se habría tratado entonces de un amigo. Se habló también de una mujer, enamorada en secreto, y se ha mencionado el nombre de la señorita Olga Kermauner, quien había colaborado con Kammerer en la preparación del material ilustrativo que debía enviarse a los colegas extranjeros y presentar en Inglaterra en la época del viaje.

En realidad, también Prizbram había optado por esta hipótesis en un primer momento y había escrito en su comentario al artículo de Noble:

Alguien había procurado preservar el aspecto negro de los guantes nupciales, temiendo que desaparecieran debido a la destrucción de la melanina después de su exposición a la luz del sol, en la vitrina del museo.

Sin embargo, más tarde atribuyó la operación a

un colega locamente celoso que había afirmado en forma falsa el haber objetado los cambios de color de la salamandra de Kammerer en la primera generación.

Se trataba, agregaba Prizbram, de una persona inestable desde el punto de vista psicológico, que luego debió ser internada durante un tiempo en un sanatorio. Pero

Prizbram nunca quiso revelar ni tampoco fue posible verificar a quién se refería exactamente.

En la película *La salamandra,* exagerando las simpatías de Kammerer por la ideología socialista, fue transformado en un gran amigo del pueblo dotado de todas las cualidades positivas del héroe comunista. Sus experimentos acerca del carácter hereditario de los rasgos adquiridos demostraban en el plano científico la posibilidad de emancipación de las clases proletarias; por eso un sacerdote, para evitar la caída del poder de la Iglesia y de las clases privilegiadas, decide provocar su ruina. Una noche se encuentra en una iglesia con un joven príncipe que había hecho nombrar asistente de Kammerer. En la tenebrosa sacristía se planea la conjura: en breve se organizará una demostración pública de los experimentos de Kammerer en presencia de las más grandes personalidades científicas, pero, la noche previa a la exhibición, dos personas entran en secreto al laboratorio para inyectar tinta en una salamandra que debe ser exhibida al día siguiente. Sigue la escena de la demostración durante la cual Kammerer es aclamado por todos los científicos presentes. Pero antes de que terminen los aplausos, los dos personajes confabulados abren el recipiente, extraen la salamandra y la sumergen en un recipiente con agua. La piel del animal cambia de color y el agua se tiñe de negro. A Kammerer le echan sin gloria y a patadas, como un vulgar impostor.

A diferencia de la historia real, la película no concluye con el suicidio. El protagonista se salva gracias a la ayuda de una antigua estudiante suya que lo empuja a solicitar y a obtener su rehabilitación de parte del poderoso Lunacharski, interpretado por él mismo, que, como ya se ha dicho, era también el autor del guión del filme. En la última escena, Kammerer y su salvadora viajan hacia el este mientras aparece la inscripción «Hacia la tierra de la libertad».

En su libro, Koestler acepta la hipótesis encubierta en la película y la acerca a la de Prizbram; considera que el autor podría haber sido en efecto aquel mismo colega loco que en 1918 había intentado refutar los experimentos de Kammerer acerca de las salamandras, que habría actuado no solo por celos, sino también por motivos políticos, aunque según Koestler era más factible que se tratara más de un fanático nazi que de un comunista. La demostración del carácter hereditario de las cualidades adquiridas habría dado un golpe mortal a la teoría racista según la cual la superioridad o inferioridad de un pueblo están determinadas genéticamente.

Todas estas hipótesis apuntan a defender la inocencia y la buena fe de Kammerer, además de la ingenuidad de sus experimentos. Es decir que, de acuerdo con sus defensores, Kammerer habría logrado obtener efectivamente que los sapos parteros desarrollaran guantes nupciales, lo que estaría certificado por los numerosos preparados enviados a diferentes colegas y por las fotografías que aún existen. Finalmente, todos habían podido observar los guantes nupciales del sapo exhibido en Cambridge y en Londres.

Noble, en cambio, arriesgó otra hipótesis, aunque en forma muy circunspecta, que es la que hoy en día está aceptada por la comunidad científica internacional. De acuerdo con él, Kammerer nunca pudo obtener sapos que presentaran realmente guantes nupciales: los preparados y las fotografías enviadas a los colegas y publicadas en las revistas científicas no eran de un sapo partero que había adquirido en forma artificial los guantes nupciales, sino de una rana de la especie *Bombinator* que las posee de manera natural. Kammerer habría elegido esta rana porque sus patas presentan fuertes analogías con las del sapo partero. Ésta era, además, la sospecha que había empujado a Noble a examinar *de visu* el sapo que Kammerer aún conservaba. Sin embargo, ¿qué decir de los guantes nupciales que varios científicos habían observado en forma directa en el ejemplar de sapo partero que Kammerer había exhibido en Cambridge y en Londres? La respuesta de Noble era muy simple: aquel ejemplar era el mismo que él había analizado en Viena y, según su opinión, ya tres años antes estaba trucado con la tinta.

Esta hipótesis que, como ya se ha dicho, es la más acreditada en la comunidad científica, torna mucho más difícil la defensa de la buena fe de Kammerer, aunque Noble nunca afirmó en forma explícita que Kammerer fuera precisamente el autor del fraude. El comportamiento de Kammerer después del descubrimiento de la estafa es otro elemento a favor de esta hipótesis. Mientras el consentimiento otorgado a la inspección de Noble testimoniaría su desconocimiento y buena fe, podría probarse lo contrario a partir del hecho que, inmediatamente después de la publicación del artículo de Noble en *Nature*, Kammerer no sintió el deber de responder a las acusaciones hechas contra sus experimentos. Y lo más importante fue que no procuró esclarecer el caso señalando al culpable a quien debía conocer, dado que Prizbram le conocía, sobre todo si se trataba de la misma persona que había intentado desacreditarle en 1918.

## 6. Falsificaciones afortunadas y desafortunadas

El suicidio se interpretó más tarde como un reconocimiento implícito de su culpabilidad, aunque estuviera acompañado por una serie de cartas en las que Kammerer se declaraba inocente. En la carta dirigida a la Academia de Ciencias de Moscú decía, entre otras cosas:

> Aunque yo no tenga responsabilidad alguna en la falsificación del ejemplar, no puedo seguir considerándome apto para aceptar vuestra invitación. Pero también resulta imposible para mí aceptar esta abjuración de una vida de trabajo y espero tener mañana el coraje y la fuerza para poner fin a mi fracasada existencia.

El aspecto más sorprendente de esta carta era que Kammerer revelara en ella que los experimentos acerca de las salamandras, que nadie había puesto en discusión, también habían sido trucados. Noble había analizado tan solo el último ejemplar de sapo partero que quedaba en el instituto de Kammerer y no se había ocupado de las salamandras. ¿Por qué entonces, sin que nadie se lo pidiese, Kammerer revelaba la existencia de otra estafa que volvía aún más ambigua toda su actividad como científico? Es difícil afirmar si, en las pocas semanas que van desde el 7 de agosto de 1926 hasta el 23 de septiembre del mismo año, Kammerer tuvo la posibilidad de analizar también el estado de sus salamandras. En aquella época, de hecho, ya no formaba parte del instituto y por lo tanto es difícil confirmar cómo pudo llevar a cabo aquellos análisis.

Todo resulta muy extraño y podría pensarse que Kammerer procuró a través de estas revelaciones que las sospechas recayeran aún con más fuerza sobre la persona que permaneció anónima y que, según Prizbram, era el autor del fraude. De hecho, Prizbram reveló que esta persona, más tarde internada en una clínica para enfermos mentales, había intentado, en 1918, desacreditar precisamente los trabajos de Kammerer acerca de las salamandras.

Así las cosas, el comportamiento de Kammerer es aún más sospechoso. En lugar de utilizar las pruebas de las falsificaciones realizadas sobre las salamandras para demostrar, de forma clara e irrefutable, la culpabilidad de la persona de la cual Prizbram sospechaba, obligando a este último a revelar el nombre, prefirió hacer una simple referencia a la manipulación de las salamandras y luego suicidarse. En este punto no se puede sino suponer que, en el intento desesperado por salvar al menos su honor, Kammerer (a quien debemos considerar, como señala Noble, el verdadero autor del fraude) procuró mediante aquella carta y el posterior suicidio presentarse como la víctima del complot tramado por un envidioso colega en perjuicio suyo. En otros términos, puede suponerse que el desconocido enemigo de Kammerer trucó en efecto las salamandras, pero solo éstas, mientras que el autor de la falsificación del sapo partero fue el mismo Kammerer, quien trató de atribuirle la responsabilidad de ambas falsificaciones a su viejo enemigo una vez descubierto el fraude.

La hipótesis de la culpabilidad de Kammerer, que el mundo científico admitió tácitamente, parece confirmarse también mediante la simple reflexión de que, en realidad, la forma más sencilla y directa de quitarse la culpa habría sido que Kammerer repitiera sus experimentos. Además, desde 1926, tenía a su disposición un instituto creado específicamente para ese tipo de estudios.

## 6. Falsificaciones afortunadas y desafortunadas

¿Por qué no lo hizo? Este interrogante se vuelve aún más inquietante si es cierto, como supuso Stephen Gould, que Kammerer había logrado obtener realmente sapos parteros que desarrollaran los guantes nupciales. Según Gould, aquello que estaba equivocado era sólo la interpretación que tanto Kammerer como sus opositores habían hecho de aquellos experimentos. Éstos no demostraban en absoluto el predominio del lamarckismo sobre el mendelismo y el darwinismo dominantes en aquel momento, sino que podían explicarse fácilmente dentro de la óptica darwinista, integrada y complementada con la genética mendeliana. Gould sostiene que Kammerer no había logrado que algunos de sus sapos parteros desarrollaran los guantes nupciales por el uso (es decir, como consecuencia de los esfuerzos realizados por varias generaciones de sapos, que carecían de ellos, a fin de procurar enganchar a sus compañeras), sino más bien porque había realizado condiciones de presión selectiva que habían hecho aparecer caracteres «atávicos», caracteres no manifestados por los sapos parteros, sino controlados por genes que estaban aún presentes, aunque silenciosos, en su patrimonio genético.

El sapo terrestre, señaló Gould, desciende de antepasados acuáticos que habían desarrollado cojinetes callosos en las patas anteriores; el sapo partero que se aparea en tierra firme perdió estos cojinetes, aunque algunos individuos continúan desarrollándolos de forma rudimentaria, demostrando que la capacidad genética de producirlos no se ha perdido aún. Kammerer con sus experimentos había hecho regresar al sapo partero a su ambiente primitivo y éste había vuelto a adquirir la adaptación originaria a este ambiente desarrollando los guantes que le permitían el apareamiento en el agua. Pero este desarrollo no había venido de la nada, solo por el uso y el esfuerzo realizado por los sapos para retener a su compañera. La presión selectiva del ambiente acuático había favorecido la supervivencia de aquellos pocos sapos en los que el gen de los guantes nupciales se había manifestado, de tanto en tanto, por motivos totalmente casuales.

Lo que Gould quiere decir es que en el agua continuaban produciéndose principalmente, aunque con gran dificultad, sapos que carecían de guantes nupciales, y solo de tanto en tanto aparecía alguno dotado de guantes rudimentarios que, como es obvio, estaba favorecido, ya que podía reproducirse con más facilidad y, por lo tanto, tenía más posibilidades de transmitir (aunque siempre según las leyes de la genética mendeliana) su carácter a sus descendientes. Las dificilísimas condiciones del experimento que volvían improbable la reproducción de los huevos (que debido al agua se despegaban de las patas del sapo partero), además de lo extraño de la aparición aleatoria de un sapo dotado de guantes nupciales, dan cuenta de las dificultades con las que debieron enfrentarse al reproducir los experimentos todos aquellos que intentaron verificar las afirmaciones de Kammerer. Solo la habilidad del investigador austriaco habría logrado superar aquellas insuperables dificultades.

Si esto es cierto, puede formularse una última hipótesis: una especie de trágica comedia de enredos fue la que condujo al suicidio de Kammerer. Puede pensarse que Kammerer produjo realmente sapos parteros dotados de guantes nupciales, que luego desaparecieron debido a las condiciones precarias en que fue conservado el único ejemplar que quedaba. Alguien que deseaba ayudar al estudioso acusado de estafa falsificó con tinta el ejemplar, pero Kammerer, recordando el caso de las salamandras, atribuyó la responsabilidad de las falsificaciones al famoso enemigo del que ni él ni Prizbram quisieron jamás revelar el nombre. Sin embargo, la razón de esta negativa, así como también la ausencia de un intento, ni siquiera señalado, de repetir los experimentos para confirmar los resultados originales, quedan sin explicación plausible y solo pueden atribuirse a las condiciones de depresión psicológica de Kammerer, agravadas tanto por las acusaciones que el mundo científico y la prensa elevaron en su contra como también por las desventuras sentimentales. Fue un suicidio inútil e injustificado.

Pero Kammerer no fue ni el primero ni el último científico sospechoso de fraude que murió suicidándose.

Howard Eisen, por ejemplo, se quitó la vida el 7 de febrero de 1987, diez días después de ser convocado ante una comisión investigadora que indagaba acerca de un supuesto caso de fraude científico. Eisen había terminado su carrera en Harvard en 1964 y había entrado en los NIH en 1971. Trabajaba en el laboratorio de farmacología del desarrollo del Instituto Nacional para la Salud Infantil y el Desarrollo Humano. Las indagaciones de la comisión versaban sobre un artículo escrito por Eisen con Alok Bandyopadhyay, cuya firma aparecía en primer lugar. Pero parece que el verdadero autor del artículo era Daniel Nebert, jefe de la sección en la que trabajaba Eisen y que había empleado a Bandyopadhyay algunos meses antes.

El artículo investigado debía publicarse en las «Actas de la Academia Nacional de Ciencias», pero antes de que fuera enviado a imprenta descubrieron que presentaba algunas incongruencias. Eisen realizó experimentos complementarios y descubrió que Bandyopadhyay había incluido datos falsos en el texto. En consecuencia, este último fue despedido y los organismos directivos de los NIH nombraron la famosa comisión encargada de llegar al fondo de la cuestión. La primera reunión se celebró el 29 de enero de 1987, pero ante ella se presentó solo Eisen –ya que Bandyopadhyay no pudo ser localizado–, quien acudió como ajeno a la falsificación y se solicitó su presencia solo como testigo, pero, de acuerdo con la descripción de su esposa Laura, se sintió igualmente turbado y comenzó a comportarse de forma incoherente y agitada hasta que una semana después se quitó la vida.

Pero el caso de suicidio más reciente es probablemente el de Isidro Ballart, un investigador sudamericano que trabajaba en el Instituto de Biología Molecular de la Universidad de Zurich. Ballart fue encontrado muerto el 20 de marzo de 1991 precisamente en las instalaciones del laboratorio. Al principio se pensó que su fallecimiento se debió a causas naturales, dado que los expertos en medicina legal no encontraron elemento alguno que hiciese suponer un envenenamiento. Sin embargo, la autopsia demostró luego que la muerte había tenido lugar a causa de la ingestión de una sustancia química inorgánica bastante común en el laboratorio. Este descubrimiento y el hecho de que no existiera indicio alguno que pudiera llevar a pensar en un homicidio condujeron las indagaciones hacia la hipótesis del suicidio, en particular porque fue encontrado un excelente móvil que así lo justificaba.

El grupo de investigación al que pertenecía Ballart y que estaba dirigido por Martin Billeter había anunciado en 1990 que había logrado producir el virus del sarampión inyectando en células humanas conservadas en cultivo segmentos de ADN complementario producido por el genoma del ARN del virus. Mediante técnicas de ingeniería genética se habían producido algunos virus del sarampión a partir de células humanas. Esto permitía estudiar el funcionamiento de cada uno de los genes del virus del sarampión y particularmente los genes mutantes, asociados con una enfermedad muy grave del sistema nervioso central que ataca, aunque en un porcentaje muy bajo, a quien contrae el sarampión. Al mismo tiempo, se abría la posibilidad de crear nuevas vacunas contra el sarampión con técnicas de ingeniería genética.

Pero se trataba de un sueño. El responsable de la parte más importante del experimento, la microinyección del ADN complementario en los cultivos de células humanas, era Ballart, cuyos resultados nadie había controlado en forma directa. Las primeras sospechas surgieron cuando algunos estudiantes descubrieron que los virus que se presentaban como producidos por cultivos celulares humanos, inyectados con ADN clonado, no eran en absoluto diferentes a los virus clásicos del sarampión que se usaban en el laboratorio para extraer el genoma de ARN. Al principio este hecho fue atribuido a una simple contaminación. Sin embargo, cuando los otros miembros del grupo no lograron repetir los experimentos de Ballart, Billeter y sus colegas controlaron de forma sistemática su trabajo y se dieron cuenta de que, en realidad, nunca había podido producir los virus artificiales, sino que simplemente había infectado los cultivos celulares con los virus de partida originales.

En consecuencia, en julio de 1991, Billeter se vio obligado a desmentir los artículos aparecidos en el *Journal of Virology* ese mismo año, en los que había anunciado el descubrimiento, y hacer públicas las circunstancias del fraude. En agosto el mismo Billeter y Charles Weismann, director del instituto, solicitaron al rector de la universidad que nombrara una comisión de investigación externa con el objeto de esclarecer por completo lo ocurrido. Las indagaciones confirmaron que Ballart fue el único responsable del fraude, pero Peter Aldhous, al comentar lo sucedido en *Nature,* señaló que en Billeter, jefe del grupo de investigación, recae parte de la responsabilidad por haber atribuido a una sola persona la tarea de ocuparse de un aspecto tan importante del experimento.

## Mendel: ¿genio o estafador?

Ser acusado injustamente de estafa es el peor destino que pueda tener un científico. El caso más ilustre de estos «errores judiciales» es, sin lugar a dudas, el del abad Gregor Mendel, quien además ha tenido también la desgracia más común (pero no por eso menos trágica) de haber representado un clásico ejemplo de genio incomprendido. En 1866 descubrió sus tres famosas leyes, pero nadie las entendió y todos le invitaron a abandonar los estudios que, evidentemente, no estaban hechos para él. Mendel abandonó la genética y durante el resto de su vida odió los guisantes con los que había experimentado sus leyes. En 1900, sin embargo, cuando ya habían transcurrido varios años desde su muerte, tres estudiosos repitieron los experimentos y se dieron cuenta de que aquellas tres leyes eran verdaderas. El mundo científico entonó un mea culpa y el abad Mendel, que ningún papa convertirá jamás en santo porque era socialista y además tenía una amante, fue consagrado padre fundador de la genética.

Treinta y seis años más tarde, otro estudioso, Ronald Fisher, volvió a examinar sus experimentos acerca de los guisantes, hizo una vez más los cálculos y concluyó que, en efecto, resultaban exactos. Demasiado exactos. El abad había hecho trampa: había intuido de forma genial sus tres leyes y luego había obligado a los guisantes a que le dieran la razón.

Hace algunos años, con ocasión del centenario de la muerte de Mendel, me invitaron a Brno en Checoslovaquia, donde Mendel pasó gran parte de su vida y donde murió como abad del monasterio agustino de la ciudad. Visité el pequeño campo donde Mendel había llevado a cabo sus experimentos, rebusqué entre los pocos documentos que quedaban sobre su actividad y conversé extensamente con Viteszlav Orel, que era entonces director del museo.

Acabé por apasionarme tanto con la desafortunada historia del abad Mendel que decidí dedicarle una detallada investigación. Nació así un libro en el que he demostrado que la novela policial era aún más compleja de cuanto se creía y que el pobre abad, más que hacer trampa en el conteo de los guisantes, había cometido una falta mucho más leve y común entre los científicos: había dicho simplemente una gran mentira, relatando sus experimentos de forma por completo diferente de como los había llevado a cabo. Esto fue así porque sabía que si hubiera dicho la verdad nadie le habría creído.

Pero veamos brevemente cómo ocurrieron los hechos. Hasta los primeros años del siglo XX los biólogos y médicos ignoraban por qué los hijos se parecen a sus padres y cuáles son los mecanismos, en apariencia complejos e incomprensibles, que hacen que a veces un hijo se parezca más a su madre que a su padre, y que otro, por el contrario, no presente los caracteres de uno o de otro, sino de uno de sus abuelos. La teoría más difundida sostenía que cuando dos individuos se unen asocian su patrimonio hereditario, que se funde, dando origen a un hijo que posee un promedio de características derivadas de las de sus padres. Se creía, por ejemplo, que si un hombre alto contraía matrimonio con una mujer baja, los hijos habrían presentado una altura intermedia entre las alturas respectivas de sus padres. Sin embargo, todos se daban cuenta de que se trataba de una teoría poco satisfactoria porque dejaba sin explicar muchos fenómenos y, además, no podía formularse de manera rigurosa con ecuaciones matemáticas, no solo con el objeto de comprender sino también de prever y modificar los fenómenos de la herencia biológica. Pero cuando en 1865 Gregor Mendel formuló una teoría que presentaba exactamente estas características, considerada luego válida y declarada fundamento de la genética, nadie le tomó en serio.

Para explicar esta extraña e inusitada incomprensión se elaboraron diferentes hipótesis. Algunos han sostenido que el descubrimiento de Mendel era «prematuro». Otros han señalado que la revista en la que Mendel publicó su descubrimiento estaba poco difundida, por lo que su artículo pasó inadvertido, y se ha pensado también que aquella teoría presentaba demasiada matemática para que los biólogos de la época, no acostumbrados a utilizarla, pudieran comprenderla. Estudios más recientes han demostrado, en cambio, que todas estas hipótesis son infundadas y que el descubrimiento de Mendel no había pasado en absoluto inadvertido ni resultaba demasiado difícil de comprender. Simplemente no había sido tomado con la debida seriedad porque lo que el abad afirmaba haber obtenido a partir de sus experimentos contradecía los conocimientos ya consolidados, válidos aún hoy, que su nueva teoría no podía explicar. Veremos en breve de qué hechos se trataba luego de recordar en qué consistía el descubrimiento de Mendel y cómo había llegado hasta él.

Mendel había descubierto que si se reproducen individuos que difieren por una manifestación diferente y opuesta del mismo carácter; en otras palabras, si se realiza un apareamiento entre una planta alta y una baja, y se toman en consideración no ya uno o dos descendientes, sino el mayor número posible, la mayor parte de estos hijos presentan la altura de uno de sus padres. Es más, precisó Mendel, aparecía una planta baja cada tres altas, es decir, que existía una relación 3 : 1 entre las plantas altas y bajas. La condición, empero, era que las plantas «madres» fueran puras desde el punto de vista genético tanto en su carácter «alto» como en el «bajo».

A partir de estas observaciones Mendel derivó sus primeras dos leyes. Afirmó que en el patrimonio genético del individuo todo carácter (como, por ejemplo, el color o la forma de las semillas del guisante) está presente en dos formas alternativas (hoy se denominan alelos), de los cuales uno, el «dominante», se manifiesta en la prole tres veces más que el otro, denominado «recesivo». En sus experimentos, por ejemplo, el alelo «planta alta» resultaba dominante sobre el «planta baja», y por eso se observaban entre los hijos tres plantas altas por cada planta baja. Ésta es la primera ley, conocida también como principio de dominación.

La segunda ley, la de la segregación, es un poco más complicada y constituye el aspecto más original de la teoría de Mendel. A partir de ella el abad logró explicar por qué la relación entre caracteres dominantes y recesivos es necesaria y precisamente 3 : 1, y no por ejemplo, 4 : 1 o 9 : 1.

El razonamiento era complejo, pero en el fondo simple: si en efecto todo carácter está controlado por dos factores alternativos presentes en el patrimonio hereditario y si lo que vemos manifestarse es siempre y solamente el factor dominante entre los dos, entonces los hijos nacidos de un determinado cruce (clasificados en dos grupos diferentes, por ejemplo, el de las plantas altas y el de las plantas bajas) pertenecen en realidad, desde el punto de vista de su patrimonio hereditario, a tres tipos diferentes. Si indicamos con $A$ el alelo que determina la aparición del carácter «planta alta», y con $a$ el que determina la aparición del carácter «planta baja», los tipos de asociación posible entre ellos son cuatro. Podemos obtener, consecuentemente, plantas en cuyo patrimonio heredita-

## 6. Falsificaciones afortunadas y desafortunadas

rio están presentes dos copias del alelo «planta alta» *(AA)*, luego plantas del tipo *Aa* y *aA* y, finalmente, plantas en cuyo patrimonio hereditario aparecen dos copias del alelo «planta baja» *(aa)*. Se trata de cuatro combinaciones que poseen las mismas probabilidades de aparecer y cuya relación es 1 : 1 : 1 : 1. Pero dado que cada vez que en el patrimonio hereditario de una planta aparece el alelo dominante «planta alta» *(A)* nacen solo plantas altas, la probabilidad de los primeros tres tipos de planta se suma y de esta forma se obtiene la relación mendeliana 3 : 1. Esto constituye el núcleo de la ley de segregación que afirma que cuando dos individuos se aparean, sus respectivos alelos se separan (segregan) netamente uno del otro y se combinan de forma casual con los respectivos alelos segregados del compañero.

La tercera ley, la de la variedad independiente, es una extensión y generalización de la anterior: establece que, como ocurre en la mayor parte de los casos, cuando se aparean o cruzan individuos que difieren entre sí por una gran cantidad de caracteres, no se manifiesta influencia alguna de un carácter sobre otro. Es decir, que todos los caracteres se manifiestan de acuerdo con la relación mendeliana clásica 3 : 1 entre dominantes y recesivos en forma totalmente independiente unos de otros. No se presenta el caso de que un carácter dominante, por ejemplo, «semilla lisa», arrastre consigo un carácter recesivo «planta baja» provocando la aparición en una determinada generación de más plantas bajas de las previstas de acuerdo con la relación 3 : 1.

Estas tres leyes constituyen el núcleo de la teoría propuesta por Mendel. Es una teoría clara que todos, incluso en aquella época, podían considerar plausible y que además hoy en día se considera en esencia correcta. ¿Por qué entonces los contemporáneos del abad la rechazaron? El hecho es que, aunque la teoría fuera clara, la forma en la que Mendel decía haberla descubierto no lo era en absoluto. Algunos detalles de los experimentos que él afirma haber realizado resultaban (y resultan aún hoy) absurdos e imposibles. Él afirmaba, por ejemplo, que las 22 variedades de plantas de guisante sobre las que llevó a cabo sus experimentos estaban constituidas por gemelos extraños e improbables. Dice: «Para los experimentos se utilizaron plantas que diferían esencialmente en un solo carácter». En otros términos, Mendel sostiene que cuando cruzaba una planta de semillas lisas con otra de semillas rugosas los caracteres restantes eran idénticos en ambas plantas. Es decir, que eran dos plantas prácticamente gemelas que diferían solo porque una tenía semillas rugosas y la otra lisas. Dado que Mendel consideró siete caracteres al realizar sus experimentos, debemos suponer que disponía de siete parejas de plantas gemelas de este tipo. Todo parece desde el comienzo muy sospechoso y es precisamente debido a su improbabilidad como ya a comienzos del siglo XX William Bateson, uno de los más valientes defensores del mendelismo, fue el primero en arriesgar la hipótesis de que Mendel había relatado experimentos ficticios.

Más recientemente dos genetistas norteamericanos, Alan Corcos y Floyd Monaghan, demostraron en un artículo aparecido en el *Journal of Heredity* la imposibilidad de que Mendel tuviera en realidad siete parejas de gemelos extraños. Si admitimos, como suposición, que realmente las poseía, debían ser en todo caso 14 (dos variedades gemelas por cada uno de los siete caracteres experimentados), y no 22 como afirma él en forma explícita.

Pero no es el de las plantas gemelas el único detalle sospechoso. El más importante es el de la tercera ley. Y no se trata de un pequeño detalle. De hecho, hacia 1911 se descubrió que la ley no siempre se cumple y que en la mayor parte de los casos no es válida.

Hoy sabemos que los elementos del patrimonio hereditario (los genes, que controlan la expresión de los caracteres) no resultan entre sí en absoluto independientes por completo, como las bolas de un bombo de lotería. Los genes se hallan unidos unos a otros dado que están constituidos por una larga molécula de ADN, y están dispuestos en secuencias lineales y en posiciones fijas a lo largo de los cromosomas. Éstos pueden considerarse como hilos de perlas de diversa longitud, donde las perlas representan los genes. Ahora bien, aquello que un padre trasmite a sus hijos no son los genes individuales, sino trozos de cromosomas, es decir, segmentos más o menos extensos de lo que hemos comparado con los hilos de perlas. Sobre estos segmentos pueden encontrarse, uno al lado del otro, genes de caracteres diferentes, algunos representados por el alelo dominante y otro por el recesivo. Esta asociación de alelos, que se denomina *linkage* en inglés, desbarata por completo la clásica relación 3 : 1. En realidad, los alelos no son independientes entre sí como pensaba Mendel, y a menudo los recesivos se manifiestan más frecuentemente de lo que deberían porque están asociados a un alelo dominante.

Ahora bien, éste es el tipo de fenómeno que se presenta más a menudo ante los ojos de los cultivadores como los botánicos, que se ocupan de los cruces entre plantas. Todos aquellos que escucharon las conferencias de Mendel o leyeron su artículo lo sabían tan bien que consideraron de inmediato inverosímiles los resultados de los experimentos que el abad decía haber realizado. Era precisamente la gran confusión generada por el *linkage* de los caracteres lo que había llevado a los científicos de la época a formular la hipótesis de la fusión de los patrimonios hereditarios de los dos progenitores. Los hechos parecían contradecir aquello que Mendel sostenía.

Pero hoy –podemos preguntarnos– ¿es o no posible, a la luz de los conocimientos actuales, que Mendel haya tenido en sus manos caracteres independientes entre sí? La respuesta es: en principio, sí, pero no en la práctica. Dado que Mendel trabajó sobre siete caracteres de las plantas de guisante y más tarde se descubrió que éstas poseen exactamente siete cromosomas, es en teoría posible que Mendel haya «pescado» precisamente siete genes que se encontraban en siete cromosomas diferentes y que se comportaban independientemente. Es como si hubiese elegido separar una perla de cada uno de los siete hilos de perlas diferentes. Esto es posible, pero si nos preguntamos qué probabilidad tenía Mendel de realizar esta afortunada elección, ciegamente y sin saber nada acerca de los cromosomas (que aún no habían sido descubiertos), todo se vuelve mucho menos verosímil. La probabilidad de elegir un gen de cada uno de los siete cromosomas de las plantas de guisante es 1 sobre 163 intentos. Es decir que Mendel tenía 99,4 probabilidades sobre 100 de elegir dos o más genes asociados, y tan solo 0,6 probabilidades de elegir genes independientes entre sí. Por eso algunas personas, como el Nobel George Beadle, han sostenido que Mendel no solo ha sido genial, sino también excepcionalmente afortunado.

Hoy en día sabemos que en realidad las cosas no sucedieron así. Cuando se trazaron los mapas cromosómicos de las plantas de guisante, se descubrió que solo dos de los genes que aparecían en los experimentos de Mendel eran realmente independientes, y que estaban colocados uno (el relativo al color de la semilla) en el quinto cromosoma, y el otro (el relativo a la forma de la semilla) en el séptimo. De los otros genes, tres estaban colocados en el cromosoma número 4 y dos en el cromosoma número 1. A pesar de que en teoría era posible, no es cierto que Mendel eligiera siete genes situados cada uno en un cromosoma diferente y por tanto independientes entre sí.

Pero si aquellos genes no eran independientes, ¿cómo hizo Mendel para verificar experimentalmente su tercera ley? La respuesta es simple: porque Mendel no llevó a cabo aquellos experimentos en el jardín del convento, sino en su celda con papel y pluma. No quiero decir que nunca bajara al jardín, sino que lo que realizó en el campo era muy distinto de lo que luego relató. Mendel, según mi opinión, simplemente cruzó de todas las formas posibles 22 variedades diferentes de guisantes y luego dejó que se reprodujera el fruto de estos cruces durante varios años anotando en detalle en un cuaderno el número de plantas que presentaban determinados caracteres.

No es en absoluto cierto que al principio cruzó plantas que eran prácticamente gemelas y que diferían entre sí solo en un carácter, sino que más bien cruzó, como hacían en aquella época muchos botánicos, plantas de guisante que no diferían entre sí en uno, sino en varios caracteres. Y tampoco es cierto que eligiera desde el principio siete caracteres para mantener en observación. Como hemos visto, la probabilidad de elegir los correctos era muy baja. Trabajó como lo hacían muchos de sus contemporáneos y, al igual que ellos, se encontró frente a la gran confusión provocada por la asociación o *linkage*, es decir, por el enlace y la interdependencia de los caracteres debido a que los genes que los controlan se encuentran en el mismo cromosoma. Pero Mendel fue mucho más meticuloso y perseverante que sus contemporáneos, y su investigación estaba planificada de manera inteligente y se apoyaba en el cálculo de probabilidades.

Gracias a esta planificación y al cuidado con que analizó sucesivamente los datos numéricos obtenidos descubrió, en la gran confusión de caracteres, la aparición extraña pero significativa de aquella relación de 3 : 1 entre las dos formas alternativas que podía asumir un mismo carácter. Ésa fue la punta del ovillo a la que se aferró para poner en orden los incomprensibles y caóticos fenómenos de la herencia biológica. Habiendo abandonado el jardín, trabajó en forma exclusiva sobre sus apuntes. Dado que deseaba saber cómo se comportaban cada uno de los caracteres y debido a que la relación que creía haber aislado se refería precisamente a caracteres individuales, es probable que haya separado los datos relativos a los grupos de caracteres con el objeto de deducir las cifras parciales, las cuales se referían a tres, a dos y finalmente a un carácter individual.

## 6. Falsificaciones afortunadas y desafortunadas

En otros términos, Mendel utilizó el método conocido como «segregación de caracteres», a partir del cual, por ejemplo, un cruce entre individuos que difieren entre sí en tres caracteres puede ser tratado como si estuviera compuesto por tres cruces entre individuos que difieren entre sí en solo un carácter. Posteriormente resumió en una serie de cuadros los valores numéricos de cada carácter individual, como lo demuestra un gráfico incluido en su artículo.

Estos cuadros contenían en la primera columna un número progresivo que identificaba la planta a la que correspondían los resultados y en las otras el número de semillas que ésta producía de acuerdo con el carácter que las propias semillas presentaban. En la segunda columna aparecía una lista de números relativos a las semillas lisas, en la tercera los números relativos a las semillas rugosas, en la cuarta los relativos a las semillas amarillas y en la quinta los relativos a las semillas verdes. Observando estas columnas Mendel tuvo finalmente la certeza de que en, efecto, algunos caracteres alternativos se presentaban con una frecuencia que siempre oscilaba entre dominantes y recesivos alrededor de la relación 3 : 1.

Del único cuadro publicado resulta que, por ejemplo, la planta número 5 le había dado 32 semillas lisas y 11 semillas rugosas con una relación de 2,909 : 1, mientras que la primera le había dado 45 semillas lisas y 12 semillas rugosas con una relación de 3,75 : 1. Los otros caracteres, como por ejemplo el de la presencia o ausencia de zarcillos, habrán dado relaciones muy alejadas de la canónica. Mendel decidió no tener en cuenta los caracteres «indisciplinados» y se concentró en aquellos que respetaban su relación. Así fue probablemente, como, luego de dos o tres años de experimentación (y no desde el principio como él declaró), eligió los siete caracteres alternativos. Descubrió que si sumaba los datos de uno de los siete caracteres obtenidos de una determinada planta a aquellos que para el mismo carácter se habían obtenido de otra planta, la aproximación a la relación 3 : 1 aumentaba. Por eso eligió las mejores columnas y las sumó a otras análogas, obteniendo de esta forma aquellos resultados estrepitosamente aproximados que hicieron sospechar un engaño. Más tarde relató que dichos resultados habían sido obtenidos a partir de experimentos reales llevados a cabo en el jardín del convento.

No era así. Pero no se puede afirmar que hiciera trampa. Los números eran fruto de los conteos reales de las plantas de guisantes cultivadas en el jardín, pero los experimentos descritos en el artículo los había hecho sobre el papel jugando con esos números. Pero entonces, ¿por qué no contó la verdad? ¿Por qué, en lugar de decir simplemente cómo había hecho para llegar a su descubrimiento, prefirió hacer creer que había trabajado de un forma completamente diferente? La respuesta es mucho más simple y obvia de lo que se pueda suponer. Si Mendel trabajó exactamente como yo pienso, sabía muy bien que su tercera ley valía solo para siete del centenar de caracteres que tienen las plantas de guisantes. ¿Cómo habría podido entonces, en plena época positivista, anunciar al mundo el descubrimiento de lo que parecía ser más una excepción que una ley? Por eso prefirió fingir que sus experimentos habían tenido por objeto precisamente aquellos siete, y solo los siete, caracteres que obedecían a todas sus leyes. De esta forma hizo creer que si se hubiera probado con un octavo, un noveno o un décimo carácter, tal vez la validez de la ley se habría confirmado. Pero sabía bien que no era así, puesto que él mismo había tenido ante sus ojos los resultados numéricos relativos a la mayor parte de los caracteres de los guisantes, y solo para aquellos siete había podido demostrar en forma matemática que se distribuían de acuerdo con la relación de 3 : 1 entre dominantes y recesivos.

Por eso cuando el mundo científico rechazó su descubrimiento no lo tomó tan mal. En el fondo –pensaría–, no están tan equivocados. Luego de algunos años abandonó por completo la botánica, y durante el resto de su vida se ocupó solo de meteorología. Muy probablemente murió convencido de haber hecho un agujero en el agua. Pero no era así; en realidad había realizado un trabajo admirable. Por desgracia, en aquella época la importancia y el significado de los cromosomas no habían sido aún descubiertos y por lo tanto no resultaba posible explicar por qué su teoría tenía una aplicación tan limitada que la hacía aparecer como una ingenua simplificación de fenómenos en realidad mucho más complicados. Desde este punto de vista Mendel puede ser considerado un genio desafortunado, y pensar que por lo tanto era sospechoso de estafa sería en verdad un acto poco generoso.

## La serpiente de Kekulé

La desgracia de Mendel se vuelve mucho más evidente si se la compara con el destino diferente sufrido por una mentira, muy probablemente menos inocente, mediante la cual August Kekulé ofreció no solo un informe poco verídico de la forma real en que había descubierto la estructura química del benceno, sino que incluso logró encubrir lo que algunos estudiosos consideran un plagio en perjuicio de un colega.

A comienzos del siglo XIX, en Londres los teatros y otros edificios públicos se iluminaban con un gas extraído de las ballenas. Cuando este gas se comprimía a fin de transportarlo en barcas formaba un líquido. Este líquido fue analizado por primera vez en 1825 por el famoso científico Michael Faraday, quien verificó que contenía carbono e hidrógeno en iguales proporciones. Posteriormente se lo denominó benceno. Durante muchos años nadie pudo aislar la fórmula de la estructura de esta sustancia, hasta que en 1865 Friedrich August Kekulé demostró que su molécula está constituida por un anillo de seis átomos de carbono dispuestos en forma de hexágono ideal, cada uno de los cuales está unido a un átomo de hidrógeno.

¿Cómo había hecho Kekulé para encontrar esta singular y hasta entonces desconocida estructura? El autor no quiso revelarlo jamás, hasta que en 1890, en el transcurso de una celebración-convención con motivo del vigésimo quinto aniversario del descubrimiento, que pasó a la historia como la «fiesta del benzol», reveló que había realizado el descubrimiento en sueños.

En 1865, cuando era profesor de química en la ciudad belga de Gante, contó Kekulé que una noche, mientras se ocupaba de preparar su manual de química, se durmió frente al fuego y comenzó a soñar con una danza de átomos que poco a poco se convirtieron en varias serpientes, hasta que finalmente una de ellas se mordió la

## 6. Falsificaciones afortunadas y desafortunadas

cola formando un anillo. En aquel momento, Kekulé, guiado por una repentina iluminación, se despertó y pasó el resto de la noche intentando disponer los átomos de carbono y de hidrógeno del benceno de acuerdo con la figura que había aparecido en el sueño.

Esta anécdota comenzó a formar parte de las curiosidades y los mitos de la historia de la ciencia y ha sido narrada infinitas veces, sobre todo para subrayar que a menudo en la investigación científica también entran en juego factores psicológicos oscuros e imponderables. El propio Kekulé había concluido su discurso diciendo:

> Durmamos entonces, señores, y tal vez podamos descubrir la verdad. Pero cuidémonos de no publicar nuestros sueños antes de haberlos discutido en profundidad cuando estemos despiertos.

Kekulé era un hombre que gozaba de tanto atractivo y autoridad (no se le otorgó el premio Nobel solo porque aún no existía, pero lo obtuvieron tres de sus alumnos) que nadie se preguntó jamás si aquel sueño le había ocurrido en realidad o si simplemente lo había inventado. Hasta que en 1984 John Wotiz, profesor de bioquímica de la Universidad de Illinois, y Susanna Rudofsky, de la Universidad de Chicago, decidieron llegar al fondo de la cuestión, ya que sentían curiosidad por el hecho de que durante más de veinticinco años Kekulé hubiera mantenido en absoluta reserva las circunstancias que le habían llevado a su descubrimiento. Apoyándose en los documentos que puso a su disposición Klaus Hafner, director de los archivos de Kekulé, de la Universidad de Darmstadt, los dos estudiosos llegaron a la conclusión de que muy probablemente el sueño de la serpiente no fue más que un invento del ya anciano Kekulé quien, de esta manera, procuraba esconder frente a la posteridad el verdadero origen de su idea, mucho más prosaico y casi tramposo.

Wotiz y Rudofsky señalaron que en 1854 el químico francés A. Laurent publicó un libro en el que atribuía al cloruro de benzoílo una fórmula de estructura hexagonal. Los dos autores norteamericanos demostraron también que Kekulé conocía muy bien aquel libro, y que ya en 1854 sabía de su publicación. Encontraron, de hecho, una carta con esta fecha en la cual Kekulé proponía a un editor alemán la traducción del libro. Además, en un artículo de 1858 Kekulé citaba el libro de Laurent y hacía referencia precisamente a la página 408, en la que el químico francés había diseñado la estructura hexagonal del cloruro de benzoílo. Esta referencia falta, en cambio, en el artículo de 1865 en el que Kekulé proponía la estructura hexagonal para el benceno. La conclusión de Wotiz y Rudofsky es que Kekulé no solo «cogió inspiración» del libro de Laurent, sino que además procuró por todos los medios evitar que Laurent compartiera con él el honor y el mérito del descubrimiento.

## Freud y «El hombre de los lobos»

Descubrir que un químico, un físico o incluso un biólogo (sobre todo si se trata de científicos famosos) dice mentiras sin duda sorprende, aunque no demasiado. Sin embargo, nadie esperaría mentiras de una persona que, como Freud, había comenzado ya desde el comienzo de su carrera a reflexionar acerca del significado de la mentira (en especial acerca de las singulares relaciones que existen entre las mentiras de los adultos y las de los niños) en un ensayo de 1913 titulado *Dos mentiras infantiles*. No obstante, en un reciente artículo, Frank J. Sulloway demostró que la totalidad de los casos clínicos más famosos estudiados por Freud, esenciales para la constitución misma de la teoría psicoanalítica, fueron relatados de forma distorsionada y desviada, insertando en ellos, aquí y allá, verdaderas mentiras. Una de las más notorias sería la que Freud habría dicho a propósito de la manera en que llegó a descubrir el complejo de Edipo. Al menos esto es lo que sostuvo F. Cioffi en un artículo de 1976 titulado «¿Era Freud un mentiroso?».

El complejo de Edipo designa el deseo incestuoso, más o menos consciente, del hijo respecto de la madre y, en general, es el conjunto organizado de deseos amorosos y hostiles que el niño siente respecto a sus padres. En su forma clásica se presenta como el deseo de la muerte del rival, representado por el personaje del mismo sexo, es decir, por el padre, y el deseo sexual por el personaje del sexo opuesto (la madre), exactamente como en el viejo mito de Edipo.

Freud afirmó haber llegado al descubrimiento de este complejo a través de su autoanálisis. Es decir, estudiando con atención, a partir del método típico del psicoanálisis, su propia psique y sus relaciones afectivas y familiares. Así fue como se dio cuenta de que sentía amor por su madre mientras que respecto del padre, por quien estaba convencido de tener mucho afecto, sentía en realidad fuertes celos. Pero Cioffi ha descubierto que las cosas no fueron así en absoluto. Los documentos demuestran que Freud no tuvo ninguna inclinación edípica, y es probable que para elaborar su teoría se inspirase simplemente en el mito griego.

La forma en que Freud hacía uso del complejo de Edipo en la terapia analítica resulta clara en el caso del pequeño Hans. El protagonista de esta historia era un niño de 5 años que sufría un miedo patológico por los caballos, miedo que le aterrorizaba a tal punto que no quería salir de casa. Freud afirma haberle curado revelándole que todos sus miedos nacían del complejo de castración, asociado al de Edipo. Sabemos, porque lo ha relatado el mismo Freud, que el pequeño Hans, ya mayor, con 19 años, fue a visitar inesperadamente al padre del psicoanálisis. Freud se puso muy contento al verlo, pero se sorprendió mucho al saber que el joven no se reconocía en absoluto en aquello que él, el gran Freud, había escrito acerca de Hans.

Todo hace suponer que en este caso Freud –que ni siquiera habría observado en forma directa al joven paciente sino que se habría atenido a lo que le decían sus padres– cometió un gran error, y los miedos del pequeño Hans fueron explicados luego de forma mucho más simple por John Bowlby, que los atribuyó al comportamiento distante y poco afectuoso de los padres. La madre del niño era de hecho histérica y Freud la había curado precisamente antes del matrimonio, mientras que el padre era uno de los alumnos de Freud que compartía plenamente, casi hasta la veneración, las ideas del maestro. Ambos habían comenzado a observar al niño con ojo psicoanalítico mucho antes de que surgieran sus miedos y solían transmitir a Freud sus observaciones. Es por eso muy verosímil que el niño se sintiera más un objeto de observación que un objeto de amor, y que sus miedos no fueran sino una forma inconsciente de solicitar afecto a sus padres.

En otros casos, en cambio, Freud recurrió a verdaderas manipulaciones y falsificaciones de los resultados clínicos. En el caso del presidente Schreber, por ejemplo, suprimió toda referencia al carácter despótico del padre del paciente con el objeto de atribuir la paranoia que este último sufría a sus supuestas tendencias homosexuales. En el caso de «El hombre de las ratas», cuyo verdadero nombre era Ernst Lanzer, Patrick Mahony ha verificado que Freud no solo procuró hacer creer que la terapia analítica se había prolongado por «más de once meses», cuando había durado tan solo tres, sino que además Freud había afirmado haber descubierto al comienzo del tratamiento –y considerado fundamental para la comprensión de todo el caso– uno de los más curiosos comportamientos del paciente (un comportamiento compulsivo que le obligaba a mantener abierta la puerta de casa entre medianoche y la una de la madrugada y luego contemplar sus genitales). En realidad, Lanzer, el paciente, no le había contado a Freud el hecho sino hasta el final de la terapia, el 27 de diciembre de 1907.

Pero las revelaciones más interesantes se refieren al caso de «El hombre de los lobos», que Freud había tratado en análisis entre 1910 y 1914. El paciente, que Freud indica con las iniciales S. P., era

> un joven cuya salud sufrió un grave daño a la edad de dieciocho años después de una infección blenorrágica, y que cuando comenzó el tratamiento psicoanalítico, muchos años más

tarde, era completamente incapaz de cuidar de sí mismo, por lo que se veía obligado a depender en todo y para todo de los demás.

Freud se ocupó solo de lo que, según su opinión, era el origen de los problemas del paciente,

una grave afección neurótica que se había instaurado bajo la forma de una histeria de angustia poco tiempo antes de que cumpliera los cuatro años, transformándose luego en una neurosis obsesiva de contenido religioso cuyas consecuencias perduraron hasta los ocho años.

Sin embargo, da a entender con claridad que el análisis atacó también los problemas manifiestos en el paciente ya adulto, y que pudo curarlos. Escribe:

Aunque el paciente me lo haya solicitado en forma directa, me abstuve de escribir una historia completa de la enfermedad, de la terapia y de la curación.

Fue, por cierto, una buena idea, ya que el paciente no se curó.

A principios de los años setenta la periodista austriaca Karin Obholzer pudo rastrear en Viena quién era «El hombre de los lobos»; su verdadero nombre era Serguéi Pankéyev, e hizo que le contara su historia, que luego relató en el libro *El hombre lobo sesenta años después*. Lo primero que surgió fue que en realidad Pankéyev nunca se había curado. Luego de haber estado bajo el tratamiento de Freud fue analizado dos veces por Ruth Mack

## 6. Falsificaciones afortunadas y desafortunadas

Brunswick y, después de la Segunda Guerra Mundial, por otros muchos psicoanalistas hasta su muerte en 1978. Sus problemas psicológicos siguieron siendo los mismos que sufría cuando se presentó por primera vez ante Freud, y para curarle no solo fueron insuficientes los cuatro años de análisis con él, sino también los otros que había estado siendo analizado por sus discípulos y seguidores. «Mi análisis –le explicó Pankéyev a Obholzer– ha sido una catástrofe. Estoy ahora exactamente igual que cuando comencé.» «Pero en sus memorias –objetó Obholzer– usted ha escrito exactamente lo contrario.»

En 1971, a cargo de Muriel Gardiner, se había publicado en Estados Unidos *El hombre lobo, por el hombre lobo,* un libro en el que se acreditaba de manera definitiva la idea, expresada ya por el mismo Freud, de que Pankéyev se había curado por completo.

> Es todo falso –replicó el paciente que contaba ya con 86 años– Gardiner insistió para que yo escribiera aquellas memorias a fin de demostrarle al mundo que Freud había logrado curar a una persona gravemente enferma.

Pero lo peor salió a la luz. «El hombre de los lobos» reveló que habiéndose arruinado y reducido casi a la extrema pobreza (después de haber sido rico) los psicoanalistas no solo habían comenzado a curarle de manera gratuita, sino que incluso le mantenían enviándole regularmente sumas de dinero que provenían de la cuenta de la Fundación Sigmund Freud. Su «sueldo» había comenzado a tener efecto desde que había manifestado su deseo de emigrar a Estados Unidos para procurar mejorar sus finanzas. El movimiento psicoanalítico se ofreció de inmediato a solventar sus necesidades con la condición de que no abandonara Viena, donde vivía en el anonimato, y que no se trasladara a Estados Unidos, donde alguien habría podido descubrir que el paciente más famoso de Freud estaba aún enfermo e incluso más que antes. Kurt Eisler y otros líderes del movimiento psicoanalítico procuraron impedir también que Obholzer entrevistara a Pankéyev, quien finalmente aceptó hablar después de obtener la promesa formal de que todo cuanto revelara no sería publicado sino hasta después de su muerte. No deseaba arriesgarse a perder su sueldo.

En particular, Pankéyev reveló que uno de los elementos más importantes de su análisis, la interpretación que Freud hizo de un sueño, era completamente absurda e inverosímil. Se trataba de un sueño que él había tenido a los cuatro años: le había parecido que la ventana de su habitación se abría y podía ver lobos blancos sentados en las ramas de un gran nogal que se encontraba precisamente delante de la ventana. Freud había hecho una interpretación elaborada y muy complicada de este sueño. Supuso que tenía que ver con una experiencia vivida por el niño cuando tenía un año y medio, de la que sin embargo el niño no conservaba recuerdo alguno. Se habría tratado obviamente de una experiencia un poco escabrosa. Según Freud, el niño asistió a un «coito por detrás repetido tres veces» entre sus padres y «pudo ver los genitales de la madre y el miembro del padre, comprendiendo la esencia de la cosa y su significado».

«El hombre de los lobos» declaró acerca del sueño que ante todo le había explicado a Freud que no se trataba de lobos, sino de una raza especial de perros de aspecto similar al de los lobos. Pero en lo que respecta a la escena de una relación entre los padres, no podía confirmarla o negarla, ya que nadie puede recordar aquello que ha visto cuando tiene un año y medio de edad. Sin embargo, subrayaba que él, al igual que todos los niños de la buena sociedad rusa de la época, no dormía en la habitación de sus padres, sino en la suya propia con su institutriz. Pero esto no representaba un problema para Freud, que le había prometido que un día sería capaz de recordar todos los detalles de aquel desagradable suceso y que, en consecuencia, se habría curado.

En realidad Pankéyev nunca pudo recordar su precoz y traumática experiencia de *voyeur*, aunque Freud había podido reconstruirla hasta en los mínimos detalles gracias a su ilimitada habilidad como analista. Estableció, por ejemplo, que el suceso había tenido lugar durante «un cálido día estival», de tarde, cuando «los padres se habían recostado, a medio vestir, sobre la cama para la siesta», y había explicado también la presencia del niño en la habitación a raíz de una enfermedad. La particular posición adoptada por los padres durante el acto sexual era una inducción casi obligada dado que solo ésta permitía que el niño se diera cuenta de que la madre carecía de miembro y que esto generara su sucesiva angustia de castración por haber interpretado el órgano sexual de la madre como una herida causada por la castración. Elemental. Pero ¿por qué la relación en aquella posición se habría repetido exactamente tres veces? Freud no encontró dificultades para dar con la respuesta: se lo había dicho el mismo Pankéyev:

Un día él afirmó de repente que yo había descubierto este detalle a través de la interpretación. No era cierto: se trataba de una asociación espontánea que no daba lugar a críticas. Como solía hacer, me la había atribuido, procurando hacerla más creíble a través de esta proyección.

Si se tiene fe en Freud, debe concluirse entonces que «El hombre de los lobos» recordaba perfectamente y en los mínimos detalles aquello que decía no recordar. Su acto de no recordar no se debía a la debilidad de memoria, sino a una tenaz remoción que tendía a ocultar a su conciencia la «verdadera» causa de sus angustias. La prueba más evidente era que una vez recuperado aquel recuerdo y recompuesto del trauma que éste le había provocado, S. P. se había curado en 1918. Sin embargo, el método de Freud no obtuvo el mismo resultado con Serguéi Pankéyev, que, no obstante sus esfuerzos durante sesenta años, no logró recordar el desagradable episodio de los tres actos sexuales por detrás de sus padres. Peor para él, porque no se curó y se llevó a la tumba todos sus problemas.

## Burt y la estupidez hereditaria

Cyril Burt era hijo del médico de cabecera Francis Galton, curioso primo de Darwin, que durante su vida se ocupó un poco de todo, siendo el fundador de las pruebas mentales y un pionero del estudio de las huellas digitales.

El joven Burt absorbió muchas ideas de Galton, quien respondió a su admiración creando por primera vez en Inglaterra una cátedra de psicología de la que su discípulo se convirtió en titular en 1907. La mayor tarea de Burt fue continuar el camino trazado por Galton y Charles Spearman, el primer gran psicólogo inglés y creador del análisis factorial.

En sus numerosas publicaciones, Burt utilizó ampliamente las pruebas de inteligencia con el objeto de demostrar su hipótesis de que la inteligencia está determinada por factores hereditarios. Los estudios más importantes fueron los de dos gemelos idénticos separados, es decir, los denominados «gemelos verdaderos», que por diferentes razones habían sido educados por familias distintas. El motivo del interés de Burt por estos individuos era evidente. Los gemelos idénticos poseen idéntico patrimonio genético. Si hubiera podido demostrar que, aunque crecieran en familias diferentes, mantenían el mismo cociente de inteligencia, habría tenido entre manos la prueba más evidente del carácter hereditario de la inteligencia. Habría demostrado que las costumbres y las capacidades adquiridas en el ambiente cultural en el que crecemos no mejoran en absoluto, o lo hacen solo en parte, los potenciales intelectuales innatos.

Para hacer más exacta su investigación, Burt utilizó un instrumento matemático que había sido preparado por Pearson: el coeficiente de correlación. La correlación verifica de forma exacta y matemática la tendencia de una medida que varía de acuerdo con las variaciones de otra medida. Por ejemplo, a medida que un niño crece, crece también de forma correlativa el largo de brazos y piernas. Este tipo de correlación se denomina positiva. En cambio, cuando una medida aumenta y la otra disminuye, la correlación es negativa. La medida tipo de la correlación se denomina «coeficiente de correlación de Pearson» y se la indica con $r$. Varía entre +1, coeficiente de correlación positiva perfecta, y –1, correlación negativa perfecta, y es igual a 0 cuando no existe correlación alguna.

La importancia de este coeficiente radica en que si se aplica a una muestra suficientemente amplia permite verificar, al menos desde el punto de vista estadístico, que las dos medidas consideradas tienen alguna relación entre sí, lo cual obviamente resulta anterior a la investigación acerca de las causas de esa relación.

En el caso de los gemelos idénticos, el razonamiento de Burt fue el siguiente: este tipo de gemelos poseen el mismo patrimonio hereditario, por lo que si los sometemos a algunas pruebas de inteligencia, evaluando en forma numérica sus respuestas y comparando luego las puntuaciones de uno y otro, el coeficiente de correlación entre las dos medidas nos permitirá evaluar la influencia de la herencia en la inteligencia. En particular, si las dos medidas resultan correlativas positivamente, el índice de correlación obtenido puede considerarse una medida exacta de la incidencia efectiva de la herencia en la inteligencia. Si, en cambio, la correlación es negativa, significa que la inteligencia no está unida a la herencia, sino que se encuentra bajo la influencia principal del ambiente cultural en el que se crían los dos gemelos.

Burt obtuvo una correlación positiva de 0,771 para los gemelos idénticos criados en familias separadas, y una aún más elevada (0,944) para los gemelos criados por la misma familia. Creía haber demostrado, de forma rigurosamente matemática, que la inteligencia es una cuali-

## 6. Falsificaciones afortunadas y desafortunadas

dad que se hereda de los padres y no puede adquirirse, sino en una mínima parte, a través de la educación.

En aquella época nadie se atrevió a discutir los fundamentos de los estudios y la exactitud de las conclusiones de Burt, pero muchos años después se reveló que en aquellas investigaciones podían observarse dos errores. Ante todo los gemelos eran demasiados. Los primeros datos presentados por Burt en 1955 se referían a 21 pares de gemelos idénticos; en 1958 los pares estudiados ascendieron a 30, y en su último artículo de 1966 se convirtieron en 53. Podemos concluir que la muestra estadística utilizada por Burt estaba constituida por 53 pares de gemelos idénticos, es decir, más del doble del total de todos los intentos precedentes. Los gemelos idénticos son de hecho poco frecuentes, y lo son mucho menos los gemelos idénticos criados separadamente, tanto es así que Stephen Gould ha dicho en tono irónico:

Si deseara llevar una vida agitada, quisiera ser un gemelo monocigótico, separado de mi hermano en el nacimiento y criado en una clase social diferente. Podríamos contratar un grupo de estudiosos de ciencias sociales y vivir a expensas de ellos. Seríamos unos rarísimos representantes del único experimento natural realmente apto para diferenciar los efectos genéticos de los ambientales en los hombres: individuos genéticamente idénticos criados en ambientes diferentes. Los estudios acerca de los gemelos idénticos criados en forma separada deberían ocupar un lugar privilegiado en la literatura del carácter hereditario del cociente de inteligencia. Y así sería si no existiera un problema: lo extremadamente raro de los propios ejemplos.

Pero no se encuentran huellas de este tipo de problemas en los estudios de Burt, que pudo juntar 53 pares de «conejillos de Indias» aunque nadie ha podido explicarse cómo lo hizo. Sin embargo, éste no es el único detalle poco creíble de las investigaciones de Burt.

El aspecto más curioso y sorprendente de estos estudios es que, a pesar de que el número de gemelos aumentaba con el tiempo, los coeficientes de correlación seguían siendo los mismos, es decir 0,771 y 0,944. Desde el punto de vista estadístico esto es prácticamente imposible, dado que a medida que aumentaba el número de gemelos, esos coeficientes debían variar por lo menos en una cifra decimal. Sin embargo, durante muchos años nadie dio importancia a esta anomalía.

Mientras tanto, las ideas de Burt se afirmaron en el mundo científico e influyeron en el sistema educativo tanto en Inglaterra como en Unidos. El gobierno inglés, por ejemplo, adoptó inmediatamente después de la Segunda Guerra Mundial una prueba elaborada sobre la base de las ideas de Burt, a la que se sometían todos los niños ingleses a los 11 años a fin de establecer qué tipo de educación era la más adecuada para ellos, si la superior o la inferior. El examen fue abolido en 1969, aunque las críticas habían comenzado a surgir a partir de 1950, el año en que Burt, que tenía entonces 68 años, fue nombrado profesor honorario y se jubiló.

Hans Eysenck, discípulo de Burt en el Instituto de Psiquiatría de Londres, era un defensor convencido de las ideas de Burt en Inglaterra, mientras que en Estados Unidos lo era un alumno de Eysenck: Arthur Jensen. En este último país, el sistema educativo también se vio influido durante años por el dogma del carácter hereditario de la inteligencia. Pero el efecto más sorprendente de las ideas de Burt se presentó en septiembre de 1971, cuando Richard Hernstein, profesor de Harvard, publicó un artículo en el que sostenía que la clase social a la que pertenece un individuo está determinada en gran parte por las diferencias hereditarias del cociente de inteligencia. Es decir, que los pobres son tal porque son hijos de pobres y estúpidos, y recíprocamente, los ricos son así porque son hijos de padres que en su mayoría son ricos e inteligentes.

Las ideas de Burt estaban aceptadas y difundidas. Por eso, cuando a comienzos de los años setenta Leon Kamin afirmó que éstas no se apoyaban en una base sólida desde el punto de vista estadístico, y sobre todo después de que en 1974 publicara su libro *Ciencia y política del cociente de inteligencia,* muchos psicólogos que estaban al corriente de sus simpatías socialistas consideraron que el ataque a Burt se asentaba más en razones políticas que científicas.

Hubo quien admitió que había algo extraño en los estudios de Burt, pero que solo se trataba de detalles. Por ejemplo, en un artículo de 1943 Burt recomendaba la consulta de los cuadros incluidos en la tesis de un tal J. Maver, que sería presentada en el departamento de psicología del University College en Londres. Pero Kamin había descubierto que nadie con ese nombre había estudiado psicología y que nunca se había presentado en la universidad una tesis con ese título. De manera análoga, en 1939 Burt había firmado un artículo junto con un tal Moore, y en el texto hacía referencia también a otro colaborador, Davis, aunque ambos eran desconocidos. En 1954, cuando le solicitaron los cuadros de los datos de aquellos experimentos, Burt respondió que Moore iba a publicarlos en un número del *British Journal of Statistical Psychology,* que en aquel momento estaba por editarse. Pero ni en ése ni en ningún otro número apareció jamás algo firmado por Moore, que en efecto parece no haber publicado otra cosa después de aquel primer y único artículo firmado junto con Burt.

Además, después de la muerte de Spearman ocurrida en 1945, Burt procuró repetidas veces atribuirse a sí mismo el mérito de la elaboración del análisis factorial. Se trataba de una reivindicación claramente infundada que sin embargo estuvo apoyada, precisamente en las páginas de la revista dirigida por Burt, por un desconocido psicólogo francés: Jacques Lafitte, detrás del cual se sospecha que se escondía el mismo Burt.

Los defensores de Burt, sin embargo, minimizaron la importancia de estos hechos hasta que en octubre de 1976 un periodista del *Sunday Times* descubrió que otras dos presuntas colaboradoras de Burt (que habían firmado con él los artículos más importantes de los últimos años), Margareth Howard y Jane Conway, calificadas como investigadoras de la Universidad de Londres, resultaban ser por completo desconocidas en esa universidad y no existía huella alguna de ellas en los archivos y en los documentos.

El problema era muy grave dado que Burt sostenía precisamente en uno de aquellos artículos haber analizado 53 pares de gemelos idénticos. Esto quiere decir que, a partir de 1955 (cuando ya se había jubilado), habría estudiado en total 33 pares de gemelos, mientras que desde el inicio de su carrera hasta 1955 había estudiado solo 21. Ahora bien, cuando se jubiló era bastante mayor y además estaba sordo; es por eso impensable que pudiera realizar el trabajo y los viajes necesarios para llevar a cabo sus estudios, dado que este tipo de gemelos, como se ha dicho antes, es difícil de encontrar. Él había declarado que las investigaciones habían sido encomendadas a sus dos colaboradoras, Howard y Conway. Pero si estas colaboradoras no existían, ¿quién había realizado las investigaciones?

Howard y Conway aparecían además como autoras de numerosos artículos, notas críticas y reseñas publicadas en el *Journal of Statistical Psychology,* que casualmente estaba dirigido por el mismo Burt. Eran todas reseñas muy favorables a las publicaciones de éste, reivindicando sus prioridades científicas respecto a las de los críticos, e incluyendo duros ataques a aquellos que no compartían sus ideas. El estilo de estas intervenciones era sin duda el mismo que el de Burt, y curiosamente las dos inefables señoritas dejaron de colaborar con la revista en el mismo momento en que Burt cesó en su puesto de director. Sus defensores a ultranza afirmaron que, aunque parecía que aquellas señoritas nunca habían existido, esto solo significaba que Burt había querido utilizar seudónimos, lo que no está prohibido por ley alguna.

Pero lo peor no había llegado aún. La hermana de Burt, para acallar las acusaciones y habladurías, decidió hacerle escribir una biografía de su hermano a una persona de confianza y objetiva. Recordó que Leslie Hearnshaw, un psicólogo que ocupaba en Liverpool la cátedra que había sido de su hermano, había presentado un conmovedor discurso en los funerales de éste, y consideró que era la persona adecuada para aquella tarea. Le confió todos los papeles y diarios de Burt a fin de que pudiera rebatir todas las acusaciones con los documentos en la mano.

Cuando finalmente en 1979 se publicó el libro, el frente de defensores de Burt se desbarató por completo: Hearnshaw había encontrado en los papeles que le habían sido confiados la prueba documentada de que Burt había realizado investigaciones de psicología acerca de gemelos separados solo antes de la Segunda Guerra Mundial, obteniendo datos relativos a 15 pares de gemelos. Los datos de los otros 38 pares eran totalmente inventados; tanto es así que cuando a finales de los años sesenta Christopher Jencks, psicólogo de Harvard, le solicitó los originales, Burt apuntó en su diario que se había visto obligado a pasar una semana calculándolos. Esto significa que no los tenía y que debía volver a hacerlos, es decir, inventarlos en el momento. Hearnshaw descubrió que otras investigaciones hasta entonces no cuestionadas, relativas a problemas de psicopedagogía, también eran inventadas.

Finalmente, Hearnshaw quiso llegar al fondo de la historia de los seudónimos y verificó que Burt había escrito con nombres falsos un total de más de veinte cartas, reseñas y notas críticas, en algunas de las cuales había llegado incluso a responder a una nota que había escrito y publicado con otro nombre a fin de poder citar una y otra vez sus trabajos y exponer sus puntos de vista fingiéndose totalmente fuera del caso. El juego de los seudónimos se había intensificado en los años en que se jubiló, con el objeto de crear la impresión de que continuaba investigando.

De la biografía escrita por Hearnshaw surge el retrato de un hombre inteligente y dotado, pero con graves problemas de carácter. Burt era introvertido, celoso, ambicioso y, como demuestra la invención de los diferentes personajes y su identificación con ellos, levemente paranoico. No tenía, según Hearnshaw, ni el temperamento ni la educación del estudioso, era demasiado seguro de sus ideas, demasiado precipitado y ansioso por obtener resultados definitivos, a la vez que demasiado hábil y ágil para arreglar los datos estadísticos, con la finalidad de ser considerado un verdadero científico.

Pero ha sido con seguridad el más afortunado de los estudiosos acusados y encontrados culpables de fraude científico. Recientemente, el psicólogo Robert B. Joynson y el sociólogo Ronald Fletcher han publicado dos libros en los que procuran rehabilitar a Burt. El más importante es *The Burt affair*, publicado por Joynson en 1989. El objetivo manifiesto es refutar las acusaciones de Hearnshaw y demostrar que las teorías de Burt se apoyaban en investigaciones efectivamente realizadas, no en datos falsificados. Las argumentaciones de Joynson convencieron a Jensen, admirador de Burt y defensor del carácter hereditario de la inteligencia, pero dejaron perplejos a otros estudiosos. Joynson, profesor de psicología en la Universidad de Nottingham, no responde directamente a las acusaciones de Hearnshaw, sino que se limita a intentar negar su validez desacreditando las fuentes de información que éste utiliza, y cuando la acusación está bien documentada, se desespera ofreciendo explicaciones aparentemente válidas. Así, sostiene, por ejemplo, que la mayor parte de las informaciones utilizadas por Hearnshaw son de segunda mano y que los diarios a los cuales se le había atribuido tanta importancia son en realidad de poca utilidad, a tal punto que no merece la pena tenerlos en cuenta al intentar reconstruir la verdad.

En lo que respecta a la ausencia de documentos que comprueben que los datos de Burt habían sido obtenidos mediante experimentos reales, Joynson sostiene que éstos, muy probablemente, se perdieron durante la guerra. En lo concerniente a los colaboradores ficticios y al uso desprejuiciado de seudónimos, se afirmó que Burt fue inducido no por una forma de paranoia, sino por la necesidad de afrontar él solo la dirección de la revista, dada la escasez de fondos y la falta de colaboradores. Todas estas argumentaciones, ha sostenido Leon Kamin, el primer acusador de Burt, permiten suponer que la credulidad de los estudiosos, así como también la del público interesado, se pueda llevar más allá del límite aceptado por personas sensatas.

En todo caso, después de dos libros escritos a su favor, el tribunal de la ciencia no puede seguir considerando culpable a Burt: debemos concederle al menos el beneficio de la duda. Esto constituye ya un óptimo resultado, dado que en ciencia quien hace trampa queda tarde o temprano descubierto. El de Burt es el único caso conocido de delito casi perfecto después del de Piltdown, y cabe subrayar que se trata de dos estafas inglesas.

# 7. Un Judas en el laboratorio

## Las células «inmortales» de Alexis Carrel

En muchos casos de falsificación o estafa ha resultado que el culpable no era el protagonista de la investigación, sino algún ayudante de éste que en ocasiones ha sido identificado con exactitud, aunque no siempre fue posible individualizar los motivos. El caso más sonado es el que involucró al premio Nobel Alexis Carrel y que se descubrió solo treinta años después de su muerte.

En esta ocasión, el fraude no se hallaba relacionado con las investigaciones que hicieron a Carrel merecedor del Nobel, sino con algunos estudios que había comenzado unos meses antes de recibir el prestigioso reconocimiento, los que tiempo después le condujeron a anunciar el descubrimiento de un método que convertía a las células en inmortales. Era el año 1912 y Carrel había logrado obtener la conservación y el desarrollo *in vitro* de células embrionales de corazón de pollo, las cuales se reprodujeron incesantemente durante 34 años en el laboratorio del Instituto Rockefeller de Nueva York. El hecho que más sorprendió a la imaginación colectiva y que recibió una amplia cobertura periodística era que, según Carrel, sus células no mostraban signos de envejecimiento, y que por lo tanto podía afirmarse que «el envejecimiento y la muerte son solo fenómenos contingentes y no necesarios».

Pero ya a partir de comienzos del siglo XX los extraordinarios resultados de Carrel recibieron críticas a raíz de la imposibilidad que tenían otros investigadores de producir células igualmente inmortales, y resultaron aún más inexplicables después de que, en 1961, se demostrara que ese tipo de células sobrevivían en cultivo solo durante un periodo de tiempo no superior a 30 semanas. Sin embargo, recientemente se ha demostrado que estos resultados eran fruto de una falsificación de la cual el mismo Carrel fue solo una víctima.

Alexis Carrel había nacido en 1873 en los alrededores de Lyon, Francia. Realizó parte de sus estudios en Lyon, donde se graduó en 1900, y parte en Estados Unidos, en Chicago, donde se especializó en fisiología. En pocos años se convirtió en uno de los cirujanos experimentales más conocidos, acumulando una notable serie de méritos científicos (entre los que se encuentra, por ejemplo, el invento de una técnica para suturar los vasos sanguíneos) que han hecho que fuera considerado un pionero en el campo del trasplante de órganos. En especial goza del mérito de haber demostrado la posibilidad de trasplantar el riñón de perro a otro individuo, incluso un mes después de la extracción, siempre que se conserve a baja temperatura. Por sus méritos fue llamado en 1906 para dirigir la división de cirugía experimental del Instituto Rockefeller de Investigación Médica de Nueva York, y en 1912 obtuvo el premio Nobel «en reconocimiento de su trabajo acerca de la sutura vascular y del trasplante de vasos sanguíneos y de órganos».

El gran público lo conoce, en cambio, como el autor del singular libro *El hombre, ese desconocido,* publicado en 1935, en el que denuncia los efectos perjudiciales de la civilización moderna augurando el desarrollo de una ciencia del hombre no ya mecanicista, sino basada en una visión esencialmente místico-religiosa de la fuerza de la vida. Desde el punto de vista puramente biológico, Carrel sostenía que la vida es potencialmente inmortal y solo las condiciones de vida creadas por el desarrollo de la tecnología y la civilización, y en particular la indiferencia ante el papel de la mente y de los valores espirituales, han impedido extenderla y mejorarla. Según su opinión, los esfuerzos de médicos, biólogos y los defensores de la higiene habían resultado infructuosos precisamente porque se desarrollaban desde un punto de vista mecanicista ignorando el valor del aspecto espiritual. La profunda religiosidad de Carrel emerge aún con mayor claridad en el libro *El viaje a Lourdes,* publicado tras su muerte en 1949, en el que relata su conversión que tuvo lugar luego de haber asistido a una curación milagrosa.

Un año después de la llegada de Carrel a Nueva York, el biólogo Ross Granville Harrison de la Universidad de Baltimore ultimó una técnica que permitía preparar cultivos de tejidos animales aislados del cuerpo. Por primera vez en la historia de la biología, esta técnica ofrecía la posibilidad de estudiar el comportamiento y la fisiología de cada una de las células, lo cual obviamente era fundamental para comprender el papel de todo el órgano u organismo al que estas células pertenecían.

Carrel se interesó de inmediato por el nuevo método dado que veía en él posibilidades de aplicación en el sector de la conservación y del trasplante de órganos, además de la posibilidad de verificar experimentalmente sus ideas acerca de la inmortalidad de los organismos biológicos. Junto con Montrose Burrows y Albert Ebeling comenzó una serie de experimentos de cultivos de células. Su técnica consistía en extraer pequeños fragmentos de tejido del corazón de pollo durante el desarrollo embrional de este animal, colocarlos en una campana de vidrio agregando una gota de plasma sanguíneo diluido en agua, e incubar el cultivo obtenido a 39° C. La técnica no difería mucho de la de Harrison, pero mientras que las células cultivadas por este último no sobrevivían más de quince días, las de Carrel permanecían con vida y se reproducían hasta generar grupos de células, formando un fragmento bastante extenso de corazón de pollo que latía con ritmo cardiaco.

El experimento había comenzado el 17 de enero de 1912 con 16 cultivos de este tipo, 11 de los cuales antes de morir permanecieron con vida durante dos meses, los otros murieron en los meses siguientes, excepto uno que parecía ser en efecto inmortal. Entusiasmado, Carrel publicó un famoso artículo, titulado «Acerca de la vida permanente de los tejidos fuera del organismo», en el que sostenía haber aislado y creado experimentalmente las

## 7. Un Judas en el laboratorio

condiciones que permitían extender de forma indefinida la vida de tejidos extraídos del organismo al que pertenecían. Aquellas células, de hecho, siguieron con vida y se multiplicaron hasta 1946. De ellas se había ocupado Albert Ebeling a partir del 1 de junio de 1912, quien se las llevó consigo cuando en 1938 abandonó el Instituto Rockefeller para trasladarse a trabajar en un laboratorio farmacéutico, donde continuó cultivándolas hasta 1946. Aquellas células vivieron en total 34 años, un resultado espectacular que ningún otro científico logró obtener y que alimentó una serie de leyendas alrededor de la figura de Carrel.

Todo estaba destinado a parecer cada vez más sorprendente, sobre todo después de que en 1961 L. Hayflick y P. S. Moorhead demostraran que el tipo de células utilizado por Carrel pueden sobrevivir en cultivo solo durante un periodo limitado: no más de 50 generaciones, lo que significa no más de 30 semanas. No es posible en consecuencia producir células inmortales ni siquiera en cultivo, y se confirmó también que, tanto *in vitro* como *in vivo*, las células sufren un proceso de envejecimiento cuyas causas son aún desconocidas.

Hoy en día se sabe que las células embrionales en sus primeras fases de desarrollo son, en efecto, potencialmente inmortales, pero durante un breve periodo de tiempo. El embrión es al principio una masa de células parecidas entre sí que se denominan «células germinales». Llegado un momento, y en algunos animales esto ocurre rápidamente (ya desde las primeras divisiones del huevo después de la fecundación), se separa de las células una nueva línea celular, las «células somáticas», que comienzan a diferenciarse generando los distintos tejidos y órganos, como el tejido muscular, el tejido nervioso, el tejido cardiaco, las células del cabello, de las uñas, etc.

Estas células no pueden reproducirse indefinidamente: existe un control del número de divisiones celulares posibles. De lo contrario, cada célula continuaría dividiéndose hasta el infinito con un previsible resultado: en lugar de un organismo con un equilibrio armónico de tejidos y de órganos, nacería una masa informe de células. Esto es, de hecho, lo que sucede en algunas malformaciones congénitas y sobre todo en los tumores, cuando las células se multiplican sin control alguno.

Por eso las células tumorales son más fáciles de cultivar que las otras: están dotadas de una prodigiosa e inexplicable vitalidad, la misma que las convierte en mortales para el organismo que las hospeda. Las células más vitales que se conocen son las denominadas HeLa, de las que ya hemos hablado en el quinto capítulo. Se trata de las células de un tumor que en 1951 acabó en tan solo ocho meses con la vida de una joven de color de Baltimore: Henrietta Lack.

Pero Carrel no había tenido en sus manos las prodigiosas células de Henrietta Lack, que aún no había nacido, y tampoco había cultivado células tumorales, sino células normales del tejido cardiaco del embrión de pollo. ¿Cómo podía entonces haber logrado que sobrevivieran treinta y 34 años?

La diferencia fundamental entre la técnica de Harrison, el primero en cultivar células de tejidos embrionales, y la de Carrel radicaba en que este último agregaba a sus cultivos lo que él denominaba «extracto embrional»

## 7. Un Judas en el laboratorio

o «jugo embrional». La idea había surgido cuando se ocupaba de los mecanismos de cicatrización de las heridas. Después de varios intentos con diferentes tipos de extracciones de tejidos, había descubierto que el más potente era el extracto de embrión de pollo, así que, a partir del 13 de marzo de 1912, ordenó que cada cierto tiempo se suministrara a sus cultivos extractos de embrión de pollo. Nadie sospechó en aquel momento que en los extractos existía una célula idéntica a las que se cultivaban. Es decir, que las células del tejido cardiaco de pollo cultivadas no eran realmente inmortales, sino que eran reemplazadas por células del mismo tipo presentes en el llamado extracto embrional.

En dos artículos de J. A. Witkowski se sostiene que esta era la causa de la inmortalidad de las células de Carrel. Witkowski se apoya en el testimonio del profesor Ralph Buchsbaum, uno de los pocos científicos que tuvo la oportunidad de observar de cerca los cultivos celulares de Carrel. Este último evitaba las visitas, incluso de los amigos más íntimos, con la excusa de que podían infectar sus células, y había dado instrucciones estrictas a su secretaria y a sus ayudantes de que mantuvieran alejados a los curiosos. En aquella época Buchsbaum hacía poco tiempo que había culminado sus estudios en la Universidad de Chicago y había comenzado a interesarse en forma activa por el problema del cultivo de los tejidos, acerca del cual publicó un libro en 1936. Uno de sus más grandes deseos era ver de cerca las famosas células inmortales de Carrel. Así fue que en el verano de 1930 condujo su coche en un largo viaje desde Chicago hasta Nueva York para visitar el laboratorio del Instituto Rockefeller.

Al saber que Carrel se encontraba en España, se comunicó por teléfono directamente con Ebeling, quien muy cordialmente se ofreció a acompañarle en una visita al laboratorio. Lo condujo a través de todo el instituto, pero cuando Buchsbaum le solicitó ver los cultivos celulares, respondió que era un experimento demasiado delicado como para correr el riesgo de enseñarlo a los visitantes. Buchsbaum comenzó a sospechar, y dado que no tenía intención alguna de regresar a Chicago sin haber visto las «células inmortales», después de subir en el ascensor hasta la planta superior, en lugar de salir, esperó un poco, volvió a bajar a la planta inferior y buscó a una investigadora que le habían presentado antes y que le había parecido amable. Le rogó, adulándola de todas las maneras posibles, que le enseñara los famosos cultivos celulares. La investigadora se convenció de que si tomaban todas las precauciones no correrían riesgo alguno. Así que decidió acompañarle a ver las famosas células. Buchsbaum notó de inmediato algo extraño: la superficie de los cultivos estaba cubierta por burbujas de grasa. «Sabe –explicó su acompañante– el profesor se enfadaría mucho si dejáramos morir la línea celular, así que cada tanto nosotros incorporamos células embrionales.»

Witkowski recogió también el testimonio de Margareth Murray, quien relató que ya en los años treinta se murmuraba en Nueva York que las células de Carrel no eran realmente inmortales y que se reproducían simplemente porque cuando se morían eran reemplazadas. Ésta es también una de las explicaciones posibles que tomó en consideración el premio Nobel Peter B. Medawar, que ha sostenido que si verdaderamente las células de Carrel permanecieron con vida treinta y cuatro años fue por motivos aún no esclarecidos. Una posibilidad es que el material que servía de alimento a las células fuera un extracto bruto de tejido embrional contenido en gran cantidad de células en suspensión que los acólitos del rito del cultivo *in vitro* nunca se habían molestado en eliminar. Una posibilidad alternativa, menos digna de crédito, es que los cultivos murieran y que se generaran nuevos cultivos a partir de tejidos frescos, argumentando que la muerte de los primeros se debía tan solo a una falta de cuidado, al uso de un medio tóxico o a cualquier otro accidente parecido.

Murray, que trabajó durante un tiempo en el laboratorio de Carrel, no elevó acusación alguna contra los ayudantes de Carrel, Parker y Ebeling: solo ha subrayado que en el laboratorio había un técnico que odiaba a Carrel por sus simpatías fascistas y que según su opinión, esta persona, de la que no quiso revelar el nombre, habría podido intentar desacreditar a Carrel falsificando sus experimentos. Cabe señalar que, cuando en 1939 Ebeling abandonó el Instituto Rockefeller para ir a trabajar en los laboratorios Lederle de la American Cyanamid Company, se llevó consigo dos técnicos de laboratorio. Es posible que uno de ellos fuera el responsable de la estafa, obligado a conservar con vida durante años las células «inmortales», ya que el equipo del que formaba parte había recibido la oferta del nuevo empleo precisamente en virtud de la extraordinaria habilidad demostrada en el cultivo de tejidos.

Buchsbaum ha sostenido que muy probablemente Ebeling al final, y con anterioridad Parker, tuvieron sus sospechas, y que cuando Ebeling comprobó que eran fundadas, dejó de cultivar las células. Sin embargo, nada excluye pensar que la estafa se descubrió ya en 1939, y que fue éste el motivo por el que el grupo se separó. En aquel año, de hecho, Carrel decidió regresar a Francia y Ebeling cambió de trabajo. Un elemento que sustentaría esta hipótesis es que los organismos administrativos del Instituto Rockefeller declararon después de la partida de Carrel que las células habían sido donadas a un laboratorio privado, pero se negaron a informar el nombre del laboratorio o de los científicos que las tenían a su cargo. Es posible que la estafa haya sido descubierta, pero los órganos directivos del instituto lograron evitar el escándalo actuando con extrema discreción.

## El honor perdido de Jacques Deprat

Un verdadero gesto de Judas fue el que, en 1919, realizó Henri Mansuy, un viejo paleontólogo autodidacta, a fin de desbaratar la carrera de su antiguo amigo y colega Jacques Deprat, uno de los más brillantes geólogos de Francia en aquella época. Con solo 19 años ya había publicado un artículo acerca de la geología del Jura, y su tesis doctoral acerca de la isla de Eubea había sido recibida con grandes elogios, lo cual le había valido el cargo de un curso libre de petrografía, después de obtener el doctorado. Posteriormente, desde 1904 hasta 1908, había efectuado numerosas misiones geológicas y cartográficas a Cerdeña y Córcega. Los significativos resultados

## 7. Un Judas en el laboratorio

que obtuvo con estas investigaciones hicieron que en 1908 Pierre Termier, indiscutido maestro de la geología francesa y autoridad internacional, le recomendara ante su amigo Honoré Lantenois para el puesto de jefe del Servicio Geológico de Indochina, dependiente de la Dirección de Minas de aquella colonia, dirigida por el propio Lantenois.

Así que en junio de 1909, su esposa, Marguerite, y sus dos hijas, Claude y Alice, desembarcaron en Hanoi. El joven geólogo se entregó de inmediato al trabajo y encontró un valioso colaborador en Henri Mansuy, un anarquista que se había refugiado en Hanoi, donde había comenzado a interesarse por la paleontología, convirtiéndose en un especialista de la fauna del Primario. Juntos realizaron una memorable misión en el Yunnan chino, cuyos resultados les abrieron las puertas de la Academia de Ciencias Francesa en 1911, y también les permitieron ganar en 1914 un premio de dos medallas de oro que otorgaba la Sociedad de Geografía.

Menos serenas eran, en cambio, las relaciones de Deprat con su jefe, Lantenois, quien comenzó a poner obstáculos burocráticos y administrativos al activismo científico del joven recientemente nombrado jefe del Servicio Geológico. Afortunadamente, Lantenois estaba decidido a abandonar la colonia francesa, ya que le habían prometido un importante puesto en el Ministerio de Industria. Pero cuando comenzó la guerra se convirtió en lugarteniente del jefe del Estado Mayor francés en Argel, donde permaneció hasta diciembre de 1916.

Mientras tanto, Deprat cumplía una importantísima misión científica en el sur de China y en el norte del actual Vietnam, zona inaccesible plagada de piratas, poco conocida aún desde el punto de vista cartográfico y menos desde el punto de vista geológico. En enero de 1917 la Sociedad Geológica francesa definió esa misión como «una obra verdaderamente gigantesca». El presidente de Margerie declaró públicamente: «Mansuy y Deprat merecen una amplia recompensa nacional porque sus notables trabajos, llevados a cabo con gran riesgo, hacen honor a la nación y a la ciencia.» En todas las ocasiones Deprat se preocupaba por resaltar y subrayar la importancia de la colaboración de su amigo, al que calificaba, en una carta dirigida a su colega A. Lacroix y fechada en octubre de 1916, como «un formidable trabajador, y un elevado espíritu unido a un alma generosa». Llegó incluso a recomendarle para la Legión de Honor.

Pero hacia finales de febrero de 1917 Lantenois regresó a Hanoi y recuperaron su cargo. Los viejos malentendidos se reavivaron y Lantenois logró poner de su parte a Mansuy, quien denunció públicamente a Deprat por fraude, muy probablemente instigado por Lantenois. Según él, habría agregado a sus colecciones de fósiles asiáticos algunos ejemplares que en realidad provenían de Europa. Entre marzo de 1917 y finales de 1918 la pequeña comunidad científica de Hanoi, en particular los geólogos, se vio devastada por una lucha que no excluyó golpes entre Deprat y sus dos acusadores, respaldados por otras figuras no muy agradables: Jean-Louis Giraud y Madeleine Colani, que, al menos en parte, debían su carrera a Deprat, pero al que preferirían recompensarle con acusaciones e insinuaciones maliciosas.

## 7. Un Judas en el laboratorio

Los contrastes habían comenzado en 1916. En aquel año Mansuy afirmó que algunos ejemplares de *Euryspirifer tonkinensis*, un braquiópodo fósil, que Deprat había atribuido al período Silúrico, se remontaban en cambio al Devónico, es decir, 40 o 50 millones de años antes. La observación era correcta, pero Mansuy le atribuía una importancia excesiva y, sobre todo, olvidaba que él mismo había estado de acuerdo con Deprat en la primera fecha, que luego resultó errónea.

Pero esto era solo el comienzo. El 20 de marzo de 1917 Lantenois convocó a Deprat y le acusó formalmente de fraude apoyándose en las pruebas entregadas por Mansuy. Se había comprobado que 10 ejemplares de trilobites, que Deprat había descrito en sus publicaciones y que se incluían en la colección del Servicio Geológico, presentaban un aspecto demasiado europeo como para realmente provenir, de acuerdo con lo que sostenía Deprat, del Yunnan, de Tonkín o del norte de Annam. No eran fósiles asiáticos sino europeos, y Deprat había fingido encontrarlos en sus campañas de excavación. Pero ¿cuáles eran las pruebas?

Lantenois las presentó en una carta oficial dirigida al mismo Deprat el 18 de julio de 1917. En primer lugar, señalaba Lantenois, los trilobites son fósiles guías típicos del período Cámbrico, se remontan a más de 500 millones de años, y hasta ahora no se había encontrado una especie del trilobites del Cámbrico europeo en estratos geológicos correspondientes a la misma época en Asia. En consecuencia, concluía Lantenois, el descubrimiento en Asia de trilobites cámbricos de tipo europeo contradice todos los hechos conocidos y se considera un descubrimiento inverosímil, hasta tanto alguna prueba demuestre lo contrario.

En la carta se señalaba también que la piedra incrustada alrededor de los fósiles era análoga a la que se encontraba alrededor de las especies típicas de Europa. Finalmente, subrayaba Lantenois, los trilobites que Deprat había exhibido eran ejemplares únicos, y a diferencia de los que comúnmente se encuentran en Asia (en general fragmentados y mal conservados), éstos se encontraban enteros y en un perfecto estado de conservación, exactamente como los de Europa.

Hoy sabemos que eran pruebas inconsistentes apoyadas en el presupuesto de que Asia tenía una historia geológica completamente diferente a la europea y que por lo tanto no podía presentar el mismo tipo de fósiles, convicción que constituía una especie de dogma de la geología de la época, en esencia compartida y aceptada por el mismo Deprat. Esto creó una situación paradójica que contribuyó a generar dificultades para el joven y brillante geólogo. Enviados a Francia, los trilobites incriminados fueron examinados por tres luminarias: Pierre Termier, Alfred Lacroix, ambos antiguos maestros y protectores de Deprat, y Henry Douvillé, quienes concluyeron por unanimidad que aquellos fósiles provenían sin lugar a dudas de Europa.

Cuando en mayo de 1918 se le comunicó a Deprat el veredicto, éste quedó turbado y confundido. Deprat compartía los presupuestos teóricos de los que partían los tres expertos por lo que se vio obligado a aceptar las conclusiones. Aquellos fósiles comenzaron a parecerle también a él demasiado europeos como para provenir de Asia. Pero, por otra parte, sabía que él mismo los había recogido en Indochina y no en Europa. ¿Cómo resolver esta situación paradójica? Deprat se convenció finalmente de que existía una única solución: Mansuy debía haber sustituido los fósiles originales por otros que provenían de Europa con el objeto de arruinarle. Es entonces cuando decide contraatacar y convence al gobernador de Indochina para que envíe este telegrama al ministro de las Colonias:

> En respuesta a vuestra carta oficial 3 diciembre. Geólogo Deprat inculpado falsificaciones científicas recusa todos trilobites incriminados. Sugiere geólogo Mansuy habría sustituido por interés personal trilobites de origen europeo por trilobites de origen local que Deprat le entregaba con total confianza. Investigación moral tiene lugar en las colonias. Solicito continuad prestando vuestra ayuda. Telegrafiad oficialmente intermediario ministro Colonias. Entregad toda información útil. Confirmad proveniencia europea trilobites incriminados enviados agosto-diciembre 1917 por Lantenois a Douvillé e identificación mismos trilobites con fotografías artículos publicados en Memorias del Servicio.

Pero la acción de Deprat tuvo el efecto contrario. Todos se convencieron de que el suyo no era sino un lamentable intento de salir del problema acusando a un honrado y antiguo colaborador. La comisión de expertos sostuvo, de hecho, que los ejemplares examinados eran exactamente los mismos que Deprat había descrito en sus publicaciones (acompañadas además por fotografías), y consideraban que Mansuy se encontraba más allá de toda sospecha.

Sintiéndose seguro de este veredicto y de su posición burocrática y superior desde un punto de vista administrativo, Lantenois obtuvo del gobernador de Hanoi la suspensión de Deprat en sus funciones como jefe del Servicio Geológico, e incluso logró que fuera degradado a la función más baja. Se trató de una medida disciplinaria que a todos resultó excesivamente severa, dado que gran parte de los méritos adquiridos por Deprat conservaban su valor, y además el acusado seguía defendiendo su inocencia.

En febrero de 1919, para intentar llegar al fondo del problema y hacer finalmente justicia, la Sociedad Geológica de Francia creó una comisión investigadora ante la que debían comparecer los dos protagonistas principales, Lantenois y Deprat. Este último aceptó de buena gana esperando poder demostrar su inocencia al explicar sus razones ante una comisión competente y ecuánime. Ignoraba, sin embargo, que la comisión había sido dirigida por el mismo Lantenois y su amigo Emmanuel de Margerie, presidente de la Sociedad Geológica, el mismo que en 1917 había declarado que la obra de Deprat honraba a la nación y a la ciencia. No obstante, después de once sesiones consecutivas, la comisión no había podido aún coger en falta a Deprat, sobre todo porque uno de sus miembros, el profesor Jules Bergeron –el único realmente versado en el tema de los trilobites– no se pronunciaba. Pero después de la muerte repentina de Bergeron, la comisión concluyó en una semana sus tareas y emitió una sentencia de culpabilidad el 4 de junio de 1919.

El autor del golpe de gracia había sido el secretario de la comisión, Lucien Cayeux, que en el pasado había mostrado también estima y amistad por Deprat. Sostuvo que sin lugar a duda la ganga que rodeaba a uno de los trilobites que Deprat afirmaba haber recogido en Nui-Nga-Ma, en Yunnan, era una especie particular que se encontraba solo en algunos estratos geológicos de las montañas de Bohemia y que se remontan al periodo Ordovícico. La sentencia era esta vez inapelable y Deprat parecía definitivamente arruinado, a tal punto que, como él mismo confesará, llegó incluso a pensar en el suicidio. Pero ni siquiera esto pudo calmar la sed de venganza de Lantenois que, el 13 de noviembre de 1920, logró obtener un decreto por el cual se suprimía el Servicio Geológico de Indochina con el objeto de despedir a Deprat. En el mismo decreto del gobernador general en Indochina se creaba una nueva institución bajo otro nombre y forma, en la que ya no había sitio para Deprat.

Así, con 40 años, un hombre considerado una luminaria de la geología francesa se encontró arruinado y sin trabajo. ¿Qué podía hacer para mantenerse a sí mismo y a su familia? Durante algún tiempo Deprat no quiso pensar en esto; tanta era la amargura por esa historia que le había arruinado y que seguía ocupándole el pensamiento que no pudo sino relatarla. Nació así la novela autobiográfica *Les chiens aboient,* que recorre toda la historia de los trilobites falsos y señala a Mansuy una vez más como culpable.

El libro era bonito, apasionado y apasionante, escrito con un estilo sobrio y refinado. Francia había perdido a un gran geólogo pero había encontrado a un nuevo escritor: Herbert Wild, nombre con el que Deprat firmó otras diez novelas, una de las cuales, *Le colosse endormi,* dedicada a China, obtuvo en 1931 el Gran Premio de los Franceses de Asia, mientras que *L'autre race* había ganado en 1930 el segundo premio en el Goncourt. En otras dos, *Les corsaires* de 1928, y *Le jubilé du professeur Mendax* de 1930, tuvo la satisfacción de poner en ridículo las miserias de la vida académica.

Satisfecho con su nueva vida, rechazó la oferta de una cátedra de geología en Constantinopla y se retiró a provincias, a Pau, una pequeña ciudad del sur de Francia no lejana de los Pirineos, cuyas cumbres le gustaba escalar. Precisamente durante uno de esos ascensos encontró la muerte al fondo de una quebrada el 7 de marzo de 1935. En aquella época todos estaban convencidos de su culpabilidad, a pesar de las revelaciones contenidas en *Les chiens aboient*. Nadie podía explicar por qué se encontraban en Asia especies de trilobites del Cámbrico europeo, y la idea sostenida por Deprat en su libro de que Mansuy había sustituido los trilobites asiáticos por los europeos parecía de ciencia-ficción.

En realidad, no había nada de extraño en la idea de que trilobites análogos a los del Cámbrico europeo se encontraran en Asia. Hoy en día sabemos que los continentes se mueven lentamente o, como dicen los geólogos, van a la deriva, se desplazan, y que el aspecto y la disposición actual de los continentes no son los mismos que presentaban hace millones de años. Hace aproximadamente 500 millones de años el sudeste de Asia y Europa estaban casi unidos: pertenecían, de hecho, al límite septentrional del continente austral que se denomina Gondwana. No es extraño entonces que en Asia y en Europa se encuentren trilobites tan parecidos que puedan ser considerados gemelos.

Pero mucho antes de que la placa tectónica se afirmara definitivamente, otros descubrimientos habían confirmado la autenticidad de los hallazgos de Deprat. Ya en 1927 Jacques Fromaget, discípulo de Charles Jacob y nuevo director del Servicio Geológico de Indochina, excavó en las zonas en que había trabajado Deprat y, descubrió un *Dalmanites socialis* y un *Trinucleus ornatus,* formas que están estrechamente emparentadas con las que formaban parte de la colección de Deprat. En los últimos diez años este tipo de hallazgos fue aumentando, a tal punto que hace dos años la Sociedad Geológica de Francia decidió volver a examinar el archivo del asunto Deprat y reconsiderar la fiabilidad científica de las acusaciones y de los resultados de la investigación realizada en aquella época. La nueva investigación ha confirmado el carácter genuino de los hallazgos presentados por Deprat, y el 10 de junio de 1991, durante una asamblea general de la Sociedad, ha sido oficial y solemnemente rehabilitado.

Deprat no era culpable, simplemente porque no se había cometido delito alguno: los fósiles no eran falsos y tampoco habían sido sustituidos, aunque sí eran falsos los presupuestos teóricos de la geología de la época. ¿Eso quiere decir, entonces, que tampoco Mansuy era culpable? Sí y no. No era culpable puesto que no había sustituido los fósiles asiáticos por otros europeos y porque sus acusaciones estaban plenamente justificadas a partir de las ideas que regían la geología de la época. Pero no había actuado de buena fe y por lo tanto era culpable, dado que su envidia, explotada de forma hábil por el rencoroso Lantenois, había transformado lo que podía ser una disputa científica normal, y una ocasión para profundizar en la historia geológica de Indochina, en la causa de la ruina de un hombre honesto y de un científico preparado e inteligente.

Esta historia tiene que ver más con los errores y problemas de los hombres que con los de la ciencia y los científicos. Como ha sostenido Michel Durand-Delga, que goza del mérito de haber vuelto a examinar recientemente toda la cuestión,

> la desgracia ha querido que un hombre demasiado seguro de sí mismo como Deprat, incapaz de compromiso, proclive a todo entusiasmo e incluso muy dominante, se encontrara con un viejo solitario secretamente vanidoso, envidioso y receloso, intolerante respecto de toda autoridad jerárquica o científica como era Mansuy: antiguo anarquista dividido entre el odio por la burguesía y el deseo de aprovechar la posición que con suerte había logrado conquistar.

La gravedad de este acontecimiento lo convierte tal vez en un caso único en la historia de la ciencia dado que, en la mayor parte de los casos, quien engaña a su maestro o profesor lo hace más por complacencia que por odio.

Algo parecido le ocurrió, por ejemplo, al premio Nobel Ivan Petrovic Pavlov, el descubridor de los reflejos condicionados. En 1923 Pavlov anunció, durante el Congreso Internacional de Fisiología celebrado en Edimburgo, que había podido demostrar el carácter hereditario de los reflejos condicionados, es decir, que los perros acostumbrados a salivar cuando sonaba una campana o se encendía una luz transmitían a sus descendientes esta capacidad por vía hereditaria: una enésima prueba del carácter hereditario de las aptitudes adquiridas.

## 7. Un Judas en el laboratorio

Pero el descubrimiento era en realidad falso, como explicó B. G. Gruemberg en un libro del año 1929, y Pavlov había sido engañado por uno de sus ayudantes que muy probablemente, más que desacreditar a su director, se proponía enaltecer y ampliar el valor de sus descubrimientos, demostrando su convergencia con las ideas que entonces dominaban la genética soviética.

Alexander Kohn ha recogido en su libro otros casos similares, el primero de los cuales tuvo lugar precisamente en el departamento de microbiología de la Harvard Medical School, donde él mismo había obtenido su diploma. Eaton, uno de los profesores, estaba muy sorprendido a raíz del descubrimiento, realizado por su colega George O. Gey de un nuevo método de cultivo de células que no requería de los medios de cultivo que se usaban en aquella época, es decir, suero de sangre y extractos de tejidos, además de sales, aminoácidos y vitaminas. Se trataba de algo en efecto posible, como luego se ha demostrado cuando las células comenzaron a ser cultivadas en medios líquidos y no ya semisólidos como se hacía al comienzo. Pero en 1940 nadie era capaz de hacerlo, por lo que Eaton procuró desesperadamente repetir los experimentos de Gey, aunque no logró obtener resultado positivo alguno. Sus células, criadas con el método de Gey, no se desarrollaban. El descubridor fue invitado a Harvard para explicar en persona y demostrar en la práctica la nueva técnica. Gey llegó a Harvard acompañado de su fiel técnico de laboratorio. Él y Eaton comenzaron a repetir juntos los experimentos. Con gran desconcierto para Eaton resultó que sus experimentos fallaban siempre, mientras que los de Gey salían sorprendentemente bien. La técnica era, sin embargo, exactamente la misma.

En el intento por explicar la diferencia en los resultados, Eaton pensó en todas las posibilidades y al final decidió, también por precaución, cerrar bajo llave la incubadora donde se encontraban tanto sus cultivos como los de Gey. A partir de ese momento también los cultivos de este último comenzaron a morirse. Los dos estudiosos se preguntaron por qué la nueva técnica presentaba resultados positivos solo en los cultivos de Gey y solo en caso de que éstos no estuvieran encerrados bajo llave en la incubadora. Descubrieron que el motivo era muy simple: el técnico de laboratorio de Gey añadía en secreto un poco de suero en los cultivos de su jefe y, obviamente, no podía hacerlo si la incubadora estaba cerrada con llave.

Una trampa análoga, perpetrada en perjuicio de Klaus Jungenblut, un bacteriólogo de la Universidad de Columbia, fue descubierta hacia finales de los años treinta por Albert Sabin, quien en los años cincuenta perfeccionó la vacuna contra la poliomielitis. En 1935 Sabin trabajaba en el Instituto Rockefeller. El director, Simon Flexener, le solicitó su opinión acerca del manuscrito de un artículo que Klaus Jungenblut le había enviado para publicar en la revista del instituto. En aquel artículo Jungenblut sostenía que los monos infectados con el virus de la poliomielitis no desarrollaban la parálisis si, inmediatamente después de la inoculación del virus, el animal era sometido a un tratamiento con vitamina C. Esto parecía a primera vista bastante extraño porque si la cura de la poliomielitis hubiera sido tan simple, resultaba imposible que tantos estudiosos que se habían

## 7. Un Judas en el laboratorio

ocupado del tema, y entre ellos Sabin, no se hubieran dado cuenta antes.

Sin embargo, Sabin no descartó a priori esta posibilidad y quiso llegar al fondo de la cuestión. Invitó a Jungenblut a realizar con él un experimento en 40 monos, inoculándoles el virus de la poliomielitis y tratando a una parte con vitamina C, dejando a los restantes sin tratamiento como grupo de control. Por seguridad, el mismo Sabin se ocupó de la inoculación del virus.

Los experimentos dieron un resultado completamente negativo: la vitamina C, suministrada antes o después de la infección, no ejercía efecto alguno en la prevención del desarrollo de la parálisis, que se había manifestado en 39 de los 40 monos. El supuesto poder milagroso de la vitamina C en la poliomielitis era nulo. Sabin lo afirmó en un artículo publicado en 1939 en el que con mucha gracia, y con un poco de ironía, decía entre otras cosas: «No existe explicación posible para la diferencia entre estos resultados y los que Jungenblut presentó hace algún tiempo». Pero luego encontró la explicación: Jungenblut había sido la víctima inocente de su técnico de laboratorio que, conociendo el objetivo de los experimentos, no inoculaba el virus de la poliomielitis, sino una sustancia completamente inocua en los animales ya tratados o que serían tratados con vitamina C. Que los monos no desarrollaran la parálisis de la poliomielitis no se debía al tratamiento con vitamina C, sino simplemente a que no tenían poliomielitis.

También en este caso parece que el falsificador, cuyo nombre no ha sido revelado, actuó solo para favorecer a su superior.

## Los rayos N

El caso más sonado de este tipo de incidentes es, sin duda, el de los «rayos N» descubiertos en 1903 por René Blondlot, observados por 40 científicos y analizados por otros 100 estudiosos en casi 300 artículos entre 1903 y 1906, antes de que se reconociera en forma oficial que jamás habían existido. El clima en el que maduró este «descubrimiento» no puede comprenderse si no se tiene presente la gran conmoción que había causado en el mundo (científico y no científico) el descubrimiento de los rayos X el 8 de noviembre de 1885.

En 1878 sir William Crookes había demostrado la existencia de los rayos catódicos provocando una descarga eléctrica dentro de un tubo en el que se había creado el vacío. «Las paredes del tubo se volvían fosforescentes a causa —esto era al menos lo que Crookes sostenía— de un rayo de moléculas voladoras.» Hoy sabemos, en cambio, que los rayos catódicos son rayos de electrones emitidos por el cátodo y que la fosforescencia se produce simplemente a raíz del impacto de estos electrones contra las paredes del tubo. El descubrimiento de Crookes tuvo luego notables aplicaciones: la pantalla del televisor, por ejemplo, no es sino un tubo de rayos catódicos, y sobre el mismo principio se apoyan los letreros de neón y las luces fluorescentes.

En 1892 Heinrich Hertz había demostrado que los rayos catódicos pueden atravesar delgadas hojas de metal. Dos años después Philip Lenard construyó un tubo especial de rayos catódicos cuyas paredes no eran solo de vidrio, sino que además contaban con delgadas hojas

## 7. Un Judas en el laboratorio

de aluminio que formaban unas ventanas a través de las cuales los rayos podían salir del tubo, dado que, como ya se había demostrado, podían atravesar delgadas capas de metal. Se pudo evidenciar su existencia a través de pantallas de material fosforescente colocadas fuera del tubo, que se iluminaban cuando los rayos se posaban en ellas. Sin embargo, se descubrió que estos rayos pueden viajar solo pocos centímetros fuera del tubo en el que son emitidos.

En 1895, Roentgen, un hombre de cincuenta años, profesor de la Universidad de Würzburg, que hasta entonces no había realizado descubrimiento importante alguno, procuró verificar si era posible evidenciar la salida de los rayos catódicos en tubos que carecieran de «ventanas» de aluminio. Le había surgido la duda de que la fosforescencia que se observaba en estos casos en las paredes del tubo impedía la observación de la débil fluorescencia que se podía producir en la pantalla externa por la eventual salida de los rayos catódicos.

Para verificar esta hipótesis, cubrió un tubo catódico (que carecía de ventanas de aluminio) con papel negro. Apagó las luces y dio corriente al tubo. Pudo constatar así que la fosforescencia de las paredes del tubo no se observaba, es decir, quedaba completamente cubierta por el papel negro. En este punto iba a encender las luces para colocar la pantalla fosforescente que había preparado. Quería observar si, colocándola a pocos centímetros del tubo, los rayos podían atravesar las paredes de vidrio y el papel. En ese preciso momento notó, a gran distancia de la mesa sobre la que estaba trabajando, un punto luminoso. En un principio pensó que el papel con el que había envuelto el tubo presentaba una rendija que se reflejaba por un espejo, pero luego recordó que en el laboratorio no había espejos. Entonces volvió a enviar corriente al tubo y vio reaparecer la luz en el mismo punto. Sintiéndose cada vez más curioso encendió las luces y fue a ver qué era el objeto que se iluminaba. De esta manera descubrió que lo que causaba la emisión de esa luz débil era precisamente la pantalla fluorescente que había preparado para evidenciar la eventual salida de los rayos catódicos del tubo oscurecido. Pero la reacción en la pantalla no podía estar provocada por los rayos catódicos ya fuera porque la pantalla se encontraba a una gran distancia del tubo, ya porque la radiación que la generaba podía verse interceptada por una delgada hoja de metal, como pudo verificar de inmediato. Debía tratarse de un nuevo tipo de radiación.

Roentgen trabajó intensamente durante más de un mes para comprender de qué se trataba, y el 28 de diciembre de 1895 publicó un artículo titulado «Un nuevo tipo de rayos» en el que explicaba que los que había descubierto, a los que denominó «X» (precisamente porque aún no podía determinar su naturaleza), no solo tenían un radio de acción más amplio que los catódicos, sino que además todos los cuerpos resultaban «transparentes a este agente en grados diferentes», propiedad ésta que podía utilizarse para obtener imágenes fotográficas (radiografías) de cuerpos u objetos colocados en el interior de otros cuerpos de diferente densidad.

La primera fotografía que tomó Roentgen a través de esa radiación fue la de la mano de su esposa: en ella aparecían con claridad la estructura ósea y el anillo de matrimo-

## 7. Un Judas en el laboratorio

nio. La novedad suscitó una gran conmoción sobre todo por las posibles aplicaciones médicas, que luego fueron ampliamente explotadas. El descubrimiento de los rayos X fue el primer evento científico en la historia de la ciencia que obtuvo grandes titulares en los periódicos.

En el encendido clima creado por este descubrimiento, los físicos durante ocho años parecieron estar enloquecidos: trabajaban en forma frenética bien con el objeto de descubrir la naturaleza de los rayos X o de aislar otros nuevos. Esa afanosa carrera produjo cuatro premios Nobel. El primero en obtenerlo fue obviamente Roentgen; el segundo fue Antoine-Henri Becquerel (que lo compartió con el matrimonio Pierre y Marie Curie), que descubrió radiaciones con propiedades distintas de las de los rayos X a las que definió como «radiactividad espontánea», inaugurando la línea de investigaciones que condujo al desarrollo de la bomba atómica. El tercero en recibir el Nobel fue Philip Lenard, precisamente por sus estudios acerca de los rayos catódicos, y el cuarto fue Joseph John Thompson que, analizando la naturaleza de los rayos catódicos y de los rayos X, descubrió la existencia de los electrones.

Pero entre tantos descubrimientos genuinos se insinuó una falsificación: la de los rayos N, llevada a cabo por René Blondlot, solo cuatro años más joven que Roentgen y que, al igual que éste, había realizado hasta el momento una carrera honesta pero oscura. El objetivo original de los experimentos de Blondlot era verificar si realmente, como se había sostenido hasta entonces, los rayos X no podían ser polarizados, es decir, que no se podía hacer que sus oscilaciones tuvieran lugar en un único plano.

Era un experimento importante puesto que, si hubiera resultado positivo, habría demostrado que los rayos X son ondas. En cambio, si no hubiera sido posible polarizarlos, habría debido considerarse que se trataba de partículas. Hoy en día sabemos que toda forma de materia o energía puede presentar tanto características de partícula como de onda, pero en aquella época existía una clara distinción entre ambas.

Para observar la polarización, Blondlot se proponía disponer en el trayecto de los rayos X un detector constituido por un par de hilos en punta entre cuyos extremos se aplicaba una descarga eléctrica. Si la línea a través de la cual se producía la descarga eléctrica se orientaba de manera tal que se apoyara sobre el plano de polarización de los rayos X, éstos deberían reforzar la descarga eléctrica y aumentar su luminosidad. Los experimentos verificaron el aumento de la luminosidad y, por tanto, indirectamente, la posibilidad de polarizar los rayos X. Parecía que Blondlot había logrado demostrar finalmente que los rayos X eran en realidad ondas, algo que no había logrado el alemán Heinrich Hertz, verdadero monstruo sagrado de la física de la época y descubridor, entre otras cosas, de las ondas electromagnéticas.

La razón por la cual Blondlot había logrado obtener la polarización de los rayos X a través del mismo tipo de experimento con el cual Hertz había fracasado tuvo su explicación más tarde, pero todo aquel que hubiera examinado el caso con la mente libre de prejuicios habría podido descubrirlo de inmediato. Mientras Hertz evaluaba la eventual polarización de los rayos X con el efecto que éstos ejercían sobre la longitud de la descarga,

## 7. Un Judas en el laboratorio

Blondlot utilizaba como índice de la polarización la luminosidad de la descarga misma que se evaluaba a ojo, sin encontrar una medida precisa como ocurría con la longitud. Como se descubrió más tarde, el aumento de la luminosidad observado por Blondlot no existía y, en consecuencia, no habría debido usarse como prueba de la polarización. Era fruto de una ilusión óptica.

Pero Blondlot se sentía seguro de sí mismo y se convenció de haber demostrado la posibilidad de polarizar los rayos X. No solo eso; inmediatamente después «descubrió» que la radiación que podía aumentar la luminosidad de la chispa se desviaba cuando atravesaba un prisma de cuarzo. Ahora bien, se sabía con seguridad, puesto que había sido demostrado en varios laboratorios, que los rayos X no se desvían cuando atraviesan un prisma de ese tipo. En lugar de pensar que se trataba de un error, Blondlot se convenció de que se encontraba exactamente en la misma situación en la que se había encontrado Roentgen cuando había descubierto un efecto que no podía ser atribuido a los rayos catódicos. Su razonamiento fue:

> Cuando se obtiene la polarización de los rayos X aumenta la luminosidad de la descarga eléctrica, pero los rayos X no pueden ser desviados, mientras que la radiación que provoca la luminosidad de la chispa lo es; esto quiere decir que esta radiación no es la misma que la de los rayos X.

Así fue que en 1903 anunció triunfalmente al mundo científico el descubrimiento de una nueva radiación que denominó «rayos N», en honor a la Universidad de Nancy en la que enseñaba.

En los meses siguientes, al igual que Roentgen en su momento, Blondlot se entregó de manera frenética a la investigación de las características de los nuevos rayos. Descubrió así que podían atravesar los metales y también un gran número de cuerpos y objetos perfectamente opacos a todas las otras radiaciones conocidas entonces, así como también la propiedad de aumentar la fosforescencia de algunos compuestos químicos, como el sulfuro de calcio después de que hubiera sido expuesto a la luz. Se descubrió además que el Sol era una fuente muy potente de rayos N, que podían ser concentrados utilizando una lente de cuarzo y almacenados por algunos cuerpos que se convertían, a su vez, en fuente de rayos N. A la categoría de almacenadores de rayos N pertenecían el cuarzo y la piedra calcárea y, sobre todo, el agua de mar, mientras que el aluminio, la madera, el papel y la parafina eran refractarios al proceso de almacenamiento.

Al igual que ocurrió en el caso de los rayos X, se descubrieron también efectos fisiológicos potencialmente muy importantes para la medicina. El primero fue descubierto por el mismo Blondlot, quien verificó que en presencia de los rayos N aumentaba la agudeza visual de las personas. Posteriormente, a partir de diciembre de 1903, un colega de Blondlot, A. Charpentier, que enseñaba física biológica en la misma universidad, demostró junto con sus alumnos que los rayos N cumplían un papel fundamental en varios fenómenos de la vida. Afirmó ante todo que estos rayos son emitidos por el cuerpo humano, en concordancia con los músculos y los nervios. Como los anestésicos reducían sensiblemente la intensidad de los rayos N después de haberla aumentado en

## 7. Un Judas en el laboratorio

una etapa de excitación, se pensó que el efecto de los anestésicos era simplemente impedir la emisión de los rayos N los cuales, a esta altura, debían reinterpretarse como uno de los fenómenos más importantes y primordiales de toda actividad fisiológica vital. Pero los efectos más sorprendentes fueron los que estaban en relación con el sistema nervioso. Se detectó que las áreas del cerebro que participan en las actividades del individuo emitían rayos N durante su funcionamiento, por lo que sería posible visualizar las funciones cerebrales. Si, por ejemplo, se colocaba una placa fotográfica cerca del área del lenguaje del cerebro del paciente mientras éste hablaba (en voz alta, aunque también en voz baja, precisaban los experimentadores), el aumento de la luminosidad sobre la placa demostraba la actividad que tenía lugar.

Un descubrimiento aún más sensacional fue el que realizó el mismo Charpentier junto con su colega E. Meyer cuando demostraron que los rayos N podían poner en evidencia la actividad desarrollada por los fármacos. Por ejemplo, la digitalina, que tiene un efecto sobre el músculo cardiaco, refuerza los rayos N emitidos por el corazón. De esta forma, resultaba posible verificar la eficacia de los fármacos suministrados a los pacientes. Un tal doctor Fabre registró una emisión de rayos N en concomitancia con las contracciones uterinas de una paciente que estaba pariendo, comprobando también matemáticamente que la radiación era proporcional a la fuerza de las contracciones.

Como era natural, existieron críticos que ponían en duda la fiabilidad de las observaciones sobre las que se apoyaba la teoría de Blondlot, hubo quien señaló que no todos lograban ver el aumento de la luminosidad de la chispa que constituía la prueba de la existencia de los rayos. Pero Blondlot estaba preparado para explicar el fenómeno:

> Algunas personas pueden observar a primera vista y sin dificultad el aumento de la luminosidad producida por los rayos N en una pequeña fuente de luz; para otros, estos fenómenos están fuera de su alcance visual y solo después de cierto periodo de ejercicio logran verlo con claridad y observarlo con seguridad. La pequeñez de estos efectos, y la delicadeza de sus condiciones de observación, no deben obstaculizar el estudio de una nueva radiación hasta ahora desconocida.

Por otra parte, la existencia de los rayos N ya había sido demostrada por otros físicos franceses y resultaba difícil dudar de ella, más aún teniendo en cuenta que, a partir de una observación señalada por un colega, el doctor T. Guilloz, Blondlot descubrió también la existencia de rayos con propiedades opuestas a los rayos N y los llamó «rayos N1». Éstos tenían la propiedad de disminuir la luminosidad de la descarga eléctrica sobre la que se polarizaban.

Durante algún tiempo, la preocupación de Blondlot y de sus colegas fue garantizarse la prioridad del descubrimiento, dado que muchos científicos habían procurado adjudicarse la paternidad. En 1903, por ejemplo, Blondlot recibió la carta de un tal Gustave Le Bon, un aficionado a la física que afirmaba haber descubierto los rayos N siete años antes. En diciembre de ese mismo año otro científico de provincias, P. Audollet, envió una petición a la Academia de Ciencias francesa en la que exigía el reconocimiento de sus méritos puesto que, según declaraba, había sido él y no Charpentier quien había descubierto que los organismos vivientes emitían rayos N. Un espiritista llamado Carl Huter envió una reclamación similar unos meses después.

Para poner fin a estas reivindicaciones inconsistentes y esclarecer en forma definitiva a quién le correspondía el mérito del descubrimiento, la Academia otorgó a Blondlot en 1904 el premio Leconte por valor de 50.000 francos, cinco veces el sueldo anual que recibía el físico de Nancy. El comité que otorgó este premio estaba compuesto por eminentes personalidades, entre las que resaltaba el gran matemático Henri Poincaré y el premio Nobel Henri Becquerel. A decir verdad, no había sido fácil alcanzar un acuerdo acerca de la atribución del premio dado que muchos habrían querido otorgárselo a Pierre Curie. Fue precisamente la autoridad de Becquerel y de Poincaré, que era también originario de Nancy, la que inclinó la balanza hacia Blondlot. Sin embargo, Poincaré, con extrema prudencia, volvió a escribir la declaración oficial del premio, reduciendo a tan solo unas pocas líneas el párrafo relativo a los rayos N. Logró así, al menos en parte, evitar que la ciencia francesa hiciera el ridículo.

Tras el sorprendente descubrimiento de los rayos N1, el escepticismo respecto del nuevo tipo de radiación crecía no solo en Francia, sino también y sobre todo en el exterior. Uno de los críticos más aguerridos era el alemán Heinrich Rubens, que había recibido de su gobierno la tarea de verificar la existencia de los rayos N y no lo había logrado. Fue precisamente Rubens quien, en el verano de 1904, durante un congreso de físicos celebrado en Cambridge, organizó un plan destinado a desenmascarar los supuestos experimentos sobre los que se apoyaba el descubrimiento de los nuevos rayos. Se requería de una persona que conociera bastante bien la física, que estuviera alejada de las mafias académicas europeas, que fuera inmune a las formas de respeto y honor típicas del viejo continente y que además tuviera un ojo especialmente hábil para descubrir los trucos. En ese congreso, Rubens encontró la persona apropiada. Era R. W. Wood, un experto en óptica y espectroscopia que enseñaba física en la Universidad Johns Hopkins, y que era además implacable al desenmascarar a los impostores, en particular a los médium espiritistas, de quienes conocía bastante bien los trucos.

Así, mediados de septiembre de 1904 Wood se encontró con Blondlot en su laboratorio de Nancy para observar de cerca los famosos experimentos de rayos N. Durante su visita se deshizo en gentilezas y se abstuvo de hacer cualquier tipo de comentario sobre lo que había visto, pero aplicó contra Blondlot y M. L. Wirtz, su ayudante y técnico de laboratorio, una serie de jugadas desleales que demolieron la pretensión científica de los experimentos y que reveló en un artículo aparecido en la revista *Nature* el 29 de ese mismo mes.

Para comenzar, Wood, que sabía francés, se dirigió a su colega hablando solo en alemán para que éste se sintiera completamente libre de hablar en francés con su ayudante. Luego comenzaron con los experimentos. En primer lugar, Blondlot enseñó a Wood una pantalla de papel sobre la que se habían dibujado algunos círculos con colores fluorescentes. La idea era que los rayos N debían aumentar la luminosidad de esos círculos.

## 7. Un Judas en el laboratorio

Yo dije que no veía cambio alguno de luminosidad –cuenta Wood– pero él me respondió que mis ojos no eran suficientemente sensibles y que por lo tanto esto no probaba nada. Le pregunté entonces si podía colocar de vez en cuando una pantalla opaca en el trayecto de las radiaciones, obstaculizándolas y favoreciendo alternativamente la emisión, y si él era tan amable de decirme, sin mirar lo que yo hacía, cuándo notaba los aumentos de luminosidad. Se equivocó el cien por cien de las veces e incluso dijo observar aumentos de luminosidad cuando yo no hacía movimiento alguno, y esto probaba bastante. Pero decidí mantenerme en silencio.

Wood también verificó el supuesto aumento de la agudeza visual que se notaba cuando un sujeto se colocaba cerca de una fuente de rayos N. Blondlot cogió un fichero de hierro, que de acuerdo con su teoría era una óptima fuente de rayos N, y lo colocó detrás de la cabeza de un observador. En la pared de la habitación, que estaba muy iluminada, había un reloj. El sujeto del experimento le aseguró a Wood que veía las manillas del reloj, que normalmente no lograba ver, con mayor definición cuando el fichero estaba más cerca de él. Aprovechando la penumbra, Wood sustituyó el fichero de acero por una estantería de madera (pésima fuente de rayos N de acuerdo con la teoría de Blondlot) sin que nadie se diera cuenta, y el resultado fue el mismo.

Pero el truco decisivo Wood lo descubrió en el transcurso del experimento más significativo. Blondot quiso mostrarle cómo los rayos N se desviaban cuando atravesaban un prisma de aluminio. Cuando los rayos se dirigían hacia el prisma, la chispa no mostraba aumento de luminosidad, ya que los rayos desviados no podían tener contacto con ella. El experimento preveía luego que los rayos que habían sido desviados caerían sobre una pantalla en la que se había dibujado una delgada línea de pintura fosforescente, provocando en ella variaciones de luminosidad en cuatro puntos diferentes, los cuales correspondían, según Blondlot, a las diferentes longitudes de onda de los rayos N. Para que pudiera apreciarse el aumento de la luminosidad, el experimento debía realizarse a oscuras. Wood lo aprovechó: luego de haber asistido a una primera demostración, le pidió a Blondlot que la repitiese y que volviera a leer las medidas de los cuatro puntos en los que se había observado el aumento de luminosidad. Cuando las luces se apagaron, Wood quitó el prisma de aluminio de su posición. Se emitieron una vez más los supuestos rayos N y Blondlot volvió a leer las mismas medidas de antes, a pesar de que esta vez, con seguridad, no habían podido pasar a través del prisma. Pero el ayudante de Blondlot había sin duda sospechado algo y dijo, en francés, que era mejor repetir una vez más la medición. Cuando la luz volvió a apagarse, Wood provocó ruidos de pasos fingiendo moverse hacia el prisma que, sin embargo, esta vez no tocó. En ese momento, el ayudante hizo emitir los rayos N e inmediatamente después dijo, siempre en francés, dirigiéndose a Blondlot: «No veo nada, no hay espectro, creo que el norteamericano ha causado algún problema», después de lo cual encendió la luz y fue a verificar si el prisma se encontraba en su sitio.

Wood fingió que nada ocurría. Saludó cordialmente a ambos y cogió un tren de noche a París. A la mañana siguiente escribió de un tirón el artículo en el que relataba todo y lo envió a *Nature*. Aproximadamente un mes después apareció una traducción en francés en *Revue Scientifique*. Este segundo artículo marcó el comienzo del fin de los rayos N. A pesar de que durante dos años la ciencia francesa, y sobre todo los colegas de Nancy, cerraron filas alrededor de Blondlot, las críticas seguían multiplicándose y resultaba cada vez más difícil sostener la credibilidad de los rayos N. Blondlot respondió en un artículo que apareció en la *Revue Scientifique* de noviembre de 1904 a las acusaciones de Wood y defendió en particular la acción de su ayudante, M. L. Wirtz, al que, aunque sin manifestarlo en forma explícita, Wood atribuía la responsabilidad de la estafa.

Pero a esas alturas nadie consideraba ya seriamente la cuestión de los rayos N. Luego de algunos años, en 1909, Blondlot se retiró de la enseñanza y dejó en su facultad 20.000 francos estableciendo que los intereses de aquella suma debían utilizarse para pagar el sueldo de Wirtz como preparador, mecánico o cuidador de colecciones de instrumentos. Probablemente, de esta forma, pensaba demostrar la solidaridad con el acusado principal sin darse cuenta de que con ese gesto alimentaba la sospecha de su complicidad. Blondlot, fuera de escena, fue olvidado casi por completo, y murió en Nancy en 1930. La hipótesis de que Wirtz era el responsable de la estafa fue definitivamente aceptada después que Lucien Cuénot y Jean Rostand también la apoyaran.

A la luz de los hechos, en mi opinión, la complicidad de Blondlot puede descartarse. Lo que probablemente ocurrió fue que Wirtz, conociendo el objetivo al que tendían los primeros experimentos de polarización de los rayos X ideados por su superior, realizó pequeñas manipulaciones para dirigirlos hacia un resultado positivo. Encaprichado con este resultado, Blondlot debió haberlo exagerado un poco hasta obtener el descubrimiento de los rayos N, colocando a Wirtz en la situación de tener que confirmarlo también con manipulaciones apropiadas de otros experimentos. Entre ambos debió nacer una complicidad no declarada, y no se excluye que el mismo Wirtz, a pesar de tener plena conciencia de que los experimentos estaban en definitiva trucados, estuviera convencido que de este modo se ponía en evidencia un fenómeno que de lo contrario habría pasado inadvertido. Sin embargo, es probable que al final el mismo Blondlot se diera cuenta de lo que había en realidad ocurrido y, como resulta en efecto verosímil, pensando que Wirtz había querido sostener y promover su carrera académica a través de las manipulaciones, consideró que debía premiarle asegurándole el sueldo aun después de su jubilación.

# 8. Fósiles falsos y eslabones perdidos

## La guerra de los monos

Hacia finales de 1908 fue publicado en Leipzig un pequeño libro de 42 páginas titulado *Das Affenproblem. Professor Ernst Haeckel neuste gefälschte Embryonenbilder* («El problema de los monos. Las nuevas falsificaciones de las imágenes de embriones del profesor Ernst Haeckel»). El autor era Arnold Brass, naturalista no muy conocido, pero que podía jactarse de una modesta competencia científica y de numerosas publicaciones. El opúsculo, cuyo contenido había sido anticipado en una conferencia del mismo autor en Berlín el 10 de abril de 1908, se vendió muy fácilmente y suscitó una avalancha de polémicas. Allí se sostenía que la teoría de una de las celebridades de la ciencia alemana, el profesor Ernst Haeckel, según la cual el hombre desciende directamente del mono, se apoyaba en una serie de falsificaciones materiales.

A decir verdad, la misma acusación había sido formulada ya muchos años antes, en 1874, por el anatomista e histólogo Wilhelm His, pero de una forma tan directa que no había dado lugar a polémica alguna, ni siquiera en el reducido mundo de los científicos. En aquella época Haeckel no había siquiera intentado defenderse de las acusaciones, había dejado pasar varios años, y en 1897 en un apéndice a una de sus obras más conocidas, *Antropogenia,* reconoció haber cometido algún error.

En realidad eran «errores» no tan pequeños. Para demostrar que el embrión del hombre, del mono y del perro son iguales, Haeckel había publicado tres figuras que los representaban, y eran tan similares que parecían idénticas. De hecho eran idénticas: se trataba de la figura del embrión de perro repetida tres veces. Había repetido el mismo juego a fin de demostrar la semejanza entre el embrión de perro, el de pollo y el de tortuga.

Pero en 1908 las acusaciones de falsificación no provenían de un gran científico y Haeckel, en lugar de guardar silencio, reaccionó con firmeza convencido de poder superar al débil adversario y silenciar la discusión. Ya después de la conferencia de Brass había escrito cartas a amigos influyentes y artículos en periódicos alemanes sosteniendo que las acusaciones dirigidas contra él eran fruto de una «insolente invención», amenazando con acciones legales por difamación que nunca prosperaron. Inmediatamente después de la edición del libro, publicó en el *Berliner Volkszeitung,* un periódico socialdemócrata, un amplio artículo titulado «Falsificaciones de la ciencia», que luego se reprodujo el 9 de enero de 1909 en el *Münchener Allgemeinen Zeitung.* Allí, Haeckel ad-

## 8. Fósiles falsos y eslabones perdidos

mitía algo, pero rechazaba la acusación de falsificación y procuraba hábilmente obtener la solidaridad del mundo científico.

En respuesta, Brass y sus defensores enviaron a todos los naturalistas alemanes una carta abierta en la que les invitaban a tomar posición y expresar una opinión. Fue un fracaso; respondieron tan solo 15, y a pesar de que ninguno defendía a Haeckel, todos decían no tener intención de expresar su opinión en público y se reservaban el derecho de responder individualmente en las revistas científicas. Algunos, entre los que se encontraba el gran embriólogo W. Roux, lo hicieron y expresaron el juicio severo que otorgaban a los métodos del gran naturalista. Sin embargo, Haeckel no se rindió. Logró convencer a la mayor parte de sus colegas de que la que podría haber sido denominada «guerra de los monos» no era un simple ataque personal, sino que tendía a desacreditar ante los ojos del mundo la teoría darwiniana de la evolución, y obtuvo una declaración pública firmada por 46 científicos que decía:

> Los profesores de anatomía y zoología, directores de institutos de anatomía y zoología y de museos de historia natural abajo firmantes, declaran no aprobar los procedimientos de esquematización usados por Haeckel, aunque al mismo tiempo deploran, en interés de la ciencia y de la libertad intelectual, los ataques que el doctor Brass y Keplerbund han dirigido contra Haeckel; declaran además que la teoría de la evolución no queda invalidada en absoluto por las inexactitudes de algunas reproducciones de embriones.

A ésta seguía luego otra carta, firmada por 36 profesores, en la que la cuestión de la evolución se diferenciaba claramente de los problemas causados por las acusaciones personales contra Haeckel.

Esta historia, ya casi olvidada y que hoy en día puede parecer un poco patética por el arrebato completamente decimonónico con el que se enfrentaron los dos adversarios, resulta en extremo significativa por diferentes motivos. Demuestra, ante todo, que en la época en que investigadores y científicos no competían a fin de obtener financiaciones y ascensos en su carrera, cometían engaños, cuando lo hacían, solo en nombre y en función de una idea en la que creían firmemente. Sus engaños parecen «fraudes nobles», aunque siempre eran fraudes. Esto permite evaluar la distancia que separa a los científicos del siglo XIX de los de nuestros días y comprender la diferencia que existe entre un científico de vocación y otro de profesión: el primero está dispuesto a arriesgar su propia carrera y su honor por una idea; el segundo está dispuesto a sacrificar las propias ideas por su carrera.

La idea que llevó a Haeckel a cometer una estafa era la que proponía que la teoría de la evolución era cierta, por lo que debía existir una cadena de «eslabones perdidos» que une al hombre con el mono. Esta cadena, que todos consideraban en aquella época (y aún hoy en día) difícil o casi imposible de reconstruir, Haeckel comenzó a delinearla en 1866 recorriendo hacia atrás en la evolución del hombre. Era, sin duda, una empresa mucho más ardua que la de intentar ascender a través de los propios antepasados hasta Adán y Eva. Pero Haeckel logró resolverla en pocos años: en 1874 una de sus más grandes obras, *Antropogenia o historia de la evolución humana,* localizó y elaboró con precisión una lista con 22 eslabones que conducían desde la «monera» (nombre que él mismo adjudicó a supuestos seres vivientes primitivos, que en realidad no han existido jamás) hasta el hombre, que surgía en el vigésimo primer estadio de la evolución como *Pithecanthropus alalus* u «hombre alalo», es decir, privado de palabra, progenitor del hombre dotado de lenguaje. La cadena se amplió con otros eslabones, casi todos usados para llenar el espacio entre el mono y el hombre, que recibieron nombres extraños como *Archiprimas* o *Archipithecus,* y que inmediatamente después del *Pithecanthropus alalus* hicieron aparecer, entre otros, un *Homo stupidus* que nadie, según creo, tuvo el honor de acoger entre sus antepasados.

Pero esta brillante teoría necesitaba un apoyo experimental para que el mundo científico la tomara seriamente en consideración. A pesar de que el evolucionismo estaba afirmándose con rapidez, la idea de que el hombre proviniera del mono les resultaba a todos una extrapolación azarosa.

El mismo Darwin no decidió presentarla sino en *El origen del hombre,* que se publicó el 24 de febrero de 1871, es decir, unos diez años después de que Haeckel comenzara a enumerar y delinear los eslabones de la cadena que unen al hombre con el mono. Además, Darwin fue muy cauto y subrayó siempre la enorme distancia que separa al hombre actual de los monos vivientes que, señalaba, no pueden caminar sobre dos patas y tienen los caninos mucho más desarrollados. Darwin procuró sugerir a Haeckel la misma cautela. En una carta que le envió en los primeros meses de 1867, después de haber recibido la *Generelle Morphologie,* su primera gran obra, Darwin decía:

> Temo que suscitaréis irritación y, como sabéis, la ira enceguece a la gente, por lo que vuestros argumentos corren el riesgo de no tener influencia alguna en quienes piensan diferente. Y, lo que más importa, no quisiera que vos, hacia quien siento tanta amistad, os creéis enemigos sin necesidad: el mundo está ya bastante lleno de cosas tristes y de problemas como para desear que otros agreguen más.

Pero Haeckel era en aquella época, como ha escrito Arthur Keith, «un joven y valiente bucanero que recorría los mares de la biología, con la bandera de la evolución izada en el palo mayor, preparado para atacar toda nave que izara la bandera del creacionismo». Y, efectivamente, con el objetivo de ahogar las ideas de sus adversarios, el «joven bucanero» estaba dispuesto a todo. Su abordaje más poderoso se encontraba precisamente en la obra que le había enviado a Darwin. Se trataba de la teoría de la recapitulación, según la cual la ontogénesis (el desarrollo del individuo) recapitula la filogénesis (el desarrollo de la especie). En otros términos, Haeckel opinaba que el embrión de los animales, en su desarrollo, recorría todas las etapas más importantes a través de las cuales ha pasado toda la raza a la que pertenece. En un determinado estadio del embrión humano, por ejemplo, pueden reconocerse las fisuras branquiales y el esbozo de una cola, reminiscencias del estadio del pez y, más adelante, las características de un mono.

## 8. Fósiles falsos y eslabones perdidos

La teoría tenía algún fundamento cierto, como se reconoce incluso hoy, pero Haeckel estiró las pocas evidencias experimentales disponibles a fin de demostrar que, en particular, las últimas etapas del desarrollo del embrión humano correspondían exactamente a los eslabones de ese trozo de la cadena que une al hombre con el mono y que él quería por todos los medios definir con exactitud. Dado que esta correspondencia no era en absoluto evidente, puesto que ni siquiera existía, Haeckel la construyó a partir de una serie de trucos y retoques. Así, cuando diseñó en una serie de grabados, que pronto se hicieron famosos, los embriones de varios animales para cotejarlos con las diferentes etapas de desarrollo del embrión humano, llevó a cabo verdaderas falsificaciones.

Haeckel hizo de todo: alargó o acortó las colas, quitó o agregó vértebras, ensambló la cabeza de un embrión humano en el cuerpo de un embrión de mono, aumentó o disminuyó las dimensiones de la cabeza, eliminó por completo partes del cuerpo y esbozos de miembros... Para ilustrar, por ejemplo, el estadio en el que el embrión del hombre se asemeja al del pez, extrajo de un libro de His el diseño de un embrión humano en las primeras etapas de desarrollo, borró por completo los arcos branquiales, el corazón, el esbozo de fosa nasal y de las protovértebras, además de los de la pierna y el intestino, y por último extendió el esbozo de columna vertebral, por lo que al final el embrión presentaba el aspecto de un renacuajo.

Bajo las apremiantes acusaciones de Brass, Haeckel no podía continuar haciéndolas caso omiso. Por eso decidió cambiar de estrategia, y en el citado artículo «Falsificaciones de la ciencia» comenzó a presentar el caso como fruto de una maquinación de la Keplerbund (una sociedad científica creada por los jesuitas) contra él, tal vez por ser el líder de la Monistenbund. Sin embargo, comenzaba con una admisión de culpabilidad, aunque parcial:

> Para terminar de una buena vez con toda esta desordenada polémica, confesaré arrepentido que una pequeña parte de mis numerosas figuras de embriones (tal vez el 6 o el 8%) son realmente falsificadas, como lo entiende el doctor Brass, es decir, todas aquellas en las que el material de observación existente es tan incompleto e insuficiente que para la construcción de una cadena de evolución continua uno se ve obligado a completar las lagunas con hipótesis y a reconocer los miembros que faltan a través de la sintaxis comparada.

Inmediatamente después pasaba otra vez al contraataque:

> Después de esta espontánea confesión de las «falsificaciones» cometidas, debería considerarme condenado y destruido si no tuviese el consuelo de ver a mi lado, en el banquillo de los acusados, a cientos de imputados, entre los que se encuentran muchos de los más hábiles observadores y de los más distinguidos biólogos. La gran mayoría de las figuras morfológicas, anatómicas, histológicas y embriológicas que se encuentran en los mejores tratados y manuales, generalmente difundidas a través de libros y periódicos, merecen de manera análoga el mismo nombre denigrante de «falsificaciones». Ninguna de éstas es exacta, pero todas están más o menos construidas o adaptadas esquemáticamente.

## 8. Fósiles falsos y eslabones perdidos

Después de ultimar rápidamente de esa forma los detalles científicos del caso, Haeckel pasaba a ilustrar el que según él era el verdadero fundamento y objetivo de las acusaciones a las que se enfrentaba. A través de esa campaña plagada de difamaciones los jesuitas deseaban silenciar a la unión monista, nacida tres años antes, que tenía por objeto

la promoción y difusión de una concepción simple del mundo, la cual debía tener como fundamento más seguro solo los resultados de las investigaciones modernas de la naturaleza apoyadas en la observación y la experiencia. Rechazaba por completo toda revelación, toda fe en el milagro y en los fantasmas sobrenaturales. Su conquista moderna más importante es la victoria del concepto de evolución y más especialmente de la doctrina transformista o teoría de la descendencia ideada por Darwin, cuya conclusión más importante es que el hombre, al igual que todos los demás mamíferos, se ha desarrollado gradualmente a partir de los vertebrados inferiores a través de una larga serie de antepasados. Con esto no solo se resolvía la cuestión más importante, sino que además se refutaban al mismo tiempo el viejo dogma de la inmortalidad del alma personal y la creencia ampliamente difundida de que un dios personal (imaginado a semejanza del hombre) había fabricado, en tanto creador, todas las cosas y las conducía de manera providencial [...]

Nuestra filosofía monista —continuaba diciendo Haeckel— debió luchar desde el comienzo contra la más violenta oposición de la teología cristiana dominante y de la filosofía escolástica que la acompañaba. Por eso, el año pasado ha sido fundada en Francfort la Keplerbund, que tiene por objeto el reconocimiento incondicional de la revelación sobrenatural, del milagro, del dios personal y de su imagen en el alma inmortal. Todos los ámbitos conservadores y ortodoxos le otorgaron su incondicional apoyo, particularmente los ministros reaccionarios de Prusia y de Alemania, estados completamente dominados por el espíritu clerical.

No cabe duda de que en aquel momento tenía lugar una violenta lucha entre creacionistas y evolucionistas y que, en la medida en que involucraba también cuestiones relativas a la religión y a la moral, terminaba por convertirse en una lucha política y cultural. Este enfrentamiento, sin embargo, se desarrollaba en un campo abierto y con reglas precisas, al igual que en los duelos con espada o pistola. Estaban absolutamente prohibidos los golpes bajos y ninguno de los militantes de los partidos opuestos estaba dispuesto a admitir que para defender sus propias opiniones se pudiera recurrir al engaño. Las dos cartas firmadas por los científicos alemanes tenían precisamente este sentido, y Haeckel habría hecho muy bien si hubiera acogido la invitación con la que Brass ponía fin a su librito:

> Señor profesor, durante cuarenta años ha injuriado usted a varios científicos honorables; ahora es necesario que retroceda si no desea oscurecer los últimos años de su vida.

Sin embargo, no se puede negar que la investigación acerca de los eslabones perdidos, iniciada y llevada adelante precisamente por Haeckel, ha renovado la antropología y la paleontología, como ha reconocido amplia-

## 8. Fósiles falsos y eslabones perdidos

mente John Reader en uno de los más bellos libros de paleontología, *Missing Links: The hunt for Earliest Man* («Eslabones perdidos: en busca del primer hombre»). Pero esta búsqueda de los orígenes es considerada hoy en día como la aventura más difícil, dudosa e incierta en la que la ciencia moderna se ha embarcado.

Uno de los motivos (el que más interesa a los objetivos del presente libro) es que precisamente estas disciplinas registraron las falsificaciones y engaños más clamorosos de la historia de la ciencia. Pero existen otros motivos mucho más serios. Toda la búsqueda de nuestras «raíces» presupone la validez de la teoría de la evolución, la cual sostiene, de acuerdo con la formulación original de Darwin, que los organismos cambian lentamente con el tiempo, ya que en ellos se manifiestan pequeñas mutaciones que el ambiente selecciona (porque pueden adaptarse mejor) y se transmiten luego a los hijos. Si esto es cierto, es necesario suponer que: *a)* entre las formas actuales y aquellas que las precedieron existe una serie de pasos intermedios, denominados «eslabones perdidos», que se caracterizan por ser la solución intermedia entre un animal y otro, por ejemplo, entre un reptil y un pájaro; *b)* estos eslabones perdidos pueden estar dispuestos a formar árboles genealógicos e incluso en un único árbol enorme en el que se observarían los grados de parentesco existente entre todos los seres vivientes; *c)* los restos fósiles deben darnos la documentación relativa a los eslabones perdidos necesarios para construir los árboles genealógicos.

Las consecuencias *a)* y *c)* fueron deducidas por el mismo Darwin; la *b)* en cambio lo fue principalmente por

Haeckel: fue él quien llenó sus libros de árboles genealógicos. Darwin, que era más cauto y sabio, se dio cuenta de inmediato de que en la historia de los árboles genealógicos había algo que no funcionaba: faltaban los fósiles relativos a las formas intermedias. Es decir, los árboles genealógicos no podían diseñarse porque faltaban los únicos documentos que podían permitir localizar a los antecesores. Esto no se debía a que los eslabones perdidos no existían, sostenía Darwin, sino simplemente a que la documentación geológica y fósil era fragmentaria.

Nuestros documentos geológicos –escribía– son en extremo imperfectos, y ello explica por qué no encontramos variedades intermedias que unan todas las formas extinguidas y existentes mediante sutiles pasos graduales.

Establecer la historia evolutiva, incluso de una sola especie, en un árbol filogenético es como reconstruir el árbol genealógico de una familia apoyándose en registros parroquiales, diarios, fotografías y documentos destruidos en gran parte, de los que solo quedan algunas líneas, palabras o fragmentos de imágenes. No es entonces sorprendente que aun hoy en día no exista un acuerdo completo acerca de quiénes son nuestros antepasados y sus eventuales relaciones con los monos. En todo caso, ya nadie busca los eslabones perdidos o *Pithecanthropi*, es decir, «los hombre-mono», como los denominaba Haeckel.

Todos los candidatos a ocupar el sitio vacío entre el mono y el hombre han sido descartados de manera inexorable. Al Neanderthal, descubierto demasiado «prematuramente» en 1856, pronto le fue mal. Darwin dio a conocer sus ideas acerca de la evolución solo tres años después, en 1859, y nadie pensó que se trataba del eslabón perdido, simplemente porque nadie en aquella época se había propuesto buscarlo. El mismo descubridor, el ilustre profesor de anatomía Hermann Schaaffhausen, consideró que aquellos huesos pertenecían a una antigua raza de hombres que habrían habitado en Europa noroccidental. Lo cierto era que, a pesar de los arcos supraciliares de mono, aquel cráneo hacía recordar demasiado al del hombre actual. El gran patólogo Rudolf Virchow sostuvo que había pertenecido a un hombre muy parecido a nosotros, pero que sufría de una grave forma de artritis. Cuando en 1861 el anatomista inglés George Busk intentó decir que aquel cráneo, después de todo, se parecía bastante al del gorila y al del chimpancé, y que por lo tanto aquéllos podían ser los restos fósiles del eslabón perdido entre el mono y el hombre, fue silenciado de inmediato. El anatomista alemán F. Mayer, que había vuelto a examinar los huesos con atención, afirmó que pertenecían a un hombre «que sufría de idiotez y raquitismo», probablemente un cosaco que había combatido con Napoleón en enero de 1814. En 1863 también Thomas Huxley, uno de los más tenaces defensores de la teoría de la evolución, se ocupó del tema y concluyó que, a pesar de que el cráneo presentaba muchas características de los simios, no podía tratarse de la cabeza de un organismo intermedio entre el mono y el hombre. Como de costumbre, Darwin fue cauto y sabio. Solo cuando escribió *El origen del hombre,* en 1871, hizo una breve referencia al cráneo de Neanderthal, sin expresar juicio alguno. E hizo bien. Aún hoy antropólogos y paleontólogos discuten acerca del grado de parentesco entre nosotros y el hombre de Neanderthal: la mayor parte de los estudiosos consideran que la rama a la que éste pertenecía era una «familia» (que se extinguió hace aproximadamente más de 36.000 años) de primos de nuestros progenitores africanos. Todos están de acuerdo, sin embargo, en considerar que no se trataba de un mono o de un hombre-mono, sino de un verdadero hombre como su nombre científico lo demuestra: *Homo sapiens Neanderthalensis*.

Más tarde, en 1898, el paleontólogo y ferviente evolucionista holandés Eugène Dubois descubrió en el pueblo de Trinil, en la costa meridional de la isla de Java, una calota craneal de aspecto claramente simiesco junto con un fémur izquierdo tan parecido al de un hombre actual que podía ser considerado como perteneciente a uno de nuestros abuelos. Dubois gritó el milagro: había descubierto finalmente el pitecántropo que Haeckel había preconizado. Sin embargo, no lo llamó *Pithecanthropus alalus,* es decir, «hombre mono privado de palabra», sino *Pithecanthropus erectus,* «simio que camina de pie», puesto que su fémur demostraba que aquel ser poseía una estructura ósea que le permitía caminar como nosotros. Haeckel se sintió muy halagado y confirmó que, según su opinión, ése era precisamente el eslabón perdido, aunque «desafortunadamente los restos fósiles son muy pocos e imperfectos como para poder reconstruir completamente el aspecto de la criatura a la que habían pertenecido», agregó. Muchos estudiosos, sin embargo, permanecieron escépticos: para ellos Dubois había descubierto simplemente un fémur humano junto con una calota de simio, es decir, que se trataba solo de una nueva especie de simio fósil.

Hoy en día sabemos que ni unos ni otros tenían razón. Dubois había descubierto el primer ejemplar fósil de *Homo erectus,* el primer homínido aparecido aproximadamente hace 1.500.000 años; de él se han encontrado otros ejemplares fósiles en Kenia, en diferentes zonas de Argelia y Marruecos, en Sudáfrica, en Zambia, en China –donde en 1903 fue encontrado el denominado «Hombre de Pekín»–, y más tarde también aparecieron restos en casi todas las naciones europeas, incluida Italia, donde en 1968, en una de las grutas de Grimaldi, en Ventimiglia, fue descubierto un hueso ilíaco derecho incompleto atribuido a un *Homo erectus* dotado de una posición recta bípeda perfecta. También Dubois había descubierto algo que se acercaba demasiado al hombre como para ser considerado verdaderamente el eslabón de unión entre el mono y el hombre. Las perplejidades surgieron también entre los evolucionistas, convencidos de que si tomaban al pie de la letra el *identikit* del eslabón que el mismo Darwin había delineado, encontrarían un animal que caminaría, un poco curvado, como los orangutanes, pero que presentaría un cerebro más desarrollado que el de los monos y por lo tanto una calota craneal más amplia, asociada a artes más refinadas y dúctiles, muy parecidas a los brazos y manos del hombre.

Por eso, cuando en 1912 se descubrieron una calota craneal parecida a la humana y una mandíbula de mono en una cantera de grava en Piltdown, Inglaterra, los paleontólogos más grandes de la época dijeron convencidos (aunque algunos lo hicieron lentamente y reservándose algunas dudas) que podía ser el tan deseado eslabón perdido, dado que parecía corresponder en todo con lo esperado.

No existió nunca declaración o toma de posición científica tan imprudente; la más grande que haya perturbado jamás el Olimpo de la ciencia. Los huesos habían sido tratados con colorantes químicos y algunos toques de lima para hacer caer a los paleontólogos en el engaño. Pero para descubrirlo se necesitaron más de cuarenta años, durante los cuales, en la base de nuestro árbol genealógico se situaba el falso «Hombre de Piltdown», que se creía que había vivido hacía 150.000 años cuando, en Europa y precisamente en Inglaterra, patria del evolucionismo, habría tenido lugar la transformación del mono en hombre.

## El «Hombre de Piltdown»

Oficialmente la historia comienza en diciembre de 1912 cuando Arthur Smith Woodward, conservador del departamento de geología del Museo Británico, y Charles Dawson, un abogado apasionado por la geología y las antigüedades, anunciaron en una reunión de la Sociedad Geológica de Londres que habían descubierto el eslabón perdido entre el mono y el hombre. Eran los restos de un fósil humano muy antiguo encontrados en el condado de Sussex, cerca del pueblo de Piltdown, a poca profundidad en una simple cantera de grava. Las piezas más importantes del hallazgo eran un cráneo, claramente humano, y un trozo de mandíbula en la que se observaban aún algunos molares en buen estado de conservación. Junto con ellos aparecieron también dientes de hipopótamo, además de otros dientes y cuernos de diferentes mamíferos, algunos ya extinguidos: elefantes, mastodontes, rinocerontes, hipopótamos, castores... Había también algunos utensilios primitivos y piedras silíceas groseramente partidas, que se conocen como eolitos.

El hallazgo era sensacional y se contaba con todos los elementos necesarios para demostrar que había existido realmente un eslabón que unía al mono con el hombre con todas las características que Darwin había delineado. Al igual que en la noche del 23 de septiembre de 1846, Gottfried Galle y Louis d'Arrest habían descubierto un nuevo planeta, Neptuno, precisamente en la porción de cielo donde los cálculos de Le Verrier habían previsto que se encontraría, Woodward y Dawson habían hallado aquello que Darwin había anticipado.

Estos restos fósiles hablaban con mucha claridad: en Piltdown había vivido y muerto un individuo que poseía una calota craneal y, por lo tanto, un cerebro casi humanos, aunque al mismo tiempo conservaba las características del esqueleto de un simio, como lo demostraba su mandíbula. Había sido seguramente más inteligente que un mono porque los instrumentos de piedra que se habían encontrado con sus restos daban testimonio de una habilidad manual desconocida por los primates. En conclusión, un cerebro y una cultura de hombre primitivo se habían asociado, hacía aproximadamente 500.000 años, a un cuerpo que era aún en gran parte el de un mono. Aquella criatura había marcado seguramente el alba de la humanidad; por eso Woodward la llamó *Eoanthropus dawsoni,* u «hombre del alba de Dawson», ya que fue precisamente este abogado quien descubrió sus restos.

De acuerdo con lo que el mismo Dawson refirió, el primer trozo de cráneo de Piltdown se lo presentó un obrero en 1908. Formaba parte de algo que los obreros habían denominado «nuez de coco» y que habían descubierto durante algunas excavaciones en una cantera de la que estaban extrayendo grava para hacer una calle. Aquella «nuez de coco» era en realidad, como Dawson comprendió de inmediato, un cráneo fosilizado y el fragmento que le habían entregado no era sino el lado parietal izquierdo de aquel cráneo.

Entusiasmado por el descubrimiento, Dawson realizó, junto con su amigo Samuel Allison Woodhead, profesor de química, una serie de febriles excavaciones en el mismo sitio con la esperanza de encontrar otros fósiles. Pero de la cantera no surgió nada más y poco después se interrumpieron las excavaciones a raíz de las pésimas condiciones climáticas; no aparecieron nuevos hallazgos sino hasta el otoño de 1911. Mientras tanto, Dawson había encontrado por casualidad, mientras paseaba por el campo en busca de plantas fósiles, al jesuita francés Pierre Teilhard de Chardin, quien compartía su misma pasión. A pesar de la amistad que se desarrolló de inmediato entre ellos, parece que Dawson no puso a Teilhard al corriente de sus descubrimientos antes de 1912. Entre los años 1910 y 1911, Dawson había reanudado sus investigaciones en la cantera de Piltdown y había encontrado otro trozo de cráneo. Algunos meses más tarde apareció un diente de hipopótamo.

## 8. Fósiles falsos y eslabones perdidos

En una carta fechada el 14 de febrero de 1912 Dawson informó a Woodward de sus descubrimientos, con quien mantenía buenas relaciones dado que en 1884 había sido nombrado recolector honorario del Museo Británico. Woodward se mostró de inmediato interesado y expresó, siempre por carta, su deseo de examinar los hallazgos. Sin embargo, esto no fue posible sino hasta finales de mayo, cuando regresó de un viaje a Berlín donde había ido a estudiar los restos de algunos dinosaurios descubiertos en África por una expedición alemana. Después de examinar con atención lo que Dawson había encontrado en Piltdown, Woodward decidió que merecía la pena continuar las excavaciones porque todo hacía suponer que se encontraban frente a un descubrimiento de extrema importancia. Así fue cómo el sábado 2 de junio de 1912 Dawson organizó una excursión a Piltdown a la que, además de Woodward, fue invitado Teilhard. Fue una excursión fructuosa: Dawson descubrió otro trozo de cráneo y Teilhard un molar de elefante.

A finales de junio Dawson y Woodward llevaron a cabo el descubrimiento más importante. Después de una calurosa e infructuosa tarde, ambos vieron aparecer bajo el pico de Dawson una mandíbula en la que podían observarse aún dos molares de aspecto decididamente humano, mientras que la estructura general del hueso parecía de mono, dado que el mentón faltaba por completo y el cóndilo, prominencia ósea que permite la articulación de la mandíbula, estaba partido. Esta última fractura cobraba particular importancia ya que, en ausencia del cóndilo, era imposible comprobar de forma exacta si la mandíbula, como de inmediato afirmaron Dawson y

Woodward, se adaptaba realmente al cráneo del que ya se habían recuperado numerosas piezas. Se estaba frente a un curioso descubrimiento que permitía a los científicos establecer una asociación entre una calota craneal de tipo humano y una mandíbula de mono en la que se observaban dientes de tipo humano.

Woodward pasó el otoño procurando unir de forma razonable los trozos de aquel puzzle. Finalmente preparó una copia en escayola que reproducía el aspecto que debía haber tenido el «Hombre de Piltdown» que, como ya se ha señalado, fue presentado ante la ciencia y la prensa el 18 de diciembre de 1912. Era una criatura con mandíbula de mono, cabeza de hombre y una cavidad craneal de 1.070 cm$^3$ que, por tanto, debía haber contenido un cuyas dimensiones eran intermedias entre el del mono y el del hombre. Algunos de los presentes expusieron sus dudas acerca de que aquella reconstrucción fuera pura fantasía y que la mandíbula no tuviera nada que ver con el cráneo. Pero en apoyo de la veracidad del descubrimiento se pusieron de pie en la platea dos indiscutidas autoridades en anatomía: Grafton Elliot Smith y Arthur Keith. El primero afirmó que el «Hombre de Piltdown» debía haber poseído el cerebro más desarrollado que un mono haya tenido jamás y el menos desarrollado que haya poseído un hombre primitivo, y que por lo tanto no era nada sorprendente que estuviera asociado a una mandíbula de mono. Keith, en cambio, afirmó que se encontraba frente al descubrimiento de fósiles humanos más importante, aunque sentía el deber de plantear ciertas reservas acerca de la reconstrucción realizada por Woodward; los dos puntos en los que discrepaba eran, la capacidad de la caja craneal, que consideraba demasiado reducida, y las características atribuidas a la mandíbula, que le resultaban demasiado simiescas. En particular, Keith consideraba que era errónea la reconstrucción de la parte posterior de la mandíbula, que había sido reproducida tan cerca del paladar que, según su opinión, el «Hombre de Piltdown» no hubiera podido ni respirar ni comer.

En los meses siguientes Keith llevó a cabo un intento de reconstrucción que presentó más tarde durante un congreso internacional que tuvo lugar en Londres en agosto de 1913. De acuerdo con su reconstrucción, el «Hombre de Piltdown» había tenido un cráneo cuya capacidad era de unos 1.500 cm$^3$, por lo que era ya decididamente humano y suficientemente grande como para poder asociarlo de forma razonable con esa gran mandíbula que en la reconstrucción de Woodward parecía algo desproporcionada. Entre los defensores de las dos diferentes reconstrucciones se generó una polémica, relegando a un segundo plano las dudas que muchos científicos habían mostrado acerca de la veracidad del descubrimiento, como David Waterston, profesor de anatomía en el King's College, el norteamericano Gerrit Miller, el gran antropólogo francés Marcellin Boule y el antropólogo italiano Francesco Frassetto, quienes afirmaron que lo que habían descubierto Dawson y sus compañeros era simplemente un cráneo de hombre que se encontraba junto a una mandíbula de mono y que nada autorizaba a suponer que las dos piezas hubieran pertenecido a un solo animal, ya fuera éste hombre o simio.

Posteriores descubrimientos pusieron fin a ambas polémicas. Cuando el 30 de agosto de 1913 Teilhard, que había abandonado Inglaterra el 16 de julio de 1912, regresó a Piltdown después de un año de ausencia descubrió un diente canino inferior de aspecto típicamente simiesco, pero con un tipo de deterioro humano. Woodward afirmó que aquel canino confirmaba de forma inequívoca su reconstrucción.

Su forma −sostuvo el 16 de septiembre de 1913 durante una reunión de la Asociación Británica para el Progreso de la Ciencia en la que participaba también Keith− corresponde exactamente a la de un diente de mono, y la superficie deteriorada demuestra que ha trabajado respecto del canino superior precisamente como sucede en las mandíbulas de los simios; difiere frente al canino presentado en mi reconstrucción solo porque es levemente más pequeño y más afilado.

Keith debió callar, y desde ese momento no elevó más objeciones acerca de la mandíbula. Sin embargo, continuó sosteniendo que el cráneo debía ser al menos 300 cm$^3$ más grande.

Pero el 20 de enero de 1915 Dawson encontró en un campo a unos tres kilómetros de la cantera de Piltdown algunas piezas de una calota craneal que, según su opinión, debían pertenecer a un segundo ejemplar del «Hombre de Piltdown». Una reconstrucción minuciosa de todo el cráneo parecía demostrar que, una vez más, Woodward tenía razón. Keith debió rendirse ante la evidencia.

Después del descubrimiento del segundo «Hombre de Piltdown» las polémicas cesaron casi por completo, e incluso los más escépticos, como Marcellin Boule, se convencieron de que se encontraban en efecto frente al tan esperado eslabón perdido. Inglaterra, que hasta entonces no había podido jactarse de ningún hallazgo fósil importante, se sintió orgullosa de aquel descubrimiento que había tenido lugar precisamente en la patria de la teoría de la evolución. Los principales protagonistas de la historia se cubrieron de honores y gloria. Woodward y Keith fueron nombrados barones, mientras que a Dawson, fallecido a causa de una septicemia el 10 de agosto de 1916, se le dedicó una estela honorífica inaugurada en 1938 en Piltdown, sitio del afortunado hallazgo, que en 1950 fue declarado monumento nacional, poco antes de que el fraude fuera descubierto. Pero ¿cómo se demostró que el hombre de Piltdown no era más que el fruto de una hábil estafa?

Las primeras dudas habían surgido en 1935 cuando Kenneth Oakley, geólogo del Museo Británico, comenzó a darse cuenta de que los restos de Piltdown no podían tener, como se había supuesto hasta entonces, la misma edad que el estrato geológico en el que habían sido encontrados. Una evaluación cuidadosa de la edad exacta de los fósiles no pudo realizarse hasta que el mismo Oakley perfeccionó el método elaborado por el minerólogo francés Adolf Carnot para determinar la edad de los huesos fósiles a partir de su contenido de fluorina. Oakley solicitó y obtuvo del Museo Británico la autorización para analizar mediante el nuevo método los restos del «Hombre de Piltdown», descubriendo que los huesos fósiles del mastodonte y del elefante contenían aproximadamente un 2% de fluorina, mientras que los fragmentos del hombre de Piltdown contenían entre un

0,1 y un 0,4%. Esto significaba que el «Hombre de Piltdown» no tenía 500.000 años, como se había creído, sino que no superaba los 50.000.

Oakley dio a conocer los resultados de sus análisis en marzo de 1950 y atrajo tímidamente la atención acerca de los problemas que surgían a partir de ellos. ¿Cómo explicar, por ejemplo, el descubrimiento en el mismo estrato de restos fósiles de animales que se remontaban en realidad al Pleistoceno y de restos humanos o humanoides mucho más recientes? Y particularmente, ¿cómo era posible que un hombre que había vivido hacía tan solo 50.000 años tuviera una mandíbula de tipo simiesco, cuando el hombre de Neanderthal poseía unas mandíbulas iguales a las nuestras?

Precisamente para resolver estos problemas, Oakley solicitó, junto con Joseph Weiner y el gran antropólogo Wilfred le Gros Clark, volver a examinar todos los hallazgos desde el punto de vista anatómico y radiológico, sirviéndose de nuevos métodos químicos. Los resultados de estos análisis fueron publicados en 1953 en un artículo titulado «La solución del problema de Piltdown». Y la solución era simple: el «Hombre de Piltdown» no había existido jamás; se había tratado simplemente de una estafa.

El examen del contenido de fluorina y el del material orgánico demostró que la mandíbula era mucho más reciente de lo que se suponía y no podía remontarse más allá de la Edad Media, había pertenecido a una hembra de orangután y nada tenía que ver con el cráneo. Además, el análisis de rayos X reveló la presencia de sulfato en el cráneo, pero esta sustancia no aparecía en la mandíbula. Los dientes, como se sospechaba, presentaban características poco convincentes: sus superficies superiores estaban limpias y no desafiladas como suelen encontrarse a causa del uso. Resultó, además, que no eran humanas sino que habían sido limadas con el fin de hacerlas parecer como pertenecientes a una especie con características humanoides. Finalmente, el cóndilo había sido partido intencionadamente para impedir que se descubriera que no se adaptaba al cráneo en forma correcta. La mandíbula, por lo tanto, nada tenía que ver con la especie humana, y había sido trabajada para que se asemejara a una mandíbula humana.

Muchos de los restos fósiles de mamíferos diseminados en la cantera de grava de Piltdown fueron luego identificados como provenientes del Mediterráneo. Los posibles sitios de origen comprendían Malta y un depósito fósil de la zona de Ichkeul, en Túnez, que los paleontólogos desconocieron hasta 1946. Los fragmentos de sílex del terreno de Piltdown descubiertos en 1912 eran bastante parecidos, aunque ligeramente diferentes de los que suelen encontrarse en Inglaterra. Algunos presentaban una pátina blanca bastante extraña y se creía que los más grandes pertenecían en gran medida a restos de algún desconocido taller paleontológico de utensilios de sílex. Muchos estaban trabajados en un solo lado y algunos parecían muy antiguos dado que presentaban bordes redondeados por la intemperie mientras que otros los tenían mucho más afilados. Un detalle permitió afirmar que aquellos utensilios no eran en absoluto originarios de Inglaterra: el sílex con que uno de ellos se había elaborado encerraba en su interior una concha fósil, *Inoceramus,* característica de manufacturas que hay en abundancia en Gafsa, una ciudad del centro de Túnez.

El *Times* difundió la noticia el 21 de noviembre de 1953 de que el «Hombre de Piltdown» era solo el fruto de un hábil engaño, provocando una especie de luto nacional. La indignación fue tan grande que en la Cámara de los Comunes se planteó la propuesta de reducir los fondos otorgados al Museo Británico, culpable de haber tardado tanto tiempo en descubrir el fraude y de haber engañado de esa forma al pueblo inglés. Sin embargo, la propuesta no fue tomada en serio y el Lord del Sello Privado declaró que «el gobierno desde su entrada en ejercicio debió ocuparse de tantos esqueletos que se encontraban en los armarios que no ha tenido aún tiempo de pasar a examinar las calaveras». Los ingleses procuraron esconder, precisamente a través del *humour*, la vergüenza causada por el sorprendente descubrimiento, y en gran parte lo lograron. Un lector escribió al *Times:* «Sir, ¿debemos pensar ahora que tal vez el hombre de Piltdown fue el primero en tener dientes postizos?». Cuando el sentido del humor se desvaneció, se dieron cuenta de que habían sido víctimas de la estafa científica más colosal jamás perpetrada. Pero ¿quién era el autor? Aún hoy en día resulta imposible dar una respuesta definitiva y satisfactoria a esta pregunta. Lo único que puede hacerse es una lista de sospechosos. Aquí está.

## Dawson

Desde el comienzo, las sospechas apuntaron hacia Charles Dawson. Weiner, uno de los tres descubridores del engaño, fue el primero en acusarle, en un libro escrito en 1955. Dawson había nacido en 1864 y pasó su infancia en St. Leonards-on-sea. Allí conoció a S. H. Beckles, geólogo muy conocido en aquella época, que le empujó a emprender los estudios de geología. Cuando terminó la carrera de leyes trabajó durante un tiempo en Hastings, luego en Uckfield y, a partir de 1907, se estableció en Lewes, no muy lejos de Uckfield. Desempeñaba su profesión de abogado, pero se sentía enormemente atraído por la geología y la arqueología. Ya a los 21 años sus trabajos le permitieron ingresar en la Sociedad Geológica y luego, como ya se ha señalado, se le atribuyó el cargo de recolector honorario para el Museo Británico. Entre sus méritos científicos cuenta con el descubrimiento de una nueva especie de iguanodonte a la que dio su nombre y varios descubrimientos geológicos. En 1905, habiendo alcanzado una buena posición económica (gracias al matrimonio con Hélène Postlethwaite, una viuda rica), le confió su despacho a un colega, Ernest Hart, con el objeto de dedicarse enteramente a su afición.

Era previsible que las sospechas recayeran de inmediato sobre Dawson: suyo era de hecho el descubrimiento de la cantera y de los fósiles, y nadie más que él había tenido la oportunidad y la capacidad de participar en la estafa. Sin embargo, Weiner no logró encontrar ninguna prueba realmente decisiva en su contra; solo una serie de indicios que, aunque vuelven improbable la hipótesis de la inocencia del abogado, no permiten emitir un veredicto definitivo de culpabilidad. Además, nadie ha podido encontrar jamás un móvil válido para un delito científico de tal magnitud.

Pero veamos las sospechas recogidas por Weiner. En primer lugar, existe una denuncia explícita hallada entre los papeles de Harry Morris, un arqueólogo aficionado de Sussex que había estado en contacto con Dawson. En la colección de Morris, Weiner encontró restos e instrumentos de piedra análogos a los «descubiertos» en Piltdown. En uno de estos restos, Morris había adherido una etiqueta en la que podía leerse «coloreado con productos químicos por C. Dawson con el fin de engañar». En otros apuntes, Morris sostenía que el famoso canino era importado de Francia, y que si las piezas que Dawson afirmaba haber descubierto hubieran sido tratadas con ácidos habrían perdido por completo su pátina de antigüedad. La prueba del ácido fue efectivamente realizada en el Museo Británico por Alfred Allinson, y resultó que Morris tenía razón: los instrumentos de piedra encontrados en Piltdown perdieron su característica coloración entre marrón y naranja.

Por lo tanto quedaba demostrado, como ya se sabía por otra parte, que las piezas de Piltdown eran falsas y que habían sido trucadas oportunamente. Sin embargo, esto no demostraba que Dawson fue precisamente el autor del engaño, como sostenía Morris. Puesto que algunas piezas de la colección de Morris habían sido trucadas con el mismo método, Weiner planteó también la hipótesis de que fuera este último el verdadero culpable, empujado por la intención de arruinar la reputación de Dawson.

De acuerdo con esta hipótesis, en el complot en perjuicio de Dawson habría podido participar el mayor Reginald Adams Marriott, quien viajaba con frecuencia a Oriente Medio en calidad de oficial de artillería de marina y que, en particular, había estado en Túnez. Esta hipótesis se vería confirmada indirectamente por el testimonio de Martin Hinton, que en la época del descubrimiento trabajaba como voluntario en el Museo Británico, y donde se convertiría más tarde en un especialista en conservación de la sección de zoología. Hinton aún vivía en 1953 cuando se descubrió la estafa y declaró que su amigo Alfred Kennard –un rico hombre de negocios aficionado a la arqueología y que había estado en contacto con Marriott– le había confiado que sabía quién había sido el verdadero culpable de la estafa, y dio a entender, sin dar los nombres, que se trataba de alguien que odiaba a muerte a Dawson, quien era en realidad completamente inocente.

Otras sospechas contra Dawson eran sus antecedentes como estafador. Cuidadosas investigaciones acerca de su vida y su carrera como estudioso aficionado confirmaron que muy a menudo había mostrado una actitud poco escrupulosa en el trabajo. En 1910, por ejemplo, publicó una importante obra en dos volúmenes titulada *The History of Hastings Castle,* plagio de un manuscrito de William Herbert, quien en 1824 había dirigido excavaciones en el castillo y luego había escrito la historia. En 1903 había publicado un artículo, en una revista dedicada a la arqueología de Sussex, en el que 27 de las 61 páginas habían sido copiadas palabra por palabra de un artículo de otro estudioso que ni siquiera aparecía citado.

Más recientemente, Blinderman ha demostrado que Dawson no solo era un plagiario y ladrón de ideas; toda su actividad como anticuario y arqueólogo parece haber estado marcada por el engaño y el fraude. En abril de 1907 afirmó, por ejemplo, que había descubierto en Pevensey,

Sussex, un azulejo que según él se remontaba a la época del emperador Honorio (395-423 d. C.), y lo presentó como una importante prueba arqueológica de la presencia en aquella localidad de un castro romano llamado Anderida. La autenticidad de tales azulejos no fue discutida en aquel momento, dado que documentos literarios independientes daban testimonio de la efectiva existencia de azulejos de ese tipo. Sin embargo, cuando fueron examinados con métodos modernos, se descubrió que habían sido elaborados a comienzos del siglo XX. Otra falsificación de Dawson es el mapa histórico geográfico de Maresfield Forge, una zona no muy alejada de Piltdown. Dawson lo publicó en 1912 como un mapa original de 1724, pero no se trataba más que de una falsificación.

Dawson era un falsificador y podía muy bien ser el autor del fraude de Piltdown. Pero ¿qué le habría empujado a llevarlo a cabo? El único móvil posible y fácil de documentar es el deseo de ser elegido miembro de la Royal Society, ambición que probablemente habría visto desvanecerse si hubiera vivido unos años más.

Debe reconocerse, sin embargo, que los indicios y móviles son bastante débiles, y el mismo Weiner debió admitir que algunos detalles del fraude eran demasiado sofisticados desde el punto de vista científico como para pensar que Dawson, quien carecía de conocimientos anatómicos rigurosos, pudiera haber realizado todo sin ayuda. El libro de Weiner, no obstante, condujo a Dawson al banquillo de los acusados sin poder demostrar su culpabilidad y sugiriendo la hipótesis de que la estafa era el resultado de un complot de varias personas. Cabe tener presente, además, que el testimonio de Hinton tendía a excusar a Dawson, y que lo mismo hizo, como veremos más adelante, uno de los protagonistas de la historia, Teilhard de Chardin.

Woodward

Del trío original, es el único que siempre ha sido considerado libre de toda sospecha, aunque resulta evidente que fue él precisamente quien obtuvo mayor beneficio de los descubrimientos, los cuales, como ya se ha visto, confirmaban puntualmente sus reconstrucciones y previsiones. Woodward era el paleontólogo más importante del Museo Británico. Había estudiado paleontología en el Owens College de Manchester, y con tan solo 18 años se había convertido en el conservador ayudante del departamento de geología del Museo Británico en South Kensington, donde se dedicó con tanta diligencia al estudio de los peces fósiles que en tan solo diez años adquirió una autoridad indiscutida a nivel mundial. Su enorme capacidad de trabajo unida a un ventajoso matrimonio le ayudaron profesional y socialmente hasta que al final, además del puesto de especialista en conservación del departamento de zoología del Museo Británico, obtuvo otros notables reconocimientos, como el cargo de secretario y presidente de la Sociedad Geológica y el nombramiento como miembro de la prestigiosa Royal Society. A causa de su carácter reservado y su falta absoluta de sentido del humor, no era popular entre sus colegas y subordinados y, además, tenía la tendencia a no reconocer los méritos de sus colegas.

En su contra, sin embargo, se encontraron solo indicios débiles. Se ha señalado, por ejemplo, que en lo concerniente a los importantes descubrimientos del segundo «Hombre de Piltdown» debemos confiar simplemente en su palabra, porque Dawson murió antes de darlos a conocer personalmente. También se ha dicho que, sobre todo en los primeros tiempos, se había mostrado en extremo celoso tanto con las piezas como con el sitio de las excavaciones, gran parte de las cuales además se habían llevado a cabo de forma privada, es decir, sin la intervención del Museo Británico y con fondos que Dawson y el mismo Woodward disponían. Se trata de indicios muy débiles, que contrastan claramente con la seriedad y honestidad intelectual demostrada por Woodward no solo en el caso de Piltdown, sino también durante toda su carrera, la cual fue lo suficientemente brillante y feliz como para excluir el único móvil que se le podía atribuir: el de la búsqueda de un mayor prestigio.

## Teilhard de Chardin

Quien fue considerado en cambio fuertemente sospechoso desde el comienzo fue Teilhard de Chardin. Ya en enero de 1954 se presentó en el Museo Británico Robert Essex, un profesor de instituto que había enseñado en Uckfield, es decir, en la zona de Piltdown, durante la época de los famosos descubrimientos, declarando que tenía importantes revelaciones que hacer. Essex estaba convencido de que Teilhard de Chardin era el único autor del fraude, a pesar de que no logró encontrar pruebas para sostener su acusación.

Importantes indicios contra Teilhard fueron los que recogió Kenneth Oakley, que, además de haber sido el primero en sospechar sobre la veracidad del «Hombre de Piltdown», llevó a cabo con Weiner indagaciones con el objeto de descubrir al verdadero autor de la estafa. En aquella época Woodward ya hacía algunos años que había muerto y de los principales protagonistas quedaban solo Teilhard y Keith. El 19 de noviembre de 1953 Oakley escribió a Teilhard, quien se encontraba en Nueva York, para informarle acerca del escándalo que estaba por desatarse:

> Cuando reciba usted esta carta –escribía– se habrá enterado ya por los periódicos de que Woodward y usted fueron engañados en Piltdown. Las notas que le envío sirven para ponerle al corriente de los hechos más importantes que surgieron a partir de nuestras investigaciones. Le enviaré en breve un informe más completo. Estaríamos muy agradecidos si usted nos enviara sus comentarios acerca de lo que hemos descubierto.

En su carta de respuesta Teilhard se mostraba apenado porque el descubrimiento del fraude le hacía perder uno de los más bellos recuerdos de su vida, y se enfrentaba al problema del culpable:

> Naturalmente, nadie pensará jamás en sospechar de sir Arthur Smith Woodward. Pero lo mismo vale, aunque en menor grado, para Dawson. Lo conocía muy bien dado que tra-

bajé muy cerca de él y de sir Arthur en tres o cuatro oportunidades. Tenía un carácter entusiasta y metódico, y además su profunda amistad con sir Arthur impide pensar que él haya podido engañar de forma sistemática a sus colaboradores durante varios años. Lo único que me sorprendió un poco fue cuando un día le vi sacar dos grandes fragmentos de cráneo de un montón de grava que debía ser devuelta y que se encontraba en una esquina, pero es probable que aquellos fragmentos fueran colocadas allí el año anterior por los obreros.

En el resto de la carta Teilhard parecía querer tapar el asunto para evitar que surgieran sospechas acerca de su propia actitud:

Yo no me encontraba en Piltdown cuando se descubrió la mandíbula. Pero al año siguiente, cuando encontré el canino, éste estaba tan enterrado y oculto entre la grava esparcida por la cantera que me parece absolutamente improbable que alguien lo haya colocado con premeditación. Recuerdo claramente a sir Arthur felicitándome por la agudeza de mi vista.

Luego Teilhard discurre acerca de los hallazgos que tuvieron lugar en la segunda excavación, conocida como «Piltdown 2», cometiendo un error que ha sido considerado luego como la prueba de su culpabilidad:

En lo que respecta a los fragmentos de Piltdown 2 –escribe–, cabe señalar que Dawson nunca subrayó de manera especial su significado... Simplemente me llevó al sitio del segundo hallazgo y me explicó que había descubierto el molar aislado y los pequeños fragmentos de cráneo.

En este pasaje parece que Teilhard admite haber acompañado a Dawson a Piltdown 2, lo cual hizo sospechar de inmediato a Oakley y a Weiner. Ambos sabían que Teilhard había visitado el segundo sitio junto con Dawson en 1913, aunque sin encontrar nada. Dawson descubrió solo los huesos del cráneo de Piltdown 2 en enero de 1915 y el molar en julio del mismo año. En aquella época Teilhard ya no se encontraba en Inglaterra; se había enrolado en el ejército francés en diciembre de 1914 y había sido enviado al frente como camillero, donde permaneció hasta el final de la guerra. No podía, por lo tanto, haber visto los restos de Piltdown 2 junto con Dawson. A menos que no los hubieran fabricado juntos antes de su partida hacia Francia.

Esta carta, cuyo contenido fue esencialmente confirmado en otra misiva del 29 de enero de 1954, ha sido considerada también por S. J. Gould en un conocido artículo de 1980 titulado «La conspiración de Piltdown», en el que se sostenía que Teilhard y Dawson habían sido cómplices, y fue el principal elemento contra el jesuita.

Gould ha tomado en consideración y descartado oportunamente algunas hipótesis planteadas por Mary Lukas, autora de una biografía de Teilhard, demasiado elaboradas como para ser ciertas, y otras que se apoyaban en una carta en realidad irrelevante que Weiner dio a conocer en abril de 1981. Pero la objeción más poderosa contra la prueba de culpabilidad que ofrecía la carta de Teilhard a Oakley está en el libro *Piltdown: A Scientific Forgery*, publicado por Frank Spencer en 1990. Spencer consideraba que el hallazgo ocurrido en 1913 al cual se refería Teilhard en su evocación era el de Barcombe

Mills, otra cantera descubierta por Dawson un mes antes de la visita de Teilhard en 1913. Barcombe Mills se parecía muchísimo a Piltdown 2, ambos sitios se encontraban en las cercanías de Piltdown 1, en ambos había campos arados plagados de sílex, y en ambos se encontró un hueso frontal humano, un molar y al menos un segundo fragmento de cráneo.

Es posible entonces disculpar a Teilhard suponiendo que con tantos años de distancia confundiera los dos sitios. Pero Oakley había recogido otros indicios en su contra. En el verano de 1954, por ejemplo, Teilhard fue a Inglaterra para visitar, entre otras cosas, una exposición organizada por el Museo Británico acerca de la estafa de Piltdown. En aquella ocasión, Teilhard se comportó de una manera bastante extraña y sospechosa. Visitó rápidamente y con evidente vergüenza la muestra y desilusionó a Weiner y a Oakley, quienes pensaban sacar partido de la ocasión a fin de profundizar con él en los detalles oscuros de la historia. Teilhard eludía continuamente las preguntas y hablaba de otras cosas, en particular de las campañas de excavaciones desarrolladas en África. Cuando Weiner se presentó ante él con el manuscrito del libro que estaba preparando acerca del fraude en Piltdown, en el que, especificó, llegaba a la conclusión de que Dawson había sido el responsable, Teilhard evitó la discusión afirmando que tenía una cita a la que no podía faltar.

Un convencido de la culpabilidad de Teilhard de Chardin ha sido también un paleoantropólogo de autoridad indiscutida, Louis S. B. Leakey, aunque luego no tuvo el valor de presentar su acusación en el capítulo de su autobiografía dedicado al engaño de Piltdown. Sin embargo, los motivos de sus sospechas parecen muy débiles: se apoyan esencialmente en una conversación mantenida con Teilhard en Nueva York, en 1953, inmediatamente después del descubrimiento de la estafa y antes de la muerte del jesuita francés, acaecida el 10 de abril de 1955. Cuando Leakey le preguntó su opinión acerca de la hipótesis de Weiner, que afirmaba que el autor del fraude había sido Dawson, parece que Teilhard le respondió: «Yo sé quién ha llevado a cabo la estafa de Piltdown, y ciertamente no fue Charles Dawson». Luego esbozó una sonrisa irónica y se negó a decir nada más.

Los indicios que probablemente habían convencido a Leakey de la culpabilidad de Teilhard se relacionaban con el origen de algunas de la piezas de Piltdown. Muchas de éstas, como por ejemplo el diente de elefante, provenían como ya se ha dicho casi con seguridad de Ichkeul, Túnez, mientras que los dientes de hipopótamo, que pertenecían a una especie enana típica, provenían muy probablemente de la isla de Malta. Sabemos que cuando tenía veinte años Teilhard fue enviado a El Cairo, donde, entre finales de 1905 y 1908, enseñó química y física en el colegio de los jesuitas; en 1908 regresó a Francia por poco tiempo y luego se trasladó a Hastings para culminar sus estudios de teología. Fue precisamente en ese periodo cuando entra en contacto con Dawson y comienzan a aparecer las piezas fósiles del hombre de Piltdown. Como ha hecho notar Gould:

Teilhard no admite haber pasado por Túnez o Malta en su viaje hacia El Cairo o a su regreso, pero yo no encuentro referencia alguna a su viaje de regreso y ambas zonas se encuentran precisamente en su itinerario desde El Cairo hacia Francia. En todo caso, en las cartas de Teilhard desde El Cairo se habla a menudo de intercambios de ejemplares con otros naturalistas de diferentes naciones del norte de África.

Teilhard es por lo tanto el único de los tres protagonistas de los hallazgos de Piltdown que tuvo la posibilidad de importar a Inglaterra restos fósiles africanos.

No cabe duda de que los indicios contra Teilhard son bastante serios y tal vez más convincentes de los que culpabilizan a Dawson. En su caso, sin embargo, el problema principal fue también la falta de un móvil, cuestión que se vuelve más seria pues nos encontramos frente a un religioso cuya rectitud moral no puede ser puesta en duda, aunque durante mucho tiempo fuera considerado una especie de hereje. El otro problema que surge en las sospechas contra Teilhard es saber si actuó solo o con la complicidad de Dawson. Gould, el acusador más reciente de Teilhard, ha sostenido que se trató de una broma surgida a partir de un complot de ambos, que luego se transformó en una cuestión mucho más trascendente de lo que se habían imaginado y se les escapó de las manos.

Teilhard –ha escrito Gould–, abandonó Inglaterra para trabajar como camillero en la Primera Guerra Mundial. Dawson insistió y llevó a cabo el engaño con un segundo hallazgo en Piltdown, en 1915. Fue entonces cuando la broma se convirtió en una pesadilla. Dawson enfermó de improviso y murió en 1916. Teilhard no pudo regresar antes de que la guerra concluyese. En ese momento, las tres grandes luminarias de la antropología y de la paleontología británica, Arthur Smith Woodward, Grafton Elliot Smith y Arthur Keith, habían unido su credibilidad profesional al caso Piltdown. Si Teilhard hubiera confesado en 1918, habría puesto fin a una prometedora carrera en la que más tarde habría tenido un rol preeminente con la descripción del «Hombre de Pekín» (en este caso auténtico). Así fue como siguió hasta el día de su muerte las palabras del salmo que luego se convertirían en el lema de la Universidad de Sussex, construida a pocas millas de Piltdown: «Permanece inmóvil y conoce».

El móvil de los cómplices habría sido, según Gould, jugar con los vanidosos estudiosos ingleses que consideraban a Dawson como un aficionado carente de conocimientos científicos sólidos, y que parecían a los ojos de Teilhard ridículamente heridos en su orgullo porque su país no podía jactarse de ningún fósil humano auténtico, mientras que Francia poseía tantos que podía considerarse la reina de la antropología.

Esta solución del caso puede ser considerada sin duda la más probable, también porque la participación de Teilhard parece confirmada por el informe del descubrimiento del canino que Woodward nos ha dejado, informe que difiere notablemente del que el mismo Teilhard le hizo a Oakley. En su último libro: *The earliest englishman*, publicado en 1948, Woodward escribió:

> Estábamos excavando una fosa bastante profunda, y el padre Teilhard, con su hábito negro, trabajaba con especial energía; cuando nos pareció que tenía un aspecto cansado, le sugerimos que nos dejara seguir a nosotros con el trabajo

duro, mientras él podía tomarse un descanso en la grava que había sido lavada por la lluvia. Poco después exclamó que había encontrado el canino que faltaba, pero nosotros no le creíamos y le dijimos que ya habíamos visto en el lugar en el que se encontraba varios trozos de minerales de hierro que parecían dientes. Dada su insistencia en afirmar que no se equivocaba, ambos dejamos el trabajo de excavación y fuimos a verificar su descubrimiento. No cabía duda alguna, y todos transcurrimos el resto del día hasta el crepúsculo caminando a gatas en la grava buscando en vano otros restos.

Este testimonio puede ser considerado un indicio a favor de la reconstrucción análoga, aunque más elaborada, presentada por el zoólogo L. Harrison Matthews en una serie de artículos publicados a finales de abril de 1981 en *New Scientist*. Matthews, que tuvo la oportunidad de conocer a casi todas las personas involucradas en el caso, ha planteado la hipótesis de que solo Dawson desencadenó el fraude. Teilhard se habría dado cuenta, y con la intención de empujarle a desistir, habría preparado el canino, cuya falsificación era mucho más rudimentaria que la de las otras piezas ya que evidentemente había sido limado y además su pátina de antigüedad no se había obtenido mediante procedimientos químicos, como en el caso de las otras piezas, sino a través de una simple mano de pintura. Teilhard mismo lo tira en el campo y luego finge encontrarlo. La esperanza era que una pieza tan evidentemente falsa hiciera comprender a las luminarias inglesas de la paleontología y de la anatomía que habían sido presas de un gran engaño. En cambio, lo consideraron un importante elemento de confirmación. Mientras tanto, se desata la guerra, Dawson muere y Teilhard se encuentra con la imposibilidad de poner fin mediante una confesión abierta a una broma que duraba demasiado tiempo. El descubrimiento del fraude debió verse obstaculizado también por las diferencias existentes entre ambos cómplices. Matthews subraya que los documentos a nuestra disposición permiten afirmar que las piezas del segundo «Hombre de Piltdown» aparecieron en 1913, y que Teilhard estaba al corriente de todo desde el comienzo, como resulta evidente en la carta que él mismo escribió a Kenneth Oakley cuarenta años después. Sin embargo, Dawson no informó a Woodward hasta 1915, es decir, después de que Teilhard regresara a Francia. Puede pensarse entonces que Teilhard amenazó a Dawson con desenmascarar el engaño si intentaba hacer pasar por verdaderas esas piezas.

La reconstrucción de Matthews no es tan inverosímil como parece creer Gould, y tiene sobre todo la indudable ventaja de considerar la participación de Teilhard de una forma mucho más plausible. Sin embargo, esta reconstrucción también tiene su punto débil: Matthews sostiene que el diente de hipopótamo, así como también las otras piezas provenientes con seguridad de África o Malta, debían haber sido un regalo que Teilhard le hiciera a Dawson en 1909 como muestra de la amistad nacida recientemente, y que éste las habría utilizado luego con el objeto de otorgar a su hallazgo una mayor credibilidad. En ese caso sería lógico suponer que Dawson habría hecho lo imposible para mantener a Teilhard alejado del sitio del hallazgo y de las piezas, puesto que habría podido reconocer con facilidad los restos. Pero no fue así. Esta consideración empuja a excluir la hipótesis de que Teilhard al principio ignoraba completamente el fraude y que por lo tanto era inocente. Es más razonable suponer, como hace Gould, que en realidad, al menos inicialmente, ambos trabajaron de común acuerdo.

En este punto vuelve a presentarse el problema del móvil: ¿qué puede haber empujado a un hombre tan sinceramente interesado en la búsqueda de la verdad, tanto en el ámbito religioso como en el científico, a participar, aunque solo fuera hasta cierto nivel, en una estafa como aquélla? Creo que la respuesta correcta es la que ofrece Gould: en aquella época Teilhard era joven y Piltdown debió ser al principio para él solo una simpática broma. Pero tal vez debemos aclarar mejor la naturaleza de esta broma. Según mi opinión, Teilhard debía estar convencido de que la estafa-broma lo era solo a medias. Para él, el cráneo era auténtico y poseía un gran significado en la reconstrucción de la historia evolutiva de la humanidad, mientras que la mandíbula y las otras piezas eran falsos indicios diseminados a propósito a fin de ridiculizar la teoría del eslabón perdido.

En 1920 Teilhard escribió un artículo titulado «El caso del hombre de Piltdown» en el que concluía: «Debemos suponer que el cráneo y la mandíbula de Piltdown pertenecen a dos sujetos diferentes». Teilhard se situó por lo tanto del lado correcto y negó (disponiendo probablemente de informaciones «privilegiadas») que la mandíbula perteneciera al cráneo de Piltdown. Sin embargo, consideró a este último una pieza tan auténtica e importante que, cuando en 1948 presentó la solicitud para obtener la cátedra de paleontología en el Collège de France, escribió entre otras cosas: «Mi primer golpe de suerte en el campo de la paleontología del hombre antiguo fue ser admitido para participar, cuando todavía era joven, en las excavaciones del *Eoanthropus dawsoni* en Inglaterra». Debemos suponer entonces que tanto en caso de que el cráneo haya sido encontrado efectivamente en Piltdown, como en caso de que haya sido importado, Teilhard creía en su autenticidad.

Llegados a este punto, existen dos hipótesis posibles. Dawson y Teilhard podían estar convencidos de que el cráneo era auténtico y haber decidido construir a su alrededor una broma, que finalmente hiciera suponer que se había encontrado el eslabón perdido. O que Dawson, y solo él, sabía que el cráneo era falso, y que Teilhard participó inconscientemente en una broma-estafa que era más amplia de lo que él mismo suponía. Ambas hipótesis explicarían la incomodidad con la que Teilhard visitó la exposición sobre el «Hombre de Piltdown», realizada tras conocerse el engaño. Su incomodidad puede ser atribuida a que por primera vez él se percató de que el cráneo no era tan antiguo como había creído, y en consecuencia que su importancia en la historia de la evolución humana disminuía. Pero su incomodidad podía estar determinada también porque se daba cuenta de que Dawson le había engañado y le había empujado a participar en una broma dentro de la broma, de la que él mismo había sido víctima del diabólico abogado.

## Arthur Keith

En 1915 el pintor John Cooke realizó para la Sociedad Geológica de Londres un gran cuadro titulado *Una discusión acerca del cráneo de Piltdown* en el que aparecen representados los protagonistas principales del descubrimiento discutiendo las características y medidas de los fósiles encontrados en Piltdown. En el centro, sentado y vistiendo una bata blanca, se encuentra sir Arthur Keith dedicado a medir el cráneo, hacia el cual apunta un dedo G. Elliot Smith, que se encuentra de pie, a espaldas de Keith. Sentados a la izquierda de Keith se encuentran William Payne Pycraft y Edwin Ray Lankester, dos zoólogos del Museo Británico que habían sido los más fervientes y entusiastas defensores de la reconstrucción propuesta por Woodward. Inmediatamente detrás de ellos, de pie, están representados Dawson y Woodward. El hombrecillo bajo en primer plano a la derecha de Keith es Arthur Swayne Underwood, profesor de cirugía dental en el King's College de Londres, que fue asesor de Woodward durante la reconstrucción de la dentadura del hombre de Piltdown. Detrás de él, siempre de pie, se encuentra Frank Orwell Barlow, técnico de laboratorio en el departamento de geología del Museo Británico, el hombre que realizó el modelo plástico del cráneo siguiendo las indicaciones de Woodward. Asiste a la escena un ceñudo Darwin, cuyo retrato pende a espaldas de los presentes sobre la chimenea.

A menudo se ha sostenido que entre los ocho personajes representados en este cuadro debe encontrarse el culpable de la estafa de Piltdown, y en efecto se acumularon sospechas muy serias acerca de por lo menos cuatro de ellos. Además de Dawson han sido «acusados» Elliot Smith y Barlow, pero la acusación más clamorosa es sin duda la que Frank Spencer, basándose en el examen más detallado que jamás se haya realizado de todos los documentos disponibles, dirigió recientemente contra quien fuera considerado siempre el menos sospechoso: sir Arthur Keith, el hombre de bata blanca que se encuentra en el centro del cuadro.

De acuerdo con la hipótesis formulada por el estudioso australiano Ian Langham y retomada por Spencer, entre julio de 1911 y comienzos de 1912 Dawson y Arthur Keith concibieron el plan de la estafa de Piltdown. Entre enero y mayo de 1912 se prepararon los detalles de la operación, y en particular se resolvió el problema más espinoso: el hallazgo y preparación de la mandíbula. De acuerdo con esta hipótesis, el cráneo ya había sido descubierto entre 1907 y el otoño de 1911. Muy probablemente se trataba del cráneo de un aborigen australiano; el origen exacto de la mandíbula es, en cambio, desconocido.

En ese momento, la tarea más importante era encontrar dos testigos, lo más autorizados posible. Se eligió a Teilhard de Chardin y a Woodward. El proyecto original preveía que, dirigidos de manera oportuna por Dawson, ambos descubrieran los restos del famoso eslabón perdido. Los cómplices de la estafa suponían, no sin fundamento, que Woodward se ocuparía de la reconstrucción del aspecto original del «Hombre de Piltdown» cometiendo errores. En ese momento intervendría Keith que, dada su mayor competencia en anatomía, pondría de manifiesto los errores de Woodward estableciendo, de forma definitiva, el aspecto del «Hombre de Piltdown» y ganando fama eterna. El móvil de Dawson y Keith habría sido, de acuerdo con esta hipótesis, el deseo de honores y prestigio. Dawson quería convertirse a cualquier precio en miembro de la Royal Society; en 1914, presentó varias veces la solicitud de admisión renovándola hasta 1916, año de su muerte, y todo hace suponer que habría sido aceptada precisamente en virtud de los méritos obtenidos en el hallazgo de los fósiles de Piltdown. Keith, en cambio, era ya una autoridad en el campo de la anatomía, pero deseaba ver realizado su sueño de juventud: afirmarse como antropólogo y evolucionista.

La prueba principal en contra de Keith es, según Spencer, un artículo anónimo publicado el 21 de diciembre de 1912 en el *British Medical Journal*. Este artículo parecía un simple relato de la reunión durante la cual se había presentado al «Hombre de Piltdown» por primera vez ante el mundo científico, pero contenía toda una serie de detalles que en aquella época no se habían dado aún a conocer y que solo podía saber alguien que hubiera participado directamente en las excavaciones. Quien escribió el artículo debía tener noticias relativas a detalles que solo los interesados directos podían conocer.

Arthur Smith Woodward fue quien más se sorprendió ante esta fuga de noticias y sospechó que se trataba de Dawson. En realidad, como recientemente ha descubierto Langham, el verdadero autor de aquel artículo era Arthur Keith, quien lo confiesa abiertamente en su diario manuscrito relativo a 1912, en el que puede leerse: «Escribo para el BMJ *(British Medical Journal)* acerca de la reunión del lunes [16] por la noche». Esta referencia resultaba extremadamente sospechosa. Si Keith era en verdad el autor de aquel artículo, ¿por qué no lo había firmado en lugar de haberlo publicado anónimo? ¿Quién le había dado las noticias detalladas del sitio y las características de las piezas de Piltdown si había estado por primera vez en Piltdown el 4 de enero de 1913, como siempre ha sostenido y como oficialmente resulta? Esta pregunta se vuelve aún más inquietante si es cierto, como se desprende de su diario, que Keith escribió aquel artículo el lunes 16 de diciembre de 1912, es decir, dos días antes de que el descubrimiento fuera presentado oficialmente en la reunión celebrada en la Sociedad Geológica de Londres. La conclusión a la que Langham y más tarde Spencer han llegado es que Keith ya había estado (sin ser visto o reconocido) en Piltdown, y esto podía haber ocurrido solo si Dawson le había informado sobre su descubrimiento, sin decírselo a Woodward. Pero si Keith, acompañado por Dawson, había estado en Piltdown clandestinamente y luego había hecho lo imposible por ocultar toda prueba relativa a esa visita, fingiendo no enterarse del descubrimiento hasta el 18 de diciembre, esto puede significar una sola cosa: que tenía algo que ocultar. Este secreto, ha concluido Spencer, no podía ser sino que el propio Keith era el verdadero autor del fraude, dado que para llevarlo a cabo tenía toda la competencia científica necesaria. Dawson fue solo un cómplice, y Keith se aprovechó de sus ambiciones y de sus conocimientos, sobre todo en el campo geológico, y probablemente se sirvió de él también para trucar los fósiles con bicromato de potasio.

Otra prueba de esta maquinación sería el intento realizado por Keith en su autobiografía, publicada en 1950, de remontar su primer encuentro al 20 de enero de 1913. Langham no estaba convencido en absoluto. Sus dudas surgieron leyendo el informe de una entrevista otorgada por Keith a Weiner y Oakley el 21 de noviembre de 1953, inmediatamente después del descubrimiento del engaño. Los dos preguntaron a sir Arthur Keith por qué Dawson no le había traído los fósiles de Piltdown en lugar de entregárselos a Woodward. Keith respondió que era prácticamente imposible, pues Dawson era mucho más amigo de Woodward. Weiner le preguntó entonces cuándo había encontrado a Dawson por primera vez; y Keith, traicionándose, dijo: «Antes de la famosa conferencia de 1912». Se corrigió de inmediato y agregó: «No, en realidad, tuvo lugar mucho tiempo después, cuando yo ya estaba en malas relaciones con Woodward». Durante esa misma entrevista Keith se encontró nuevamente en dificultades al preguntársele a través de quién y cómo había obtenido la noticia, que aparecía en su libro *Antiquity of man,* de que el cráneo de Piltdown había sido encontrado en 1908. Era un detalle poco conocido en aquel momento y estaba presente ya en el artículo anónimo aparecido en el *British Medical Journal* en 1912. Keith quedó bastante sorprendido por la pregunta y dijo que muy probablemente Dawson se lo había dicho. Pero ¿cómo era posible si ambos no se habían conocido hasta enero de 1913?

Estos indicios son, en apariencia, serios y convincentes, pero el libro de Spencer ha sido calificado de revoltijo de argumentos carentes de sentido en una reseña aparecida en *The New York Review* en noviembre de

1990 y firmada por lord Solly Zuckerman, eminente paleoantropólogo de Oxford.

Lord Zuckerman no niega que Keith fuera realmente el autor del artículo anónimo aparecido en el *British Medical Journal*, y que este artículo se escribiera en efecto dos días antes de la presentación oficial del descubrimiento. Sin embargo, señala que las informaciones «privilegiadas» contenidas en el artículo fueron recogidas por Keith en una reunión anterior a la famosa conferencia del 18 de diciembre. En el transcurso de este encuentro, del que se habla claramente en las actas de la Sociedad Geológica, Woodward le habría enseñado a Keith las piezas de Piltdown explicándole también, como es obvio, las circunstancias en las que habían sido encontradas. Apoyándose en estas informaciones bien podía Keith, dos días antes de la presentación oficial, preparar un artículo que luego pudo haber sido actualizado con otros detalles revelados por Dawson durante la conferencia del 18 de diciembre. De acuerdo con Zuckerman, Keith no disponía en absoluto de informaciones privilegiadas. Eran informaciones que él habría podido ignorar solo en caso de que se hubiera quedado dormido durante la famosa conferencia de Dawson y Woodward. En lo que respecta a las versiones opuestas dadas por Keith a propósito de la fecha exacta en la que habría encontrado a Dawson por primera vez, Zuckerman sostiene que se trata simplemente de vacilaciones normales en un hombre de 87 años, edad a la que Keith mantuvo su entrevista con Weiner.

La autorizada crítica de lord Zuckerman no induce a rechazar por completo la hipótesis de Langham y Spencer, pero sí a considerarla mucho menos convincente de lo que podía parecer en un primer análisis. Keith continúa siendo por lo tanto un sospechoso menos comprometido que Teilhard de Chardin, a pesar de que no se le pueda considerar libre de toda sospecha.

## Smith y Barlow

Menos convincentes son aún las acusaciones dirigidas contra otro de los personajes que aparecen en el cuadro de Cooke. En un libro publicado en 1972, Ronald Millar ha sostenido la hipótesis de que el autor de la estafa de Piltdown fue el profesor de origen australiano Grafton Elliot Smith, que defendió contra sir Arthur Keith la reconstrucción del cráneo de Piltdown propuesta por Woodward.

Sin embargo, las acusaciones y los móviles atribuidos a Smith parecieron siempre muy débiles y han sido particularmente criticados por Harrison Matthews y por lord Zuckerman, quienes tuvieron ocasión de conocer a algunos de los protagonistas de la historia.

Acusaciones mucho más serias fueron las que Caroline Grigson dirigió contra F. O. Barlow, el hombre que en el cuadro se encuentra exactamente detrás de Smith. Barlow, como ya se ha dicho, es la persona que reconstruyó materialmente en un modelo plástico el aspecto del cráneo completo del «Hombre de Piltdown». Barlow trabajó bajo la estricta vigilancia de Woodward e incluso Keith le consideraba el príncipe de los modeladores.

Para Barlow, el descubrimiento del «Hombre de Piltdown» fue un caso que le permitió acumular una pequeña fortuna. La fama que de inmediato rodeó a los restos fósiles de aquel eslabón perdido hizo que el modelo de reconstrucción se pusiera a la venta para uso de los científicos, museos y paleontólogos aficionados. Al principio, Barlow vendía directamente estos modelos plásticos por correspondencia, pero cuando el negocio se volvió más consistente, le confió su comercialización a la sociedad Damon de Weymonth.

Barlow fue el único que obtuvo un beneficio económico de la estafa de Piltdown, pero éste no es el único motivo por el cual Grigson le considera el cómplice ideal de Dawson. Gozaba de libre acceso a las colecciones del Museo de Historia Natural del Royal College of Surgeons, donde existía una amplia colección de cráneos antiguos de orangutanes, de la que siempre se ha sospechado que podía provenir la mandíbula falsa del «Hombre de Piltdown». Barlow tenía además el conocimiento y la experiencia para poder confeccionar restos fósiles que sugirieran un origen común.

El aspecto más interesante de la hipótesis de Grigson es que se apoya en documentos que hasta ahora no habían sido tomados en consideración. Grigson ha encontrado en el Museo Odontológico dibujos realizados por Dawson relativos a una mandíbula de gorila, y en especial a un canino. Son dibujos que se remontan a 1913, y Grigson supone que fueron realizados antes de agosto de ese año, es decir, antes del hallazgo del famoso canino que dio la razón a la reconstrucción de Woodward frente a la de Keith, demostrando que la mandíbula del «Hombre de Piltdown» tenía más características simiescas que humanas.

Con el objeto de poner fin a la discusión entre Keith y Woodward (temiendo que terminara por descubrir la estafa, y sabiendo con seguridad que la mandíbula provenía de un mono), Grigson afirma que en 1913 Dawson se dirigió al Museo de Historia Natural (del que probablemente provenía la mandíbula del «Hombre de Piltdown») a fin de hacer pruebas con otra mandíbula de gorila y poder así construir luego un canino que se adaptara perfectamente a una mandíbula de tipo simiesco. Afortunadamente, la mandíbula a la que se refieren los dibujos y el resto del cráneo no fueron destruidos durante los bombardeos de 1941, y actualmente se encuentran en el Museo Odontológico. Estudiando este cráneo, Grigson se dio cuenta de que Dawson había sido especialmente hábil en la elección, dado que el animal al que había pertenecido el cráneo había sufrido una enfermedad en los dientes que le había comportado la pérdida de los primeros dos molares. Debido a la falta de estos dos dientes el canino presentaba un estado de deterioro menor al usual. Es por eso por lo que resaltaba aún más el supuesto carácter simiesco del canino.

Grigson habría encontrado, por tanto, la prueba de que Dawson regresó al lugar del crimen (es decir, el Museo de Historia Natural, del que ya se sospechaba que provenía la mandíbula del hombre de Piltdown) para preparar el segundo acto de la estafa: el descubrimiento del canino. El escenario del crimen habría sido también el reino de Barlow, a cuya mano habría que atribuir las huellas de cera dentaria que se encuentran en la mandíbula en la que tuvo lugar el «estudio falso». Por lo tanto, se tendría una prueba documentada bastante importante para identificar el origen de las principales piezas fósiles halladas en Piltdown, y se podría haber crucificado también a los dos responsables: Dawson, quien parece haber actuado solo por un deseo de prestigio y fama, y Barlow, que habría participado en la estafa tan solo por dinero.

Esta hipótesis es sin duda más plausible que la de Spencer, quien creía que Keith era cómplice de Dawson dado que el descubrimiento del canino iba contra los intereses del mismo Keith. En la hipótesis de Grigson, en cambio, puede explicarse fácilmente la causa del nuevo descubrimiento: el canino. Keith, en su polémica con Woodward, estaba completamente equivocado, al menos en lo que respecta a la mandíbula, a pesar de que en aquella época solo Dawson y Barlow podían saberlo. En virtud de que la asociación de una mandíbula de caracteres evidentemente simiescos con un cráneo humano había causado cierta perplejidad en el mundo científico, Dawson temía que alguien pudiera descubrir el engaño si la polémica entre Woodward y Keith se extendía demasiado, por lo que preparó el hallazgo del canino a fin de que esto confirmara sin controversias las características simiescas de la mandíbula y pusiera fin a la polémica entre Keith y Woodward.

Sin embargo, bien mirado, el descubrimiento de Grigson, reconocido como uno de los más importantes llevados a cabo en los últimos cuarenta años de investigaciones, demuestra más que nada la culpabilidad de Dawson, mientras que las sospechas contra Barlow parecen menos fundamentadas y exactas. De acuerdo con la nueva tesis, sin embargo, quedaría sin explicación el carácter artesanal y menos profesional del canino. Siempre se ha dicho que este último y decisivo hallazgo de Piltdown presentaba una elaboración más ordinaria, había sido coloreado con rapidez para hacerlo aparecer antiguo y, después de un estudio más profundo, se encontraron claras señales del paso de la lima. ¿Por qué esta discrepancia respecto de los otros hallazgos si los autores eran los mismos, es decir, Dawson ayudado por Barlow? En este caso particular, parece más plausible la hipótesis de Spencer, quien opina que la falsificación del canino fue solo obra de Dawson, probablemente en desacuerdo con su eventual cómplice.

## Woodhead, Hewitt y Hinton

Graves sospechas recaen también sobre Samuel Allison Woodhead, amigo íntimo de Dawson, que participó, como ya se ha señalado, en la primera y más importante fase del descubrimiento de Piltdown. Woodhead había terminado sus estudios de química en la Universidad de Durham en 1898, y luego se trasladó a Uckfield donde se convirtió en maestro de la escuela local de agricultura, y más tarde en analista público del condado de Sussex. La primera persona que planteó sospechas sobre él fue Oakley. Woodhead era amigo íntimo de Dawson y, además, era químico. Los huesos de Piltdown habían sido trucados con bicromato de potasio, y era cierto que Woodhead había colaborado con Dawson durante las excavaciones que llevaron al descubrimiento de los fósiles. Resulta lícito suponer por lo tanto que ambos eran cómplices. En una carta de Woodward a Lankester puede observarse que Woodhead fue la única persona a la que se le confió la tarea de llevar a cabo un análisis químico del cráneo de Piltdown, determinando además su peso específico. Había sido, junto con Dawson, Woodward y Teilhard de Chardin, una de las personas más involucradas en el caso. Las investigaciones de Oakley añadieron luego otros elementos sospechosos a los ya conocidos. Oakley pudo encontrar a los dos hijos de Woodhead, Leslie y Lionel, e intercambió con ellos una serie de cartas de las que pudo obtener más detalles acerca de la participación de su padre en las excavaciones de Piltdown.

En un primer momento estos testimonios parecían demostrar la participación y la complicidad de Woodhead, pero al final, bien analizados, terminaron por exculparle, al menos ante Weiner y Oakley. Parecía que Woodhead había decidido retirarse de la empresa al percibir algo sospechoso.

Podía en consecuencia ser absuelto. Solo quedaba por explicar un curioso elemento. Si él había participado de manera tan activa en las investigaciones, ¿por qué había permanecido en la sombra después de que, a partir de diciembre de 1912, el caso había pasado a ser de dominio público? Leslie, el hijo de Woodhead, había dado una primera respuesta a esta pregunta en su primera carta a Oakley fechada el 10 de enero de 1954:

> Mi padre era un amigo íntimo de Charles Dawson y sabía mucho más que cualquier otro acerca del descubrimiento del cráneo, exceptuando, como es obvio, al mismo Charles. Sin embargo, papá no deseaba que su nombre se viera relacionado con este hallazgo porque siempre había odiado la

publicidad, a menos que estuviera exigida por los deberes de su trabajo.

Es decir, que Woodhead habría sido un hombre tranquilo, alejado de la publicidad y de todo deseo de fama. La respuesta podía parecer poco convincente, y así fue, por lo que el otro hijo de Woodhead, Lionel, decidió dar a conocer elementos que podían resultar más determinantes. En una carta a Glyn Daniel, un arqueólogo de Cambridge, afirmaba entre otras cosas:

> Hacia 1930 mi madre me relató estos hechos: el señor Dawson preguntó a mi padre qué tratamiento debía llevarse a cabo con unos huesos para que parecieran más antiguos de lo que eran en realidad, y mi padre le explicó qué debía hacer. Mi madre estaba presente en ese encuentro. Unas semanas más tarde Dawson encontró unos huesos y mi padre lo acompañó a Piltdown e incluso encontró él mismo algunos huesos. Sin que Dawson se diera cuenta, mi padre trajo a casa algunos huesos para examinarlos e inmediatamente después afirmó que le parecían muy sospechosos. Pero antes de poder preguntarle a Dawson qué era lo que estaba tramando, se dio a conocer de forma pública el hallazgo. Desafortunadamente, en relación con lo que luego ocurriría, mi padre era un amigo en extremo leal y no reveló a nadie el secreto. Sin embargo, después de este incidente su amistad se enfrió porque comprendió claramente que había sido utilizado sin su consentimiento.

Con esta carta Lionel absolvía completamente a su padre de la acusación de complicidad con Dawson y presentaba otra prueba de que solo este último era el verdadero autor de la estafa. Pero la carta contiene un error, observado en 1985 por el historiador irlandés Peter Costello: con el paso del tiempo, Lionel no tenía en cuenta, o no recordaba, que su padre había seguido colaborando con Dawson incluso después del supuesto enfriamiento de sus relaciones, y esto, según Costello, demuestra solo una cosa: que en realidad el único y verdadero culpable era precisamente Woodhead. Según su opinión, si entre ambos habían existido en efecto desavenencias era, como sostenía la esposa de Woodhead, por otros motivos. Los elementos importantes sobre los que debe ponerse atención son otros. En primer lugar, el hecho de que Woodhead hubiera declarado estar al tanto de que en Piltdown se había perpetrado una estafa; en segundo lugar que, a pesar de ello y del enfriamiento de sus relaciones con Dawson, hubiera continuado colaborando con este último en las excavaciones, y finalmente, que hubiera hecho lo imposible porque su nombre no se viera relacionado con el presunto descubrimiento. Sobre esta base es en efecto posible incriminar a Woodhead y considerarle incluso el único culpable, descartando la tesis del complot.

Spencer ha señalado precisamente que toda la hipótesis de Costello se apoya en una única carta en la que se da cuenta de una nueva versión del caso extraída de la tradición oral de la familia Woodhead, la que, sin embargo y como ya se ha visto, era bastante confusa. El mismo Costello se dio cuenta de la debilidad de su hipótesis, por lo que en 1986, apoyándose en nuevos elementos que habían surgido en aquel momento, volvió a sostener la tesis del complot. Daniel había publicado un artículo en el que afirmaba que John T. Hewitt, que había sido profesor en el Queen Mary College de la Universidad de Londres y que había fallecido en 1954, le confesó a un vecino de su casa que él mismo y un amigo suyo habían sido los organizadores de la estafa de Piltdown, aunque solo como una broma. Hewitt había sido amigo de Woodhead, y Costello concluyó que ambos habían actuado como cómplices en Piltdown. A diferencia de Woodhead, Hewitt tenía además un buen móvil: se descubrió que hacia el año 1890 había tenido una controversia con Dawson acerca de un depósito natural de gas descubierto por el mismo Dawson en los alrededores de la estación de Heathfield. Hewitt había sido contratado por la sociedad ferroviaria para examinar el gas con el propósito de analizar una posible explotación comercial, dado que Dawson había afirmado que tenía propiedades lumínicas. Hewitt sostuvo, en cambio, que el gas estaba compuesto principalmente por metano y no presentaba huellas de oxígeno, por lo que no era inflamable. Más tarde se descubrió que en realidad existía oxígeno, y en consecuencia pudo usarse el gas para iluminar la estación de Heathfield. Costello ha pensado que Hewitt, ofendido por este incidente, quiso vengarse de Dawson organizando el fraude de Piltdown y persuadiendo a Woodhead para que colaborara en su realización. Pero esta hipótesis resultó para todos demasiado elaborada. Es cierto que ofrece un buen móvil a Hewitt, pero no encuentra una explicación razonable de por qué Woodhead habría aceptado participar en una venganza que no le concernía y que, además, estaba dirigida contra una persona de la que entonces, y aún en los años siguientes, era amigo íntimo.

Esta reconstrucción encuentra además otra dificultad, ya que el vecino de Hewitt precisó luego que éste había tenido en aquella empresa no uno sino dos cómplices, de los cuales uno había participado en la puesta en escena solo durante algunos meses y había sido sustituido por el segundo. Aun admitiendo que Woodhead fuese uno de esos cómplices, ¿quién era el otro? En un primer momento Costello lo identificó como Martin Hinton, pero luego planteó la sospecha de que se tratara de W. H. L. Duckworth, anatomista y antropólogo de Cambridge, amigo y ferviente defensor de sir Arthur Keith. Para muchos resultó bastante dudoso que Duckworth tuviera algo que ver con el caso de Piltdown, mientras que Hinton, incluso independientemente de las acusaciones de Costello, ha sido considerado siempre uno de los culpables.

Weiner y Oakley habían encontrado en los documentos relativos al «Hombre de Piltdown» varias referencias, aunque débiles, de la posible participación de Martin Alister Campbell Hinton, y poco antes de su muerte, acaecida en 1961, había hecho a John Irving, un amigo suyo que trabajaba en la BBC, una declaración que a muchos pareció una confesión. Declaró estar convencido de que el autor de la estafa había trabajado dentro del Museo Británico y que no podía revelar su nombre porque aún estaba con vida. Hinton era prácticamente la única persona viva de las que en la época del descubrimiento del «Hombre de Piltdown» trabajaban en el Museo Británico. Había entrado como voluntario precisamente cuando comenzaron los hallazgos, y en 1927 fue nombrado viceconservador de la sección de zoología, después de haber desempeñado el cargo de ayudante durante seis años. En 1936 fue nombrado especialista en conservación, cargo que ejerció hasta su jubilación en 1945. Otro elemento de acusación contra Hinton era su amistad con el joyero Lewis Abbott, que poseía una rica colección de fósiles –algunos de los cuales eran análogos a los que se hallaron en Piltdown– así como también la posibilidad de adquirir fósiles de origen africano a través de empresas como la Gerrard de Camden Town, cerca de Londres, que era uno de sus proveedores.

Otro convencido de la imputabilidad, aunque no de la culpabilidad de Hinton, ha sido lord Zuckerman, que ha subrayado sobre todo el conocido aspecto burlón de Hinton, llegando incluso a escribir en el breve esbozo biográfico sobre Hinton aparecido en el *Who's Who* de 1935: «Se ha ocupado de varias estafas, incluyendo la del monstruo del lago Ness». Zuckerman sostiene que Hinton es el verdadero autor del fraude y que incluso ha procurado darlo a entender. En cuanto al móvil, todos concuerdan en que él tenía uno válido: el odio bien documentado hacia Woodward, que debe ser considerado la verdadera víctima del engaño.

En 1972, Guy van Esbroek ha apuntado el dedo acusador contra otro imputado: William Ruskin Butterfield (1872-1935), amigo de Dawson y conservador del museo de Hastings, y en 1978 James Archibald Douglas (1884-1978), que había sido profesor de geología en Oxford desde 1937 hasta 1950, afirmó que el verdadero autor del engaño era William J. Sollas, un autorizado paleontólogo y anatomista. Se trata en ambos casos de acusaciones tan inconsistentes que no merece la pena profundizarlas aquí.

## Conan Doyle

Pero la hipótesis más sorprendente y, en algunos aspectos, también la más fascinante que se ha planteado, es la que atribuye la estafa de Piltdown a uno de los padres de la literatura detectivesca, sir Arthur Conan Doyle, el creador de Sherlock Holmes. El arqueólogo norteamericano John Hathaway Winslow fue quien formuló esta hipótesis y recibió la ayuda del periodista científico Alfred Meyer para recoger y organizar los indicios.

Doyle había nacido en Edimburgo el 22 de mayo de 1859, y había llevado a cabo sus estudios con los jesuitas en Stonyhurt para luego obtener el título en medicina en Edimburgo. Inmediatamente después se enroló en un barco como médico viajando por el mar Ártico y las costas de África. Participó en las campañas de Sudán y Sudáfrica y en la Primera Guerra Mundial, y más tarde dictó conferencias en casi todo el mundo. Comenzó a escribir novelas policiacas en 1887, creando la popularísima figura de Sherlock Holmes. Con una numerosa serie de aventuras que comienzan precisamente en 1891, y concluyen en 1927, Conan Doyle creó el género policiaco científico utilizando sus conocimientos y competencias como médico y científico. En los últimos años se convirtió en un apasionado del espiritismo y las ciencias ocultas, argumentos acerca de los cuales escribió tres libros a partir de 1918. Murió el 7 de julio de 1930 en la pequela ciudad de donde Crowborough, Sussex, donde Doyle había vivido casi ininterrumpidamente durante la segunda mitad de su vida, y está a una decena de kilómetros de Piltdown.

Doyle había viajado mucho y por lo tanto podía haber recogido en el extranjero los restos fósiles encontrados luego en Piltdown. También pudo haberlos obtenido de amigos. Se supone, por ejemplo, que la mandíbula incriminada era una donación de Cecil Wray, que había sido su vecino y que en 1906 había regresado de Malasia donde había desarrollado actividades como magistrado y coleccionista. Wray –que era también miembro de la Royal Anthropological Society– tenía un hermano que era superintendente de los museos malasios y especialista en la excavación de cavernas, un ambiente ideal para la conservación de restos óseos. Uno de sus museos había adquirido hacía poco una amplia colección de ejemplares de animales provenientes de Borneo. Se sabe además que el orangután, la especie animal a la que pertenecía la mandíbula, vive solo en Borneo y Sumatra. En cuanto al cráneo, se supone que Doyle lo recibió de manos de una frenóloga norteamericana, Jessie Fowler, que fue su huésped durante algún tiempo y que poseía una gran colección de cráneos.

El resto de los materiales fósiles provenía, como ya se ha dicho, de un depósito de Ichkeul, en Túnez. Cierto es que en 1907, aproximadamente un año antes de que comenzaran las excavaciones en Piltdown, Doyle había hecho una visita a Joseph Whitaker, uno de los pocos científicos que habían estado con frecuencia en la región de Ichkeul. Unos meses después de aquel encuentro, Doyle y su segunda esposa pasaron dos meses de viaje de bodas en el Mediterráneo oriental. Durante el viaje de regreso muy probablemente desembarcaron en Malta, a fines de noviembre o principios de diciembre. Casualmente el *Daily Malta Chronicle* anunciaba el 16 de noviembre que unos obreros habían descubierto los restos fósiles de un hipopótamo mientras excavaban una roca calcárea. Ahora bien, una de las piezas de Piltdown era precisamente un diente de hipopótamo, cuya forma y contenido químico indican que provenía de una cantera calcárea de una isla del Mediterráneo. Dos años después, en 1909, antes del descubrimiento de los fósiles más importantes de Piltdown, Doyle y su esposa realizaron un crucero por el Mediterráneo occidental, visitando esta vez Argelia y Túnez. Poco después Doyle escribió un relato acerca de Cartago, ciudad no muy distante de Ichkeul. Una vez más el barco hizo escala en Malta y en Córcega. Debe recordarse asimismo que los fragmentos y los instrumentos de sílex encontrados en Piltdown provenían muy probablemente de Gafsa, también en Túnez. Finalmente, en Piltdown estaban enterrados otros fragmentos de mamíferos fósiles, entre los cuales se encontraban dientes de castor que probablemente provenían de Norfolk o de Suffolk. Se sabe que durante años, antes del hallazgo de Piltdown, Doyle había pasado las vacaciones en ciudades cercanas al condado de Norfolk.

El creador de Sherlock Holmes había tenido, al igual que Teilhard de Chardin, la oportunidad de recoger o apropiarse de las piezas fósiles de origen africano descubiertas en Piltdown.

Pero ¿tenía un móvil que justificara su participación en una estafa tan compleja? De acuerdo con Winslow y Meyer, tenía un móvil más que plausible: vengarse de un científico que había pretendido demostrar la inconsistencia científica y la naturaleza fraudulenta del espiritismo, del cual, como ya se ha dicho, Doyle se había convertido en un defensor fanático.

Entre los estudiosos que contribuyeron a avalar la importancia del descubrimiento de Piltdown estaba Edwin Ray Lankester, el señor gordo que en el cuadro de Cooke está sentado a la izquierda de Keith. Lankester era un evolucionista darwiniano convencido, de inspiración materialista, que dirigía una batalla personal y feroz contra los espiritistas, la cual le había llevado a desenmascarar las mistificaciones de Henry Slade, uno de los espiritistas más populares de la época.

En el relato *El capitán de la Estrella Polar,* publicado en 1883, Doyle procuró demostrar que a pesar de que un médium como Slade había sido reconocido culpable de fraude, esto no significaba necesariamente que todos los espiritistas fueran estafadores, como tampoco que el espiritismo en general fuera un gran engaño. Lankester había hecho, en cambio, el razonamiento contrario, y a partir de ese único caso de estafa había pretendido demostrar la falsedad de todo el espiritismo. Con el fraude de Piltdown, Doyle habría tenido la oportunidad de dar vuelta a la situación aplicando el mismo procedimiento lógico: si la ciencia aceptaba como válido un fraude científico como ése, razonando como Lankester, toda la ciencia, y en particular el evolucionismo, habrían podido ser condenados.

## 8. Fósiles falsos y eslabones perdidos

La confirmación de que Lankester era el objetivo de Doyle se demostraría en el hecho de que todos los hallazgos de Piltdown parecían una maravillosa verificación de algunas predicciones que Lankester había enunciado en la sección científica que tenía en el *Daily Telegraph*. Allí había sostenido, entre otras cosas, que el hombre se había separado demasiado rápido de los monos, probablemente durante el Mioceno inferior. Además consideraba, contrariamente a la opinión más difundida, que la capacidad del cráneo del hombre primitivo era notablemente amplia. Sostuvo también que muchos sílex toscamente partidos, encontrados en diferentes sitios, no solo eran muy antiguos, sino que además habían sido modelados por la mano del hombre. Había ido aún más lejos cuando profetizó que otros utensilios menos ordinarios serían hallados en breve en depósitos del Pleistoceno. En otras palabras, Lankester se había entusiasmado mucho y había presentado una lista de objetos a descubrir. Conan Doyle facilitó su hallazgo. El cráneo del «Hombre de Piltdown» parecía poseer ciertamente una notable capacidad cerebral, y algunos fósiles fueron identificados por Lankester como pertenecientes al Plioceno e incluso al Mioceno. El «Hombre de Piltdown», según él, representaba un gran paso hacia el hipotético hombre-mono del Mioceno inferior.

Si fueran realmente así, el proyecto de Doyle debía prever, con el objeto de poner fin a la venganza, que en un determinado momento se descubriera la estafa y quedaran en ridículo los científicos, en particular Lankester, que de manera tan ingenua habían tragado el anzuelo. Winslow y Meyer sostienen que Doyle procuró dar a entender de alguna forma que se trataba de una estafa, pero que los científicos no fueron lo suficientemente inteligentes como para comprender el significado de los indicios que él mismo dejó. El indicio más curioso era un fémur fósil de elefante hallado en Piltdown en 1914, «trabajado» mal y de manera evidente. Cuando la pieza fue descrita oficialmente durante una convención de la Sociedad Geológica, un científico se puso de pie para afirmar que no lograba imaginar uso alguno para un utensilio que parecía ser la extremidad de un palo de críquet, y sostuvo además que el hueso debía de haber sido encontrado y oportunamente alterado en una época reciente. Pero la mayor parte de sus colegas no tuvieron en cuenta sus observaciones y prefirieron considerar que era un utensilio paleolítico auténtico, a pesar de que nadie pudo atribuirle una función plausible. Ahora bien, Doyle era un experto jugador de criquet, y puede por lo tanto suponerse que no supo resistir la tentación de hacer que se encontrara el instrumento típico de su deporte preferido en manos del «Hombre de Piltdown», pensando que de esa forma ponía fin a una burla demasiado duradera. Pero los científicos no lo comprendieron.

Viendo que se proponían no rendirse ante la evidencia, es muy probable que Doyle decidiera ofrecerles la que podía parecer una prueba definitiva. En 1915 Dawson descubrió el sitio de Piltdown 2, donde se encontraron, entre otras cosas, un fragmento de cráneo y un diente molar que se adaptaba perfectamente a la mandíbula hallada en Piltdown 1. ¿Cómo era posible que aquel diente se encontrara a varios kilómetros de distancia de la mandíbula a la que había pertenecido? La explicación más plausible era que aquellos fósiles no se encontraban allí por causas naturales, sino porque alguien los había enterrado deliberadamente. Pero los científicos, en lugar de considerarlo una prueba que permitía desmentir lo que hasta entonces se había supuesto, lo interpretaron una vez más como una sorprendente confirmación. Un antropólogo norteamericano sostuvo que probablemente los investigadores habían confundido un sitio con otro y que, en realidad, el diente provenía de Piltdown 1, mientras que los restos de Piltdown 2 demostraban que el «Hombre de Piltdown» no era una extravagancia desconcertante, sino un fósil auténtico y antiquísimo, y que evidentemente no era el único ejemplar.

Estando así las cosas, los científicos demostraron una presunción y una obstinación increíble, insistiendo en interpretar como confirmaciones de su errónea interpretación una serie de indicios que en realidad la contradecían de manera muy evidente. Seguramente tal credulidad debió exasperar a Doyle, que en ese momento dejó de intentar que el mundo científico diera crédito al presunto hallazgo, el cual, sin embargo, siguió siendo considerado válido durante otros cuarenta años.

Esta reconstrucción resulta particularmente atractiva por ser la única que involucra a una persona cuya cultura y psicología se adaptan perfectamente a la compleja maquinación que la estafa de Piltdown parece presentar. ¿Quién sino un escritor de novelas policiacas podría planear los detalles mínimos y con la distancia suficiente un «crimen», sobre todo tratándose de un crimen científico?

Sin embargo, la hipótesis de Winslow presenta también algunos puntos débiles. En primer lugar, parece que Doyle encontró a Dawson por primera vez en el verano de 1909, es decir, después del hallazgo del cráneo, y que no llegaron a tener confianza suficiente como para irse a cenar juntos hasta en el otoño de 1911. Es por lo tanto difícil suponer que Doyle haya podido pensar en utilizar a Dawson para vengarse de Lankester. Además, ¿cómo podía estar seguro de que éste habría participado en el «descubrimiento»? Lankester había sido director del Museo Británico desde 1898, pero en 1907, es decir, un año antes del descubrimiento del cráneo, se había jubilado, por lo que era difícil esperar que se viera oficial y directamente involucrado en el caso. En efecto, el más involucrado fue Woodward mientras que Lankester actuó más bien como su defensor externo. El hecho de que el proyecto de la estafa dejara sin solución el problema de la participación de la víctima designada, y que al mismo tiempo los indicios que debían desvelar en un segundo momento la verdadera naturaleza del «descubrimiento» fueran tan contradictorios que nadie pudiera comprenderlos, harían suponer que el cerebro de la maquinación no era en realidad tan hábil. Sería por lo tanto injustificado involucrar incluso al padre de Sherlock Holmes.

# El pollo de Piltdown

Después del descubrimiento del fraude de Piltdown, evolucionistas y antropólogos fueron mucho más cautos, y sus afirmaciones acerca de la existencia de eslabones perdidos fueron menos categóricas. La mayor parte

## 8. Fósiles falsos y eslabones perdidos

adoptó el punto de vista de Darwin, según el cual los eslabones perdidos son difíciles de encontrar simplemente porque los fósiles de que disponemos son muy escasos e imperfectos. Esta escasez de piezas no debía hacer suponer, sin embargo, que los eslabones no habían existido jamás. Evolucionistas y antropólogos estaban convencidos de poder señalar al menos uno famosísimo, el Archeopteryx, un animal con cuerpo y cola de reptil, y alas y plumas parecidas a las de un pájaro. De este animal prehistórico, que tenía las dimensiones de un palomo, fueron hallados seis esqueletos fósiles. El más importante es el que se conserva actualmente en el Museo Británico de Londres, descubierto en 1861 por el médico Carl Haberlain de Pappenheim en una cantera de piedra calcárea litográfica en Solnhofen, Baviera. Fue un descubrimiento bastante oportuno dado que tuvo lugar solo dos años después de que Darwin publicara *El origen de las especies*.

La piedra calcárea litográfica era la única suficientemente dura y compacta con un grano lo bastante fino como para utilizarla en la prensa litográfica. Estas mismas cualidades han contribuido a que los huesos y las huellas de las plumas de Archeopteryx se conservaran con increíble nitidez. Es por eso también por lo que fueron encontrados en Solnhofen otros cinco esqueletos fósiles que los geólogos remontan al Jurásico tardío, era geológica que comenzó hace 190 millones de años y terminó hace 54 millones de años.

Los seis esqueletos de Archeopteryx de que disponemos hoy en día constituyen por lo tanto los fósiles de pájaros más antiguos que se conocen. Sin embargo, sus características no se corresponden exclusivamente con las de los pájaros. Al igual que ellos, posee una calota craneal amplia, grandes fosas orbitales y un pico muy desarrollado. Pero en este pico, a diferencia de los pájaros conocidos, tiene una dentadura bien desarrollada; además, sus huesos no estaban neumatizados como los de los pájaros, tenía dedos con uñas que sobresalían de las alas y una larga cola de reptil. Una gran mezcla de caracteres. Esto demostraría que los pájaros evolucionaron a partir de los pequeños dinosaurios primitivos o de reptiles tecodontes, una clara prueba de la derivación de una clase de vertebrados (los pájaros) de otra diferente, los reptiles. Un caso típico de eslabón perdido que podría ser considerado de manual. Ésta es, aún hoy, la interpretación más difundida. Pero no todos están de acuerdo.

Este revoltijo de caracteres de pájaro y de reptil ha sorprendido bastante a los estudiosos, hasta tal punto que el famoso embriólogo sir Gavin de Beer sostuvo que el Archeopteryx es un ejemplo de «evolución mosaico», expresión acuñada por él mismo para describir la presencia de caracteres que pertenecen a grupos diferentes dentro de un único individuo.

Para los que se oponen al evolucionismo darwiniano, el Archeopteryx no constituirá de ningún modo un eslabón perdido. Giuseppe Sermonti, el conocido genetista italiano autor de varios volúmenes contra la teoría de la evolución y uno de los fundadores del «Grupo de Osaka», propone una teoría alternativa para explicar las semejanzas entre las diferentes especies. Sermonti sostiene que se trataba de un verdadero pájaro a pesar de que no podía volar. Señala que la presencia o no de caracteres de reptil junto con los de pájaro no permite determinar con exactitud si derivaba de un grupo o de otro, dado que, en efecto, existieron y aún existen reptiles que carecen de dientes, como los quelones y algunos terosaurios, mientras que en el Cretácico superior existió un pájaro marino que poseía dientes. El mosaico de caracteres por lo tanto no atestiguaría en favor del desarrollo evolutivo de la especie.

Sin embargo, recientemente hubo quien fue aún más lejos sosteniendo que ese mosaico no se debe a la naturaleza o a la selección natural, sino a la hábil mano de un estafador. El conocido astrónomo Fred Hoyle y el matemático N. C. Wickramasinghe, del University College de Cardiff, retomando una hipótesis planteada hace algunos años por el físico israelí Lee Spetner, han afirmado que el Archeopteryx ha sido creado por un hábil falsificador mediante la aplicación de una fina capa de sustancia aglutinante mezclada con roca pulverizada al esqueleto fósil de un pequeño dinosaurio, denominado con el imposible nombre de *Compsognathus,* y agregando además las huellas de las plumas. Esto provocó cierto escándalo, y dado que traía a la memoria la historia del otro famoso eslabón perdido, el del «Hombre de Piltdown», el Archeopteryx comenzó a ser conocido como «el pollo de Piltdown». Pero en este caso, la demostración definitiva de la estafa no ha sido hallada aún, y muchos científicos han refutado las pruebas presentadas por Fred Hoyle, sosteniendo que el Archeopteryx existió realmente y que constituye la única prueba de que disponemos acerca de la existencia de una forma de transición entre dos grupos.

Si el pobre Archeopteryx existió realmente, no debe haber tenido una vida fácil. Más que las ventajas de ser al mismo tiempo dinosaurio y pájaro, debe haber sufrido las desventajas. De acuerdo con las reconstrucciones hechas, debía poder realizar solo vuelos de planeo; es decir, que a pesar de poseer plumas, no podía alzar vuelo desde la tierra, por lo que debía subirse a los árboles y desde allí lanzarse a planear. Por si esto fuera poco, cuando estaba en tierra las alas le hacían más lenta y trabajosa su carrera tras la presa. Correr batiendo las alas al mismo tiempo acarrea un notable desgaste de energía, y las alas, aunque aligeran el peso del cuerpo alzándolo de la tierra, disminuyen también su adhesión al terreno, y al mismo tiempo, a causa de una especie de efecto vela, disminuyen la velocidad de la carrera. Si realmente existió, habrá maldecido cada día la ceguera de la evolución que lo condenaba a ser pájaro y reptil al mismo tiempo.

## Fósiles peripatéticos

Leyendo estas páginas puede obtenerse la impresión no del todo fundada de que las estafas paleoantropológicas caracterizaron la primera etapa del desarrollo de estas disciplinas y que, por lo tanto, se limitan a finales del siglo XIX y principios del XX. En realidad, no solo la antropología ha contribuido a la inspiración de varios falsificadores, sino que la moda se extendió también a disciplinas limítrofes como, por ejemplo, la geología.

El más grande de los escándalos de este tipo que han tenido lugar recientemente se desarrolló alrededor de los descubrimientos de un paleontólogo indio, el profesor Vishwa Jit Gupta, de la Universidad de Punjab en Chandigarh. Este estudioso ha construido su carrera a partir de una serie de descubrimientos paleontológicos importantes que se prolongaron unos veinticinco años, y que le condujeron a ocupar el cargo de director de la facultad de ciencias. La peculiaridad de los descubrimientos de Gupta era encontrar fósiles de un lugar determinado en sitios donde, a partir de los conocimientos actuales, no podían encontrarse en absoluto. Había descubierto en particular algunas variedades de amonites y de conodontos en las montañas del Himalaya, donde nunca antes habían sido encontradas, y donde nunca deberían haberse encontrado, ya que son características de zonas geológicas específicas, en especial Marruecos y los alrededores de Nueva York.

El hecho de que en India no puedan encontrarse los mismos fósiles que en América del Norte o África noroccidental constituye una de las pocas certezas de la geología, una ciencia que está buscando aún sólidas bases teóricas. De acuerdo con la teoría de la tectónica de placas, la corteza continental, formada de sial y de sima, y la corteza oceánica flotan sobre una capa viscosa, desplazándose como consecuencia de movimientos convectivos que tienen lugar en el centro de la misma capa. Es decir, que la Tierra estaría compuesta por un número de placas, no se sabe exactamente cuántas, que se desplazan lentamente a la deriva sobre un magma fluido y de fuego.

Según Alfred Wegener, autor de la teoría de la deriva continental, las placas que constituyen los continentes actuales formaban parte originalmente de un supercontinente único que él denominó *Pangea*, es decir, «todas las tierras», rodeado de un superocéano: *Panthalassa*, que en griego significa «todos los mares». La Pangea se habría formado en la era paleozoica a partir de la unión de varias «placas», la más grande de las cuales habría sido Gondwana, que ya existía desde hacía más de 1.000 millones de años, y que comprendía las placas que luego constituirían África, Sudamérica, India, Antártida y Australia. No estaban incluidas las placas que luego constituirían Norteamérica, Europa y Siberia. Durante millones de años, las placas de Gondwana se alejaron unas de otras y llegaron incluso a chocar entre sí, al tiempo que la propia Gondwana sufría una importante colisión contra la placa norteamericana. Se supone que a partir de estos choques entre enormes placas continentales nacieron las cadenas montañosas de nuestro planeta, y es razonable suponer que la edad de esas montañas corresponde a la época de las colisiones entre las placas. Pero ¿cómo pueden conocerse las fechas en las que ocurrieron esas colisiones?

Uno de los métodos más fiables es el que recurre a los denominados «fósiles guía». Se trata de restos fósiles (conchas y en algunos casos simplemente huellas) de pequeños animales, marinos en su mayoría, que durante muchos millones de años fueron los habitantes más numerosos de la Tierra y que dejaron muchísimas huellas de su existencia. Estas huellas testimonian, además, la sucesión ordenada de sus formas, por lo que ha sido posible datar a los estratos geológicos a partir de los fósiles presentes en ellos.

## 8. Fósiles falsos y eslabones perdidos

Los fósiles guía más antiguos son los trilobites (nombre que alude a que su cuerpo está dividido en tres partes), que tuvieron su momento de mayor difusión a principios de la era paleozoica, en el periodo Cámbrico, hace aproximadamente unos 500-600 millones de años.

Otros fósiles guía importantes, que conciernen directamente a esta historia, son los graptolites, que caracterizaron en manera particular el Ordovícico, un periodo de la era paleozoica que duró unos 430-500 millones de años. Los graptolites eran pequeños animales marinos de forma alargada y con un esqueleto quitinoso que vivían en colonias, unidos entre sí o adheridos a objetos flotantes. Las huellas de su esqueleto fosilizado pueden hallarse principalmente en rocas cristalinas compuestas por láminas paralelas denominadas esquistos, pero también pueden encontrarse en rocas calcáreas. Sus huellas son particularmente numerosas y significativas en las montañas septentrionales de Pensilvania y del Estado de Nueva York, que se remontan al periodo Ordovícico. Los amonites –hoy extinguidos, y que tenían un parecido a las sepias– tienen particular importancia. En su forma primitiva, que data del final del Ordovícico, el animal estaba revestido por una larga y apretada concha cónica cuyas huellas pueden encontrarse en las piedras calcáreas del Paleozoico. Sin embargo, con el paso del tiempo desarrollaron formas en las que la concha cónica se enroscó en forma de espiral. Dado que la forma de estas conchas se parece a los cuernos de un carnero, fueron denominadas *amonites* a partir del nombre de Ammón, la divinidad egipcia que estaba representada por la cabeza de un carnero. El periodo de máxima difusión, en el que tuvo lugar asimismo un extraordinario florecimiento y proliferación de sus formas, fue el Cretácico, período de la era mesozoica que se remonta a unos 65-135 millones de años, periodo en el que también alcanzaron su máxima expansión los dinosaurios, los cuales, al igual que los amonites, se extinguieron al final de este periodo. No obstante este florecimiento del Cretácico, que constituyó una especie de canto del cisne, se cree que los amonites deben ser considerados característicos de la era precedente, la paleozoica. Habrían aparecido en el periodo silúrico de esta época, es decir, hace unos 400 millones de años, y habrían evolucionado en los periodos sucesivos convirtiéndose en característicos del penúltimo periodo de la era paleozoica en particular, denominado Pensilvaniense precisamente por la aparición entonces de las montañas de Pensilvania.

La conclusión es que graptolites y amonites son frecuentes y característicos en montañas que se remontan al Paleozoico, mientras que resultan raros e inusuales en el Mesozoico. Ahora bien, la cadena del Himalaya se remonta a la era que sigue a la mesozoica: la cenozoica, que comenzó hace aproximadamente 65 millones de años.

Siendo ésta la situación, resulta sorprendente encontrar en el Himalaya graptolites o amonites que son característicos de la era paleozoica, y que con frecuencia suelen encontrarse en los montes Apalaches en Estados Unidos, mucho más antiguos que el Himalaya, ya que se formaron unos 300-500 millones de años atrás, en la etapa central de la era paleozoica. En aquella época, Sudamérica aún estaba unida a África, y la placa a partir de la cual se formaría luego América del Norte chocó contra ella y luego contra África noroccidental, generando primero los montes Ouachita de Texas y Oklahoma y más tarde los Apalaches. El choque entre Norteamérica y África noroccidental involucró a la zona de Marruecos, donde, en efecto, pueden encontrarse el mismo tipo de fósiles.

Toda la carrera de Gupta se ha apoyado en descubrimientos que contradecían de forma manifiesta este panorama. Ya en 1964 afirmó en su tesis de fin de carrera haber encontrado graptolites en el Himalaya. En un vídeo relativo a sus supuestos descubrimientos producido por Australia Film y titulado *The Professor's New Clothes* («Las nuevas ropas del profesor»), ha sido entrevistado el profesor Rayendra Goel, que había sido informador de Gupta. Goel ha declarado que el contenido de la tesis le había parecido sospechoso desde el principio, pero que no se opuso a que Gupta obtuviera su diploma porque «no se le podía contradecir, dado que nadie podía ir en persona a verificar la existencia de graptolites puesto que Gupta había presentado solo indicaciones muy vagas acerca de los sitios en donde las habría encontrado».

Con el tiempo, los descubrimientos sorprendentes e inusuales de Gupta se multiplicaron, creando una cierta confusión, sobre todo entre los geólogos australianos que eran los más interesados, puesto que la teoría preveía que la fauna fósil de Australia debía ser parecida a la del Himalaya. El más desconcertado por los descubrimientos de Gupta era el paleontólogo John Talent, de la Universidad de Sydney, quien tenía la impresión de que la geología se convertía lentamente en una ciencia cada vez menos exacta. Hasta que un día, en agosto de 1986, entró a la tienda que Alain Carion tenía en la Rue Saint-Louis-en-l'Île de París, uno de los negocios de minerales más surtidos de la ciudad. La atención de Talent se detuvo sobre unos amonites que se encontraban expuestos, y que eran análogos a los que su colega Gupta había descubierto. Un dependiente, Bernard Brunet, notando su interés, se acercó, cogió las piezas, hace mención a su belleza y le informa que unos meses antes le vendió algunas a un paleontólogo indio. Talent quedó fulminado. Había descubierto finalmente cómo «trabajaba» el colega Gupta. Después de todo, ¿para qué molestarse en campañas de excavación cuando existen negocios especializados y bien surtidos?

En agosto de 1987, Talent fue invitado a un congreso de geología en Calgary, Canadá, y aprovechó la ocasión para explicar cómo y por qué nunca había querido tener en cuenta los resultados publicados por su colega Gupta sobre la geología del Himalaya, ilustrando en particular el verdadero origen de los amonites. Esto provocó cierto escándalo entre los participantes del congreso, aunque no tuvo consecuencias, por lo que el 20 de abril de 1989 el australiano, decidido a denunciar la represible conducta de su colega indio, publicó en la revista *Nature* el resultado de un extenso análisis de la obra de Gupta, al que siguió en diciembre del mismo año otro artículo publicado en el *Periódico de la Sociedad Geológica India*. Fue después de estos artículos cuando Gupta comenzó a ser señalado por sus colegas como «el abominable geólogo de las nieves».

Pero ¿cuáles eran los cargos con que Talent le acusaba? En primer lugar, Gupta había fingido encontrar, allí donde no debían y no podían encontrarse, fósiles que en realidad había comprado en negocios de minerales, o robado de colecciones privadas o de museos. Por ejemplo, unos corales fósiles que se remontaban al carbonífero, descubiertos en 1929 por H. Lewis, habían desaparecido del museo de la Universidad de Aberystwyth en Gales para volver a aparecer de forma misteriosa en una publicación de Gupta, quien afirmaba haberlos encontrado en Kashmir. En otros casos, Gupta ni siquiera se había preocupado por encontrar un fósil original, simplemente había recortado las fotografías de antiguos artículos volviéndolas a publicar como si se tratara de piezas que él mismo había descubierto. Víctima de uno de los robos de Gupta fue también el físico italiano Franco Rasetti, del grupo de Fermi, que ya hacía años se ocupaba de la paleontología y de los fósiles. Siete de las nueve ilustraciones que acompañan un artículo de Gupta acerca de los trilobites del Cámbrico provenientes, según él, de Zachaldor han sido cogidas de una monografía de Rasetti sobre los trilobites de las Montañas Rocosas de los Estados Unidos.

En otros casos Gupta cogía la misma pieza y fingía haberla encontrado en otros sitios. En un par de casos se demostró sin ninguna duda que Gupta no podía haber realizado las investigaciones de las que habrían surgido sus presuntos descubrimientos: por ejemplo, en 1974 afirmó que había realizado excavaciones en Kinnaur, una zona de la India del Himalaya que se encuentra bajo estricto control militar y donde los científicos son admitidos solo después de firmar un registro. En ese registro no figuraba la firma del investigador indio.

Es obvio que de esta manera Gupta podía escribir y publicar de manera más rápida que los otros colegas, y por eso en veinticinco años escribió en total 4.147 páginas. Desenmascararle, sin embargo, no ha sido tarea fácil. El hábil científico indio había poblado sus 450 publicaciones de falsos descubrimientos, involucrando a otros 124 estudiosos, de los cuales 68 eran indios, mientras que los demás pertenecían a las más variadas y prestigiosas universidades europeas y norteamericanas.

La mayor parte de los coautores habían sido engañados hábilmente. Uno de ellos, el paleontólogo francés Philippe Janvier, ha relatado su desventura. Un día del año 1981, Gupta le llamó para pedirle que escribiera un artículo acerca de un fragmento de cráneo de pez fósil que iba a llevarle a París. Decía haberlo encontrado en la cuenca del Zaskar, en el norte de India, pero la carta provenía de China. Para el francés se trataba de algo muy interesante, porque aquel pez fósil parecía tener 390 millones de años y no se parecía a ningún pez conocido hasta entonces. Se declaró por lo tanto muy feliz de colaborar con su colega indio en la ilustración de esa importante pieza.

Cuando el artículo estuvo listo, fue a un congreso en Estocolmo, donde se encontró con Mee Mang Chang, director del Instituto de Paleontología de Vertebrados de Pekín, que con orgullo le enseñó una hermosa colección de peces fósiles que provenía del sur de China. Con gran sorpresa, Janvier se dio cuenta de que el pez que Gupta le había llevado era completamente idéntico a los que Mee Mang Chang le mostró, pero el paleontólogo francés no tuvo el valor de retroceder y pidió a Gupta que añadiera una nota en el artículo en la que se señalara el extraordinario parecido entre la pieza india y las chinas. En aquella época Janvier no tenía motivo alguno para sospechar de la honorabilidad de su colega, pero una vez que tuvo lugar el escándalo no quiso volver a colaborar con él.

Gupta, sin embargo, fue defendido al principio no solo por sus colegas indios, sino también por algunos de sus colaboradores extranjeros, como el paleontólogo australiano J. B. Waterhouse. Durante mucho tiempo la Universidad de Chandigarh evitó tomar una decisión esperando que el escándalo se desatara solo. En consecuencia, tanto por la tenacidad de Talent como por la intervención de algunos antiguos coautores de Gupta, como O. N. Bhargava y Udai Bassi, el caso comenzó a generar murmuraciones en la comunidad científica india. Se formaron entonces dos grupos rivales: las autoridades locales y los altos cargos de la universidad tomaron posición en favor de su colega; la prensa misma hablaba de una conspiración internacional en perjuicio de Gupta y Talent fue acusado de ser espía de Pakistán y de racista. Los otros científicos que se habían aliado en contra de Gupta comenzaron a recibir llamadas telefónicas anónimas y amenazas de muerte. Pero, finalmente, el escándalo cobró tal magnitud que la universidad debió promover una serie de indagaciones, a consecuencia de las cuales Gupta fue despedido el 6 de febrero de 1991.

El estudioso indio, sin embargo, apeló contra esa decisión, por lo que los informes acerca de las investigaciones en su contra, que jamás se hicieron públicos, fueron presentados ante un juez del Tribunal Supremo, que ya estaba jubilado, quien consideró que las culpas de Gupta no justificaban su despido. En febrero de 1992 Gupta fue readmitido por la universidad y reanudó sus actividades de investigación (por decirlo de alguna manera).

## La cueva de Zubialde

Aroma de falsificación tienen también las 75 pinturas del Paleolítico descubiertas en Zubialde, a unos 20 kilómetros de la ciudad de Vitoria en la provincia vasca de Álava, en junio de 1990, por Serafín Ruiz, un estudiante de historia antigua de veintinueve años. La cueva en la que encontró las pinturas rupestres había permanecido cerrada durante muchos siglos, y solo por casualidad Serafín Ruiz logró encontrar la entrada. Está constituida por una galería que culmina en una pequeña habitación y luego en un gran ambiente circular. En las paredes se encuentra una colección de pinturas que parecen remontarse a 15.000 años atrás, y que incluyen 20 animales y 49 símbolos misteriosos, además de algunas huellas de manos que pertenecen probablemente al artista.

Esta colección hace de la gruta de Zubialde algo análogo o superior a la de Lascaux en el sudoeste de Francia, o Altamira, en Santillana del Mar. La existencia de esta cueva ha sido mantenida oculta durante varios meses mientras los arqueólogos españoles Jesús Altuna, Ignacio Barandiarán y Juan María Apellániz la examinaban con atención. A partir de su investigación los estudiosos españoles concluyeron que las pinturas eran auténticas. Barandiarán, de la Universidad de Vitoria, declaró: «Todas las pruebas realizadas con el objeto de descubrir eventuales signos de falsificación han resultado negativas». Además, afirmó que las pinturas son muchas y las técnicas usadas muy complejas como para pensar en una estafa. La pátina parece, además, realmente antigua y sería algo difícil de falsificar.

Pero otros estudiosos tienen una opinión totalmente diferente. El profesor Peter Ucko, arqueólogo de la Universidad de Southampton en Inglaterra, subraya por ejemplo que existen algunos elementos de las pinturas que no se han visto jamás en otras grutas de éste o cualquier otro periodo. Del mismo modo, Jill Cook, del Museo Británico, sostiene:

> Este descubrimiento es sorprendente sobre todo por sus anomalías. Sería como encontrar pinturas análogas a las de la Capilla Sixtina en una pequeña iglesia de campo, y que estas pinturas se distinguieran de las de Miguel Ángel solo por algunas características peculiares.

Además, subraya Cook, hoy en día no es muy difícil pintar representaciones análogas a aquellas que se realizaban hace 15.000 años; basta con mezclar un poco de ocre con agua para obtener el color rojizo típico de esas pinturas y disponer de hematita para dibujar los perfiles negros. Los manuales de arqueología y de paleontología están llenos de representaciones rupestres, por lo que no es difícil encontrar fuentes de inspiración.

Otra de las cosas que convierte en sospechosas las pinturas de Zubialde es, en primer lugar, el hecho de que alguno de los animales estén pintados en perspectiva, lo que constituiría el único ejemplo de pintura en perspectiva del Paleolítico. El estado de conservación es además sorprendentemente bueno para representaciones atribuidas a la cultura magdaleniense, es decir, a un periodo que se remonta a 10-13.000 años atrás. Existe, sin embargo, otro aspecto sorprendente. Entre los animales representados se encuentran mamuts, bisontes, renos, ciervos, uros (antiguos bueyes dotados de enormes cuernos), rinocerontes e incluso un pez. El lado sospechoso de esa representación está constituido por el hecho de que muchos de los animales habían desaparecido de esa región millones de años antes de que el pintor prehistórico se dispusiera a realizar la obra. Es decir, que aquellos animales están fuera de lugar.

Toda la historia trae a la memoria el incidente del «pavo de Lubeck», que a principios de los años cincuenta fue el centro de uno de los escándalos artísticos más conocidos. En aquel caso, la presencia de un pavo entre una serie de representaciones de animales de carácter gótico, que se remontaban oficialmente a finales del siglo XIII, demostró de manera definitiva que los frescos no eran una restauración de pinturas antiguas, como se había creído, sino pinturas hechas de nuevo, y por lo tanto falsas.

Se trataba de la restauración de los frescos de la catedral de Schleswig, en Lubeck, que se remontaban a 1280. El trabajo había sido encomendado a Dietrich Fey, quien se había servido de un hábil pintor, Lothar Malskat. Las paredes de la catedral conservaban casi nada o muy poco de las pinturas originales, pero Fey no se desanimó: si las pinturas no estaban, bien podían crearse, y la habilidad

## 8. Fósiles falsos y eslabones perdidos

de Malskat en simular la pintura gótica era más que suficiente. Bastaba con encontrar fuentes de inspiración. Así que Malskat usó como modelos de sus frescos «góticos» el rostro de su padre, el de su hermana Frieda, el de su amigo Kurt Meiser, el de Jorn Ross, sacristán de la catedral, y el de su actriz preferida, Hansi Knoteck. Para los frisos inferiores con figuras de animales se inspiró simplemente en animales reales. Aquí fue donde se traicionó: para otorgarle mayor variedad a sus decoraciones pintó también un pavo. Pero los pavos no podían existir en la Alemania de 1280, porque fueron importados a Europa por los españoles después de 1550. Así que el 9 de agosto de 1954 Malskat y Fey fueron procesados. La sentencia se emitió el 25 de enero de 1955: Fey fue condenado a veinte meses de cárcel y Malskat a dieciocho. Por eso es importante que tengan cuidado tanto Serafín Ruiz como quien eventualmente haya trabajado con él para «sacar a la luz» las pinturas de Zubialde.

## 9. El científico como impostor

El aspecto que más atrae la curiosidad del público a propósito de los fraudes científicos es, obviamente, el del móvil. Nos preguntamos por qué los científicos, a quienes consideramos como garantía de verdad, se ven inducidos al engaño. A partir del primer análisis del fenómeno, llevado a cabo por Charles Babbage en 1830, se ha dado siempre una respuesta trivial y poco alentadora a esta pregunta. Se invocó la teoría de las «manzanas podridas» y se afirmó que los científicos engañan simplemente porque también ellos son seres humanos, y están por lo tanto sometidos a las mismas pasiones y dotados de los mismos vicios y virtudes que otro individuo que se ocupa de cualquier otra actividad o profesión. En el mundo científico –se sostiene– entran en juego, al igual que en otros ambientes, factores humanos y participan individuos moralmente débiles, además de otros que incluso carecen de escrúpulos (las manzanas podridas pre-

## 9. El científico como impostor

cisamente), lo que justificaría la presencia de engaños y falsificaciones incluso en este ámbito, donde uno menos lo esperaría.

Esta respuesta es trivial no solo porque decir que todos lo científicos son seres humanos es una obviedad, sino, sobre todo, porque más que una verdadera respuesta es una forma de eludir el problema. La pregunta, de hecho, no apunta a conocer los motivos genéricamente humanos que pueden empujar a un científico, como a cualquier otro individuo, a un acto moralmente reprensible, sino a comprender cuáles pueden ser los motivos que empujan a un científico, como tal, a cometer no un delito, sino una estafa o cualquier otro acto estrechamente unido a su actividad y que constituye una obvia anulación de lo que se considera que es su profesión y vocación.

Si, por ejemplo, un sacerdote roba el cestillo de las limosnas y huye con una parroquiana, es razonable suponer que su gesto fue provocado por motivos privados y humanos, como una inclinación hacia la lujuria mal reprimida que tal vez despertó y surgió a partir de comportamientos represibles de la parroquiana, tan humanos como los del sacerdote. Se trataría entonces de un hecho privado que tendría un interés sobre todo escandaloso. Si, en cambio, el mismo sacerdote hubiera sostenido hasta el cansancio en discursos y a través de publicaciones la tesis de la transustanciación, y fuera sorprendido de noche, en la sacristía, inyectando sangre de pollo en las hostias consagradas, nos encontraríamos frente a un hecho completamente diferente. También en este caso pueden entrar en juego elementos humanos como las pasiones, idiosincrasias y eventuales taras psicológicas, pero lo que está haciendo el sacerdote no es ceder sin más a la lujuria, acto que puede realizar cualquiera, sino una falsificación que concierne estrictamente a su profesión y a sus convicciones y teorías religiosas. En este caso, se ve involucrado no tanto como hombre sino como sacerdote y teólogo y, además, su gesto podría ser invocado por ateos y descreídos para demostrar la inconsistencia y la falsedad de la transustanciación. Explicar cómo y por qué se vio empujado a tal falsificación es muy diferente a explicar cómo y por qué huyó con una parroquiana: mientras que en este segundo caso nos bastan los motivos humanos, y se dirá que cedió a las tentaciones de la carne, en el primer caso invocar motivos humanos, pasiones normales y vicios que regulan los actos de la vida cotidiana no resolvería la cuestión.

Así, en el acto de explicar por qué los científicos engañan, no podemos conformarnos con decir que lo hacen por su condición humana. Deben existir motivos intrínsecos ligados al sistema mismo de la ciencia, a la disciplina particular o al problema particular del cual se ocupa ese científico, que determinan, tal vez junto con factores humanos, la estafa o la falsificación.

Explicar cuáles son los motivos es la tarea más difícil pero también la más interesante que plantea el problema del fraude científico. De hecho, observamos la ciencia desde un ángulo bastante particular y se descubre que incluso aquí, al igual que en el arte, la actividad del falsificador permite comprender mejor lo que en apariencia está traicionando: en un caso al arte, en el otro a la ciencia. Explicar por qué engañan los científicos equivale a encontrar un criterio que permita distinguir al verdadero científico del estafador, lo que a su vez equivale a poseer un criterio que permita distinguir una teoría o un descubrimiento verdadero de una teoría o un descubrimiento falso, criterio que científicos y filósofos buscan desde hace más de dos mil años y que ya casi nadie aspira a encontrar. El análisis de los motivos que empujan o pueden empujar a un científico a cometer un engaño no ofrece en realidad tal criterio, aunque contribuye a esclarecer el sentido de la empresa científica, pues permite discutirla desde un punto de vista interesante e inusitado.

Antes de continuar es necesario, sin embargo, despejar el campo de dos equívocos posibles. En primer lugar, al preguntarse por qué engañan los científicos, debemos, al menos en una primera aproximación, tomar en consideración solo a los científicos verdaderos, aquellos que tienen todos sus papeles en orden, y olvidar la enorme cantidad de aficionados cuyas «proezas» podrían complicar el cuadro y señalarnos respuestas falsas. En este libro, por ejemplo, no se han incluido entre las estafas científicas la de Elias Bessler, que, en 1717, construyó la primera máquina de movimiento perpetuo suscitando gran alboroto en toda Europa e involucrando a matemáticos y físicos ilustres como Willem Jacob's Gravesande, uno de los más grandes científicos de la época, que se entusiasmó y apresuró a comunicar la noticia a Newton. Esta estafa (la máquina se movía en realidad gracias a la criada de Bessler) podría ofrecer indicaciones útiles acerca de la estructura de la ciencia, dado que su credibilidad estaba unida a un buen conocimiento de las teorías físicas de la época. Resulta igualmente interesante la obra de los falsificadores y estafadores renacentistas que engañaban a reconocidos profesores de botánica de las universidades vendiéndoles dientes de narval que presentaban como cuernos de unicornio o basiliscos, animales que construían ensamblando partes de reptiles o batracios con partes de peces. Pero si quisiéramos incluir en el debate estos casos, el tema se ampliaría y muy probablemente nos alejaríamos de los problemas más importantes e interesantes que surgen en el ámbito de los fraudes científicos.

De manera análoga, aunque pueda parecer extraño, no merece la pena ocuparse del tipo de engaño científico que se difundió después de la Segunda Guerra Mundial hasta finales de los años cincuenta, y que tuvo como protagonista al tipo de científico representado por «Jim, el honrado». El motivo que lleva a esta exclusión en apariencia injustificada es que, como hemos señalado, las estafas científicas de hoy en día tienen más que ver con la estructura socioeconómica de la ciencia que con su lógica interna.

Los científicos que engañan hoy en día son los que hemos denominado los «mercenarios de la ciencia», cuyos móviles no son ni nobles ni interesantes. Aun en caso de que sus estafas se parezcan –hasta resultar idénticas en apariencia a las del pasado–, se diferencian en un aspecto esencial: hoy en día el científico se ve empujado a engañar principalmente por su propio interés, mientras que en el pasado el interés y el prestigio personal ocupaban un segundo lugar, detrás del interés por la ciencia.

## 9. El científico como impostor

Breuning e Imanishi-Kari, por ejemplo, han cometido el mismo tipo de estafa que cometió Galileo: han afirmado haber realizado experimentos que en realidad no habían hecho, y las teorías que querían apoyar con sus experimentos falsos podrían ser tan verdaderas como las que Galileo tomaba como punto de apoyo para sus experimentos no realizados. Pero mientras Galileo engañó con el objeto de afirmar y difundir una teoría que consideraba válida e importante para el progreso de la ciencia, Breuning e Imanishi-Kari engañaron para justificar ante las entidades gubernamentales la financiación solicitada. La estafa de Galileo se había hecho por el interés de la ciencia, la de Breuning por el interés de Breuning y de su universidad, y es por eso por lo que fue posible perseguirla como cualquier otra estafa económica, concluyendo con la condena a la restitución del dinero que inmerecidamente habían recibido y malgastado.

Las estafas de hoy en día por lo tanto presentan interés solo en referencia al sistema económico que se ha construido alrededor de la ciencia y que hemos descrito en el tercer capítulo, pero no pueden decirnos nada interesante acerca de qué es lo que lleva a un verdadero científico a engañar –independientemente de los vulgares factores económicos– ni tampoco cómo funciona la ciencia en tanto empresa intelectual.

Para responder a estas preguntas es mejor tomar en consideración las estafas cometidas antes de 1950, cuando el mecanismo de financiación que está en auge actualmente no había comenzado aún a exhibir signos de deterioro. Pero sería también erróneo colocar sobre un mismo plano todas las falsificaciones y considerarlas igual de importantes. Existen, de hecho, otros dos tipos de engaño de motivaciones bastante evidentes: las bromas y los engaños denigrantes. Resulta claro, por ejemplo, que quien haya sido el autor del fraude de Piltdown procuró hacerle una mala jugada a la teoría de la evolución o a alguno de sus defensores. En ambos casos el autor de la estafa no deseaba realmente el progreso científico, puesto que, si no creía en la teoría darwiniana pero era un verdadero científico, su deber era procurar refutar la teoría en el plano puramente científico y no mediante una estafa. Si, por otra parte, su objetivo era desacreditar a un adversario en particular, sus móviles resultan aún menos nobles y en consecuencia menos interesantes. No tiene sentido entonces preguntarse por qué se engaña con la intención de desacreditar a un científico, como ocurrió en el caso de Carrel y Jungenblut, o con la intención de ayudarle, como parece haber sucedido en el caso de Blondlot.

Hechas estas reservas, el campo de las estafas científicas interesantes, aquellas de cuyo examen esperamos obtener una respuesta importante y significativa a la pregunta: «¿Por qué engañan los científicos?», parece restringirse notablemente y dejar en escena solo a personajes importantes e insospechados: Tolomeo, Galileo, Newton, Einstein, Freud. ¿Es posible que sean ellos, los genios y los premios Nobel, los únicos verdaderos estafadores de la ciencia? Aunque resulte paradójico, mi respuesta es sí. Y, según mi opinión, solo en su caso merece la pena preguntarse: «¿Por qué han engañado?». En este punto, la respuesta comienza a intuirse: si los verdaderos estafadores son los científicos más grandes que tuvo la huma-

## 9. El científico como impostor

nidad, quiere decir que engañan porque no pueden evitarlo. Es decir, porque no tienen otra forma de convencer al mundo acerca de la verdad de sus teorías y descubrimientos.

Retomemos el ejemplo del hipotético teólogo que en la noche manipula las hostias consagradas. ¿Por qué lo hace? Porque no encuentra otra forma de convencer a sus fieles y a sus adversarios de la verdad de la transustanciación. La comparación podrá parecer ofensiva tanto para los científicos como para los teólogos, pero no es así. Hoy en día ningún teólogo serio se comprometería a demostrar de manera, digámoslo así, experimental la verdad de la transustanciación. Un documento de la Sagrada Congregación del Clero, aprobado por Pablo VI en 1971, establece precisamente que «en la eucaristía, después de las palabras de la consagración, la realidad profunda (no fenoménica) del pan y el vino se transforma en el cuerpo y la sangre de Cristo». La transformación, por lo tanto, no se refiere a la hostia que puede verse, sino a su realidad más profunda, la cual no puede percibirse con los sentidos ni tampoco verificarse mediante experimentos. La situación del científico es análoga: él también enuncia teorías relativas a lo que considera la realidad profunda de algunos aspectos del mundo y de la naturaleza, y procura convencernos de la veracidad de tales teorías con experimentos que nos permitan, por decirlo de alguna manera, «verla».

Pero el científico sabe, al menos desde 1934, que jamás le será posible demostrar en forma concluyente –a través de experimentos–, la verdad de cualquiera de sus teorías acerca de la realidad profunda del mundo. Esta vez no fue el papa quien introdujo este principio, sino el filósofo de la ciencia Karl Popper, que demostró la falsedad de la convicción, probablemente tan antigua como el mundo, de acuerdo con la cual siempre es posible demostrar si algo es verdadero o falso. Popper esclareció de forma definitiva que lo que realmente se puede demostrar es solo si algo es falso, mientras que resulta imposible demostrar de manera concluyente si algo es verdadero. Esto quiere decir que todas las teorías científicas que consideramos verdaderas no se consideran verdaderas porque se haya demostrado realmente la verdad, sino solo porque los científicos que las enunciaron pudieron convencer a sus colegas y a nosotros mismos. Normalmente esto implica el uso de trucos y de falsificaciones más o menos graves que, sin embargo, no se reconocen y denuncian como tal hasta después de mucho tiempo. En definitiva, los científicos engañan en nombre de la verdad porque no pueden demostrarla.

Esto parece querer decir, sin embargo, que no existe verdad alguna, lo que a su vez llevaría a concluir que nunca es posible distinguir una teoría o un descubrimiento verdadero de teorías y descubrimientos falsos, o decidir si un científico es un genio o un vulgar estafador. Afortunadamente no es así. Aunque haya resultado y se considere imposible encontrar un criterio claro que permita discriminar una teoría verdadera de una falsa, es posible utilizar criterios empíricos pero eficaces que pueden deducirse de uno de los elementos fundamentales (aunque hoy en día es algo muy discutido) de la actividad científica: el método. Podríamos caer en la tentación de considerar al método como el criterio ideal para

## 9. El científico como impostor

distinguir teorías y científicos verdaderos de teorías y científicos falsos. De hecho, siempre se ha pensado que los grandes éxitos de la ciencia moderna, nacida con Galileo, están estrechamente unidos y, por así decirlo, producidos por el método hipotético-deductivo elaborado y utilizado por el mismo Galileo, y más tarde por todos los científicos que le siguieron, aunque con varias modificaciones. Este método consistía en el uso combinado y cuidadoso de observación, lógica, matemáticas y experimento. De acuerdo con Galileo, la primera cosa que debe hacer un científico es observar con atención el fenómeno que se propone explicar. Dado que resulta imposible tratar al mismo tiempo todas las propiedades observadas, debe, en primer lugar, reducirlo intuitivamente a los elementos esenciales, medidos de la manera más cuidadosa posible. Después de este análisis de las relaciones matemáticas esenciales se elabora una hipótesis de la que pueden deducirse algunas consecuencias, las cuales pueden someterse a la prueba del experimento para verificar si se confirman o no en la realidad. Finalmente, la hipótesis resulta verdadera o falsa.

Este método difiere bastante del que elaboró Descartes por la misma época más o menos y también, aunque en menor medida, del usado por Newton. Sin embargo, su núcleo esencial se encuentra también en el método newtoniano y fue adoptado por la ciencia, que le consideró como la estrategia más apta para la investigación. Se nos ha enseñado que los grandes resultados obtenidos por la ciencia en los últimos siglos se deben al uso de este método, pero esto es verdad solo en parte. En primer lugar, muchos de los descubrimientos más importantes, como por ejemplo el del fuego y la rueda, se llevaron a cabo cuando la idea misma de un método aún no existía. En segundo lugar, el método nunca ha sido explicitado en una formulación unívoca y aceptada por todos que permitiera cubrir, a través de una serie de preceptos y reglas metodológicas, todas las ocasiones posibles que pueden presentarse ante el científico durante una investigación.

Lo que se ha afirmado en la práctica científica ha sido el espíritu y la actitud general que el científico debe asumir, no obstante, sin establecer reglas precisas. Es por eso difícil, si no imposible, determinar si un científico respetó todo lo que establece el método experimental o no. Pero además se ha comprobado que en la mayor parte de los casos, y sobre todo en relación con las teorías y descubrimientos más importantes, los científicos han violado y contradicho el espíritu mismo del método que, sin embargo, decían seguir.

Si Galileo –señala Marcello Pera–, hubiera usado las reglas metodológicas que se recomendaban en su época, no habríamos tenido ciencia moderna. Si Darwin hubiera seguido realmente las prescripciones de Bacon, consideradas tan eficientes en su época, creeríamos aún en la Biblia. Si Einstein no hubiera sido un oportunista y no hubiera traicionado los cánones de la metodología empírica, no tendríamos la relatividad, y la física cuántica nunca habría nacido si una generación de físicos no hubiera cometido un parricidio con los cánones newtonianos.

Aquí Pera retoma la idea de Paul K. Feyerabend, según la cual, al estudiar la historia de la ciencia se descubre «que no existe regla alguna, aunque sea plausible y funda-

## 9. El científico como impostor

da sólidamente en la epistemología, que no haya sido violada en una ocasión o en otra». Feyerabend está convencido también de que estas violaciones no son hechos accidentales, sino que son necesarios para el progreso científico. La ciencia, según su opinión, avanza intercalando reglas metodológicas con transgresiones a estas reglas, transgresiones que él denomina «errores». En consecuencia, la ciencia surgiría no tanto del método, o al menos no solo de éste, sino a partir de los errores, es decir, de las transgresiones a este método. Por eso, el teórico del anarquismo metodológico afirma que es necesario que la teoría del método esté acompañada por una teoría del error que enseñe a transgredir los preceptos metodológicos:

Incluirá reglas empíricas aproximadas, indicaciones útiles, sugerencias heurísticas, y no leyes generales; unirá además estas indicaciones y estas sugerencias con los eventos históricos a fin de enseñar en detalle cómo pudieron llevar a buenos resultados en determinadas situaciones. Tal teoría permitirá desarrollar la imaginación del estudioso sin otorgarle jamás prescripciones y procedimientos rígidos y precisos. Será más una historia que una teoría en el sentido estricto de la palabra, y contará con un gran porcentaje de charlas, de las que cada uno podrá extraer aquello que considere más importante.

Esta posición, que a muchos pareció excesiva y paradójica, es en realidad tan razonable que resulta casi obvia. El sentido de esta postura es que, dado que la realidad es siempre más compleja y «fantasiosa» de lo que nosotros o los científicos podemos imaginar, en ciencia no es tan importante el método riguroso como la fantasía y la creatividad. Esto equivale a decir que seguir atenta y escrupulosamente todas las reglas del método experimental no garantiza en absoluto el descubrimiento de cosas interesantes o de teorías verdaderas. Para esto se requiere inteligencia y creatividad, es decir, la capacidad de restar importancia o de no tener en cuenta los preceptos del método.

Los verdaderos científicos por lo tanto no son esclavos del método, sino que se sirven de él a su manera y lo usan como uno de los muchos instrumentos y argumentos con el objeto de convencer a sus colegas de la fundamentación de sus teorías. Si se desea, estas transgresiones a las reglas del método pueden considerarse recursos retóricos que recogen la propuesta –de moda hoy en día y defendida por Pera en Italia– según la cual, lo que hacen en realidad los científicos no es seguir reglas lógicas y un método rigurosamente experimental, sino servirse de una familia de estratagemas retóricas a fin de imponerle al mundo sus propias ideas. Personalmente, prefiero considerar las transgresiones al método que los científicos se ven obligados continuamente a llevar a cabo a fin de hacer progresar a la ciencia como verdaderas falsificaciones. Más aún, como el tipo de falsificaciones más interesantes. Es curioso señalar en este sentido que la palabra «método», impuesta por Platón y luego por Aristóteles en el sentido de «investigación» y de estrategia de la investigación, fue usada también por Plutarco en el sentido de «artificio», «estratagema» o «fraude». La palabra misma contenía, al menos originariamente, una clara alusión al destino del científico, condenado a proceder hacia la verdad a través de una serie continua e infinita de transgresiones al rigor racional del método.

## 9. El científico como impostor

En la ciencia, entonces, parece más importante la falsificación, y por tanto la estafa, que la verdad. En un hermosísimo ensayo René Thom, el fundador de la teoría de las catástrofes, ha escrito:

> La falsificación en la ciencia es, a menudo, mucho más útil que la verdad, que la mayoría de las veces da lugar a resultados experimentales que no pueden ser interpretados y que por lo tanto se acumulan en un montón de datos que probablemente no serán de utilidad alguna. He escrito alguna vez —continúa Thom— que la verdad está limitada no por lo que es falso, sino por lo que es insignificante. Pero existe también lo falso, que está limitado y circunscrito por lo que es verdadero, el principio erróneo rodeado de un halo de verdad. Me atrevería a ver la esencia misma de la cientificidad en esta falsedad generadora de verdad.

Thom sostiene por tanto que en ciencia lo falso siempre genera lo verdadero. Pero, ¿qué es esta falsedad generadora de verdad? Ciertamente no las estafas vulgares que hoy en día están tan difundidas, que Thom las clasificaría como «insignificantes» y serían las que delimitarían lo verdadero. La auténtica teoría científica no está delimitada, según él, por teorías científicas equivocadas, sino por teorías científicas insignificantes que no dicen nada de interesante. Lo falso, en cambio, no delimita lo verdadero, sino que forma parte de ello en tanto que lo genera. Obviamente, con «falso» Thom no se refiere a los detalles, de poca importancia en el fondo, a las adaptaciones y manipulaciones con las que los científicos procuran hacer corresponder la realidad a sus teorías. Thom considera que lo falso son precisamente las grandes teorías que se pretende defender y apoyar a través de estas pequeñas falsificaciones. Es decir, en su opinión, lo que es falso (rodeado, sin embargo, de un halo de verdad y que por lo tanto es considerado verdadero) son las grandes teorías enunciadas por los genios de la humanidad: la mecánica de Galileo, la teoría newtoniana, la teoría de la relatividad. Todas ellas son para Thom teorías verdaderas generadas por lo falso. Por tanto, son falsas.

La cosa parece sorprendente y paradójica porque parece que se desea defender que teorías como la de la relatividad son al mismo tiempo verdaderas y falsas, como si alguien dijera que algo es blanco y negro al mismo tiempo. En realidad no es así; lo que Thom pretende decir es que todas las teorías que se consideran verdaderas durante un determinado periodo nacen a partir de teorías anteriores que se reconocen como falsas o de alguna forma modificadas, y que las mismas, a su vez, se reconocerán más tarde o más temprano como falsas y modificadas por otras teorías. Thom sostiene que esta falsedad generadora constituye la esencia misma de la cientificidad. Esto quiere decir que, en un sentido totalmente particular, incluso el gran científico, el genio, es un impostor y un estafador: aquello que nos presenta como verdad, y que aceptamos como tal incluso durante muchos siglos, es siempre una simple falsificación de la realidad. Por una serie de circunstancias culturales y también por la habilidad del científico, estas falsificaciones se consideran «verdades» durante un periodo más o menos extenso.

Llegados a este punto es posible dar una primera respuesta al problema: «¿Por qué engañan los científicos?».

## 9. El científico como impostor

Engañan porque es su estricto deber profesional, porque es el único camino que puede hacer progresar la ciencia, la cual, en definitiva, no es más que una gran estafa o, si se prefiere, una gran ilusión. Esta conclusión, que constituye uno de los resultados más significativos de la filosofía de la ciencia de los últimos años, podría interpretarse como una instigación al escepticismo y a negar todo valor a la investigación y al progreso científico. Pero no sería justo.

En realidad, en esta sucesión interminable de teorías falsas el hombre realiza su aporte sólido y concreto. Las teorías físicas antes o después pueden ser condenadas y falsificadas, pero los aviones que fueron construidos a partir de la aerodinámica vuelan y realmente nos permiten, como alguna vez pudo parecer solo un sueño, cubrir en pocas horas la distancia entre Roma y Nueva York. Las teorías astrofísicas podrán corregirse algún día, pero mientras tanto, a partir de ellas es posible poner en órbita satélites que, excepto algunos incidentes, realizan con exactitud lo que de ellos se espera, o enviar sondas hacia otros planetas. La bacteriología y la virología conocerán con seguridad notables desarrollos en los próximos años, pero mientras tanto los antibióticos permitieron curar enfermedades infecciosas que en otras épocas eran comparadas con terribles exterminadores.

Algún día se podría demostrar que las teorías actuales de la ciencia son falsas, y lo serán seguramente, pero los saltos tecnológicos son hechos incontestables, aunque esto no signifique que constituyan siempre y necesariamente un bien, o que en sentido absoluto sea mejor vivir en una sociedad tecnológica que en una primitiva. Sin embargo, es un hecho que mientras en una sociedad primitiva solo el exorcismo y la fuerza de la sugestión permiten enfrentarse a la enfermedad, en una sociedad científicamente evolucionada es posible acceder a intervenciones más concretas y decisivas en el bien y en el mal. En la sociedad tecnológica las cosas pueden llevarse a cabo, mientras que en la primitiva solo se puede soñar. En definitiva, si la ciencia no es sino un continuo pasaje de una falsedad a otra, los resultados tecnológicos de esta carrera hacia las ilusiones constituyen los puntos fijos y, desde un determinado punto de vista, pueden ser considerados realmente «verdaderos».

La ciencia entonces no nos otorgará nunca la verdad, aunque permite un control cada vez mayor de la naturaleza, y esto ofrece un criterio indiscutible a fin de distinguir la ciencia, no solo de la magia, la astrología o la parapsicología, sino también de vulgares estafas o falsificaciones, de engaños que no forman parte de la actividad y de los deberes del buen científico. Los aspectos prácticos –los denominados «saltos tecnológicos de la investigación»– son los que permiten diferenciar, aunque de manera puramente empírica, descubrimientos y teorías genuinamente científicas de simples falsificaciones o estafas. Los descubrimientos y las teorías falsas no permiten aplicaciones prácticas.

Esta capacidad de aplicación de los resultados de la investigación no es, al menos en líneas generales, uno de los objetivos de la ciencia o del método científico. Sin embargo, esta capacidad depende de uno de los presupuestos fundamentales sobre los que se apoya el método: la idea de la uniformidad de la naturaleza, es decir, la convicción según la cual en la naturaleza, en condiciones iguales, los fenómenos tienen lugar siempre de la misma forma. Éste es uno de los pocos principios del método –quizás el único– sobre el que todos los científicos han estado siempre de acuerdo, porque negarlo significaría negar la posibilidad misma de la ciencia. Si las cosas no ocurrieran siempre de la misma manera y de acuerdo con un determinado orden, no tendría sentido alguno procurar definir y precisar las leyes que determinan ese orden. Si, por ejemplo, el objeto que lanzamos desde una ventana cayera una vez perpendicularmente hacia abajo con una velocidad determinada, otra vez ascendiera lentamente y otra se moviera horizontalmente respecto del alféizar de la ventana, el fenómeno de la caída de los pesos resultaría incomprensible e imposible de reducir a una regla o ley. Esta idea según la cual el mundo se comporta siempre de manera regular no es, como veremos, siempre verdadera, sino que ha resultado verdadera seguramente por el tipo de fenómenos que la ciencia moderna ha querido investigar desde Galileo en adelante, es decir, los fenómenos típicos del ambiente macroscópico dentro del cual se mueve y vive el hombre.

Esta hipótesis o convicción de la uniformidad, además de hacer posible la ciencia, ha tenido otras dos consecuencias importantes: en primer lugar, ha permitido aplicaciones técnicas de los resultados científicos. Si los objetos caen siempre de la misma manera, y si las leyes de la caída de los pesos constituyen una buena descripción de esta manera, es posible entonces usar esas leyes para calcular, por ejemplo, cuán resistente debe ser una red o un toldo para impedir que un hombre que cae desde una segunda planta se haga pedazos contra el suelo. La segunda consecuencia es la posibilidad de repetir los experimentos a fin de verificar una teoría o hipótesis determinada. Si la naturaleza se comporta siempre de manera regular, los experimentos llevados a cabo por un científico, supongamos Galileo, acerca del plano inclinado deben dar siempre los mismos resultados que los realizados por Mersenne de la misma manera y en las mismas condiciones. Se trata del denominado «carácter repetible» de los experimentos, que los científicos consideran, desde hace varios siglos, como el mejor criterio para distinguir lo que es científico de lo que no lo es, es decir, las teorías científicas «verdaderas» de las teorías científicas falsas.

Los experimentos científicos realizados hace tiempo por los alquimistas o los que todavía hoy usan los parapsicólogos o los homeópatas (los últimos y más importantes pueden ser considerados precisamente los que realizó Benveniste acerca de la memoria del agua) se caracterizan porque no presentan siempre los mismos resultados y lo que se obtiene varía no solo cuando cambia el experimentador, sino también cuando el experimentador es el mismo. En estos casos la naturaleza parece comportarse sin uniformidad o con una uniformidad caprichosa y aproximada. Los científicos están acostumbrados a pensar que este tipo de experimentos no dice nada verdadero acerca de la naturaleza, pues no permite decidir si una teoría es verdadera o falsa, y mucho menos dar lugar a aplicación práctica alguna.

La aerodinámica y la ingeniería permiten, por ejemplo, que partiendo desde Roma se llegue, exceptuando los posibles incidentes, a Nueva York en pocas horas en un avión de línea regular y cómodo; la telequinesia permitiría potencialmente lo mismo en tiempo aún más breve, con costes más bajos y tal vez con una mayor seguridad. Sin embargo, la capacidad al menos aleatoria de realizar la telequinesia no ha permitido que ésta se utilice para la creación de un sistema de transporte regular. Mientras que cuando comenzó la aeronáutica la probabilidad de éxito de un experimento de vuelo con un avión era casi igual a la probabilidad de éxito de la telequinesia, hoy en día las cosas son bastante diferentes. Cada vez que un avión se desplaza por la pista de despegue sabemos que, exceptuando algunos incidentes, logrará levantar vuelo, mientras que los experimentos de telequinesia han mantenido la misma probabilidad baja y escasa de éxito que tenían hace más de cien años. Por lo tanto, la posibilidad de repetir los experimentos puede ser considerada con razón como un buen criterio para discriminar las teorías científicas verdaderas de las teorías científicas falsas, ya sean estas últimas fruto de simples errores o de estafas.

Sin embargo, los filósofos de la ciencia han rechazado siempre atribuir cierta importancia a ese criterio porque, según su opinión, es puramente empírico y además, al igual que todas las otras reglas metodológicas, ha sido violado constantemente incluso por los grandes científicos. Hemos visto, por ejemplo, que los experimentos de Galileo acerca del plano inclinado (independientemente del hecho de que Galileo los haya realizado o no) no eran repetibles, en el sentido de que quien los ha vuelto a hacer ha obtenido resultados diferentes. De manera análoga, el experimento de Michelson y Morley de 1887 –que Einstein recuerda con el objeto de defender la relatividad y que los manuales han presentado de forma falsa como la prueba decisiva que le llevó a formular la teoría– no dio los mismos resultados cuando fue repetido. El primero en darse cuenta fue W. M. Hicks en 1902, que luego llevó entre 1902 y 1926 a D. C. Miller a repetir numerosas veces el experimento con un equipo mucho más exacto y preciso que el original, obteniendo siempre resultados que eran sensiblemente diferentes de los de Michelson y Morley.

Se podía pensar –ha sostenido el físico M. Polanyi– que cuando estos resultados se dieron a conocer, en diciembre de 1925, durante una reunión plenaria de la American Physical Society, la comunidad de físicos abandonaría de inmediato la teoría de la relatividad. Pero no fue así: en aquella época habían cerrado tan bien sus mentes ante toda idea que amenazara la nueva racionalidad obtenida mediante la imagen einsteniana del mundo que les resultó casi imposible comenzar de nuevo a pensar en términos diferentes. Se prestó escasa atención a los experimentos; la prueba fue ignorada con la esperanza de que un buen día resultara falsa.

Parece que los filósofos de la ciencia tienen razón al sospechar del criterio de repetibilidad, pues aparentemente los mismos científicos que lo consideran el más importante criterio de demarcación están siempre listos a transgredirlo. Desde el punto de vista de Pera –que propone considerar todas las apelaciones posibles al método científico, como los recursos retóricos, a fin de confirmar y favorecer la difusión de las teorías–, puede sostenerse también (y es una opinión plausible y razonable) que incluso el criterio de repetibilidad es en realidad solo uno de los instrumentos lingüísticos o retóricos, o si se prefiere dialécticos, que los investigadores usan con el fin de convencer a la comunidad de colegas de la fundamentación de sus descubrimientos y teorías.

Sin embargo, esta posición tampoco puede defenderse de manera categórica. Lo que puede decirse es que el criterio de repetibilidad admite excepciones, excepciones que, sin embargo, pueden compartirse plenamente (y de hecho la comunidad científica las comparte), que conciernen además a los científicos más grandes o al menos a experimentadores de comprobada competencia, en los que no solo es lícito confiar sino también razonable. En otros términos, las excepciones al criterio de repetibilidad se justifican a partir de la credibilidad de la que goza el científico ante la comunidad de colegas. Esto no se corresponde obviamente con una justificación racional y, para decirlo de alguna manera, científica del criterio de repetibilidad, pero lo acredita y define los límites de su uso práctico.

Los epistemólogos tienen razón al sostener que, en rigor, la repetibilidad no es un criterio seguro que permita discriminar científicos y teorías verdaderas de estafas y falsificadores de la ciencia. Por otra parte, los investigadores se niegan oportunamente a pensar que es imposible realizar esta distinción; para ellos, el criterio de repetibilidad, aunque poco riguroso, es confiable y funciona bastante bien.

El caso de las estafas científicas lo demuestra de manera precisa. Todos los engaños perpetrados en el ámbito científico se descubren antes o después porque otra persona no logra obtener los mismos resultados que presenta el falsificador. Hoy en día sabemos que tarde o temprano se demuestra que todas las teorías resultan falsas, pero la diferencia entre las teorías científicamente falsas (aquellas que consideramos normalmente teorías verdaderas) y las teorías vulgarmente falsas (que por lo común denominamos estafas) radica en la diferencia de su duración: las teorías «verdaderas» duran a menudo mucho más que las estafas, y esto es así precisamente porque los experimentos que apoyan los engaños científicos no son repetibles.

Lo que distingue una teoría científica «verdadera» de una «falsa» es la duración y la amplitud de consenso que le otorga el mundo científico, es decir, la comunidad de científicos. En la práctica, las estafas vulgares solo se diferencian de las falsificaciones justificables de los grandes científicos porque su falsedad se descubre antes y más fácilmente. El mundo científico no jura jamás sobre los resultados obtenidos por un solo científico o un solo grupo de científicos; un descubrimiento se considera realmente como tal cuando varios laboratorios de todo el mundo pueden confirmarlo. Se puede estar seguro, por lo tanto, de que si un científico anuncia haber obtenido un resultado determinado, otro procurará repetir los experimentos y obtener el mismo resultado. Si esto no ocurre, se rechaza el descubrimiento. De esta manera se desenmascaran la mayor parte de las estafas.

Los estafadores, que son científicos de profesión, naturalmente lo saben y se sirven de sus conocimientos y su competencia para preparar las cosas a fin de que su engaño se descubra lo más tarde posible. Una de las técnicas más difundidas es la que Moewus utilizó por primera vez de forma hábil y consciente: consiste en trucar los experimentos a fin de obtener resultados que el nivel de conocimientos considera altamente probables y que otros científicos también están buscando. En lugar de inventar un descubrimiento ficticio se sugiere un atajo engañoso en la convicción, bastante fundada, de que resulta poco probable que algún colega sospeche su naturaleza fraudulenta.

Otra técnica consiste en obtener a través del engaño resultados bastante significativos, pero no lo suficiente como para hacer que otros investigadores procuren reproducirlos. El estafador procura en estos casos enaltecer su respetabilidad científica y la del grupo al que pertenece y la confianza de sus colegas. Es probable que muchas de las publicaciones que se encuentran en las revistas y bibliotecas científicas contengan resultados de este tipo que nadie se haya molestado jamás en refutar y que pasen inadvertidos sin que se haya podido demostrar su naturaleza.

Pero en general, si un científico anuncia un descubrimiento de cierto peso, se puede estar seguro de que antes o después otro buscará repetir sus experimentos y, eventualmente, sin duda se descubrirá la estafa.

La vida promedio de una estafa científica moderna gira alrededor de los ocho meses: ese fue el tiempo que el mundo científico requirió para rechazar la fusión fría, a pesar de que en este caso entran en juego, como veremos más adelante, otros factores que justificaron la continuación de los experimentos no solo por Fleischmann y Pons, sino también por científicos japoneses e italianos. El récord de duración puede ser otorgado con casi total seguridad al fraude de Piltdown que sobrevió casi 41 años.

Las teorías «verdaderas» que también podemos considerar «falsificaciones geniales» son mucho más longevas. El récord en este caso se atribuye a Claudio Tolomeo, cuya teoría según la cual la Tierra se encuentra en el centro del sistema planetario resistió casi 1.397 años. La física newtoniana, que aún hoy en día conserva gran parte de su validez, fue corregida en algunos puntos fundamentales después de casi doscientos años, y la teoría de la relatividad de Einstein, enunciada en 1905, resiste aún hoy a pesar de los numerosos ataques a los que se ha visto sometida. Sin embargo, todo hace suponer que resistirá menos que la física newtoniana, al igual que ésta ha resistido menos que la teoría tolomeica. Parece que el progreso científico tiende a reducir la duración de aquellas teorías científicamente válidas. Esto quiere decir que en algunos decenios podría descartarse incluso el criterio de repetibilidad como método que permite distinguir un descubrimiento bueno de uno falso.

Si la duración de una estafa científica llegara a acercarse a la duración media de las teorías genuinas, la falsificación de una estafa a través de la repetición de los experimentos será igual a la falsificación con la que se condena o se modifica una teoría considerada verdadera durante un determinado periodo por la comunidad científica, y esto equivaldría a no poseer ya ni siquiera un criterio empírico que permita distinguir los engaños y los falsificadores de las investigaciones e investigadores fiables.

## 9. El científico como impostor

Pero el cuadro de la ciencia del futuro será aún más confuso dado los graves problemas que harán que sea cada vez más difícil distinguir, incluso en ciencia, lo verdadero de lo falso. El gran público no lo sabe aún, pero desde hace aproximadamente treinta años hemos sido echados de lo que el físico italiano Giorgio Parisi ha llamado el «paraíso de las ecuaciones lineales». En este paraíso –construido gracias a los esfuerzos geniales de personas como Galileo y Newton– todo sucedía de manera regular y determinista; toda causa tenía su efecto y todos los fenómenos obedecían respetuosamente las leyes de la física. Las enunciadas por Newton, por ejemplo, permitían calcular con precisión las trayectorias de los planetas y de cualquier objeto que se moviera en el espacio. La precisión y la regularidad de este mundo estaban garantizadas porque las leyes se expresaban en ecuaciones lineales: son las ecuaciones algebraicas más bellas y confortantes porque, una vez proyectados los valores numéricos sobre dos ejes cartesianos, dan lugar a una bella línea recta y es precisamente por eso por lo que se denominan ecuaciones lineales. Representan el instrumento más usado normalmente por los científicos para describir el mundo y la naturaleza, y también la imagen más natural y evidente de la regularidad y de la precisión que los estudiosos han buscado y han creído encontrar en el mundo.

Pero ¿en qué consisten la belleza y la simplicidad de las ecuaciones lineales? En que permiten imaginar el mundo como una especie de billar donde una causa produce un efecto que, a su vez, puede transformarse en causa de otro efecto, al igual que el golpe del taco puede poner en movimiento una bola que pega contra otra, haciendo que se mueva, y ésta empuja a otra que golpea contra el borde y entra luego en el agujero. Desde este punto de vista, ser un buen físico equivale, en cierto sentido, a ser un buen jugador de billar. Conocer las leyes de la física y saber utilizarlas a fin de obtener cálculos adecuados permite dominar los fenómenos físicos, al igual que un buen jugador de billar sabe calcular la fuerza y el efecto que debe utilizar en un golpe para enviar la bola dentro del agujero. A esto se jugaba en el paraíso de las ecuaciones lineales.

Pero un día de 1961 el hombre fue echado de este paraíso. La culpa esta vez no fue de una serpiente, sino de un ordenador, en el que Edward Lorenz, un meteorólogo del MIT, estaba llevando a cabo la simulación de un posible desarrollo del tiempo y de los vientos. Lorenz había solicitado al ordenador que delineara nuevamente la misma evolución de las condiciones meteorológicas que había calculado antes y que estaba representada en un extenso trazo impreso. Para simplificar, había modificado solo un poco uno de los parámetros de las condiciones iniciales y, en lugar de 0,506127, había introducido en el ordenador el valor 0,506, suponiendo que la diferencia de una diezmilésima no tendría importancia alguna. Cuando después de una hora regresó a la habitación y comparó el nuevo trazo con el anterior, se dio cuenta de que esa pequeña variación había producido un trazo que solo al principio se correspondía de manera bastante fiel con el primero, pero que luego se alejaba de éste de manera sorprendente. Esto se debía a que las ecuaciones que el ordenador había utilizado no eran lineales.

## 9. El científico como impostor

La característica fundamental de este tipo de ecuaciones es que los parámetros no influyen entre sí de forma ordenada, uno tras otro como una causa y su efecto, sino que todos son recíprocamente causa y efecto uno de otro, es decir, que influyen uno sobre otro de manera recíproca. Es como si se pasara del juego de billar al hockey sobre hielo; a diferencia del billar, este juego no podría representarse mediante ecuaciones lineales. A fin de calcular, por ejemplo, la fuerza necesaria que debe imprimirse para otorgar cierta aceleración al disco que resbala sobre el hielo, es necesario tener en cuenta la fricción, y ésta no tiene un valor constante y definido, sino que depende de la velocidad del disco; si éste es muy veloz bastará un simple toque para acelerarlo, porque la fricción disminuye con el aumento de la velocidad del disco, pero la velocidad a su vez depende de la fricción. Los sistemas en los que, al igual que en el hockey, los parámetros se influencian recíprocamente, son muy complejos y resulta difícil describirlos con la misma claridad y exactitud que puede alcanzarse en los sistemas lineales. De hecho, no pueden representarse mediante bellas y regulares líneas rectas o a través de curvas más o menos complicadas, aunque siempre fáciles de dominar: su imagen más común está constituida por espirales caóticas y entrelazadas, feas a la vista y difíciles de describir de forma matemática. Pero lo caótico, la fealdad y la irregularidad no constituyen las peores características de los sistemas no lineales: el verdadero problema, el origen de su carácter caótico, reside en que en ellas no se pueden descuidar los detalles, las pequeñas variaciones de parámetros en apariencia poco influyentes.

El aspecto más importante del descubrimiento de Lorenz era que en los sistemas no lineales una pequeñísima perturbación, en apariencia imperceptible, puede desencadenar el fin del mundo. Había descubierto que en meteorología –y probablemente en toda la física–, los detalles y las pequeñas perturbaciones no son en absoluto irrelevantes como hasta entonces se creía. Al fenómeno se le dio el nombre de «efecto mariposa» a partir del título de una conferencia que dio Lorenz en diciembre de 1979: «Carácter predecible: ¿puede el batir de las alas de una mariposa de Brasil desencadenar un tornado en Texas?».

Era el final de una ilusión. A partir de aquel día, los profesores no podían decir a sus estudiantes, como hacía cada día Arthur T. Winfree:

> La idea fundamental de la ciencia occidental es que cuando se procura explicar el movimiento de una bola sobre una mesa de billar en la Tierra no debe tenerse en cuenta la caída de una hoja en cualquier planeta en otra galaxia. Las influencias más pequeñas pueden ser ignoradas. Existe una convergencia en la forma en que funcionan las cosas y las pequeñas influencias casuales no van a asumir jamás grandes efectos casuales.

Hoy en día sabemos que esto ya no es cierto: pequeñas influencias casuales pueden producir efectos catastróficos. Parecería a simple vista que esto en realidad no cambia nada, y más aún, que nos proporciona la explicación de por qué los meteorólogos no aciertan nunca las previsiones: el sistema que estudiamos es tan complejo, y los parámetros que están en juego se encuentran tan interrelacionados entre sí de forma no lineal, que lo único que

## 9. El científico como impostor

podría sorprendernos es que alguien haya podido pensar alguna vez en lograr previsiones exactas. La meteorología podría ser considerada una de las excepciones a las linealidades que los físicos jamás quisieron considerar. Por eso, la opinión más difundida entre los científicos es que la parte más importante de la ciencia continúa siendo aquella que describe el mundo como un billar, y que los juegos más complicados como el hockey sobre hielo o la meteorología son aberraciones poco interesantes.

Pero no es así. Hoy sabemos, en efecto, que la idea de que el mundo, o al menos sus aspectos más importantes, pueden ser descritos como una especie de billar enorme es fruto de una simplificación ingenua y, en todo caso, una falsificación inocente pero enorme perpetrada principalmente por Galileo y Newton, que ignorando de forma sistemática los detalles y las pequeñas perturbaciones, han «linealizado» el mundo haciendo que fenómenos sustancialmente caóticos parecieran regulares, ordenados y precisos.

Tomemos, por ejemplo, la ley del isocronismo del péndulo descubierta por Galileo. Establece que el periodo de oscilación del péndulo es independiente de la amplitud de la oscilación misma. En otras palabras, si se cogen dos péndulos del mismo largo y se los hace oscilar, uno con un ángulo muy pequeño alrededor de la posición de equilibrio y el otro con un ángulo muy amplio que lo obliga a realizar grandes oscilaciones, se verá, de acuerdo con lo que establece la ley, que cumplen una oscilación completa en igual tiempo porque el que oscila con un ángulo más grande, y debe por lo tanto recorrer distancias más largas, lo hace a mayor velocidad. Galileo afirmaba haber formulado esta ley a partir de simples observaciones experimentales y hoy se enseña como el Evangelio en la mayoría de los cursos de física de las escuelas superiores. Pero se trata de una ley equivocada, y la regularidad que expresa es solo aproximada. La exactitud con que Galileo pudo formular esta ley se debe a que descuidó varios efectos perturbadores que hacían que el fenómeno no fuera regular. En primer lugar, ignoró el roce y la resistencia del aire; afirmó, como hemos visto en el primer capítulo, que una esfera de plomo y otra de corcho unidas a hilos de igual largo oscilan con el mismo periodo, lo cual es falso, como demostró Naylor repitiendo el experimento. El péndulo de plomo oscila más velozmente, y después de veinte oscilaciones tiene una ventaja de un cuarto de oscilación respecto del péndulo de corcho.

Pero otro factor más importante de no linealidad está constituido precisamente por el ángulo de oscilación. El cambio de este ángulo crea, a diferencia de lo que sostenía Galileo, una leve no linealidad en las ecuaciones que resulta imperceptible en amplitudes pequeñas, pero que era ya apreciable y mensurable en un experimento tan ordinario como el descrito por Galileo. Por lo tanto, dos péndulos de plomo del mismo largo también oscilan con periodos diferentes si el ángulo no es el mismo. Es decir, que, contrariamente a lo que establece la ley, el periodo de oscilación no es independiente de la amplitud del ángulo de la oscilación misma. Entonces, ¿la ley es falsa? No, simplemente es aproximada, es decir, que no describe cómo se comportan realmente los péndulos, sino cómo deberían comportarse en un mundo regular y ordenado en el paraíso de las ecuaciones lineales.

## 9. El científico como impostor

Quien realiza experimentos se da cuenta de inmediato de que vive en un mundo imperfecto e inexacto. Poner orden en este reino del «casi» es posible solo si no se tienen debidamente en cuenta, tal vez ocultándolas, las pequeñas no linealidades y los detalles perturbadores. En el caso del péndulo puede parecer que estas pequeñas falsificaciones y arreglos eran más que legítimos porque solo gracias a ellos la ciencia de los últimos siglos ha podido obtener grandes resultados, impensables en el mundo del «casi» en que vivían los antiguos. Pero hoy en día estamos descubriendo la otra cara, mucho menos edificante, de la ciencia clásica. La exactitud es solo un telón con el que los científicos han procurado cubrir los fenómenos del mundo real. Bajo ese telón está el caos. Ellos mismos están convenciéndose de que la regularidad y el orden no existen en realidad ni siquiera en nuestro sistema planetario. Lo que es decir todo, dado que aún hoy la mecánica celeste está considerada como la más exacta de las ciencias.

Ya se cuenta con pruebas experimentales que demuestran que vivimos inmersos en el caos y en el desorden. La sonda «Voyager», por ejemplo, ha enviado por primera vez a la Tierra sus imágenes de Hiperión, un satélite de Saturno que presenta una forma muy irregular, que los astrónomos la explican como un efecto de la inestabilidad de las condiciones de movimiento de ese satélite. En otros términos, se considera que el satélite está en el borde del caos, su órbita se encamina a convertirse en caótica y confusa, sin respetar la regularidad que quisieran imponerle las leyes de Newton.

Los anillos de Saturno fotografiados por el «Voyager» demuestran que en esas zonas del universo ya no se escucha a Newton. Los anillos no son homogéneos: se distinguen tres principales, cada uno de los cuales se divide en una miríada de anillos más pequeños separados por espacios vacíos. Hasta ahora los astrónomos han intentado desesperadamente deducir la forma de estas subdivisiones de los anillos a partir de las leyes de Newton, sin lograrlo. La explicación más plausible hoy en día es que éstos también son fruto de una inestabilidad próxima al caos.

Es cierto que dentro de millones de años no solo la regularidad de nuestro universo se transformará en una danza caótica y confusa de planetas, sino que en algún punto del universo el caos ya ha comenzado. Tal vez sea mejor decir que lo que desde hace milenios describimos como orden –y que desde hace trescientos años podemos, gracias a Newton, expresar mediante ecuaciones– no es en realidad sino una visión o representación simplificada de un momento de la historia del caos. La simplificación se apoya en el supuesto, solo en apariencia y temporalmente justificable, de que los pequeños efectos, las hojas que caen en los planetas de otra galaxia, son insignificantes y pueden ignorarse.

En la época de Galileo, la ciencia había pasado del mundo del «casi» al universo de la exactitud. Este paso fue posible no solo gracias a la genialidad de los Galileo y los Newton, sino también a la inescrupulosidad y a los trucos de que se sirvieron con el objeto de ocultar los efectos de la complejidad del caos que podían desencadenar una crisis en la regularidad y exactitud que ellos identificaban con la ciencia.

De esta manera, queda claro finalmente por qué podemos considerarles impostores: han falsificado porque

## 9. El científico como impostor

han simplificado. Hoy en día nos dirigimos nuevamente hacia el mundo del «casi», aunque no se trata de una regresión. La ciencia ha comprendido simplemente que no puede sino aceptar el desafío de la complejidad, y se dispone a delinear el orden escondido y extraño que regula los fenómenos que ocurren de manera aparentemente accidental e inexacta. La ciencia, por lo tanto, deberá concentrarse en los próximos años en aquello que hasta ahora nos ha parecido casual y accidental, y esto tendrá repercusiones notables en el método y en la manera de trabajar de los científicos. Una de estas consecuencias es que ya no será posible utilizar el criterio de repetibilidad para establecer si un descubrimiento es verdadero o falso. Los fenómenos estudiados serán por sí solos aleatorios y se verán fuertemente influidos por las condiciones en las que se realizan. Caerá el presupuesto más importante y antiguo de la ciencia experimental: la idea o hipótesis de la uniformidad de la naturaleza.

Lo casual no ocurre jamás de manera uniforme, es decir, de la misma forma y en las mismas condiciones. Si uno sale de casa a través de una ventana de la sexta planta en lugar de hacerlo por la puerta, experimentará en carne propia la validez de la mecánica clásica porque, sin duda e inexorablemente, se hará pedazos contra el suelo. Si, en cambio, sale regularmente por la puerta de casa, saluda al portero de forma apresurada, sube al coche y se dirige hacia la oficina, puede ocurrir que en el primer cruce, ese día y a esa hora, pase a gran velocidad un coche de la policía persiguiendo a un delincuente y lo embista. Este incidente no es tan previsible desde el punto de vista matemático como el anterior; ese coche de la policía no pasa de hecho todos los días, a la misma hora y a la misma velocidad por ese mismo cruce y, sin embargo, si nuestro hombre se hubiera detenido a intercambiar cuatro palabras con el portero o hubiera decidido coger el autobús, o hubiera regresado un momento a su casa para coger algo que había olvidado, o si el coche hubiera necesitado un minuto más de lo normal para ponerse en marcha, es decir, si se hubiera retrasado, incluso muy poco, su llegada al cruce habría evitado el incidente.

Hoy en día, la ciencia debe afrontar y resolver precisamente problemas de este tipo, en los que la uniformidad no existe y donde, por tanto, ya no se cuenta con la posibilidad de repetir los experimentos en las mismas y exactas condiciones y con los mismos y exactos resultados. Tal vez quienes afirmaron haber obtenido la fusión fría sean el primer ejemplo importante de este tipo de experimentos irrepetibles, o al menos no repetibles regularmente. En todo caso, fenómenos como este están destinados a convertirse en el futuro en la norma, y a ellos principalmente deberá enfrentarse el científico.

Esto podría aumentar la cuota de fraude, ya bastante alta en el mundo científico a causa de, como hemos visto, motivos extrínsecos. Sin la validez de la apelación al criterio de repetibilidad será extremadamente difícil establecer si una nueva teoría o un nuevo descubrimiento es verdadero o fruto de engaños o estafas. Pero esto no quiere decir necesariamente que los estafadores podrán actuar impunemente. Aun en caso de que pierdan validez el principio de uniformidad de la naturaleza y el criterio empírico de repetibilidad de los experimentos,

## 9. El científico como impostor

existirá el último banco de pruebas de las nuevas teorías: su aplicabilidad práctica, su valor tecnológico. El estudio de los fenómenos caóticos es interesante solo en la medida en que nos permite comprender y dominar mejor, desde el punto de vista tecnológico, el mundo newtoniano en que vivimos. Por eso los resultados de la investigación acerca de los fenómenos caóticos no uniformes deberán poder traducirse en efectos tecnológicos uniformes capaces de ser explotados e integrados en la tecnología con la que cuenta el hombre. De esta manera, por ejemplo, los estudios sobre la fusión fría, si resultan ser definitivamente inmunes a la estafa, deberán arribar en un momento determinado a soluciones experimentales que permitan que el fenómeno mismo, o al menos los efectos, puedan reproducirse para ser usados con el objeto de producir energía. Si el fenómeno continúa siendo necesariamente y de todas maneras aleatorio y produce necesariamente y de todas maneras muy poca energía, no sabremos qué hacer con él. Necesitamos encender luces en casa cuando lo deseamos y no solo cuando casualmente tiene lugar un evento de fusión fría que enciende durante un segundo y medio una bombilla, y además con una luz muy débil. En el futuro será más difícil, aunque no imposible, desenmascarar a los estafadores vulgares, los mercenarios de la ciencia.

Pero el problema no será desenmascararlos. Al igual que con la delincuencia común, la estrategia más razonable es eliminar los móviles, y por lo tanto las condiciones que hacen posible las estafas. Hemos visto que engañar en ciencia es algo inevitable. Pero existe quien engaña por un interés privado y quien lo hace, en cambio, por interés de la ciencia.

Nadie puede esperar a que se ponga fin a las estafas perpetradas en nombre y en interés de la ciencia, porque hemos visto que este tipo de falsificación no es sino la otra cara de la genialidad. Lo que sí puede y debe evitarse es que la ciencia sea puesta en manos ya no de los Galileo o los Einstein, sino en las de los pequeños y vulgares estafadores de hoy, quienes, en una situación confusa y compleja como lo será la de la investigación científica de los próximos decenios, podrían encontrar un ambiente favorable a su multiplicación y terminarían por infectar el organismo de la ciencia, hasta ahogarlo. La ciencia del caos podría transformarse en una ciencia caótica llena de descubrimientos falsos o insignificantes que podrían constituir el final del progreso científico y el comienzo de una involución de la civilización.

Afortunadamente, evitarlo es posible, aunque de manera alguna fácil: es suficiente con que la sociedad y la política encuentren la forma de restituir al científico con vocación la libertad y la dignidad. Deben alejarle de su actual condición de «mercenario», reconociéndole el derecho al ocio que en las diferentes épocas favoreció los grandes éxitos de la ciencia. Solo entonces podremos confiar en las nuevas imágenes del mundo, en nuevos planteamientos convincentes, en las nuevas fábulas que nos relatarán los científicos.

# Bibliografía

## 1. Los Nobel también hacen trampa

COOPER, J. C.: «Have faster-than-light particles already been detected?», en *Foundations of Physics,* núm. 9, 1979, pp. 461-66.

DRAKE, S.: «Galileo experimental confirmation of horizontal inertia: unpublished manuscripts» *(Galileo Gleanings XX.11),* en *Isis,* núm. 64, 1973, pp. 291-305.

ESSEN, L.: *Relatività: ¿scherzo o truffa?* Andromeda, Bolonia, 1989.

FRANKLIN, A.: *The neglect of experiment.* Cambridge University Press, Cambridge, 1986.

GAMOW, G.: *Biografia della fisica.* Mondadori, Milán, 1963, pp. 39-50.

GINGERICH, O.: *Was Ptolemy a fraud?,* preprint, núm. 751. Center for Astrophysics, Harvard College Observatory, Cambridge, 1977.

GRASSHOFF, G.: *The story of Ptolemy's star catalogue.* Springer Verlag, Nueva York, 1990.

HEILBRON, J. L.: «The detection of antiproton», en M. de Maria, M. Grilli y F. Sebastiani, *The restructuring of physical science in Europe and the United States. 1954-1960.* World Scientific, Singapur, 1989, pp. 161-209.

HOLTON, G.: «Subelectrons, presuppositions and the Millikan-Ehrenhaft dispute», en *The scientific imagination*. Cambridge University Press, Cambridge, 1978. [Trad. cast.: «Subelectrones, presuposiciones y la polémica Millikan-Ehrenhaft», en *Ensayos sobre el pensamiento científico en la época de Einstein*. Alianza Editorial, Madrid, 1982, pp. 43-117.]

KOYRÉ, A.: «An experiment in measurement», en *Proceedings of the American Philosophical Society*, núm. 97, 1953, pp. 222-37.

LODGE, O.: *The pioneers of science*. Nueva York, 1960, pp. 90-92.

LUBKIN, G. B.: «Piccioni sues for share of antiproton credit», en *Physics Today*, núm. 259, 1972, pp. 69-71.

MILLIKAN, R. A.: «The isolation of an ion, a precision measurement of its charge, and correction of Stokes Law», en *Science*, núm. 32, 1910, p. 436.

– «Science and society», en *Science*, núm. 58, 1923, p. 293.

NASH, L. K.: *The origin of Dalton's chemical atomic theory*, en *Isis*, núm. 47, 1956, pp. 101-16.

NAYLOR, R.: «Galileo and the problem of free fall», en *British Journal of History of Science*, núm. 7, 1974, pp. 105-34.

NEWTON, R. R.: *The crime of Claudius Ptolemy*. Johns Hopkins University Press, Baltimore, 1977.

PARTINGTON, J. R.: *A short history of chemistry*. Harper & Brothers, Nueva York, 1960, p. 170.

POLANYI, M.: *La conoscenza personale*. Rusconi, Milán, 1990, pp. 83-91.

SETTLE, T. B.: «An experiment in the history of science», en *Science*, núm. 133, 1961, pp. 19-23.

SHEA, W. R.: *Copernico, Galileo, Cartesio*. Armando, Roma, 1989.

WADE, N.: «Scandal in the heavens: renowned astronomer accused of fraud», en *Science*, núm. 197, 1977, pp. 707-9.

WESTFALL, R. S.: «Newton and the fudge factor», en *Science*, núm. 179, 1973, pp. 751-58.

## 2. Crímenes y castigos

ANDERSON, A.: «Criminal charge in scientific fraud case», en *Nature*, núm. 332, 1988, p. 670.

– «First scientific fraud conviction», en *Nature*, núm. 335, 1988, p. 389.

ANDERSON, G. C.: «Dingell opens second front in Gallo war», en *Nature,* núm. 354, 1991, p. 95.

ANÓNIMO, «Settling the Aids virus dispute», en *Nature,* núm. 326, 1987, p. 425.

— «No end to Gallo inquiry», en *Lancet,* núm. 339, 1992.

BANTMAN, B.: «Les conclusions logiques d'une enquête maison», en *Libération,* 18-19 de abril de 1992.

— «Curien: nous pourrions rompre l'accord de 87», en *Libération,* 25-26 de abril de 1992.

BEARDSLEY, T.: «Dispute over Aids patent priority», en *Nature,* núm. 310, 1984, p. 174.

BYRNE, G.: «Breuning pleads guilty», en *Science,* núm. 242, 1988, p. 27.

COLLINS, E.: «Interleukin disappears from the literature», en *Nature,* núm. 324, 1986, p. 197.

CONNOR, S.: «Aids: mistery of the missing data», en *New Scientist,* 12 de febrero de 1987, p. 49.

CONNOR, S., y KINGMAN, S.: *The search for the virus. The scientific discovery of Aids and the quest for a cure.* Penguin Books, Harmondsworth, 1988.

CREWDSON, J.: «The great Aids quest», en *Chicago Tribune,* 19 de noviembre de 1989.

— «Scientist denies charges in Aids probe», en *Chicago Tribune,* 15 de agosto de 1991.

— «U.S. probe cites lies, errors in Aids article», en *Chicago Tribune,* 15 de septiembre de 1991.

CULLITON, B. J.: «Baltimore cleared of all fraud charges», en *Science,* núm. 243, 1989, p. 727.

— «Inside the Gallo probe», en *Science,* núm. 248, 1990, p. 1494.

GALLO, R. C.: *Virus Hunting. Aids, Cancer, and the human retrovirus: a story of scientific discovery.* Basic Books, Nueva York, 1991.

— y MONTAGNIER, L.: «The cronology of Aids research», en *Nature,* núm. 326, 1987, p. 435.

GRMEK, M. D.: *Histoire du Sida.* Payot, París, 1990.

LAPIERRE, D.: *Più grandi dell'amore.* Mondadori, Milán, 1990.

MONTAGNIER, L.: *Vaincre le Sida. Entretiens avec Pierre Bourget.* Cana, París, 1986.

SEYTRE, B.: «Sida: les américains blanchissent Gallo», en *Libération,* 18-19 de abril de 1992.

SPECTER, M.: «The case of Dr. Gallo», en *New York Review of Books*, 15 de agosto de 1991, pp. 47-50.

## 3. ¿La Ciencia con mayúsculas o el Embuste con mayúsculas?

AA. VV.: *Counter mouvements in the science: the sociology of the alternatives to Big Science*. Dordrecht, 1979.
- *Responsible science: ensuring the integrity of the research process*. National Academy Press, Washington, 1992.

ALBERIGHI QUARANTA, A.; BERNARDINI, C.; CABIBBO, N.; CAPPELLETTI, V.; COLOMBO, V.; DONATO, L.; IPPOLITO, F.; LIQUORI, A. M.; MAINARDI, D.; ROSSI BERNARDI, L.; SPADOLINI, P.; TEDESCHINI LALLI, C., y VEREDICE, G.: «Forum, il finanziamento della ricerca», en *Technology Review*, núm. 38-39, 1991, pp. 57-65.

ANCARANI, V., ed.: *La scienza accademica nell'Italia post-unitaria*. Franco Angeli, Milán, 1989.

ANÓNIMO, «Researcher admits he faked journal data», en *Science News*, núm. 111, 1977, p. 150.
- «NIH's first strategic plan debated», en *Nature*, núm. 355, 1992, p. 573.

AYALA, F. et al.: *On being a scientist*. National Academy Press, Washington, 1989.

BABBAGE, C.: *Reflections on the decline of science in England*. Fellowes & Booth, Londres, 1830, pp. 174-83.

BAILEY, F. G.: *Morality and expediency: the folklore of academic politics*. Oxford, 1977.

BLOOM, F. E., y RANDOLPH, M. A.: *Funding health sciences research: a strategy to restore balance*. National Academy Press, Washington, 1990.

BLUM, D. E.: «Younger scientists feel big pressure in battle for grants», en *Chronicle of Higher Education*, núm. 26, septiembre de 1990, pp. 16-17.

BOFFEY, Ph. M.: *The brain bank of America: an inquiry into the politics of science*. McGraw Hill, Nueva York, 1975.

BRANDT, E. T.: «PHS perspectives on misconduct in science», en *Public Health Rep.*, núm. 98, 1983, pp. 136-39.

BROAD, W., y WADE, N.: *Betrayers of the truth. Fraud and deceit in the halls of science*. Simon & Schuster, Nueva York, 1982.

BUSH, V.: *Science, the endless frontier.* Arno Press, Nueva York, 1980 (reimpresión de la edición de 1945).

CARDWELL, D. S. L.: *The organisation of science in England.* Heinemann, Londres, 1957, ed. revisada, 1972.

CHUBIN, D. E., y CHU, E. W.: *Science off the pedestal, social perspectives on science and technology.* Wadsworth Publishing Company, California, 1989.

CHUBIN, D. E. et al.: *Peerless Science. Peer Review and the US science policy.* Albany-Nueva York, 1990.

COLE, S.; RUBIN, L., y COLE, S. Jr.: *Peer review in the national Science Foundation: phase 1 of a study.* National Science Foundation, Washington, 1978.

COLE, S.; COLE, S. Jr., y SIMON, G. A.: «Chance and consensus in peer review», en *Science,* núm. 214, 1981, pp. 881-6.

COLIN, M.: «Reduce fraud in seven easy steps», en *Science,* núm. 224, 1984, p. 581.

COURTIAL, J. P.: *Introduction à la scientométrie.* Anthropos, París, 1990.

DAVID, J. B.: *The scientist's role in society. A comparative study.* Englewood Cliffs, Nueva Jersey, 1971.

DE CANDOLLE, A.: *Histoire des sciences et des savants.* Fayard, París, 1987 (reimpresión de la edición Genève-Bâle, 1885).

DE SOLLA PRICE, J. D.: *Little science, Big Science.* Columbia University Press, 1963.

— *Little science, Big Science, and beyond.* Nueva York, 1986.

DICKSON, B.: «Peer review, in the best interests of sciences?», en *New Scientist,* 6 de marzo de 1986, p. 58.

DICKSON, D.: *The new politics of Science.* Pantheon, Nueva York, 1984.

ELKANA, Y.; LEDERBERG, J.; MERTON, R. K.; THACKRAY, A., y ZUCKERMAN, H.: *Toward a metric of science: the advent of science indicators.* Wiley, Nueva York, 1978.

FOX, R., y WEISZ, G.: *The organization of science and technology in France 1808-1914.* Cambridge University Press, Cambridge, 1981.

FRANK, Ph.: *Einstein, his life and times.* Da Capo Press, Nueva York, 1989, pp. 110-1.

GASTON, J.: *Originality and competition in science. A study of the British high energy physics community.* University of Chicago Press, Chicago, 1973.

- *The reward system in British and American science*. Chichester, 1978.
GEE, H.: «Peers slam peer review», en *Nature,* núm. 355, 1992, p. 488.
GILLISPIE, C. C.: *Scienza e potere in Francia alla fine dell'ancien régime*. Il Mulino, Bolonia, 1983.
HOLTON, G.: «Models for understanding the growth of research», en *Thematic origins of scientific thought*. Harvard University Press, Harvard, 1973, pp. 397-430.
- «From the endless frontier to the ideology of limits», en G. Holton, ed., *The advancement of science and its burdens*. Cambridge University Press, Cambridge, 1986, pp. 209-28.
HULL, D. L.: *Science as a process: an evolutionary account of the social and conceptual development of science*. Chicago, 1988.
KLAW, S.: *I bramini della scienza. La ricerca scientifica nella società a una dimensione*. Mondadori, Milán, 1970.
LEDERMAN, L. M.: *Science: the end of the frontier?* American Association for the Advancement of Science, Washington, 1991.
LEPENIES, W.: *Ascesa e declino degli intellettuali in Europa*. Laterza, Roma-Bari, 1992.
LEWIN, R.: «Les fraudes scientifiques», en *La Recherche,* núm. 240, febrero de 1992, p. 254.
LEWIS, L. S.: *Scaling the ivory tower: merit and its limits in academic careers*. Johns Hopkins Press, Baltimore, 1975.
LOCK, S.: *A difficult balance: editorial peer review in medicine*. Nuffield Provincial Hospitals Trust, Londres, 1985.
MCCUTCHEN, C. W.: «Chi la fa l'aspetti», en *Technology Review,* núms. 38-39, 1991, pp. 50-56.
MOULIN, L.: «The noble prizes for the sciences from 1901-1950: an esssay in sociological analysis», en *British Journal of Sociology,* núm. 6, 1955, pp. 246-63.
NARIN, F.: *Evaluative bibliometrics: the use of publication and citation analysis in the evaluation of scientific activity*. Cherry Hill, Computer Horizons, Nueva York, 1976.
NICHOLSON, R.; CUNNINGHAM, C. M., y GUMMET, Ph.: *Science and technology in the United Kingdom*. Longman, Nueva York, 1991.
NYE, M. J.: «Scientific decline. Its quantitative evaluation», en *Isis,* núm. 75, 1984, pp. 607-18.
PASTEUR, L.: *Le budget de la science,* París, 1868.

RAINOFF, T. J.: «Wave-like fluctuations of creative productivity in the development of west european physics in the 18th and 19th centuries», en *Isis,* núm. 12, 1929, pp. 287-307.

ROBERT, O.: «La France à l'abri de la tentation?», en *La Recherche,* núm. 240, 1992, pp. 263-64.

ROY, R.: «An alternative funding mechanism», en *Science,* núm. 211, 1988, p. 1377.

– «Alternatives to review by peers: a contribution to the theory of scientific choice», en *Minerva,* núm. 22, 1984, pp. 316-28.

SALAM, A. M.: *Ideali e realtà,* Lint, Trieste, 1986.

– «Scienza, tecnologia e istruzione scientifica per lo sviluppo del sud del mondo», en *Biologica,* núm. 5, 1991, pp. 213-49.

SATTAUR, O.: «World Bank calls for action halt Africa brain drain», en *New Scientist,* 25 de noviembre de 1989.

Science policy task force report. Draft Chapter number 1: «Reports to the Congress on science and science policy»; number 2: «The regulatory environment for scientific research», U. S. Government Printing Office, Washington, enero de 1990.

SINDERMANN, C. J.: *The joy of science: excellence and its rewards.* Nueva York, 1985.

SMITH, R. J.: «Problems with peer review and alternatives», en *British Medical Journal,* núm. 296, 1988, pp. 774-77.

SNOW, C. P.: *Il caso Howard.* Einaudi, Turín, 1962.

Subcom. on the Com. on Government Operations, *Scientific fraud and misconduct and the federal response.* U. S. Government Printing Office, Washington, abril de 1988.

Subcom. on Human Resources and Intergovernmental Relations, *Are scientific misconduct and conflicts of interest hazardous to our health?* U. S. Government Printing Office, Washington, septiembre de 1990.

Subcom. on Investigations and Oversight, *Maintaining the integrity of scientific research.* U. S. Government Printing Office, Washington, junio de 1989.

– *Maintaining the integrity of scientific research.* U. S. Government Printing Office, Washington, enero de 1990.

Subcom. on Oversight and Investigations, *Fraud in NIH grant programs.* U. S. Government Printing Office, Washington, abril de 1988.

SZILARD, L.: *The voice of the dolphins and other stories.* Simon & Schuster, Nueva York, 1961.

TENHOUTEN, W. D.: *Science and its mirror image*. Nueva York, 1981.
VAN DE KAMP, J., y CUMMINGS, M. M.: *Misconduct and fraud in the life sciences*. U. S. Dept. of Health and Human Services, Bethesda, 1977.
WATSON, J. D.: *The double helix. A personal account of the discovery of the structure of DNA*. Athenaeum, Londres, 1968.
WEIMBERG, A. M.: *Reflections on Big Science*. MIT Press, Cambridge, Mass., 1967.
ZUCKERMAN, H.: *Scientific elite: Nobel laureates in the United States*. Free Press, Nueva York, 1977.

4. Descubrimientos y redescubrimientos del agua

ALLEN, L. C.: «An annotated bibliography for anomalous water», en *Experientia,* núm. 36, 1971, p. 554.
— «Theoretical evidence against the existence of polywater», en *Nature,* núm. 253, 1971, p. 550.
— «The rise and the fall of polywater», en *New Scientist,* núm. 59, 1973, p. 376.
ANÓNIMO, «When to believe the unbelievable», en *Nature,* núm. 333, 1988, p. 787.
— «High-diluition experiments: a delusion», en *Nature,* núm. 334, 1988, p. 287.
— «Farewell (not fond) to cold fusion», en *Nature,* núm. 334, 1990, p. 365.
BENVENISTE, J.: «Dr. Jacques Benveniste replies», en *Nature,* núm. 334, 1988, p. 291.
BERNARDINI, C., y MINERVA, D.: *L'ingegno e il potere*. Sansoni, Florencia, 1992.
DE PRACONTAL, M.: *Les mystères de la mémoire de l'eau*. La Découverte, París, 1990.
DICKSON, D.: «Benveniste criticism is diluited», en *Nature,* núm. 245, 1989, p. 248.
FRANKS, F.: *Polywater*. MIT Press, Cambridge, Mass., 1981.
FREEDMAN, D. H.: «A japanese claim generates new heat», en *Science,* núm. 256, 1992, p. 438.
GARDNER, M.: *Science: good, bad, and bogus*. Nueva York, 1981.
HUIZENGA, J. R.: *Cold fusion: the scientific fiasco of the century*. University of Rochester Press, Rochester, 1992.

LAVAL, G.: «La fusion froide aura-t-elle lieu?», en *La Recherche*, núm. 211, 1989, pp. 816-19.
LINDLEY, D.: «The embarassment of cold fusion», en *Nature*, núm. 344, 1990, p. 375.
P. C.: «Benveniste all-clear», en *Nature*, núm. 343, 1990, p. 197.
PLASTERK, R.; REILLY, D. T.; LASTERS, I.; BARDIAUX, M.; DANCHIN, A., y FIERZ, W.: «Explanation of Benveniste», en *Nature*, núm. 334, 1988, p. 285.
POOL, R.: «Confirmations heat up cold fusion prospects», en *Science*, núm. 244, 1989, p. 143.
– «Cold fusion: end of act I», en *Science*, núm. 244, 1989, p. 1039.
– «Cold fusion still in state of confusion», en *Science*, núm. 245, 1989, p. 256.
– «Will new evidence support cold fusion?», en *Science*, núm. 246, 1989, p. 206.
– «Cold fusion at Texas A & M. Problems but not fraud», en *Science*, núm. 248, 1990.
ROUSSEAU, D. L., y PORTO, S. P. S.: «Polywater: polymer or artifact?», en *Science*, núm. 167, 1970, p. 1715.
ROUSSEAU, D. L.: «An alternative explanation for polywater», en *Journal of Colloid Interface Science*, núm. 36, 1971, p. 434.
TAUBES, G.: «Cold fusion conundrum at Texas A & M», en *Science*, núm. 248, 1990, p. 1299.

## 5. Delitos de bata blanca

ANÓNIMO, «Fraud in Sydney», en *Lancet*, 12 de noviembre de 1988, p. 1153.
BRAND, D.: «It was too good to be true», en *Time*, 1 de junio de 1987.
COLLIE, R. J.: *Fraud in medico-legal practice*. Arnold, Londres, 1932.
COLT, G. H.: «Too good to be true», en *Harvard Magazine*, núm. 22, 1983, p. 28.
CULLITON, B. J.: «The Sloan-Kettering affair: a story without a hero», en *Science*, núm. 184, 1974, p. 644.
– «The Sloan-Kettering affair (II): an uneasy resolution», en *Science*, núm. 184, 1974, p. 1154.
– «Coping with fraud. The Darsee case», en *Science*, núm. 220, 1983, p. 31.

DEER, B.: «Exposé. The bogus work of prof. Briggs», en *Sunday Times*, 28 de septiembre de 1986.
- «Inquiry agrees scientist did fake research on pill», en *Sunday Times*, 29 de marzo de 1987.

DICKSON, D.: «Contaminated cell lines», en *Nature*, núm. 289, 1981, p. 227.

EWING, T.: «Thalidomide scientist "guilty of fraud" says committee», en *Nature*, núm. 336, 1988, p. 101.

GILBERT, S.: *Medical fakes & frauds*. Chelsea House Publishers, Londres, 1989.

GOLD, M.: *A conspiracy of cell: one woman's immortal legacy and the medical scandal it caused*. State University of New York Press, Albany, 1986.

HALL, E. C.; HUGULEY, C. M. Jr.; SYMBAS, P. N., y MORAN, N. C.: «Report of ad hoc committee to evaluate research of Dr. J. R. Darsee at Emory University», en *Minerva*, núm. 2, 1985, vol. 3, p. 276.

HIXON, J.: *The patchwork mouse*. Anchor Press, Doubleday, Nueva York, 1976.

HOLDEN, C.: «NIH turns down Illmensee proposal», en *Science*, núm. 225, 1984, p. 36.

JUDO, W.: *Healing: faith or fraud*. Pacific Press Publishing Association, 1978.

KLEIN, A.: *Eroi dell'inganno*. Martello, Milán, 1956.

KNOX, R.: «The Harvard fraud case: where does the problem lie?», en *Journal of American Medical Association*, núm. 249, 1983, p. 1797.

LOCK, S.: «Fraud in medicine», en *British Medical Journal*, núm. 297, 1988, p. 376.
- «Scientific misconduct», en *British Medical Journal*, núm. 297, 1988, pp. 753-54.
- «Scientific misconduct again», en *British Medical Journal*, núm. 297, 1988, p. 1079.
- «Misconduct in medical research: does it exist in Britain?», en *British Medical Journal*, núm. 297, 1988, p. 1531.

MCBRIDE, G.: «The Sloan Kettering affair. Could it have happened anywhere?», en *Journal of the American Medical Association*, núm. 229, 1974, p. 1391.

MEDAWAR, P. B.: «The strange case of spotted mice», en *New York Times Review of Books*, 15 de abril de 1976, p. 8.

NICOL, B.: *McBride: behind the myth.* Australian Broadcasting Corporation, Victoria, 1989.
NORMAN, C.: «Illmensee faces funding cutoff», en *Science,* núm. 224, 1984, p. 265.
RELMAN, A. S.: «Lessons from the Darsee affair», en *New England Journal of Medicine,* núm. 308, 1983, pp. 1415-17.
SHARP, D.: «La fraude: une pratique courante en sciences de la vie?», en *La Recherche,* núm. 196, 1988, p. 240.
STEIN, M. D.: «Cornell retracts reports of kinase cascade», en *Nature,* núm. 293, 1981, p. 93.
SWAN, N.: «The exposure of a scientific fraud», en *New Scientist,* 3 de diciembre de 1988, p. 30.
SWAN, N., y OLSON, L. G.: «Preventing and dealing with scientific fraud in Australia», en *Medical Journal of Australia,* 7 de agosto de 1989, p. 173.
VORONOFF, S.: *Vivere: studio dei mezzi per ripristinare l'energia vitale e per prolungare la vita.* Bolla, Milán, 1920.
– *Innesti testicolari.* Bolla, Milán, 1923.
– *Studio chimico di endocrinologia. Innesti della scimmia all'uomo.* Bolla, Milán, 1926.
YANCHINSKI, S.: «The cancer cascade: why the science is suspect», en *New Scientist,* 1 de octubre de 1981, p. 22.

## 6. Falsificaciones afortunadas y desafortunadas

ALDHOUS, P.: «Burt files reopened», en *Nature,* núm. 354, 1991, p. 97.
– «Tragedy revealed in Zurich», en *Nature,* núm. 355, 1991, p. 577.
– «Psychologists rethink Burt», en *Nature,* núm. 356, 1992, p. 5.
CIOFFI, F.: «Was Freud a liar?», en *Journal of Orthomolecular Psychiatry,* núm. 5, 1976, pp. 275-80.
DI TROCCHIO, F.: *Legge e caso nella genetica mendeliana.* Franco Angeli, Milán, 1989.
– «Mendel's experiments: a reinterpretation», en *Journal of the History of Biology,* núm. 24, 1991, pp. 485-519.
DORFMAN, D. D.: «The Cyril Burt question: new findings», en *Science,* núm. 201, 1978, pp. 1177-86.
EDARDS, J. H.: «Estimation of Burt», en *New Scientist,* 17 de junio de 1982, p. 803.

ESTLING, R.: «Estimation of Burt», en *New Scientist,* 1 de julio de 1982, p. 47.
FIENBERG, S. E.: «Book review of Burt affair», en *Chance,* 1990.
FISHER, S., y GREENBERG, R. P.: *The scientific credibility of Freud's theories and therapy.* Basic Books, Nueva York, 1977.
FLETCHER, R.: *Science, ideology & the media: the Cyril Burt scandal.* Transaction Publishers, 1990.
GARDINER, M.: *The wolf-man: by the wolf-man.* Basic Books, Nueva York, 1971.
GILLIE, O.: «Burt's missing ladies», en *Science,* núm. 204, 1979, pp. 1035-39.
GOULD, S. J.: «Il vero errore di Cyril Burt», en *Intelligenza e pregiudizio.* Editori Riuniti, Roma, 1985, pp. 243-338.
HERRNSTEIN, R.: «I. Q.», en *Atlantic Monthly,* núm. 228, 1971, p. 43.
— *I. Q. in the meritocracy.* Little Brown, Boston, 1973.
HOLDEN, C.: «Rehabilitation for Burt?», en *Science,* 4 de enero de 1991, p. 27.
JENSEN, A. R.: «Kinship relations reported by sir Cyril Burt», en *Behavior Genetics,* núm. 4, 1974, p. 1.
JOYNSON, R. B.: *The Burt affair.* Routledge, Chapman & Hall, Nueva York, 1989.
KAMIN, L.: *The science and politics of I. Q.* Potomac, Erlbaum, 1974.
KOESTLER, A.: *The case of midwife toad.* Random House, Nueva York, 1972.
MAHONY, P.: *Freud and the rat man.* Yale University Press, New Haven, Cnn. Londres, 1986.
OBHOLZER, K.: *The wolf-man sixty years later: conversations with Freud's controversial patient.* Routledge & Kegan Paul, Londres, 1982.
SAPP, J.: *Where the truth lies. Franz Moewus and the origins of molecular biology.* Cambridge University Press, Cambridge, 1990.

7. Un Judas en el laboratorio

DURAND DELGA, M.: «L'affaire Deprat», en *Travaux du Comité Français d'Histoire de la Géologie,* núm. 4, 3 s., 1990, pp. 117-212.

- «L'affaire Deprat, l'honneur retrouvé d'un géologue», en *La Recherche*, núm. 237, 1991, pp. 1342-46.
GRUENBERG, B. G.: *The story of evolution*. Nueva York, 1929, nota en p. 327.
KLOTZ, I. M.: «The N-ray affair», en *Scientific American*, núm. 242, 1980, p. 168.
MEDAWAR, P. B., y MEDAWAR, J. S.: *Introduzione alla biologia*. Mondadori, Milán, 1976, pp. 148-51.
NYE, M. J.: «N-rays: an episode in the history and psychology of science», en *Historical Studies in the Physical Sciences*, núm. 11, 1980, p. 125.
ROSTAND, J.: *Science fausse et fausse sciences*. Gallimard, París, 1985.
WITKOWSKI, J. A.: «Dr. Carrel's immortal cells», en *Medical History*, núm. 24, 1980, p. 129.

## 8. Fósiles falsos y eslabones perdidos

AA. VV.: «Indian rope trick», en *Nature*, núm. 355, 1992, p. 660.
AHKUWALIA, A. D.: «The peripatetic fossils: part 3», en *Nature*, núm. 341, 1989, pp. 13-15.
ASSMUTH, J., y HULL, E. R.: «Haeckel's frauds and forgeries», *Bombay Examiner Press*. Bombay, 1915.
BLINDERMAN, C.: *The Piltdown inquest*. Prometheus Books, Buffalo-Nueva York, 1986.
BRASS, A., y GEMELLI, A.: *L'origine dell'uomo e le falsificazioni di Haeckel*. Libreria Editrice Fiorentina, Florencia, 1910.
- *Le falsificazioni di Ernst Haeckel*. Libreria Editrice Fiorentina, Florencia, 1912.
CELLI, G.: *Bugie, fossili e farfalle*. Il Mulino, Bolonia, 1991.
CHARIG, A. J.; GREENWAY, F.; MILNER, A. C.; WALKER, C. A., y WHYBROW, P. J.: «Archeopteryx is not a forgery», en *Science*, núm. 232, 1986, p. 622.
COSTELLO, P.: *The magic zoo*. Londres, 1979.
- «The Piltdown hoax reconsidered», en *Antiquity*, núm. 59, 1985, pp. 167-71.
- «The Piltdown hoax, beyond the Hewitt connexion», en *Antiquity*, núm. 60, 1986, pp. 145-47.
FEDER, K. L.: *Frauds, myths & mysteries: science & pseudoscience in archeology*. Mayfield Publishing Company, 1990.

GOULD, S. J.: «Zealous advocates (Review of Koestler's The case of midwife toad)», en *Science,* núm. 176, 1972, p. 623.
- «The Piltdown conspiracy», en *Natural History,* núm. 189, 1980, p. 8.
- «The most chilling statement», en *Natural History,* núm. 90, 1981, p. 14.
- *Il pollice del panda. Riflessioni sulla storia naturale.* Editori Riuniti, Roma, 1983.
- *Quando i cavalli avevano le dita. Misteri e stranezze della natura.* Feltrinelli, Milán, 1991.

GRIGSON, C.: «Missings links in the Piltdown fraud», en *New Scientist,* 13 de enero de 1990, p. 55.

GUPTA, V. J.: «The peripatetic fossils: part 2», en *Nature,* núm. 341, 1989, pp. 11-12.
- «A response to the co-authors», en *Nature,* núm. 343, 1990, p. 307.

HARRISON MATTHEWS, L.: «Piltdown man. The missing links», en *New Scientist,* 30 de abril de 1981, p. 280.

HOYLE, F., y WICKRAMASINGHE, N. C.: *Archeopteryx, the primordial bird.* Christopher Davies, Swansea, 1986.

JANVIER, Ph.: «Le bestiaire imaginaire de l'Himalaya», en *La Recherche,* núm. 240, febrero de 1992, pp. 260-62.

LEWIN, R.: *Le ossa della discordia.* Bompiani, Milán, 1989.

MILLAR, R.: *The Piltdown man.* Londres, 1972.

MOLLESON, T. I.: *The Piltdown man hoax.* Londres, 1973.

MOORE, R.: *Uomo, tempo e fossili. Storia dell'evoluzione.* Garzanti, Milán, 1954.

OAKLEY, K. P., y HOSKINS, C. R.: «New evidence on the antiquity of Piltdown man», en *Nature,* núm. 165, 1950, p. 379.

READER, J.: *Missing links: the hunt for the earliest man.* Collins Sons & Co., Londres, 1981.

SPENCER, F.: *The Piltdown papers 1908-1955.* Oxford University Press, Nueva York, 1990.
- *Piltdown, a scientific forgery.* Oxford University Press, Oxford, 1990.

TALENT, J. A.: «The case of the peripatetic fossils», en *Nature,* núm. 338, 1989, pp. 613-15.
- «The peripatetic fossils: part 5», en *Nature,* núm. 343, 1990, p. 405.

VINES, G.: «Strange case of Archeopteryx fraud», en *New Scientist,* 14 de marzo de 1985, p. 3.

WATERHOUSE, J. B.: «The peripatetic fossils: part 4», en *Nature*, núm. 343, 1990, p. 305.
WATKINS, R. S.; HOYLE, F.; WICKRAMASINGHE, N. C.; RABILIZIROW, R., y SPETNER, L.: «Archeopteryx: a photographic study», en *British Journal of Photography*, núm. 132, 1985, p. 264.
— «Archeopteryx: a further comment», en *British Journal of Photography*, núm. 132, 1985, p. 358.
— «Archeopteryx: further evidence», en *British Journal of Photography*, núm. 132, 1985, p. 468.
WEINER, J. S.: *The Piltdown forgery*. Oxford University Press, Londres, 1955.
WELLNHOFER, P.: «L'Archeopteryx», en *Le Scienze*, núm. 263, 1990, p. 51.

## 9. El científico como impostor

BOORSTIN, D.: *The discoverers*. Random House, Nueva York, 1985.
BRINKMANN, D.: «Das perpetuum Mobile, ein Sinnbild abendländischen Menschentums», en *Nova Acta Paracelsica*, núm. 7, 1954, pp. 164-91.
COLLINS, H.: «The seven sexes: a study in the sociology of a phenomenon, or the replication of experiments in physics», en *Sociology*, núm. 9, 1975, pp. 205-24.
DE PRACONTAL, M.: *L'imposture scientifique en dix leçons*. La Découverte, París, 1986.
ECO, U.: *La guerre du faux*. Grasset, París, 1985.
— *Falsi e contraffazioni*, en *I limiti dell'interpretazione*. Bompiani, Milán, 1990, pp. 162-92.
FEYERABEND, P.: *Contro il metodo*. Lampugnani Nigri, Milán, 1973.
— *Farewell to reason*. Verso, Nueva York, 1987.
GARDNER, M.: *Fads and fallacies in the name of science*. Dover, Nueva York, 1957.
GLEICK, J.: *Caos, la nascità di una nuova scienza*. Rizzoli, Milán, 1989.
JASTROW, J.: *Storia dell'errore umano*. Mondadori, Milán, 1941.
LOEHLE, C.: «Distinguishing fraud from error», en *Nature*, núm. 338, 1989, p. 370.

MCCAIN, G., y SEGAL, E. M.: *The game of science*. Brooks Cole Publishing Company, 1988.
MCDONALD, K.: «Fraud in scientific research: is it the work of psycopaths?», en *Chronicle of Higher Education*, núm. 21, 1983, p. 7.
NEUFELD, A. H.: «Reproducing results, en *Science*, núm. 234, 1986, p. 11.
PARISI, G.: «Cacciati dal paradiso delle equazioni lineari», en AA. VV., *Gli ordini del caos*. Manifestolibri, Roma, 1991, pp. 73-79.
PERA, M.: *Scienza e retorica*. Laterza, Bari, 1991.
PERA, M., y SHEA, W.: *The art of scientific rethoric*. Watson Pub. International, Canton, 1991.
PETSKO, G. A.; LIPOWICZ, P. J.; LANE, L. C., y BLAND, B. H.: «Unreproducible results», en *Nature*, núm. 335, 1988, p. 109.
SCHMAUS, W.: «Honesty and method», en *Accountability in Research. Policies and Quality Assurance*, núm. 2, 1990, p. 147.
SCHUSTERS, J. A., y YEO, R. R., eds.: *The politics and rethoric of scientific method*. Reidel, Dordrecht, 1986.
THEOCHARIS, T., y PSIMOPOULOS, M.: «Where science has gone wrong», en *Nature*, núm. 329, 1987, pp. 595-598.
THOM, R.: «Tra la fecondità del falso e l'insignificanza del vero, stretto e malagevole è il cammino della scienza...», en *Scienza & Tecnica* 90-91. Annuario dell'Enciclopedia della Scienza e della Tecnica, Mondadori, Milán, 1990, pp. 344-348.
WADE, N.: «What science can learn from science fraud», en *New Scientist*, núm. 99, 28 de julio de 1983, p. 273.
WILCOCK, R. J.: *La sinagoga degli iconoclasti*. Adelphi, Milán, 1990.
ZIMAN, J.: *Si deve credere alla scienza?* Laterza, Bari, 1983.

# Agradecimientos

He contraído numerosas deudas durante la preparación de este libro. En primer lugar, con Elisa Giommi, de quien hace algunos años estuve cerca mientras realizaba una tesis acerca de las falsificaciones en la ciencia y que gentilmente ha puesto a mi disposición el material bibliográfico que ella había recogido. En otras investigaciones he disfrutado como siempre de la colaboración de los amigos Madel Crasta, Massimo Menna, Giuliana Scudder y Raffaella Morichetti, de la Biblioteca del Instituto de la Enciclopedia Italiana, a quienes se ha unido en este caso Lelia Crispolti, de la Biblioteca del United States Information Service de Roma. Tanto por los documentos como por las charlas que me han dispensado debo mucho a Beckinridge Willcox, Robert Sprague, Adil Shamoo y Gordon Moran, quien en este tiempo se ha convertido en un querido amigo. Los capítulos quinto y noveno habrían resultado probablemente menos decisivos si Vincenzo Cappelletti y William R. Shea no me hubieran apoyado con sus opiniones, y todo el libro habría resultado seguramente peor de lo que es si no hubiera aceptado las sugerencias de mi esposa, Laura, o si no hubiera tenido en cuenta las de Marco Vigevani y Luigi y Daniela Bernabò.

# Índice onomástico

Abbot, Lewis, 442
Adler, C. G., 29
Adler, Sheldon, 82
Albanese, Christopher, 113
Alberto Magno, 141
Aldhous, Peter, 167-168, 310
Alejandro Magno, 12
Allen, Lelan, 190-191
Allinson, Alfred, 410
Altuna, Jesús, 464
Amaldi, Edoardo, 52
Amis, Kingsley, 131
Apellániz, Juan María, 464
Appleby, John, 217-218
Arquímedes, 137-140, 144
Aristóteles, 12, 24, 27-28, 30, 480
Aronow, Wilbert S., 269-270
Arrest, H. L. d', 399
Aubin, Michel, 200
Audollet, P., 376-377
Avogadro, Amadeo, 193-194
Ayala, Francisco, 161

Babbage, Charles, 468
Bacon, Roger, 141, 184, 478
Baliani, Giovanni Battista, 27
Ballart, Isidro, 308-310
Baltimore, David, 12, 89, 111-126, 130, 161-163, 170, 261
Bandyopadhyay, Alok, 307-308
Barandiarán, Ignacio, 464-465
Barlow, Orwell Frank, 426-427, 432-436
Barré-Sinoussi, Françoise, 96-97
Barton, Katharine, 41
Bassi, Udai K., 463
Bateson, William, 294
Beadle, George, 319
Beckles, Samuel H., 409
Becquerel, Antoine-Henri, 371, 377
Beer, sir Gavin de, 452
Belon, Pierre, 201
Benacerraf, Baruj, 128-129
Bennet, Michael, 222
Benveniste, Jacques, 165, 170, 193, 195-196, 199-203, 486

## Índice onomástico

Bergeron, Jules, 360
Bernabò, Daniela, 521
Bernabò, Luigi, 521
Bernal, John D., 174, 189
Berthold, Arnold Adolph, 245
Bessler, Elias, 471
Bhargava, O. N., 463
Bigeleisen, Jacob, 216
Billeter, Martin, 309-310
Birch, Arthur, 283-284
Blinderman, Charles, 411
Blondlot, René, 12, 368, 371-374, 376-382, 474
Bockris, John, 213-218
Bohr, Niels, 44
Born, Max, 49
Boule, Marcellin, 403, 405
Boultbee, Arthur H., 44
Bowlby, John, 328
Brahe, Tycho, 43
Brass, Arnold, 383-385, 389-390, 392
Braunwald, Eugene, 237, 239, 241, 243
Breitman, Ted, 92
Bressani, Tullio, 218
Breuning, Stephen E., 71-89, 126, 129, 154, 473
Brewster, D., 41
Briggs, Maxine, 235
Briggs, Michael, 235-236
Broad, William, 15, 20
Brown, Edward J., 239
Brown-Séquard, Ch. E., 245
Brugière, Frédéric, 100
Brunet, Bernard, 460
Buchsbaum, Ralph, 351-353
Buerki, Kurt, 257
Burrows, Montrose, 348
Burt, Cyril, 12, 275, 334-344
Bush, George, 151
Bush, Vannevar, 149, 155, 173
Busk, George, 395
Butterfield, William Ruskin, 442

Calandra, Joseph, 271
Caldwell, H., 149
Cappelletti, Vincenzo, 521
Carion, Alain, 460
Carnot, Adolf, 405
Carrel, Alexis, 154, 345-354, 474
Cayeux, Lucien, 360
Celani, Francesco, 219
Cerenkov, Pavel Alekseevic, 54
Chamberlain, Owen, 52, 54-56, 58
Charpentier, A., 374-375, 377
Chasles, Michel, 11
Chermann, Jean-Claude, 96-97
Cherwell, lord, 149
Chexal, Bindy, 217
Chirac, Jacques, 110
Churchill, Winston, 149
Clark, Wilfred le Gros, 406
Cioffi, F., 327
Colani, Madeleine, 356
Colbert, Jean-Baptiste, 144
Colón, Cristóbal, 12
Conan Doyle, *véase* Doyle, Arthur Conan
Conners, C. Keith, 84
Conversi, Marcello, 53
Conway, Jane, 340-341
Cook, Jill, 465
Cooke, John, 426, 432, 446
Cooper, J. C., 56-58
Cooper, L., 28
Copérnico, Nicolás, 20, 25, 43, 141
Corbino, Orso Mario, 149
Corcos, Alan, 316
Cosme II de Medici, 143
Costantini, Frank, 113
Costello, Peter, 439-441
Coulomb, Charles-Augustin de, 205-206
Coulter, B., 29
Crasta, Madel, 521
Crewdson, John, 105, 170
Crick, Francis, 132
Crispolti, Lelia, 521

## Índice onomástico

Crookes, William, 368
Cuénot, Lucien, 381
Culliton, Barbara, 86, 162
Curie, Marie, 371
Curie, Pierre, 371, 377
Curien, Hubert, 109, 111
Curran, James, 90
Cusano, Nicolás, 141

Dalton, John, 20, 44-46
Daniel, Glyn, 438, 440
Darsee, John Roland, 117, 237-243
Darwin, Charles, 305, 334, 385, 387-388, 391, 393-395, 397, 399, 426, 446, 451-452, 474, 478
Dauguet, Charles, 100
Davenas, Elisabeth, 193, 196-202
Davidson, Neal A., 80
Davie, Joseph M., 120
Davis, Bernard, 284, 340
Davis, Vicky, 77, 85
Dawson, Charles, 398-401, 403-405, 408-421, 423, 425-431, 433-440, 442, 450
De Mauro, Tullio, 11
De Solla Price, Derek, 158, 174-176
Del Giudice, E., 218
Deprat, Alice, 355
Deprat, Claude, 355
Deprat, Jacques, 354-364
Deprat, Marguerite, 355
Derham, W., 37
Deryaguin, Boris, 189-191
Descartes, René, 477
Descours, Beatrice, 201
Di Trocchio, Laura, 521
Diderot, Denis, 137
Dingell, John, 15, 87, 119-121, 123, 161-163, 170
Dong, Eugene, 254-256
Doty, Paul, 124
Douglas, James Archibald, 442
Douvillé, Henry, 358-359
Doyle, Arthur Conan, 443-450

Drake, Stillman, 32
Dubois, Eugène, 396-397
Duckworth, W. H. L., 441
Dulbecco, Renato, 112
Durand-Delga, Michel, 364

Ebeling, Albert, 348-349, 352-354
Eddington, Arthur Stanley, 63
Edison, Thomas Alva, 148-149, 152, 157
Ehrenhaft, Felix, 48-49
Einstein, Albert, 49, 57-58, 60, 62-64, 69, 137-139, 149, 152, 474, 478, 488, 492, 504
Eisen, Herman, 116, 122
Eisen, Howard, 307-308
Eisen, Laura, 308
Eisenhower, Dwight David, 168
Eisler, Kurt, 332
Enomoto, K., 254
Ephrussi, Boris, 284, 286
Esbroeck, Guy van, 442
Essen, Louis, 60, 62-63
Essex, Robert, 414
Euclides, 12
Eysenck, Hans, 338

Fabre, doctor, 375
Faraday, Michael, 324
Feder, Ned, 15, 116-119, 121-122, 161, 241-242
Fediakin, Nikolay, 187-189
Fegen, Georg, 255
Fermi, Enrico, 53, 461
Fey, Dietrich, 466-467
Feyerabend, Paul K., 34, 478-479
Finkel, Marion, 269
Fisher, Ronald, 311
Fitzgerald, George F., 69
Fleischmann, Martin, 203, 206-215, 219-220, 491
Fletcher, Harvey, 50
Fletcher, Ronald, 343
Flexener, Simon, 366

Förster, H., 285
Fowler, Jessie, 444
France, Anatole, 246-247
Frank, Philipp, 139
Franklin, Allan, 15, 58
Frassetto, Francesco, 403
French, Jill, 222-225, 234
Freud, Sigmund, 326-334, 474
Friedhoff, Arnold J., 84, 87-88
Fromaget, Jacques, 363
Furcinitti, Paul S., 266-267

Galilei, Galileo, 20, 24-36, 65-69, 141-146, 162, 220, 473-474, 477-478, 485-487, 493, 497-498, 500
Galle, Gottfried, 399
Gallo, Domenico, 91
Gallo, Judy, 91
Gallo, Robert, 12, 89-111, 126, 170, 261
Galton, Francis, 334-335
Gammon, B., 210
Gamow, George, 29
Gardiner, Muriel, 331
Garfield, Eugene, 163
Gerardo de Cremona, 184
Gey, George O., 365-366
Giahn, sha,184
Gibbs, Harry, 225
Gilbert, Walter, 163
Gingerich, Owen, 24
Giommi, Elisa, 521
Giraud, Jean-Louis, 356
Goel, Rayendra, 459
Gold, Michael, 267
Goldstein, Rocky, 217
Gonda, Matthew, 101, 105
Good, Robert A., 249-253
Gottlieb, Michael, 90
Gould, Stephen J., 162, 305-306, 337, 417, 419-421, 423-424
Gozzi, Daniele, 211, 218
Grasshoff, Gerd, 22

Gravesande, Willem Jacob's, 471
Green, David, 265
Greenberg, Daniel, 86, 163
Gregorio XIII, papa, 40
Grell, Karl, 284-285
Grigson, Caroline, 432-435
Gruemberg, B. G., 365
Gualtieri, Thomas, 73, 79-80, 87
Guilloz, T., 376
Gullis, Robert, 166-167
Gupta, Vishwa Jit, 455, 459-464
Gutmann, Willy von, 289

Haberlain, Carl, 451
Hadley, Suzanne, 123, 164-165
Haeckel, Ernst, 383-389, 391-392, 394, 396
Hafner, Klaus, 325
Hale, Sharon, 239
Hallum, Jules V., 165
Hamilton, David, 162
Hargett, John, 121
Harrison, Ross Granville, 347-348, 350
Harrison Matthews, L., 422, 432
Hart, Ernest, 409
Hartmann, Max, 276-280, 284-285
Hayflick, L., 349
Healey, Bernardine, 109, 165
Hearnshaw, Leslie, 341-344
Heckler, Margareth, 97
Heilbron, J. L., 53, 56
Herbert, William, 411
Hernstein, Richard, 339
Hertz, Heinrich, 368, 372
Hewitt, John T., 440-441
Hierón II de Siracusa, 137
Hicks, W. M., 69, 488
Hillman, Harold, 258
Hinton, Martin, 411-413, 441-442
Hiparco de Nicea, 21-23
Hipócrates de Quíos, 140
Hipócrates de Cos, 140
His, Wilhelm, 384

## Índice onomástico

Hitler, Adolf, 59
Hixson, Joseph, 251
Holden, Constance, 86
Holton, Gerald, 48, 50, 179
Honorio, emperador, 412
Hooke, Robert, 41
Hopp, P., 257
Horowitz, Lawrence, 255
Howard, Margareth, 340-341
Hoyle, Fred, 453
Huang, Alice S., 112
Huggins, Robert, 214
Hulthén, E., 54
Huter, Carl, 377
Huxley, Thomas, 395
Huygens, C., 43

Ibn-Rushd, Abu I-Walid Muhammad (Averroes), 184
Ikegami, Hideo, 218-219
Illmensee, Karl, 249, 253, 256-257
Imanishi-Kari, Thereza, 113, 115, 117, 122-125, 129, 161, 473
Irving, John, 441

Jacob, Charles, 363
Janvier, Philippe, 462-463
Jencks, Christopher, 342
Jensen, Arthur, 338, 343
Jerne, Niels, 114
Jones, Steven, 210
Joynson, Robert B., 343-344
Julio César, 39
Jungenblut, Klaus, 366-367, 474

Kainthla, Ramesh, 216-218
Kalckar, Herman, 134
Kamin, Leon, 344
Kammerer, Felicitas Maria Theodora von Wiedersperg, 289, 295
Kammerer, Lacerta, 290
Kammerer, Paul, 275, 288, 290-307
Kaufman, Frank A., 88

Keith, Arthur, 388, 402-405, 415, 421, 426-435, 441, 446
Kekulé, August, 323-326
Kennard, Alfred, 411
Kennedy, Edward, 255, 273
Kepler, Johannes, 148
Keplinger, Moreno, 271-272
Kermauner, Olga, 299
Kloner, Robert, 238-239
Kniep, Hans, 275-276
Knobel, E. B., 22
Knoteck, Hansi, 467
Kobb, Joseph, 288
Koestler, Arthur, 288, 291, 301
Kohn, Alexander, 15, 49, 365
Koyré, Alexandre, 32, 34
Kuhn, Richard, 279-282
Kuhn, Thomas, 157
Kurz, Otto, 15

Lack, Henrietta, 267, 350
Lacroix, Alfred, 356, 358
Lafitte, Jacques, 340
Lands, Bill, 166
Lang, Serge, 163
Langham, Ian, 226, 427-431
Lankester, Edwin Ray, 426, 436, 446-447, 450
Lantenois, Honoré, 355-361, 363
Lanzer, Ernst, 329
Laplace, Pierre Simon de, 38
Lasker, Mary, 95
Laurent, A., 326
Lawrence, Ernest Orlando, 55
Lazar, Philippe, 202
Le Bon, Gustave, 376
Le Verrier, U.-J.-J., 399
Leakey, Louis S. B., 418-419
Lederberg, Joshua, 112, 284
Lederman, Leon, 172, 174
Lee, Robert E., 82
Leibowitch, Jacques, 100
Lenard, Philip, 368, 371
Lenz, Widikund, 229-230

Leon, Donald, 82
Leonardo da Vinci, 141
Lewis, H., 461
Lewontin, Richard, 132-133
Lindley, David, 219-220
Lippincott, Ellis R., 189, 191
Llull, Ramón, 141
Lock, Stephen, 159
Lodge, Oliver, 28
Lorentz, Hendrik Antoon, 59, 63
Lorenz, Edward, 494, 496
Lucas, Zoltan J., 249, 253-256
Luis XII, rey de Francia, 141
Luis XIV, rey de Francia, 144
Lukas, Mary, 417
Lunacharski, Anatoli Vasilevic, 288, 300-301

Mac Bride, Ernest W., 298-299
Mach, Ernst, 63
Mack Brunswick, Ruth, 330-331
Maddox, John, 195-197, 200, 242
Mahaffey, J., 210
Mahler, Alma, 295
Mahler, Gustav, 295
Mahony, Patrick, 329
Malskat, Frieda, 467
Malskat, Lothar, 466-467
Mansuy, Henri, 354-359, 361-364
Maplethorpe, Charles, 117
Marcelo, Marco Claudio, 137-138
Marconi, Guglielmo, 157
Marcus, Steven, 162
Margerie, Emmanuel de, 35, 360
Marriot, Reginald Adams, 410
Marsh, K., 210
Martin, C., 210, 217
Martins, Baronio, 254-256
Maver, J., 339
Maxwell, James Clerk, 63
Mayer, F., 395
McBride, William, 221-235
McCarthy, Joseph Raymond, 123
McCredie, Harold, 231

McCredie, Janet, 231-233
McCutchen, Charles, 155, 157-160, 171
McDevitt, Haugh, 120
McLennan, J. C., 44
McMillan, Edwin, 55
Medawar, Peter Brian, 250, 252, 352
Mee Mang Chang, 462
Meiser, Kurt, 467
Mendel, Gregor, 20, 44, 291, 305-306, 310-323
Mendeleev, Dmitri, 204
Menna, Massimo, 521
Mersenne, Marino, 31, 37, 486
Meyer, Alfred, 443, 446-447
Meyer, E., 375
Miadonna, Antonio, 194, 201
Michaels, Richard, 82
Michelson, Albert, 63-65, 68-70, 144, 488
Middlemiss, Howard, 231-232
Miguel Ángel, 465
Milanese, Claudio, 125-130, 170
Millar, Ronald, 432
Miller, Gerrit, 403
Miller, D. C., 69, 488
Millikan, Robert, 20, 46-50, 154
Moewus, Franz, 274-288, 491
Moewus, Liselotte, 274, 279, 287-288
Monaghan, Floyd, 316
Montagnier, Luc, 96-98, 100, 102-104, 106, 109, 111
Moorhead, P. S., 349
Moran, Gordon, 521
Moran, Neil C., 241
Morgan, Doris, 94
Morichetti, Raffaella, 521
Morita, Akio, 181
Morley, Edward, 63-65, 68-70, 488
Morris, Harry, 410
Morris, Randall, 253-254
Munro, Jan, 227

Murray, Margareth, 352-353
Musa bin Maimum (Maimonides), 184
Mussolini, Benito, 149

Napoleón Bonaparte, 145
Naseer-ud-din, Tusi, 184
Naylor, Ronald, 32-34, 498
Nebert, Daniel, 307
Nelson-Rees, Walter, 266-267
Newlinds, John, 227
Newton, Isaac, 12, 16, 20, 36-46, 65, 68-69, 148, 185, 471, 474, 477-478, 482, 492-493, 497, 499-500, 503
Newton, Robert, 23
Nicol, Bill, 222
Nixon, Richard, 56, 92, 258
Nobel, Alfred, 154
Noble, Gladwyn Kingsley, 296-299, 301-304

Oakley, Kenneth, 405-406, 415, 417-418, 421, 423, 430, 436-437, 441
Obholzer, Karin, 330-332
Orel, Viteszlav, 311
O'Toole, Margot, 114-117, 119-120, 163, 170

Pacioli, Lucas, 141
Pablo VI, papa, 475
Packham, Nigel, 215-216, 218
Pancini, Ettore, 53
Pankéyev, Serguéi, 330-334
Parisi, Giorgio, 493
Parker, R. C., 353
Parker, Kenneth, 256
Parker, Ron, 212
Partington, J. R., 45-46
Pascal, Blaise, 12
Pascher, Adolf, 277-278
Pauling, Linus, 132, 163
Pauling, Peter, 132

Pavlov, Ivan Petrovic, 364
Pearson, Karl, 335-336
Pepinsky, Blake, 263-264
Pera, Marcello, 478, 480, 488
Perry, Seymour, 92
Perutz, Max, 135
Pestka, Sidney, 92
Peters, C. H. F., 22
Peterson, Chase, N., 213
Piccioni, Oreste, 52-56
Planck, Max, 49
Platón, 184, 480
Pleasants, Julian R., 242-243
Plutarco, 480
Poincaré, Henri, 377
Poitevin, Bernard, 193, 200
Polanyi, M., 488
Poling, Alan, 77
Pons, Stanley, 203, 206-214, 219, 491
Pool, Robert, 212
Popovic, Mikulas, 89-90, 97, 103, 105-106, 109-110
Popper, Karl Raimund, 17, 476
Porto, S. P., 190
Postlethwaite, Hélène, 409
Pracontal, Michel de, 170, 203
Preparata, Giuliano, 218
Priore, Antonio, 259
Prizbram, Hans, 295, 297-302, 304, 307
Prizbram, Karl, 298
Purves, M. J., 165-166
Pycraft, William Payne, 426

Rabelais, François, 12
Racker, Efraim, 12, 261-263, 265-266
Raffel, Sidney, 254
Rall, Joseph E., 161
Randi, James, 196, 198-199
Rasetti, Franco, 461
Rawlins, Dennis, 22
Read, Elizabeth, 97

Reader, John, 393
Reagan, Ronald, 110
Reinherz, Ellis, 125-127, 129-130
Reis, Moema H., 113
Richardson, Neil E., 126
Robert, Odile, 168
Roberval, Gilles Personne de, 37
Roe, Robert A., 163
Roentgen, Wilhelm Conrad, 369-371, 373-374
Roosevelt, Franklin Delano, 137-138, 149
Ross, Jorn, 467
Rossi Bernardi, Luigi, 168
Rossi, Bruno, 53
Rossiter, James E. R., 235
Rostand, Jean, 381
Rousseau, D. L., 190
Roux, W., 385
Rowe, Mary, 116
Rubbia, Carlo, 205, 207
Rubens, Heinrich, 377-378
Rudofsky, Susanna, 325-326
Ruiz, Serafín, 464, 467
Ruscetti, Francis, 94
Russell, Bertrand, 59
Rutherford, Ernest, 59-60
Ryan, Francis, 283
Rydberg, Johann Robert, 44

Sabin, Albert, 366-367
Safer, Morley, 87
Sager, Ruth, 285-286
Salahuddin, Zaki, 97
Salam, Abdus Muhammad, 183-185
Salamon, Michael, 212
Sapp, Jan, 15, 275, 285-286
Sarin, Prem, 99
Sauveur, J., 37
Scaramuzzi, Francesco, 210, 218
Schaaffhausen, Hermann, 395
Schatz, Albert, 51-52
Schlossman, Stuart, 128

Schriver, James, 83-84
Schrödinger, Erwin, 49
Schüpbach, Yörg, 107
Scudder, Giuliana, 521
Segrè, Emilio, 52-59
Sermonti, Giuseppe, 452
Settle, Thomas S., 32
Shader, Richard I., 84
Shakespeare, William, 132
Shamoo, Adil, 521
Shapley, Deborah, 56
Sharp, Phillip, 162-163
Shea, William R., 34, 521
Shearer, James, 71
Singal, Bruce A., 122
Singer, Maxine, 162
Slade, Henry, 446
Smith, Grafton Elliot, 402, 421, 426-427, 432
Sócrates, 12
Soddy, Frederick, 60, 63
Sollas, William J., 443
Sonneborn, T. M., 282-283, 286
Spearman, Charles, 335, 340
Specter, Michael, 91
Spector, Mark, 12, 261-266
Spencer, Frank, 417, 427, 429-430, 435-436, 439
Spetner, Lee, 453
Spira, Alfred, 202
Sprague, Robert L., 73, 75, 77-84, 86, 89, 154, 521
Stalin, Iosif, 288
Starr, Richard, 287-288
Stepka, William, 284
Stevenson, Robert E., 267
Stewart, Larry, 121
Stewart, Walter, 15, 116-119, 121-122, 161, 196, 241-242
Storb, Ursula, 120
Straus, Marc J., 259-261
Sulloway, Frank J., 327
Summerlin, William T., 249-253, 256
Swan, Norman, 221

Takaashi, Akito, 219
Talent, John, 459-460, 463
Tal'roze, V. L., 190
Tedeschi, Alberto, 194, 201
Teilhard de Chardin, Pierre, 400-401, 404, 413-425, 427, 432, 437, 445
Temin, Howard, 112
Termier, Pierre, 355, 358
Thom, René, 481-482
Thomas, Lewis, 252
Thompson, Joseph John, 371
Todd, Paul, 266-267
Tolomeo, Claudio, 19-24, 474, 492
Torres, Lorraine, 81
Tosteson, Daniel C., 240

Ucko, Peter, 465
Ulug Beg, sultán, 184
Underwood, Arthur Swayne, 426

Vardy, Phil, 222-225, 234
Vaugham, Herbert G., 84
Velev, Omo, 216-218
Vigevani, Marco, 521
Virchow, Rudolf, 395
Viviani, Vicente, 27
Vogt, Volker, 263-265
Voltaire (François-Marie Arouet), 41
Voronoff, Serge, 244-249
Vrain-Lucas, Denis, 11

Wade, Nicholas, 15, 20, 222
Waksman, Selman, A., 51-52
Walker, Sharyn, 255
Walsh, R. J., 224-225
Walt, Anna, 295
Waterhouse, J. B., 463
Waterston, David, 403
Watson, Elizabeth, 135
Watson, James, 131-137, 281-282
Watson, Tom, 222
Webster, George, 265-266

Weaver, David, 113
Wegener, Alfred, 455
Weinberg, Alvin M., 179-180
Weiner, Joseph, 406, 408-410, 412, 415, 417-419, 430-431, 437, 441
Weisman, Joel, 90
Weismann, Charles, 310
Weiss, Paul, 297
Weiss, Ted, 87, 119, 163
Westfall, Richard, 36, 41-44
Whewell, William, 147
Whitaker, Joseph, 444
Wickramasinghe, N. C., 453
Wiegand, C. E., 54
Wiese, L., 285
Wiesenthal, Grete, 289, 295
Wild, Herbert, *véase* Deprat, J.
Wilkins, Maurice, 132, 135
Wilcox, Beckinridge L., 12, 88, 521
Winfree, Arthur, 496
Winslow, John H., 443, 446-447, 449
Wirtz, M. L., 378, 381-382
Witkowski, J. A., 351-352
Wolf, Kevin, 215
Wood, R. W., 378-381
Woodhead, Allinson Samuel, 400, 436-441
Woodhead, Leslie, 437
Woodhead, Lionel, 437-439
Woodward, Arthur Smith, 398-405, 413-415, 421, 423, 426-437, 442, 450
Worledge, Dave, 217
Wortis, Henry, 115-116, 161
Wotiz, John, 325-326
Wray, Cecil, 444
Wyngaarden, James B., 120, 161

Yalow, Rosalyn, 159
Ypsilantis, T. J., 54

Zigler, Edward, 84
Zuckerman, Solly, 431-432, 442